LE CONTRÔLE JURIDICTIONNEL DE LA PASSATION DES MARCHÉS PUBLICS AU SÉNÉGAL

Papa Makha Diao

LE CONTRÔLE JURIDICTIONNEL DE LA PASSATION DES MARCHÉS PUBLICS AU SÉNÉGAL

Avant-propos du Pr Jacques Mariel Nzouankeu
Préface du Pr Ismaila Madior Fall
Postface du Pr Moustapha Ngaidé

Sénégal
L'Harmattan

10 VDN, Sicap Amitié 3, Lotissement Cité Police, DAKAR

http://www.senharmattan.com
commandes@senharmattan.com
direction@senharmattan.com

ISBN : 978-2-336-44813-8
EAN : 9782336448138

DÉDICACE

– À feu mon père ;
– À ma mère ;
– À mes oncles et tantes ;
– À mes enfants Adja et Souleymane ;
– À mon épouse Yongué ;
– À mes frères et sœurs ;
– À mes parents, amis d'enfance, promos, amis, collègues etc.

AVANT-PROPOS

La lecture du livre de M. Papa Makha Diao est un réel plaisir. Décliné de sa thèse de doctorat, il s'intitule : *« Le contrôle juridictionnel de la passation des marchés publics au Sénégal »*.

Au, plaisir de lirc un ouvrage bien écrit, structuré, argumenté et documenté, s'ajoute l'intérêt pratique de découverte de trois enjeux liés à sa problématique.

A- Actualité juridique de l'ouvrage

Le présent ouvrage est juridiquement d'actualité. En ce sens, il s'agit d'un ouvrage de droit positif sénégalais. De ce fait, ses dispositions, son contenu ne relèvent pas de l'histoire du contrôle juridique des marchés publics tel qu'il se serait effectué dans un passé plus ou moins récent ; au contraire, c'est l'étude du droit du contrôle juridique des marchés publics tel qu'il est en vigueur au Sénégal à la date de la publication de l'ouvrage. C'est en cela qu'il ne constitue pas un ouvrage d'histoire mais de droit positif sénégalais.

Cette précision liminaire se justifie dans la mesure où le contexte, ainsi que la chronologie des événements ci-après, liés à la publication de cct ouvrage pourraient faire douter de son actualité juridique.

- 2 mars 2021, promulgation de la loi n° 2021-23 du 2 mars 2021, relative aux contrats de partenariat public/privé. Le cadre juridique des contrats de partenariat est unifié, les organes de la commande publique sont rationalisés.
- 8 mai 2021, Soutenance publique de la thèse de M. Papa Makha Diao.
- 19 avril 2022, promulgation de la loi n° 2022-07 modifiant le Code des obligations de l'Administration. L'Autorité de Régulation des marchés publics (ARMP) est supprimée ; elle est remplacée par l'Autorité de Régulation de la Commande Publique (ARCOP).
- 5 avril 2023, le décret 2023-832 fixe les règles d'organisation et de fonctionnement de l'Autorité de Régulation de la Commande Publique (ARCOP).

Au regard de cette réglementation, le concept de *commande publique* est reçu en droit positif sénégalais. On pouvait donc s'interroger légitimement sur l'actualité juridique de l'étude sur le contrôle juridique de la passation des marchés au Sénégal, pour s'assurer qu'elle tient compte de la nouvelle réglementation. Le questionnement sur l'actualité juridique de l'ouvrage était fondé.

En réalité, il n'y a pas de déphasage entre le présent ouvrage et la nouvelle réglementation de la commande publique. Ainsi, la nouvelle réglementation détermine le cadre organisationnel et institutionnel de la commande publique. D'une autre manière, on peut dire qu'elle institue *l'unité organique et formelle du droit de la commande publique*. À cet effet, la commande publique comporte désormais deux composantes : les contrats de partenariat public/privé à financement public et à financement par les usagers d'une part, et d'autre part, les marchés publics constitués de contrats de travaux, de fournitures et des services des autorités contractantes. En l'état actuel de la réglementation, il n'y a pas unité du droit de fond de la commande publique ; au contraire, chaque composante est soumise à ses propres règles de fond ainsi qu'à ses procédures. En particulier, la passation des marchés publics reste soumise à ses propres règles.

Cela explique, entre autres, que le Code des marchés publics n'a pas été supprimé, pour être remplacé par un Code de la commande publique. Au contraire, le décret n° 2022-295 du 28 décembre 2022 porte *Code des marchés publics* ; il remplace celui de 2014 jusque-là en vigueur. À l'exception des précisions sur le caractère franc des délais, l'actuel Code des marchés publics ne modifie pas les principes, ni les règles de contrôle de la passation des marchés publics. L'analyse qu'en fait le présent ouvrage reste dès lors pertinente et d'actualité.

B- Contribution à la gestation d'un droit intégré de la commande publique

L'unification organique et formelle du droit de la commande publique en cours sera nécessairement suivie de son unification foncière débouchant sur un droit intégré de la commande publique, comprenant aussi les règles de procédure que les règles de fond.

Un tel processus pourrait commencer par l'identification des plages de convergence entre le droit des contrats de partenariat public-privé et le droit des marchés publics. Dans cette perspective, des pistes intéressantes de réflexion et de recherche pourraient résulter de la comparaison du contrôle juridique de la passation des marchés publics avec le contrôle de la passation des contrats de partenariat public/privé.

Dans ces conditions, le présent ouvrage, en tant qu'il analyse l'un des termes de la comparaison, facilite la recherche.

Il s'y ajoute que le thème du contrôle juridique, en tant que base de l'étude comparative comporte des atouts dans l'élaboration d'un droit intégré de la commande publique. Ainsi, son rôle est intégrant :

- l'activité de contrôle se déroule dans le sens de l'unité, de l'unification ;
- l'approche juridique du contrôle garantit l'homogénéité et la cohérence des résultats et effets attendus et obtenus ;
- l'approche juridique du contrôle, en se démarquant des contrôles non juridiques, permet une meilleure délimitation des compétences des organes de la commande publique.

C- Contribution à la recherche sur la nécessaire réorganisation du contentieux administratif.

La matière des marchés publics en particulier et de la commande publique en général, est caractéristique de la complexité des règles de procédure et de compétence applicables. Les marchés publics et les contrats de partenariat public-privé de certaines autorités contractantes relèvent du droit privé. D'autres présentent le caractère de contrats administratifs et relèvent de ce fait du droit public, en particulier du droit administratif. Dans la sphère des contrats administratifs s'imbriquent de nombreux actes unilatéraux dont certains sont détachables ou rattachables, d'autres difficilement détachables. Cette différence de nature des actes juridiques en cause se prolonge par la différentiation des règles de compétence juridictionnelle, dans un système dans lequel le contrôle des actes unilatéraux et des contrats administratifs ne sont pas soumis aux mêmes règles juridiques.

L'auteur du présent ouvrage a déployé un trésor d'ingéniosités pour donner un sens à cette réglementation, pour ce qui concerne les marchés publics, et contribuer ainsi à sa meilleure lisibilité.

Il reste que les solutions durables ne devraient être recherchées que dans la poursuite de la réflexion sur la réorganisation du contentieux administratif. Il en est ainsi parce que l'enjeu de la réorganisation du contentieux administratif, au-delà du cas particulier du droit de la commande publique, est l'existence même du droit public sénégalais. En effet, le modèle sénégalais d'organisation de l'Administration, dont le principal pilier est la hiérarchie des actes administratifs unilatéraux ainsi que des autorités administratives qui les prennent, implique nécessairement l'existence d'un droit public structuré.

Dans cette perspective, deux approches sont envisageables.

Faire mieux, améliorer les textes, notamment la loi organique relative à la Cour suprême, ainsi que les textes relatifs à l'organisation judiciaire. Le résultat espéré de cette approche consiste à faire évoluer la jurisprudence, qui, dans son état actuel, s'apparente plutôt à une jurisprudence des cas d'espèces, mais aussi à améliorer la qualité des textes administratifs.

Cette approche, qui est en cours, se traduit par des modifications fréquentes des textes. L'auteur du présent ouvrage s'insère également dans cette logique dans la mesure où il consacre des développements importants à des propositions de réforme des procédures et techniques de contrôle. Si cette option devrait être maintenue, il serait souhaitable d'aller aussi loin que possible en explorant *la piste de droit souple* dont l'application, en France, a conduit au renouveau du contentieux administratif.

Faire autrement devrait, à terme, constituer l'option à privilégier. Cela consisterait à créer *un ordre autonome de juridiction administrative, coiffé par une juridiction suprême.* Cette option favoriserait la spécialisation des juges dans le contentieux administratif, ainsi que l'émergence d'une politique jurisprudentielle cohérente. Par ailleurs, la fonction consultative qui pourrait être conférée à cet ordre de juridiction améliorerait la qualité des textes administratifs. Les initiatives de création d'un Conseil d'État allaient dans ce sens. Elles avaient été interrompues. Elles pourraient être reprises et conduites à leur terme.

La publication de l'ouvrage de Papa Makha Diao pourrait être l'occasion de revisiter ces chantiers de recherche. À ce titre, l'ouvrage est une contribution majeure pour la réflexion et la recherche sur le droit public interne sénégalais.

Professeur Jacques Mariel Nzouankeu

Dakar, 19 novembre 2023

PRÉFACE

C'est avec un grand plaisir que j'ai accepté de préfacer l'ouvrage du Docteur Papa Makha DIAO qui revêt une qualité scientifique remarquable. Avec une démarche méthodique, il est parvenu à cerner les modalités de règlement administratif des litiges relevant de la passation des marchés publics. De plus, il analyse de manière rigoureuse le contrôle du juge sur les décisions du Comité de Règlement des Différends (CRD) de l'Autorité de Régulation de la Commande publique (ARCOP). L'auteur a réussi à faire le bilan d'une quinzaine d'années de jurisprudence des décisions du CRD de l'ARCOP (2008-2023) devant le juge. Ainsi, plus de cent (100) arrêts et ordonnances rendus par la Cour suprême sénégalaise notamment la Chambre administrative ont été sélectionnés et analysés dans le cadre de cet ouvrage.

Par ce travail, Docteur Papa Makha DIAO, que j'ai déjà eu l'occasion d'apprécier comme Directeur de thèse, a démontré une grande capacité d'analyse et d'originalité, en révélant sa parfaite maîtrise du contentieux administratif sénégalais. L'ouvrage présente le contentieux de la passation des marchés publics et constitue une contribution au développement du droit du contentieux administratif.

L'ouvrage donne une lecture jurisprudentielle du contentieux de la commande publique. D'une part, l'auteur évoque les règles de compétences et d'accès au juge sur les questions liées aux procédures de passation des marchés publics. D'autre part, il montre les progrès dans le contrôle des règles complexes des procédures de passation des marchés publics. Ces avancées sont marquées par le renforcement du contrôle du juge fondé sur le respect des principes fondamentaux de la passation des marchés publics, les moyens d'annulation propres aux marchés publics et la présence remarquée du tiers dans le contentieux des marchés publics. Dans le même sillage, le juge s'est permis d'enrichir son office en intégrant la concurrence et l'intérêt général dans le bloc de légalité administrative.

Néanmoins, certaines limites du système contentieux à l'égard du droit des marchés publics ont été identifiées. Il arrive que le droit procédural, le droit d'accès à la chambre administrative et le déroulement du procès, ne soient pas adaptés pas aux préoccupations des acteurs des marchés publics. En interrogeant les données relatives aux décisions rendues par année, à l'issue des litiges, à la durée de l'instance, à la qualité du requérant et à la nature du recours soumis au juge, il a été constaté la relative efficacité du recours pour excès de pouvoir à l'encontre des litiges relatifs aux marchés publics.

En plus, le constat des pouvoirs limités du juge, l'inapplicabilité des décisions d'annulation par les autorités contractantes, le contrôle satisfaisant opéré devant le régulateur et les procédures juridictionnelles jugées lentes font que le juge des marchés publics est de moins en moins saisi.

Au-delà des contraintes systémiques, des efforts sont attendus quant à la mise en œuvre de certains aspects du contrôle. Il en est ainsi par exemple de l'appréhension de la dimension de la régulation économique, de la spécialisation des juges, de l'adaptation du déféré préfectoral, de la régularisation des requêtes mal présentées et des conditions d'admission de l'urgence.

En tout état de cause, l'étude systématique du contentieux de l'excès de pouvoir des marchés publics conduit ainsi à appréhender le droit des marchés publics comme un droit vivant, un droit situé. Il ressort notamment des décisions analysées, que le droit des marchés publics est un droit qui compose avec les savoirs scientifiques et la marche de l'État avec notamment l'acquisition de biens et services, en même temps qu'il arbitre entre les différents intérêts en présence (intérêt général, intérêts collectifs, intérêt des particuliers).

Le travail est bien mené et repose sur un matériau appréciable. Ainsi, je recommande la lecture de ce livre produit par Docteur Papa Makha DIAO. L'auteur nous éclaire avec rigueur, pertinence et subtilité sur les différentes approches procédurales et de fond utilisées par le juge pour régler les différends. Cet ouvrage qui vient à son heure pourrait constituer un outil pédagogique pour les étudiants, les professionnels du droit et les acteurs des marchés publics.

Ismaila Madior Fall
Agrégé de droit public et de science politique
Professeur titulaire des Universités
Université Cheikh Anta Diop/Sénégal
Ministre des Affaires étrangères et des Sénégalais de l'Extérieur

INTRODUCTION

Mettant à profit son expérience tirée de son vécu en tant que Magistrat et ancien Agent judiciaire de l'État, M.-M. MBACKÉ, dans une étude consacrée au contrôle juridictionnel de l'administration sénégalaise soulignait : « *c'est dans la qualité du contrôle juridictionnel de son administration, que s'apprécie, par-delà le droit de l'État, l'État de droit* »[1]. La pertinence de cette affirmation a trouvé un certain écho dans un article du Professeur D. SY, publié en 2017 dans les « *Mélanges*[2] *en l'honneur de B. KANTE*[3] », sous le titre d'« *Un demi-siècle de jurisprudence administrative : de l'émergence à la maturation* ». L'éminent enseignant fait remarquer : « *le contrôle juridictionnel a une fonction régulatrice de vérification de la légalité de l'action administrative et une fonction de protection des droits des administrés face à la puissance publique* »[4].

Et l'on comprend pourquoi, il y a presque un demi-siècle, M. DIOP insistait sur la nécessité de contrôler l'administration en estimant que : « *le contrôle est particulièrement nécessaire en raison des défectuosités de l'administration…* »[5]. Ainsi, un auteur a pu affirmer que le contrôle de l'administration relève du miracle et ne subsiste au surplus que par un prodige chaque jour renouvelé[6].

---

[1] M.-M. MBACKÉ, « Le contrôle juridictionnel de l'administration : le recours pour excès de pouvoir », *EDJA,* mai 1987, pp. 9-10 ; juin 1987, pp. 9-23, juillet-août 1987, pp. 1-8.

[2] V. À SALL, I.-M. FALL (Sous la direction de), *Actualités du droit public et de la science politique en Afrique,* L'Harmattan, 2017, 970 p.

[3] B. KANTÉ, *Unité de juridiction et droit administratif : l'exemple du Sénégal*, Thèse de Droit Public, Université d'Orléans, 1983, 416 p.

[4] D. SY, « Un demi-siècle de jurisprudence administrative : de l'émergence à la maturation », in A. SALL et I. M. FALL, *Actualités du droit public et de la science politique en Afrique, Mélanges en l'Honneur de Babacar KANTE,* L'Harmattan, 2017, p. 628.

[5] M. DIOP, *Le contrôle de l'Administration*, Thèse de doctorat d'État, Université Cheikh Anta Diop de Dakar, 1972, p. 612.

[6] Il s'agit ici d'une paraphrase de l'affirmation célèbre de P. WEIL selon laquelle « *l'existence même d'un droit administratif relève en quelque sorte du miracle* » ; V. également P. WEIL et D. POUYAUD : *Le droit administratif,* Paris, PUF, Collection « Que sais-je », 24 ᵉ éd., 2013, pp. 4-6.

S'il fallait chercher aujourd'hui encore une justification de la justice administrative, elle se trouverait dans le constat qu'elle a réussi à contrôler l'administration par des mécanismes permettant de lui faire respecter le droit auquel elle est soumise[7]. Chemin faisant, le droit administratif s'est développé grâce au contrôle juridictionnel de l'administration autant que le contrôle juridictionnel grâce au droit administratif : ils se sont nourris l'un de l'autre[8]. Bien plus, la viabilité du droit administratif dépend en effet de l'efficacité des juridictions chargées de contrôler l'activité administrative[9]. Pour autant, l'efficacité du contrôle contentieux exercé sur l'administration a déjà été présentée comme étant relative[10]. Dans une étude récente[11], il a été mis en relief la relative protection des administrés au moyen du recours pour excès de pouvoir.

Au demeurant, la recherche a pour objet le contrôle que le juge exerce sur les marchés publics[12]. Ce n'est pas un hasard pour le Professeur L. RICHER de considérer, que la notion de contrôle est inhérente à celle de marché public car, « *un marché public ne reste public que par le contrôle* »[13]. Rendant compte de cette réalité, B. PLEXIS analyse que le contrôle de l'administration est nécessaire en ce sens qu'en matière de marchés publics, il tend à la prémunir contre ses propres dérèglements[14].

Pour élucider en quoi consiste le contrôle juridictionnel des procédures de passation des marchés publics au Sénégal et l'identifier comme objet d'étude, il paraît essentiel de préciser l'objectif de la recherche, et la

---

[7] P. DELVOLVÉ, *Le droit administratif*, Dalloz, 2018, p. 111.

[8] *Ibidem*

[9] ND.-M. DIAGNE, *Les méthodes et les techniques du juge en droit administratif sénégalais*, Thèse de Droit Public, Université Cheikh Anta DIOP de Dakar, 1995, p. 22.

[10] M. DIAGNE, *L'efficacité du contrôle contentieux exercé sur l'Administration sénégalaise,* Thèse de Droit Public, Université Aix-en-Provence, 1990, p. 4.

[11] V. la thèse de doctorat unique de C.-B. NDONGO, *La protection des droits des administrés au moyen du recours pour excès de pouvoir au Sénégal*, Thèse de Droit Public, Université Cheikh Anta DIOP de Dakar, Décembre 2019.

[12] À ce sujet V. A. ISSOUFOU, *Le nouveau droit des marchés publics et la rationalisation de la dépense publique au Niger et au Sénégal Tome I,* L'Harmattan, 2017, 370 p. et *Tome II,* L'Harmattan, 2017, 348 p. ; V. également I. NDIAYE, *Guide de la passation des marchés publics au Sénégal*, L'Harmattan, Paris, 2011, 212 p. ; M. NGAIDO et M.-T. SOCK, *Code des Marchés publics annoté,* Éditions Juriscare, 2015, 315 p.

[13] L. RICHER, « Le contrôle des marchés publics », in *G. MARCOU, L. FOLLIOT-LALLIOT, D. I. GORDON, S. L. SCHOONER, J. SCHWARTZ et Christopher YUKINS (sous la dir. de),* Paris, éd. IRJS, 2009, pp. 427-433.

[14] B. PLESSIX, *Doit administratif général,* Lexis Nexis, 2016, n° 1237 et s.

manière dont il sera atteint. Dans cette perspective, quatre moments vont rythmer l'introduction générale. Il s'agit du contexte général et de l'objet de l'étude **(I),** du cadre de l'étude **(II),** de la construction de la problématique **(III),** de la méthodologie et de la justification ainsi que de l'annonce du plan **(IV).**

I. CONTEXTE GÉNÉRAL ET OBJET DE L'ÉTUDE

Il convient d'étudier dans un premier temps le contexte général de l'étude **(A)** pour, dans un second temps, annoncer son objet **(B).**

A. Contexte général de l'étude

Selon le doyen A. BOCKEL, le droit administratif est une branche du droit public, utilisant les prérogatives exorbitantes[15] de droit commun, qui règle l'organisation et l'activité administratives. Il peut être cerné à partir de trois critères : organique, fonctionnel et matériel. Il est pour la plupart des auteurs, un droit du déséquilibre et un droit fondamentalement jurisprudentiel[16]. Si l'un des traits caractéristiques du droit administratif est la place qu'occupent les actes administratifs unilatéraux, il faut se rendre compte de l'évidence, les pouvoirs publics procèdent aussi régulièrement par l'accord de volonté, et particulièrement le procédé du contrat, qui se trouve être de type particulier et très diversifié[17].

Partant, il est tout à fait loisible de soutenir que l'idéologie contractuelle règne de façon absolue, même dans la sphère administrative au sein de laquelle, l'action unilatérale a pourtant longtemps été privilégiée. Au demeurant, il importe de faire observer qu'on ne peut en aucune matière, en procédure comme en toute autre, négliger les enseignements du passé[18].

Au Sénégal, tout a commencé à la fin des années soixante-dix[19] lorsqu'il a été permis, à l'administration publique, de conclure des contrats. Aujourd'hui, l'engouement des personnes publiques pour le

---

[15] V. J. LESSI, « Les habits neufs de la clause exorbitante », *AJDA*, 2014, pp. 2180-2188.

[16] A. BOCKEL, *Droit Administratif*, NEA, 1978, p. 1.

[17] M. ONDOA, P.-E. ABANE ENGOLO, *Les fondements du droit administratif camerounais,* in Actes du colloque organisé à l'Université de Yaoundé-II les 3 et 4 novembre 2015, L'Harmattan, 2016, p. 245.

[18] R. MOREL, *Traité élémentaire de procédure civile*, Sirey, 2° éd., 1949, p. VIII.

[19] Sur le contexte historique des marchés publics au Sénégal, V. l'article de M. DIOP : « L'évolution des marchés publics au Sénégal : Repères historiques et faits marquants », *Revue des Marchés Publics* N° 1, 1er trimestre 2010, pp. 6-8.

procédé contractuel[20] est un phénomène qui ne se dément pas[21]. Et même si de plus en plus, on parle de la fin de l'acte administratif[22] ou d'actes administratifs négociés[23], le recours au contrat[24] ne cesse de gagner du terrain dans un contexte marqué par les politiques publiques de désengagement de l'État[25].

Ainsi donc, le contrat[26] est devenu l'instrument privilégié de l'action administrative car il est particulièrement adapté aux exigences contemporaines de l'exercice du pouvoir[27]. Parmi les contrats qui sont soumis à des règles spécifiques, il y a les marchés publics qui représentent une part importante des dépenses publiques[28].

Au Sénégal, chaque année, à peu près 30 000 marchés sont passés par les différentes autorités contractantes[29]. Pour l'année 2020, cent vingt autorités contractantes ont été auditées, soit 7 593 marchés pour une valeur estimée à 1 482 milliards F CFA. Les six cabinets d'audit

---

[20] Les contrats auxquels il est fait référence ici sont ceux par lesquels l'administration confie la gestion d'un service public à un tiers (contrats de partenariat public-privé) ou achète les prestations nécessaires à la gestion courante (marchés publics).

[21] J.-D. DREYFUS, « Actualité des contrats entre personnes publiques », *AJDA*, Juillet-Août 2000, p. 575.

[22] F. CROUZATIER-DURAND, *La fin de l'acte administratif unilatéral*. Éd. L'Harmattan, Coll. Logiques juridiques, Paris 2003, 434 p.

[23] R. DEAU, *Les actes administratifs négociés*, Thèse de Doctorat de Droit Public, Université d'Angers, 2006, 576 p.

[24] V. F. FERAL, « Contrat public et action publique : au cœur d'une Administration régulatrice », in *Contrats publics : Mélanges en l'honneur du professeur Michel GUIBAL, Montpellier,* Presses de la Faculté de droit de Montpellier, 2006, vol. 1, pp. 529-532.

[25] J. FISETTE et M. SALMI, « Le désengagement de l'État en Afrique et les initiatives locales : la naissance de nouvelles formes de partenariat », *Cahiers de géographie du Québec,* Vol. 35, n° 95, 1991, pp. 349-368.

[26] Quelques réflexions sur cette question V. M. MAZEAUD, « Regards positifs et prospectifs sur le nouveau monde contractuel », *P.A.* n° 92, 2004, p. 47.

[27] M. SOURANG, *La technique contractuelle dans les rapports État-entreprises étrangères. Contribution à l'étude des conventions d'établissements conclues par les États africains*, Thèse de Doctorat d'État en Droit, Université de Bordeaux I, 1980, p. 13.

[28] La première conférence sur *La passation des marchés publics en Afrique,* qui a eu lieu à Abidjan en novembre 1998 est souvent présentée comme étant le point de départ des réformes de « *la passation des marchés publics* ».

[29] D'après le directeur général de l'ARMCOP, Saër Niang, ces marchés consomment un budget estimé entre 2 500 et 2 600 milliards. Sur ce budget de la commande publique, on peut retenir que 67 % sont financés à partir du budget national (Le 30 novembre 2022 avec la traditionnelle cérémonie de présentation de ses rapports annuels en présentiel).

retenus par l'autorité de régulation ont inspecté 117 autorités contractantes, pour 7 629 marchés, 1 923 milliards F CFA.

En 2021, sur les 7 629 marchés, 3 361 ont fait l'objet d'examen pour une valeur totale estimée à 1 803 milliards F CFA, soit un taux de couverture globale de 44 % en nombre et de 94 % en valeur. Ainsi, le coût budgétaire des marchés publics dépasse annuellement le montant de la masse salariale.

Analyser donc la recherche sous l'angle du contrôle juridictionnel consiste à se pencher sur l'intervention du juge de l'administration[30] sur les litiges relatifs aux contrats administratifs, notamment les marchés publics[31].

Or, il est de principe que le contrat ne saurait faire l'objet d'un recours pour excès de pouvoir[32]. Celui-ci a pour objet l'annulation d'une décision administrative[33]. Dès lors que le recours pour excès de pouvoir a été conçu pour faire sanctionner l'illégalité des actes administratifs émanant de la seule volonté de l'administration et que le contrat administratif[34] naît de la conjonction de deux volontés, il ne devrait pas avoir sa place dans le contentieux du contrat. Autrement dit, le recours pour excès de pouvoir, recours par nature objectif, est en principe étranger au contrat administratif, vecteur de contentieux subjectif. Il en

---

[30] L'expression est adaptée au système d'unité de juridiction et de dualité des contentieux. C'est pourquoi, la doctrine marque sa préférence pour l'expression « *juge de l'Administration* », du fait de l'absence d'une juridiction administrative. V. A. BOCKEL, « Le juge et l'Administration en Afrique noire francophone : introduction à l'étude du problème », *Annales africaines*, 1971-1972, p. 14 ; B. KANTE, « Rapport général du colloque », *in Conseil d'État et État de droit,* La contribution des hautes juridictions administratives à l'édification de l'État de droit. France-Afrique (colloque, 9-10 mars 1998), Revue administrative, numéro spécial 6, 1999, p. 113.

[31] Décret n° 2022-2295 du 28 décembre 2022 portant Code des Marchés publics au Sénégal, *J.O* n° 7592, numéro spécial, jeudi 26 janvier 2023, p. 79. C'est le lieu de préciser que cette étude a été réalisée principalement sous le régime du Code des marchés de 2014.

[32] F. MELLERAY, « Déclaration de droits et recours pour excès de pouvoir », *RDP*, 1998, p. 1089.

[33] É. LAFERRIERE, Traité *de la juridiction administrative et des recours contentieux*, tome 2, préc., spéc. p. 390.

[34] V. A. BOCKEL, « Les contrats administratifs », *in BOYE, Abd-el Kader (sous la dir. de),* Encyclopédie juridique de l'Afrique, vol. 9, Abidjan Dakar, Lomé, Nouvelles éditions africaines, 1982, pp. 213-272.

résulte une jurisprudence solidement établie[35], selon laquelle, ni les tiers ni les parties au contrat, ne sont normalement recevables à contester, par la voie de l'excès de pouvoir, la légalité des clauses d'un contrat, ni celles des décisions unilatérales non détachables des conditions d'exécution du contrat[36].

Sous ce rapport, ce n'est pas un hasard de constater que l'irrecevabilité des conclusions aux fins d'annulation d'un contrat a été très tôt posée[37] et demeure le principe[38]. On comprend, dès lors, pourquoi la doctrine avait vivement critiqué le principe de l'irrecevabilité du recours pour excès de pouvoir à l'encontre du contrat. Dans une note, M. WALINE soulignait que, d'un point de vue strictement juridique, rien ne pouvait justifier l'exclusion des contrats de la procédure du recours pour excès de pouvoir[39]. Dans son manuel élémentaire de droit administratif, il parlait, à ce propos, d'une « *jurisprudence peu explicable et inexpliquée* »[40]. À la même époque, P. LAROQUE estime que les solutions jurisprudentielles sont « *confuses, souvent artificielles, en tout cas illogiques et contradictoires* »[41].

Dans son article « *contrat et recours pour excès de pouvoir* »[42], P.-F. GONIDEC soulignait que, d'un point de vue matériel, « *il n'y a pas d'opposition véritable entre le contrat et le recours pour excès de pouvoir* » et que l'opposition entre le contrat et le recours pour excès de pouvoir apparaît purement formelle. Il relève que, historiquement, le

---

[35] CE 4 août 1905, *Martin*, req. n° 14220, Lebon 749, concl. Romieu ; D. 1907.3.49, concl. ; RD publ. 1906.249, note Jèze ; S. 1906.3.49, note Hauriou ; GCJA, vol. 1, n° 30 ; pendant dix-neuf éditions dans les grands arrêts. L'arrêt Tarn-et-Garonne de 2014 a fait disparaitre l'arrêt Martin de 1905 des éditions des grands arrêts. Ainsi, tout au long de notre thèse, nous avons travaillé sur le GAJA édition 21 datée de 2017, V à ce sujet P. WEIL, G. BRAIBANT, B. GENEVOIS, *Les grands arrêts de la jurisprudence administrative*, 21e éd., 2017, 1040 p.

[36] CE 15 févr. 1993, *Commune de Nay-Bourdettes*, req. n° 133223, D. 1994. 4, note V. HAÏM, *RFDA*, 1994. 493, note J.-F. LACHAUME.

[37] CE 24 déc. 1897, Le Buf, Lebon 848 ; CE 19 mai 1899, Levieux, Lebon 401.

[38] CE 14 mars 1997, req. nº 11905, Compagnie d'aménagement des coteaux de Gascogne, RFDA 1997. 349.

[39] CE 10 novembre 1933, Cie des îles Kerguelen, Saint Paul et Amsterdam, Notes d'arrêts de M. WALINE, Tome 1, *Dalloz*, 2004, n° 107.

[40] J. WALINE, *Notes d'arrêts de Marcel WALINE*, Vol. I, Dalloz, 2004, p. 565 et s. ; V. M. WALINE, *Manuel élémentaire de droit administratif*, Sirey, 1946, spéc. p. 117.

[41] P. LAROQUE, *Les usagers des services publics industriels,* Sirey, 1933, p. 62 et *s.*, 88 et *s.,* 184 er s. ; cité par P.-F. GONIDEC, *RDP,* 1950. 58.

[42] P.-F. GONIDEC, « Contrat et recours pour excès de pouvoir », *RDP,* 1950, p. 58 et s., spéc. p. 65.

Conseil d'État avait vu dans l'exclusion du contrat un moyen de désencombrer son rôle.

Pour R. CHAPUS[43]: « *On parvient mal à comprendre pourquoi, selon des considérations généralement inexprimées (tant sans doute elles sont évidentes), le Juge de la légalité ne doit pouvoir toucher aux contrats que (pour parler comme Montesquieu) d'une "main tremblante", alors qu'il dispose de sa liberté de mouvement à l'égard des actes unilatéraux. Faut-il croire que la légalité n'est pas une et que les contractants peuvent prendre quelques libertés avec elle. C'est dire qu'il n'y a pas d'explication juridique (et il ne peut d'ailleurs y en avoir) à l'état du droit jurisprudentiel...* ».

La position du juge français va néanmoins rapidement s'inverser à partir d'une date qu'il semble difficile à établir avec précision[44]. Ainsi, c'est la décision « *Martin* » du 4 août 1905 et les conclusions éclairantes du Commissaire du gouvernement ROMIEU qui ont, sans aucun doute, ancré la théorie des actes détachables du contrat[45]. Tout en reconnaissant

---

[43] R. CHAPUS, *Droit du contentieux administratif,* Montchrestien, 12e éd, 2006, n° 240.

[44] D. CASAS, conclusions sur CE, ass., 16 juillet 2007, Société Tropic travaux signalisation, préc., spéc. p. 697 ; P. LANDON et P.-F. GONIDEC évoquent la date de 1864. J. LEFOULON évoquait 1884. Le professeur D. POUYAUD s'arrêtait à 1872. V. respectivement en ce sens : P. LANDON, *Le recours pour excès de pouvoir sous le régime de la justice retenue,* préc., spéc. p. 201 ; P.-F. GONIDEC, « Contrat et recours pour excès de pouvoir », *RDP*, 1950, p. 58 et s., spéc. p. 65 ; J. LEFOULON, « Contribution à l'étude de la distinction des contentieux », *in AJDA,* 1976, p. 396 et s., spéc. p. 396 ; D. POUYAUD, *La nullité des contrats administratifs*, LGDJ, 1991, spéc. p. 293.

[45] Certains auteurs ont pu s'interroger sur le véritable apport de l'arrêt « *Martin* ». V. L. FOLLIOT, *Pouvoirs des juges administratifs et distinction des contentieux en matière contractuelle*, spéc. p. 246 ; L. RICHER, *Droit des contrats administratifs,* LGDJ, 2012, spéc. pp. 187-188 : « La doctrine et Romieu lui-même ont trop rapidement amalgamé le cas du contrat de droit privé et celui du contrat administratif sans prendre garde que, depuis le début du XIXème siècle, le Conseil d'État avait admis la recevabilité du recours pour excès de pouvoir contre des actes précontractuels relatifs à des contrats administratifs [...].

L'arrêt Martin n'a pas innové en déclarant recevable le recours pour excès de pouvoir dirigé contre les délibérations d'un conseil général relatives à un contrat de concession. La seule innovation se trouvait dans les conclusions de Romieu selon lesquelles le recours pour excès de pouvoir n'était recevable que de la part des tiers, à l'exclusion des cocontractants qui peuvent saisir le juge du contrat. Cette restriction n'a été admise que par un arrêt (CE, 28 novembre 1954, Syndicat de la raffinerie de soufre française, Rec. 620) et elle a été abandonnée très peu de temps après (CE, 4 février 1955, Ville

l'ouverture du recours pour excès de pouvoir contre les actes détachables[46] du contrat à défaut du contrat lui-même, ROMIEU précisait néanmoins que « *l'annulation pour excès de pouvoir dans cette catégorie de litiges n'aura parfois qu'un caractère platonique…* »[47].

D'abord, le principe de l'irrecevabilité des conclusions aux fins d'annulation du contrat dans sa totalité a eu à connaître deux exceptions : la première résulte de la loi n° 82-213 du 2 mars 1982[48] qui donne au préfet le pouvoir de déférer[49] au Tribunal administratif les actes des collectivités territoriales, parmi lesquels figurent les contrats, qu'il estime contraires à la légalité. Ensuite, la seconde est jurisprudentielle : le Conseil d'État ayant admis la recevabilité des recours pour excès de pouvoir contre les contrats portant recrutement d'agents publics[50].

Mieux, le Conseil d'État, par un arrêt d'assemblée « *CAYZEELE* » du 10 juillet 1996[51], a pu néanmoins « *créer une brèche dans la règle de l'exclusion du recours pour excès de pouvoir en déclarant recevable celui formé par un tiers contre les 'dispositions réglementaires' d'un contrat de collecte des ordures ménagères* »[52].

Postérieurement à la conclusion du contrat, les candidats évincés ne peuvent désormais plus contester les actes détachables devant le juge

---

de Saverne, *Rec. 73) car elle reposait sur la théorie du recours parallèle et du caractère subsidiaire du recours pour excès de pouvoir., qui a perdu son actualité depuis longtemps (en ce sens concl. Kahn sous CE, 5 décembre1958, SE à l'agric. c/Union des pêcheurs à la ligne, AJDA 1959, II, 57)».* V. également : L. JANICOT, « Réflexions sur la théorie de l'acte détachable dans le contentieux contractuel », préc., spéc. pp. 354-355.

[46] Sur l'annulation de l'acte détachable, V. aussi C. DE ARANJO : « Les conséquences de l'annulation d'un acte détachable sur la convention de délégation de service public », *AJDA*, 2009, p. 300 ; Également G. DARCY, « Variation sur l'acte détachable du contrat », *Mélanges en l'honneur de M. GUIBA,* Presses de la Faculté de droit de Montpellier 2006, pp. 503 et s.

[47] ROMIEU, conclusions sur CE, 4 août 1905, Martin, Rec. p. 749 et s., spéc. p. 754.

[48] CGCT, art. L. 2131-1 s. (En référence au Code des Collectivités territoriales français).

[49] Le déféré préfectoral est un recours pour excès de pouvoir (CE, sect., 26 juill. 1991, req. n° 117717, Cne de Sainte-Marie, Lebon 302) qui, lorsqu'il porte sur un contrat, peut aboutir à son annulation par le juge de l'excès de pouvoir (CE 2 nov. 1988, COREP des Hauts-de-Seine c/OPHLM de Malakoff, Lebon 659).

[50] CE, sect., 30 oct. 1998, req. n ° 149662, Ville de Lisieux, Lebon 375, concl. Stahl.

[51] CE, ass., 10 juillet 1996, CAYZEELE, req. n° 138536, Rec. p. 274.

[52] J.-P. PIETRI, « Recours pour excès de pouvoir. », in *JCl. Contrats et marchés publics*, Fasc. 31, 1er avril 2011, p. 10.

de l'excès de pouvoir, puisqu'il leur est ouvert une voie de recours[53] contre le contrat devant le juge du plein contentieux[54]. Et enfin, l'arrêt Département de Tarn-et-Garonne qui ouvre aux tiers la possibilité de contester la validité[55] d'un contrat administratif[56] par un recours de pleine juridiction[57], peut être assorti d'une demande de suspension[58].

Pour sa part, le juge sénégalais appliquait le principe de l'irrecevabilité du recours pour excès de pouvoir[59] contre les contrats administratifs[60], donc des marchés publics. Il attachait, à ce sujet, un respect absolu aux dispositions de l'article 140 du Code des Obligations de l'Administration qui dispose que seuls les actes détachables sont susceptibles de recours pour excès de pouvoir. Sa position a été confortée par les affaires Groupe Sud communication[61] et El hadj Diop et Jacques Henderson en

---

[53] V. D. CASSAS, Concl. C.G. : « à propos de l'arrêt du Conseil d'État du 16 Juillet 2007, (Société Tropic Travaux Signalisation) », *RDP* N° 5, 2007, pp. 1402-1435.

[54] CE, ass., 16 juill. 2007, req. n ° 291545, Sté Tropic Travaux Signalisation, Lebon 360, concl. CASAS, *GAJA* n° 117, *RFDA,* 2007. 923 ; chron. D. POUYAUD, *RFDA*,2007. 917 ; note F. Moderne, *RFDA*, 2007. 935 ; note M. CANEDO-Paris, *Rev. jur. éco. publ.*, 2007. 327 ; note P. DELVOLVE, *AJDA,* 2007. 1577 ; Chron. F. LENICA et J. BOUCHER.

[55] P. CASSIA, « Précisions procédurales sur le recours en contestation de la validité du contrat », *AJDA*, 2012, p. 1109.

[56] D. CASAS, « Un nouveau recours de pleine juridiction contre les contrats administratifs », *RFDA*, Juillet-Août 2007, pp. 696-711.

[57] V. S.-J. LIEBER-D. BOTTEGHI, « Quand le juge administratif doit se juger », *AJDA* N° 29, 2009, pp. 1605 et s.; « Le contrat public aurait-il (enfin) trouvé son juge ? », *AJDA*, 2010, p. 142.

[58] CE, ass., 4 avr. 2014, n° 358994, *Dpt de Tarn-et-Garonne*, préc. n° 1, consid.*2.*

[59] Ancien article 140 de la loi n° 65-51 du 19 juillet 1965 portant Code des Obligations de l'Administration, *J.O,* 1965, p. 945.

[60] Parmi les travaux les plus importants consacrés aux contrats que l'Administration peut souscrire, on peut citer notamment :
- M. SOURANG, *La technique contractuelle dans les rapports État-entreprises étrangères. Contribution à l'étude des conventions d'établissement conclues par les États africains*, Thèse d'État en Droit, Université de Bordeaux I, 1980, 400 p. ;
- A.-B. FALL, *La responsabilité extracontractuelle de la puissance publique : essai de transposition du droit administratif dans un pays d'Afrique noire francophone*, Thèse de Droit Public, Université Bordeaux IV, 1994, 873 p. ;
- D. SY, *La technique des contrats-plan au Sénégal : Contribution à l'étude de la contractualisation des relations entre l'État et les entreprises du secteur parapublic,* Thèse de doctorat d'État Dakar 1989, 682 p.

[61] CE, 29 octobre 1997, Sud Communication, *Bulletin des arrêts du Conseil d'État* n° 1, p. 145.

date du 27 avril 2000[62]. En effet, estime-t-il, dans ces espèces, que le recours pour excès de pouvoir n'est recevable que contre l'acte détachable du contrat. En outre, l'existence d'un recours parallèle[63] devant le juge du contrat fait obstacle à la recevabilité du recours[64].

Toutefois, les directives N° 4 et N° 5, portant respectivement sur la passation, l'exécution et le règlement des marchés publics et des délégations de service public ainsi que sur le contrôle et la régulation des marchés publics et des délégations de service public dans l'Union économique et monétaire ouest-africaine vont fondamentalement changer la donne.

En disposant à l'article 12 de la Directive N° 5 que : « *[...] Les États membres s'engagent à ce que les décisions de l'Autorité de Recours non juridictionnels puissent faire l'objet d'un recours à bref délai devant un organe juridictionnel...* », le législateur communautaire[65] offre de manière inespérée une extension notable de la compétence du juge administratif, à contre-courant d'une évolution[66] souvent dénoncée qui tendrait à faire du contentieux administratif une forteresse assiégée par le juge judiciaire tant civil que pénal[67]. Avec la transposition[68] desdites directives, le droit des contrats administratifs ainsi que leur contentieux connaissent une nouvelle cure de jouvence[69]. Cette

[62] CE. Arrêt n° 0008 du 27 Avril 2000, El hadj DIOP et Jack HENDERSON/État du Sénégal, *Bulletin des arrêts du Conseil d'État*, Année 2000, pp. 16-17.

[63] Le Professeur F. BRENET relevait, à cet égard, que *« l'exception de recours parallèle était, à l'origine, tout au moins, un prétexte »* qui cachait une raison *« d'ordre stratégique »* de désengorgement du prétoire du Conseil d'État.

[64] À ce sujet V. A. BOCKEL, « La Cour suprême et l'exception de recours parallèle », *A.A*, 1971, p. 167.

[65] Sur l'apport du droit communautaire dans le contrat administratif, V. l'article de P. TERNEYRE, « L'influence du droit communautaire sur le droit des contrats administratifs », *AJDA,* 1996, p. 84.

[66] V. G. ECKERT, « Réflexions sur l'évolution du droit des contrats publics », *RFDA,* 2006, p. 238.

[67] F. MODERNE, « Faut-il vraiment 'administrativiser' l'ensemble des marchés publics *», ADJA*, Septembre 2001, p. 707.

[68] V. A.-B. FALL, « Le Code des Obligations de l'Administration au Sénégal ou la transposition de règles de droit administratif français en Afrique par la codification », in *Mélanges Jean DU BOIS DE GAUDUSSON*, Tome I, Bordeaux, Presses Universitaires de Bordeaux, pp. 225-254.

[69] V. l'article de M. DIAGNE : « Les nouvelles tendances du droit des contrats administratifs au Sénégal », *EDJA* N° 80, janvier-février-mars 2009, pp. 13-36.

internalisation s'est traduite par la modification[70] substantielle du Code des Obligations de l'Administration (COA)[71] en 2006[72].

Avant cette consécration communautaire, l'ancien Code des Collectivités locales de 1996[73] déblaya le terrain en estimant que, en ce qui concerne les actes des collectivités locales[74], leurs contrats[75] font l'objet d'un déféré[76] du représentant de l'État sans passer par la théorie de la détachabilité[77].

Invitée à surseoir[78] à l'exécution d'une décision du Comité de Règlement des Différends (CRD) de l'Autorité de Régulation des Marchés publics (ARMP)[79] statuant en commission litiges entre le Contrôle financier et l'Agence autonome des Travaux routiers (A.A.T.R.) sur l'application de l'article 37-3 du décret n° 2007-545 du

[70] Loi n° 2006-16 du 30 juin 2006, modifiant la loi du 19 juillet 1965 portant Code des Obligations de l'Administration, *J.O* du 5 août 2006, p. 790 et s.

[71] Loi n° 65-51 du 19 juillet 1965 portant Code des Obligations de l'Administration, *J.O du* 23 août 1965, p. 945 et s.

[72] M. NGAÏDE, « La loi n° 2006-16 modifiant le Code des Obligations de l'Administration ou le renouveau du droit des contrats administratifs au Sénégal ? », *Revue Droit Sénégalais* N° 6, novembre 2007, pp. 105-118.

[73] Les lois n° 96-06 portant Code des Collectivités locales, n° 96-07 portant transfert de compétences aux régions, aux communes et aux communautés rurales et n° 96-09 du 22 mars 1996 fixant l'organisation administrative et financière de la commune d'arrondissement et ses rapports avec la ville, (textes abrogés).

[74] V. à ce sujet l'article d'I.-M. FALL : « Le contrôle de la légalité des actes des collectivités locales au Sénégal », *Afrilex* n° 5, pp. 1-47, http://afrilex.u-bordeaux4.fr / sites/afrilex/IMG/pdf/ 05 dossfallmadior.pdf, (Consulté le 24 janvier 2017).

[75] Marchés publics, conventions de concession ou d'affermage de services publics locaux à caractère industriel ou commercial.

[76] CE, Arrêt n° 0014 du 29 juillet 1998, Gouverneur de la région de Tambacounda c/Président du Conseil régional de Tambacounda, *Bulletin des arrêts du Conseil d'État*, année judiciaire 1998, pp. 12-13.

[77] La détachabilité correspond pour certains actes à une réalité matérielle. Les actes préalables à la conclusion du contrat peuvent s'en détacher formellement.

[78] Pour une application sous le régime du sursis à exécution, V. par ex. : CE, ass., 13 février 1976, Association de sauvegarde du quartier Notre-Dame à Versailles, req. n° 99708, Rec. p. 100. En droit sénégalais, voir les études sur la question du sursis à exécution : SALL, « Le sursis à exécution des décisions administratives dans la jurisprudence sénégalaise », *Revue Juridique et Politique* N° 4, 2005, pp. 499-543. V. également : M. SECK, « Le sursis à exécution des décisions administratives devant le Conseil d'État Sénégalais », *EDJA,* N° 53 Avril-Mai-juin 2002, pp. 51-55.

[79] Décret n° 2007-546 du 25 avril 2007 portant organisation et fonctionnement de l'Autorité de Régulation des Marchés publics (ARMP), *J.O* n° 6349 du samedi 2 Juin 2007 (abrogé). Voir le Décret n° 2023-832 fixant les règles d'organisation et de fonctionnement de l'Autorité de Régulation de la Commande publique (ARCOP).

25 avril 2007 portant Code des Marchés publics, la Cour suprême répond favorablement à la demande des requérants.

Cette décision inaugurale[80], assimilable à un « *arrêt de principe* »[81] en matière de litiges relatifs aux procédures de passation des marchés publics, signe « *l'entrée en scène* » de la Chambre administrative de la Cour suprême dans le contentieux des procédures de passation des marchés publics.

Cette affaire est importante, en ce qu'elle est la première d'une lignée, qu'on subodore, longue, et qui risque de transformer l'office de la Chambre administrative de la Cour suprême[82] en matière de marchés publics. En effet, elle ouvre à la Haute juridiction, un secteur d'activités de l'administration dans lequel elle n'avait pas eu, jusque-là, l'opportunité d'intervenir : la commande publique[83] à travers des marchés publics qui s'offrent comme les contrats passés par les collectivités publiques en vue de satisfaire leurs besoins[84] en matière de travaux, de fournitures et de services.

On le voit, la matière est éminemment textuelle, mais elle laisse toutefois un pouvoir d'appréciation important aux juges. À l'évidence, le juge administratif est au cœur du contrôle et de l'interprétation de ces

---

[80] CS. Arrêt n° 10 du 25 Septembre 2008, État du Sénégal c/ARMP, CRD, AATR., *Bulletin des arrêts de la Cour suprême* N° 1, Année judiciaire 2008-2009, Décembre 2011, pp. 88-89.

[81] Un arrêt de principe est un arrêt dans lequel est posé un principe d'application générale qui permettra de régir des cas futurs analogues. Ici, il s'agit de la décision par laquelle le juge administratif a été saisi pour la première fois en matière de procédures de passation des marchés publics.

[82] Selon l'article 8 de la loi organique n° 2017-09 du 17 janvier 2017 abrogeant et remplaçant la loi organique n° 2008-35 du 08 août 2008 sur la Cour suprême, loi organique n° 2022-16 du 23 mai 2022, celle-ci comprend quatre chambres : la chambre criminelle, la chambre civile et commerciale, la chambre sociale et la chambre administrative.

[83] Le terme de commande publique a été employé pour la première fois par le Conseil constitutionnel, dans sa décision relative à la première loi habilitant le gouvernement à simplifier le droit[83]. Dans cette décision, le conseil constitutionnel consacre l'existence d'un droit de la commande publique. (Cons. Const., 26 juin 2003, Déc. n° 2003-473 DC ; L. n° 2003-591, 2 juillet 2003, *JO*, 3 juillet 2003, p. 11192, *BJCP*, 2003, p. 354).

[84] Sur cette question V. F. LINDITCH, « La définition du besoin », *Cahier de droit de l'entreprise* n°5, septembre 2007, dossier 31.

textes[85]. D'ailleurs, la Chambre administrative de la Cour suprême a précisé les contours de son cadre d'intervention en estimant que : « (...) *dès lors qu'il avait considéré que la DCMP (Direction centrale des Marchés publics) avait accordé une autorisation de contracter, le Comité de Règlement des Différends (CRD) devait, en application des textes visés au moyen, retenir qu'une telle autorisation est un acte administratif qui ne peut être attaqué par la voie du recours pour excès de pouvoir devant la Cour suprême* »[86].

Après une période de relative inertie jurisprudentielle[87], la Cour a eu, plusieurs fois, l'occasion d'intervenir dans les affaires relatives aux procédures de passation des marchés publics[88]. B. CAMARA[89], ancien Premier Président de la Cour suprême, ne s'y trompe guère en déclarant, lors de l'audience solennelle de rentrée des Cours et Tribunaux 2017-2018 sur le thème « *le contrôle juridictionnel de l'administration* », la récurrence du contentieux portant sur les procédures de passation des marchés publics[90]. Après avoir analysé le contexte de l'étude, il importe de fixer le périmètre de son objet.

B. Objet de l'étude

En vérité, l'idée d'entreprendre cette recherche est née d'une volonté de pénétrer un domaine jusque-là non encore exploré par la doctrine : le

---

[85] G. KALFLECHE, *Des marchés publics à la commande publique : L'évolution du droit des marchés publics,* Thèse de droit public, Université Panthéon-Assas (Paris II), 2004, p. 13. Voir sur ce lien https://www.researchgate.net/publication/282288600.
[86] CS. Arrêt n° 20 du 12 Avril 2012, A. R.T.P-État du Sénégal c/ARMP, (Inédit).
[87] R. CHAPUS, *L'administration et son juge,* PUF, 1999, p. 7. ; Également, il importe de constater qu'avant la réforme du COA en 2006, il n'y avait presque pas de décisions sur les procédures de passation des marchés publics.
[88] Le dépouillement en matière de marchés publics a permis de recenser soixante-trois (63) décisions, dont cinquante-six (56) et six (06) ordonnances de référé.
[89] Pour donner suite à la réunion du Conseil supérieur de la Magistrature du Mardi 19 juin 2020, le premier président M. Badio CAMARA a été remplacé par M. Cheikh Tidiane COULIBALY. Toutefois, il reste le président honoraire de la Cour suprême. V. dans ce lien https://www.dakaractu.com/CHAMBOULEMENT-DANS-LA-JUSTICE-Les-nominations-dans-la-magistrature_a188415.html, (Consulté le 20/05/ 2020). Le 5 septembre 2022, M. Mamadou Badio CAMARA, membre du Conseil constitutionnel du Sénégal depuis 2021, a été désigné par décret présidentiel, Président de cette institution en remplacement de M. Papa Oumar SAKHO, arrivé au terme de son mandat (Consulté le 31 aout 2023 sur ce lien https://www.coursupreme.gouv.sn/fr/mamadou-badio-camara-nouveau-president-association-des-cours-constitutionnelles-francophones-accf).
[90] Sur ce lien le discours de Monsieur le Premier Président de la Cour suprême, http://coursupreme.sn/doc / DISCOURS-PPCS. pdf, (Consulté le 23 décembre 2019).

contrôle des procédures de passation des marchés publics et, par voie de conséquence, celui des décisions du Comité de Règlement des Différends de l'Autorité de Régulation de la commande publique (ARCOP)[91], par le juge de l'administration. En analysant les décisions rendues en matière d'actes détachables, nous sommes arrivé à la conclusion que le juge a considérablement étendu son champ d'intervention. Même s'il a été confronté à des difficultés, il a bon gré mal gré assumé son office sur les procédures de passation des marchés publics.

Ainsi avons-nous pu obtenir une masse critique de décisions pouvant présager les premières tendances[92] de ce contrôle[93]. Pour notre recherche, il ne s'agit pas seulement de décrire les règles de procédure et de fond, mais leur importance dans le contrôle juridictionnel de la passation des marchés publics et la façon dont elles sont interprétées. De plus, le contentieux des marchés publics offre souvent des solutions proches de celles qui existent dans le reste du contentieux administratif ou des actes administratifs unilatéraux.

Bien plus, le contrôle juridictionnel de la passation des marchés publics présente encore d'autres originalités par rapport à celui des actes administratifs unilatéraux, qui tiennent notamment à l'importance de la complexité des questions liées à la passation des marchés publics. C'est dans cette perspective qu'il sera question de délimiter la recherche avant de pouvoir mettre en exergue l'intérêt de l'étude.

II. CADRE DE L'ÉTUDE

Il concerne la clarification des termes du sujet **(A),** la délimitation de la recherche **(B)** et l'intérêt de l'étude **(C).**

A. Clarification des termes du sujet

Pour définir l'expression « *contrôle juridictionnel de la passation des marchés publics* », il nous faut tout d'abord éclairer ce qui est en

[91] Décret n° 2023-832 fixant les règles d'organisation et de fonctionnement de l'Autorité de Régulation de la commande publique (ARCOP), *JO* n° 7623 du mardi 02 mai 2023, p. 545.

[92] Sur les nouvelles tendances du droit administratif, V. L'article de P. MOUDOUDOU : « Les tendances du droit administratif dans les États d'Afrique noire francophone », *Revue juridique et politique* N° 1, 2010, p. 45.

[93] Plus de cent et une (101) décisions recensées peuvent-elles permettre d'entreprendre une systématisation sur le contentieux de la passation des marchés publics ? À ce titre, nous considérons le nombre de décisions obtenues permet à bien des égards de faire une étude sur la question.

arrière-plan. Alors, si les notions de « *contrôle juridictionnel* » et de « *marché public* » sont définies à la lumière de différentes approches textuelles, jurisprudentielles et doctrinales, les autres seraient précisées pour une bonne compréhension de l'étude.

La notion de contrôle

À l'évidence, la notion de contrôle n'est pas exempte d'intérêt du fait d'une définition visitée à maintes reprises. C'est pour cette raison que certains ont parlé d'ambiguïté[94], d'absence de définition, d'imprécision[95] ou de définition insatisfaisante[96]. Alors que le Littré définit le contrôle comme étant « *une vérification administrative* »[97], le Larousse le qualifie comme une vérification, une surveillance, un examen de certains droits ou de certains faits[98].

Selon M. WALINE, le contrôle peut être défini comme la vérification de la conformité d'une action avec une norme qui s'imposait à celle-ci ; ce peut être une norme juridique[99] ou une norme[100] de bonne exécution »[101]. SANTO et VERRIER considèrent qu'il avait pour conviction que « *dans la plupart des études qui traitent du contrôle de l'administration, le mot est utilisé le plus souvent sans avoir été, au préalable, défini ou précisé. Pour certains auteurs, il semble que le sens à donner à l'expression aille de soi ; il s'agit, en général, de juristes qui voient dans le contrôle son aspect intervention sur des actes* »[102]. Qu'en est-il du contrôle associé à juridictionnel ?

La notion de contrôle juridictionnel

De toutes les manières, il se donne à lire que les deux voies de contrôle permettant de s'assurer de la soumission de l'action

---

[94] V. M. SANTO, P.-E. VERRIER, *Le Management public*, Paris, Presses Universitaires de France, 1997, p. 65.
[95] J.-M. AUBY, J. RIVERO, G. VEDEL, *Traité de science administrative,* Paris, Mouton & Co., 1966, p. 693.
[96] D. BATSELE, *Contrôle de l'Administration*, Bruxelles, Presses Universitaires de Bruxelles, 1996, p. 8.
[97] http://littre.reverso.net/ dictionnaire-francais/, (Consulté le 27 décembre 2017).
[98] https://www.larousse.fr/ dictionnaires/francais-monolingue, (Consulté le 27 décembre 2017).
[99] On parlera alors de contrôle de régularité.
[100] On parlera alors de contrôle de rentabilité ou d'efficacité.
[101] M. WALINE, *Précis de droit administratif,* Montchrestien, 1970, p. 516.
[102] V. M. SANTO et P.-E. VERRIER, op.cit.

administrative[103] aux règles de droit sont : le contrôle administratif et le contrôle juridictionnel[104]. Le choix[105] du « *contrôle* » ajouté à « *juridictionnel* » permet de se détacher du contrôle administratif. Dans le cadre du contrôle administratif, il est permis à une personne de saisir l'administration de sa demande. Le terme « *administratif* » tend à souligner que le particulier souhaite ainsi, dans un premier temps tout au moins, limiter le cadre du litige, qui l'oppose à l'administration, à un dialogue avec cette dernière dans l'espoir d'arriver à une solution favorable sans engager de procès devant un juge[106]. Dans certains cas, c'est décider, parfois sous la contrainte d'un texte, de saisir une autorité qui dispose d'un pouvoir administratif au lieu de, ou avant de, saisir le juge administratif[107].

Quant au contrôle juridictionnel[108], il s'exerce principalement par le moyen du recours pour excès de pouvoir[109]. C'est à ce deuxième type de contrôle, et plus précisément le contrôle que le juge exerce sur les procédures de passation des marchés publics[110], qu'est consacrée la présente étude. On aurait pu envisager de traiter le sujet en utilisant les notions ou concepts ci-après : « *contentieux de l'excès de pouvoir* » ; « *contrôle du juge administratif* » ; « *le juge et les marchés publics* » etc. Toutefois, l'approche du point de vue « *contrôle juridictionnel* » nous a paru le mieux à même de rendre compte, aujourd'hui, de la réalité du contrôle du juge par la voie du recours pour excès de pouvoir.

---

[103] CH. LAPEYRE, « Jurisprudence administrative au Sénégal, contentieux des droits », *in A.A,* 1978, p. 28 et s.

[104] A. DIOP, « L'expérience sénégalaise du contrôle juridictionnel de l'administration », *RDP* N° 4, 1968, p. 5.

[105] V. HAÏM, « Le choix du juge dans le contentieux des contrats administratifs », *AJDA*, 1992, p. 315.

[106] J.-J. THOUROUDE, *Pratique du contentieux administratif*, Gualiano, 2014, p. 30.

[107] *Ibidem.*

[108] V. A. BOCKEL, « Le juge et l'administration en Afrique noire francophone », *Annales africaines*, 1971, p. 9. ; A. BOCKEL, « Le contrôle juridictionnel de l'administration », *in Les institutions administratives des Etats francophones d'Afrique noire* (sous la direction de G. Conac), P. Economica, 1979, p. 197. ; Actes du 2e colloque de la RIPAS sur le contrôle de l'administration au Sénégal, *RIPAS* n°15, janvier-décembre 1986, 386 p. ; V. également M. M. MBACKÉ, « Le Contrôle juridictionnel de l'administration : le recours pour excès de pouvoir », *EDJA* n°1, mai 1987, n° 2 juin 1987 et n° 3-4 juillet-août 1987.

[109] Bien entendu que le plein contentieux s'exerce à l'occasion des recours concernant l'exécution des marchés publics.

[110] V. C. BERGEAL, F. LENICA, *Le contentieux des marchés publics*, Éditions du Moniteur, 2e éd., Paris, 2010, 405 p.

Par ce truchement, ce contrôle tend à protéger aussi bien l'administration que l'administré. Il tend à défendre les citoyens contre l'arbitraire du pouvoir[111], certainement, mais aussi à protéger l'administration contre elle-même[112], contre ses propres incohérences, la rendre crédible et fiable. Cette fonction implique bien souvent soit une annulation, soit une réparation[113]. En étant, également, un contrôle externe[114], le contrôle juridictionnel offre un maximum de garanties aux requérants[115]. Il s'agit d'un contrôle externe et spécialisé exercé *a postériori*[116].

Donc, pour qu'il y ait contrôle juridictionnel de l'administration, il faut nécessairement un mécanisme de contrôle, à savoir des organes, c'est-à-dire des structures, des hommes chargés de les mettre en mouvement, en l'occurrence des magistrats, des voies de recours, c'est-à-dire des moyens permettant de déclencher le contrôle. Et enfin, un titulaire de l'initiative de saisine qui peut exercer (c'est-à-dire qui

---

111 V. O. DIA, « Le juge sénégalais et la construction de l'État de droit », Konrad Adenauer Stiftung, *Librairie d'Études Juridiques Africaines*, volume 12, septembre 2012, p. 71 ; V. ND.-M. DIAGNE : « Le Conseil d'État sénégalais et la construction de l'État de droit », *Revue administrative* N° 6, N° spécial, 1999, p. 81 ; V. également M. NGAÏDE : « Le Conseil d'État et le principe de l'égal accès des citoyens à un emploi public : à propos de l'arrêt du 29 juin 2000, Association Nationale des Handicapés Moteurs du Sénégal contre État du Sénégal », *Revue de droit africain* N° 24, octobre 2002, p. 43.

112 V. D. SY : « Le juge sénégalais et la création du droit administratif », *in la création du droit en Afrique* (sous la direction de D. Darbon et J. DU BOIS DE GAUDUSSON, P. Karthala, 1997, p. 395.

113 V. F. MELLERAY, *Essai sur la structure du contentieux administratif français*, *op.cit.*, p. 27 : « *il convient cependant de rappeler que si les besoins de classification étaient réduits avant 1864, c'est tout simplement parce que la distinction entre excès de pouvoir et pleine juridiction, qui constitue à la fois le moteur et le cœur de la classification formelle, n'avait guère lieu d'être [...]* ». Il convient cependant de préciser le sens de notre phrase : à la fin du XIXe siècle, différentes voies de droit dans le contentieux administratif tendent à s'affirmer en conséquence, essentiellement, de l'individualisation du recours pour excès de pouvoir. En elle-même, cette particularité du contentieux administratif rend possible l'élaboration d'une classification des recours contentieux. Toutefois, ce contexte n'implique pas pour autant une telle construction doctrinale.

114 J.-M. AUBY, J. RIVERO, G. VEDEL et al.,op. cit.

115 Il est vrai que beaucoup d'autres modalités de contrôle sont des contrôles externes, tel le contrôle parlementaire, et ils sont cependant inefficaces.

116 S. FALL, « Contrôle juridictionnel de l'Administration », *Discours de rentrée solennelle des cours et tribunaux 2017-2018,* V. sur ce lien http://coursupreme.sn / doc/discours 2018/DISCOURS_USAGE_2018-2019.pdf, (Consulté, 28/10/2018).

dispose des moyens d'exercer) et qui exerce effectivement le droit de recours dont il jouit. C'est par le biais du recours pour excès de pouvoir que la Cour suprême exerce son contrôle sur les procédures de passation des marchés publics.

Le recours pour excès de pouvoir

Selon la célèbre expression d'É. LAFERRIÈRE, le recours pour excès de pouvoir « *est un procès fait à un acte* »[117]. Il est décrit par G. JÈZE comme « *l'arme la plus efficace (...) et la plus pratique qui existe au monde pour défendre les libertés* »[118]. Créée[119] par la jurisprudence française à partir des années 1830, c'est la loi du 24 mai 1872[120] qui lui a donné sa base textuelle. Ce recours, introduit dans le droit sénégalais dès 1960 dans l'ordonnance n° 60-17 relative à la Cour suprême[121], est

[117] Traité de la juridiction administrative et des recours, 2 e éd. 1887, T.2, p. 560.

[118] G. JÈZE, « Les libertés individuelles », *Annuaire de l'Institut international de droit public*, 1929, p. 180.

[119] La date de naissance du recours pour excès de pouvoir faisant l'objet d'une controverse classique et encore vivace entre historiens du droit (V., en dernier lieu, la mise au point de J.-L. MESTRE, « L'arrêt Landrin, acte de naissance du recours pour excès de pouvoir ? », *RFDA,* 2003. 211), celle des différents moyens d'annulation est, par voie de conséquence, tout aussi incertaine. Suivant que l'on affirme qu'il est apparu sous l'Ancien Régime (V., par ex., P. LAMPUÉ, « Le développement historique du recours pour excès de pouvoir depuis ses origines jusqu'au début du XXe siècle », *RISA* ,1954. 359 ; J.-L. MESTRE, *Un droit administratif à la fin de l'Ancien Régime : le contentieux des communautés de Provence*, 1976, LGDJ, p. 61 et s.), en 1818 (P. LANDON, *Le recours pour excès de pouvoir sous le régime de la justice retenue*, thèse, Paris, 1942, p. 15 et s.) ou en 1826 (P. SANDEV., *Études sur le recours de pleine juridiction*, 1964, LGDJ, p. 256 et s. ; F. BURDEAU, *Histoire du droit administratif*, 1995, PUF, p. 167 et s. ; G. BIGOT, *Introduction historique au droit administratif depuis 1789*, 2002, PUF, p. 113), il va de soi que l'on est logiquement amené à également dater différemment la naissance des moyens d'annulation. Seule la première de ces trois options donne ainsi tout son sens à la recherche de L'origine des cas d'ouverture du recours pour excès de pouvoir d'après les remontrances des Parlements au XVIIIe siècle (titre d'une étude de G. LEBRETON, RD publ. 1986. 1599) ou à des développements sur une période encore plus ancienne (K.-W. EIDENFELD, *Les origines médiévales du contentieux administratif* [XIVe-XVe siècles], 2002, de Boccard, p. 47 et s.).

[120] La loi du 24 mai 1872 est un texte historique qui marque le passage de la justice retenue à la justice déléguée.

[121] Ordonnance n° 60-17 du 3 septembre 1960 organisant la Cour suprême, *J.O*, du 12 septembre 1960, p. 926, (abrogé) ; V. A. GUILLABERT, « La Cour suprême du Sénégal», *Pénant,* 1961, p. 46. ; K. MBAYE, « l'organisation judiciaire au Sénégal », *Pénant,* 1965, p. 27. ; M. AURILLAC, « La Cour suprême du Sénégal », *RJPIC,* 1969,

repris par la loi organique n° 2017-09 du 17 janvier 2017 abrogeant et remplaçant la loi organique n° 2008-35 du 08 août 2008 sur la Cour suprême[122].

Le recours pour excès de pouvoir est défini comme un recours juridictionnel formé auprès du juge administratif en vue de l'annulation d'un acte administratif unilatéral, pour cause d'illégalité[123]. Selon le professeur D. SY, il s'agit de l'action par laquelle toute personne y ayant intérêt peut provoquer l'annulation d'une décision exécutoire par le juge compétent en raison de l'illégalité de cette décision[124].

C'est un contrôle de nature objectif, qui relève du contentieux de la légalité, fondé sur l'obligation de respect par l'administration de la hiérarchie des normes. Pour cette raison, l'annulation revêt une autorité absolue de la chose jugée. C'est, en outre, un recours de droit commun, « *qui est ouvert même sans texte contre tout acte administratif* »[125]. Le recours pour excès de pouvoir a un caractère objectif. Cela signifie qu'il est un procès fait à un acte. La seule question posée au juge est de savoir si l'acte attaqué est légal ou pas.

Sous cet éclairage, les conclusions du recours pour excès de pouvoir doivent tendre à l'annulation de l'acte litigieux et exclure toute demande en réparation[126] pécuniaire comme l'a fait savoir le juge de l'excès de pouvoir dans l'affaire Abdoulaye BA[127]. C'est la même

---

p. 65. ; O. CAMARA, « La Cour suprême du Sénégal », *in les cours suprêmes en Afrique*, tome 1, 1988, p. 307. ; G. CONAC et J. DU Bois de GADUSSON (sous la direction de) : *Les cours suprêmes en Afrique*, Vol. III, la jurisprudence administrative P. Economica, 1988.

[122] Loi organique n° 2017-09 du 17 janvier 2017 abrogeant et remplaçant la loi organique n° 2008-35 du 08 août 2008 sur la Cour suprême, *J.O* n° 6986, numéro spécial du Mercredi 18 janvier 2017, p. 47.

[123] G. GONDOUIN, V. INSERGUET-BRISSET, A.-V. LANG, *Dictionnaire de droit administratif*, Dalloz, 2015, p. 394.

[124] D. SY, *Droit administratif*, l'Harmattan, 2 e éd., Revue, corrigée et augmentée, 2014, p. 113.

[125] CE 17 févr. 1950, Dame Lamotte, Rec. 110.

[126] Sur la frontière entre le recours pour excès de pouvoir et le recours de plein contentieux, V. S. DOUMBÉ-BILLÉ : « Recours pour excès de pouvoir et recours de plein contentieux, à propos de la nouvelle frontière », *AJDA*, 1993, pp. 3-12.

[127] CS. 4 Mai 1977, Abdoulaye Ba c/Régie des chemins de fer du Sénégal où le juge sénégalais affirme : *« Attendu toutefois que le sieur Ba demande également que la régie des chemins de fer soit condamnée à lui payer ledit traitement ainsi qu'une somme de 100.000 f à titre de réparation (?) pour préjudice matériel et moral que lui a causé la décision attaquée ; mais attendu que ces conclusions, qui relèvent de la*

solution qui a été reprise dans l'affaire Mamadou Lamine DIOP[128]. Le Conseil constitutionnel français estime que l'attribution de ce contentieux au juge administratif constitue un principe fondamental reconnu par les lois de la République[129].

Peut-on exercer un recours pour excès de pouvoir contre les procédures de passation des contrats administratifs donc des marchés publics ? Autrement dit, les recours exercés contre les décisions des organes de règlement des litiges relevant des procédures de passation des marchés publics devant la Cour suprême sont-ils des recours en cassation ou des recours pour excès de pouvoir ?

Si en France, un débat a opposé la doctrine[130] sur cette question, la réponse de la Chambre administrative de la Cour suprême du Sénégal est sans équivoque. Elle considère que les recours exercés contre les décisions des organes de régulation sont des recours pour excès de pouvoir.

Il convient, également, de déterminer les contours de la notion de marché public.

La notion de marché public

Pour préciser la notion de « *marché public* »[131], il convient d'analyser sa définition légale, jurisprudentielle et doctrinale.

---

compétence du tribunal de 1ère instance, échappent à celle du juge de l'excès de pouvoir et sont par suite irrecevables ».

[128] CS.23 mars 1966 Mamadou Lamine Diop.

[129] Cons. const. 86-224DC 23 janv. 1987, Conseil de la concurrence.

[130] Sur la nature du Médiateur de la République, V. l'article de G. BRAIBANT, « Les rapports du Médiateur et du juge administratif », *AJDA,* 1977, pp. 283-288 et Y. GAUDEMET, « Le Médiateur est-il une autorité administrative ?», in *Service public et libertés : Mélanges offerts au professeur Robert-Edouard Charlier*, Paris, Edition de l'université et de l'enseignement moderne, 1981. pp. 117- 130. V. aussi B. BOUMAKANI, « Les médiateurs de la République en Afrique Noire francophone : Sénégal, Gabon et Burkina-Faso », *RIDC*, av. Juin 1999, Vol. 51 n°2, p. 325 et s.

[131] V. S. BRACONNIER, *Précis du droit des marchés publics*, Le Moniteur, 4e éd., Paris, 2012, 568 p.

Définition légale de la notion de marché public

La définition de la notion de marché public[132] appellerait, pour être plus exhaustive[133], plus d'éclaircissements et d'amples développements auxquels de nombreux travaux récents ont déjà été consacrés[134]. L'acception de la définition de « *marché public* » en droit interne se trouve dans les dispositions de l'article 4. 29 du décret n° 2022-2295 du 28 décembre 2022 portant Code des Marchés publics au Sénégal[135]. Il est défini comme : « *un contrat conclu à titre onéreux par une autorité contractante pour répondre à ses besoins en matière de travaux, de fournitures ou de services. Les marchés publics sont des contrats administratifs*[136] *à l'exception de ceux passés par les sociétés nationales et les sociétés anonymes à participation publique majoritaire qui demeurent des contrats de droit privé* ». Cette définition reprend

---

[132] Heureusement, la doctrine a beaucoup systématisé sur la notion de marché publics, *cf.* J. KAHN, « La notion juridique de marché public », *Marchés publics*, 1968, n° 78, p. 37; L. RICHER, « Le marché public : problèmes actuels de définition », *CJEG*, février 1986, n° 408, doctr. p. 37 & *Marchés publics*, janvier 1987, n° 223, pp. 35-39 ; L. RICHER, « L'article 1er du Code des marchés publics doit-il être révisé ? », *AJDA*, 20 juillet 1994, n° spécial p. 13. La définition du Code apparaissait pourtant comme tellement peu satisfaisante que le *Traité des contrats* de A. de LAUBADÈRE, F. MODERNE et P. DELVOLVÉ, Paris, *LGDJ*, Tome 1, 1983, n° 198 p. 255, préfère redéfinir les marchés en proposant des critères plus opératoires.

[133] C. LAJOYE, *Droit des marchés publics*, Gualino, 5e éd., 2012, p. 30 ; La définition résultant de la jurisprudence et de la doctrine. En vertu de celles-ci, il était possible de définir le marché public comme un contrat passé par une personne publique – à l'exclusion des établissements publics à caractère industriel ou commercial nationaux – afin d'obtenir une prestation de travail immobilier, de services ou la fourniture de biens meubles moyennant un prix payé par la personne publique. À la lecture de cette définition, on perçoit les trois éléments essentiels de la notion de marché public : l'élément organique, déjà évoqué, l'élément matériel et le mode de rémunération.

[134] F. LINDITCH, *Le droit des marchés publics,* Dalloz, 6e éd., 2016, 272 p.

[135] *J.O,* n° 7592, numéro spécial, jeudi 26 janvier 2023, p.79.

[136] F. RAYNAUD, P. FOMBEUR, « la notion de contrat administratif », *AJDA*, 1999, pp. 1-2 : Une histoire jurisprudentielle riche en rebondissements : la jurisprudence a connu des hésitations. Deux lignes divergentes se sont principalement développées, qui ont donné naissance aux deux critères qui sont aujourd'hui alternatifs pour la détermination du caractère administratif d'un contrat : l'exécution d'un service public et l'existence, dans le contrat, de clauses exorbitantes du droit commun. CE 06 février 1903, Terrier, Lebon p. 94 ; *les grands arrêts de la jurisprudence administrative*, Dalloz, 21e éd., 2017, n° 11, p. 167.

quasiment celle retenue par l'ancien décret n° 2014-1212 du 22 septembre 2014 portant Code des Marchés publics[137].

Dans cette acception, on relève trois critères : un critère organique qui se réfère à la nature des personnes parties au contrat. À l'image des contrats synallagmatiques, un marché public cristallise la rencontre de deux volontés : celle de l'administration, agissant sous les traits d'un pouvoir adjudicateur, et celle d'un opérateur économique[138] (entrepreneur, fournisseur ou prestataire de services) qui accepte de répondre aux besoins exprimés par la collectivité commanditaire. De manière beaucoup plus singulière, l'article 2 dudit Code énumère les différentes personnes publiques qui y sont soumises[139].

---

[137] Ce décret a fait l'objet de plusieurs modifications avant d'être définitivement abrogé et remplacé par celui du 28 décembre 2022 portant Code des Marchés publics (Voir *JO* numéro spécial, n° 7592 du jeudi 26 janvier 2023). Avant son abrogation et son remplacement, voici les quatre (04) dernières modifications du Code des Marchés publics de 2014 :

- Décret n° 2022-1538, 12 août 2022, modifiant et complétant le décret n° 2014-1212 du 22 septembre 2014 portant Code des Marchés publics, *JO*, n° 7555, 13 août 2022 (abrogé).
- Décret n° 2022-781 du 18 mars 2022 portant dérogation au Code des Marchés publics pour les dépenses relatives à la lutte contre le COVID-19, *JO* n° 7286, p. 589, numéro spécial du mercredi 18 mars 2020, (abrogé) ;
- Décret n° 2020-876 du 25 mars 2020 complétant l'article 3 du décret n° 2014-1212 du 22 septembre 2014 portant Code des Marchés publics, modifié par le décret n° 2020-22 du 07 janvier 2020, *JO* n° 7293 du jeudi 26 mars 2022, p. 771, (abrogé) ;
- Décret n° 2020-22 du 07 janvier 2020 portant modification de l'article 76 du décret n° 2014-1212 du 22 septembre 2014 portant Code des Marchés publics, *JO* du 13 janvier 2020, p.33 (abrogé) ;

[138] V. notamment M. AUVRAY, « La notion d'opérateur économique en droit des contrats publics », *RLC,* 2008, n° 1216.

[139] Les dispositions du décret 2014 portant Code des Marchés publics s'appliquent aux marchés conclus par les autorités contractantes suivantes :

a) l'État, y compris ses services déconcentrés et les organismes non dotés de la personnalité morale placés sous son autorité ;

b) les collectivités locales, y compris leurs services déconcentrés et les organismes non dotés de la personnalité morale, placés sous leur autorité, ainsi que les groupements mixtes et les établissements publics locaux visés respectivement par les articles 74 et 327 du Code des collectivités locales ;

c) les établissements publics ;

d) les agences ou organismes, personnes morales de droit public ou privé, autres que les établissements publics, sociétés nationales ou sociétés anonymes à participation publique majoritaire, dont l'activité est financée majoritairement par l'État ou une

Pour ce qui est du critère matériel, il se rapporte à son objet. Un marché public permet, en effet, à l'administration de pourvoir à ses besoins en matière de fournitures, de services, de travaux et de prestations intellectuelles. Quant au critère financier, un marché ne peut être conclu qu'à titre onéreux. La collectivité publique est astreinte, en contrepartie des prestations dont elle bénéficie, au paiement d'un prix. Ce dernier, en vertu de son importance, figure parmi les mentions obligatoires.

Le marché public se distingue de certaines notions qui lui sont voisines : il s'agit, entre autres, de la délégation de service public[140], du partenariat public privé[141] et de la commande publique[142].

Du coup, le mode de rémunération retenu permet de faire la différence entre un marché public et une délégation de service public. Le premier exige un paiement intégral et immédiat à la charge de l'acheteur public alors que pour la délégation de service public[143], la rémunération est tirée de l'exploitation du service. Dans la nouvelle loi sur les partenariats

---

collectivité locale et s'exerce essentiellement dans le cadre d'activités d'intérêt général ;
e) les sociétés nationales et les sociétés anonymes à participation publique majoritaire ;
f) les associations formées par les personnes visées aux paragraphes a) à e) ci-dessus.
2. Les marchés passés par une personne morale de droit public ou privé pour le compte d'une autorité contractante sont soumis aux règles qui s'appliquent, conformément au présent décret, aux marchés passés directement par ladite autorité contractante. La délégation des tâches relatives à la passation de marchés concernant la réalisation d'ouvrages ou de projets, doit être effectuée dans les conditions stipulées aux articles 31 à 34 du présent décret.

[140] V. B. D. MARAIS, « Les délégations de service public au service du développement : expérience et approche de la Banque Mondiale », *RFDA* n° 3, juin 1997, pp. 101-113. On pourra lire avec intérêt, F. BRENET et F. MELLERAY : *Les contrats de partenariat de l'ordonnance du 17 juin 2004 : une nouvelle espèce de contrats administratifs*, Paris, Litec, 2005, 278 p. ; X. BEZANÇON, L. DERUY, R. FISZELSON et M.ORNACCIARI, *Les nouveaux contrats de partenariat public-privé: analyses juridiques, problèmes* LICHERE, « Les contrats de partenariat, Fausse nouveauté ou vraie libéralisation dans la commande publique?, *Revue du droit public* n° 6, 2004, pp. 1547-1568 ; Y. GAUDEMET, « Les contrats de partenariat public-privé : étude historique et critique », *BJCP*, 2004, n°6, pp. 331-339.

[141] Loi n° 2021-23 du 02 mars 2021 relative aux contrats de partenariat public-privé, *JO* numéro 2021-7407.

[142] Sur la question V. F. LICHERE, « La réforme de la commande publique est-elle achevée ? Avant-propos », *Contrats publ.* n° 69, sept. 2007, p. 39.

[143] L'expression proprement dite de délégation de service public a été utilisée pour la première fois en France par la loi du 29 janvier 1993.

public-privé[144], la délégation de service public est considérée comme un contrat de partenariat public-privé à paiement par les usagers.

Il convient, par ailleurs, de distinguer la notion de marché public de celle de partenariat public privé[145]. Aux termes de l'article 3 de la loi n° 2021-23 du 02 mars 2021 relative aux contrats de partenariat public-privé[146], ce contrat se définit comme étant :

« *Un contrat écrit conclu à titre onéreux pour une durée déterminée entre une autorité contractante et un opérateur économique, qui est, selon son objet, les modalités de rémunération du titulaire et les risques transférés, qualifié de contrat de partenariat public-privé à paiement public ou de contrat de partenariat public-privé à paiement par les usagers* ».

Le contrat de partenariat public-privé à paiement public est un contrat de partenariat public-privé par lequel une autorité contractante confie, à un opérateur économique, dont la rémunération provient essentiellement de versements de l'autorité contractante pendant toute la durée du contrat, tout ou partie des missions ayant pour objet, la conception, la construction ou la transformation, l'entretien, la maintenance, l'exploitation ou la gestion d'ouvrages, de services, d'équipements ou de biens immatériels nécessaires à l'intérêt général dont l'autorité contractante a la charge, ainsi que tout ou partie de leur financement.

Le contrat de partenariat public-privé à paiement par les usagers est un contrat de partenariat public-privé par lequel une autorité contractante confie la gestion d'un service d'intérêt général dont elle a la responsabilité, ou la conception, le financement, la réalisation, la réhabilitation, l'exploitation, l'entretien et la maintenance d'ouvrages, d'équipements ou de biens immatériels à un opérateur économique dont la rémunération provient essentiellement de versements des usagers. La

---

[144] Ce nouveau texte abroge et remplace la loi n° 2014-09 du 20 février 2014 relative aux contrats de partenariat public -privé (ppp), *JO,* 2014, 6781, modifiée par la loi n° 2015-03 du 12 février 2015, *JO,* 2015, 6835.

[145] Avec la décision n° 2003-473 DC du 26 juin 2003 (Loi habilitant le Gouvernement à simplifier le droit, *AJDA* 2003. 1404, note E. FATOME ; *ibid.* 1391, note J.-E. SCHOETTL ; *ibid.* 2348, étude E. FATOME et L. RICHER), le Conseil constitutionnel cesse de se tenir à la périphérie du droit des contrats administratifs pour investir la matière en y introduisant une notion nouvelle, celle de commande publique et en faisant de certaines règles de la commande publique des garanties d'exigences constitutionnelles.

[146] Loi n° 2021-23 du 02 mars 2021 relative aux contrats de partenariat public-privé, *JO* numéro 2021-7407.

concession, l'affermage et la régie intéressée sont des contrats de partenariat public-privé à paiement par les usagers.

Dans ce même esprit, la notion de marché public doit être aussi clairement distinguée de celle de commande publique[147]. Les marchés publics constituent la catégorie la plus importante des contrats de commande publique[148]. Même si tous les marchés publics sont des contrats de commande publique[149], tous les contrats de commande publique[150] ne sont pas des marchés publics.

Au niveau communautaire, la Directive n° 04/2005/CM/UEMOA du 09 décembre 2005 portant procédures de passation, d'exécution et de règlement des marchés publics et des délégations de service public dans l'Union économique et monétaire ouest-africaine définit « *le marché public comme étant le contrat écrit conclu à titre onéreux par une autorité contractante pour répondre à ses besoins en matière de travaux, de fournitures ou de services* ». Le Code des Marchés publics sénégalais reprend la définition communautaire[151]. Du point de vue jurisprudentiel, la notion de marché public a fait l'objet de systématisations.

Définition jurisprudentielle de la notion de marché public

La notion de marché public faisait l'objet d'une définition si laconique qu'elle a dû être complétée par la jurisprudence. La norme jurisprudentielle n'est pas unique, on la retrouve à tous les degrés de la légalité de l'achat public.

On le sait, la jurisprudence française a dégagé trois critères pour qualifier un contrat de contrat administratif. Ces critères valent pour les

[147] J.-M PEYRICAL, Chron. sur : « L'évolution du droit de la commande publique, quelques commentaires et réflexions », *AJDA*, Mai 2009, pp. 965-972.
[148] S. SAMB, *Le droit de la commande publique en Afrique noire francophone : contribution à l'étude des mutations du droit des contrats administratifs au Sénégal, au Burkina Faso, en Côte d'Ivoire et au Cameroun*, Thèse pour le doctorat en droit public présentée et soutenue publiquement en 2015, Université de Bordeaux, p. 59, disponible ici https://tel.archives-ouvertes.fr/tel-01651346, (Consulté le 05/03/2017).
[149] V. J.-M. PEYRICAL : « L'émergence du droit de la commande publique », *Le Moniteur-Contrats publics* N° 100, 2010, pp. 29-32.
[150] Sur la possibilité d'avoir un Code de la Commande publique, V. F. TIBERGHIEN : « Il faut un code de la commande publique pour assurer sa sécurité juridique », *AJDA*, 2008, p. 1228.
[151] V. B. GUEYE, « Le nouveau code sénégalais des marchés publics, entre réponse aux attentes de la société civile et prise en compte des influences communautaires », *Revue des marchés publics* N° 4, septembre 2011, p. 23.

marchés publics. Un critère permanent et nécessaire (la présence d'une personne publique au contrat), un critère alternatif à savoir la présence dans le contrat d'une clause exorbitante du droit commun[152] et l'exécution d'une mission de service public[153].

En définitive, les différents juges de l'achat public paraissent entrés dans une phase d'intense activité. Sans entrer en concurrence les uns avec les autres, chacun développe son approche des marchés : au juge communautaire l'approche économique, au juge administratif la sanction des manquements aux formalités procédurales, au juge pénal les infractions liées à l'octroi d'avantage injustifié, à la prise illégale d'intérêt, à l'abus de confiance, au faux en écriture publique ou, plus rarement, à la corruption. La doctrine n'est pas restée insensible dans la définition de la notion de marché public.

Définition doctrinale de la notion de marché public

Même si la définition communautaire[154] a donné satisfaction, il n'en demeure pas moins que c'est bien un droit ancien que celui des marchés, puisque Cicéron contestait déjà le respect des procédures par le fameux Verrès dont il faisait le réquisitoire[155].

Aussi constate-on que, d'une part, les définitions ne sont pas identiques, ce qui n'est pas sans poser de difficultés théoriques et, certains contrats[156]

---

[152] CE, 31 juillet 1912, Société des granits porphyroïdes Des Vosges, *GAJA* n° 24. (in P. WEIL, G. BRAIBANT, B. GENEVOIS, *Les grands arrêts de la jurisprudence administrative*, 21e éd., 2017, p. 140).

[153] CE, 20 avril 1956, époux Bertin, Ministre de l'Agriculture c. consorts Grimouard, GAJA n° 67. (in P. WEIL, G. BRAIBANT, B. GENEVOIS, *Les grands arrêts de la jurisprudence administrative*, 21e éd., 2017, p. 436).

[154] V. supra, (Le législateur sénégalais a repris la définition proposée par la Directive N ° 4 relative à la passation et l'exécution des marchés publics et des délégations de service public).

[155] CICERON, *Action contre C. Verrès,* Liv. 1er, Chap. 50, 55 et 56, *cf.* traduction de P-C-B GÉROULT, « Discours contre Cécilius, première action contre Verrès, seconde action contre Verrès [...] », *Bibliothèque latine-française*, Tomes 51-53, œuvres complètes de Cicéron V-VII, Paris, 1867-1869. V. aussi pour une étude juridique : E.-E. JOUVE, *Droit romain du louage d'ouvrage (digeste livre 19 titre 2), droit français des marchés de travaux publics (CCAG du 14 novembre 1866)*, Thèse, Paris, 1878.

[156] L'expression de contrats et marchés est celle employée par l'AJDA, vraisemblablement inspirée par les tables du Lebon qui regroupent sous ce terme l'ensemble des arrêts au sujet des contrats en général et des marchés et concessions en particulier. Sur les 46 numéros de cette revue entre juin 2003 et juin 2004, seuls 16

qui étaient « *marchés* » dans l'Ancien droit comme durant une partie du XIXe siècle, en sont aujourd'hui exclus[157], d'autre part.

C'est pour cette raison que, F. LINDITCH[158] estimait jadis qu'on définit les marchés publics comme les contrats dans lesquels, le titulaire était rémunéré par l'administration au moyen d'une somme d'argent qualifiée de prix. Ce critère du prix permettait de le distinguer du contrat de gestion déléguée de service public, lequel prévoyait au contraire que l'entreprise gestionnaire du service serait rémunérée par une redevance versée directement par les usagers[159]. Pour J.-C. DUVAL, un marché public est un contrat conclu à titre onéreux entre les pouvoirs adjudicateurs et les opérateurs économiques publics ou privés pour répondre à leurs besoins en matière de travaux, de fournitures ou services[160]. Dans cet esprit, GUIBAL estime qu'« *avant d'être un acte économique d'achat et une opération financière mettant en œuvre des deniers publics, le marché public est, d'abord, un contrat* »[161]. Pour autant, L. RICHER avance que « *les marchés publics sont semblables aux contrats que concluent entre eux les particuliers* »[162].

La réflexion est prolongée par l'importance de la doctrine produite par l'administration[163]. Les raisons doivent être recherchées, non dans une prétendue complexité, mais dans la diversité foisonnante de la réalité de l'achat. D'une part, les administrations achètent à peu près tout ce qui existe, et de l'autre, l'imagination contractuelle des parties est quasiment sans limite[164]. Ce ne sont pas du reste, les moindres

---

ne mettent pas en avant, en couverture, un article ou une note sur les contrats et marchés. Notons que l'AJDA s'appelait jusqu'en 1955 Actualité juridique « édition travaux », puis « travaux » ; l'extension de la place des marchés publics est donc en quelque sorte un retour aux sources. Cette tendance, quoique moins forte, peut aussi être constatée dans d'autres revues comme la RFDA, Droit administratif ou les Cahiers juridiques de l'électricité et du gaz (CJEG), devenus la Revue juridique de l'entreprise publique (RJEP).

[157] G. KALFLECHE, *Des marchés public s à la commande publique : L'évolution du droit des marchés publics, op.cit.,* disponible sur https://www.researchgate.net / publication/282288600, p. 10, (Consulté le 29 juin 2016).

[158] *Ibid.*

[159] CE, 11déc. 1963, Ville de Colombes.

[160] J.-C. DUVAL, *l'essentiel du droit des marchés publics*, Ellipses, 3 éditions, 128 p.

[161] M. GUIBAL, « La réduction des risques juridiques par la simplification », *ACCP* juillet- août 2001, N° 2, p. 8, cité par C. EMERY.

[162] L. RICHER, *Droit des contrats administratifs,* L.G.D.J, 10 éditions, 2016, 784 p.

[163] Réponses ministérielles, avis, circulaires, fiches pratiques, guides, « chat ».

[164] *Ibid.*

charmes de la matière. Après avoir précisé les termes de la recherche, l'étude doit être délimitée.

B. Délimitation du sujet

Ces propos de M. WALINE sont assez éclairants en vue de la délimitation de l'étude : *« il ne faut point trop embrasser et l'objet d'une recherche doit être assez réduite pour qu'elle puisse être approfondie ; toutefois, il n'est pas interdit de partir d'une telle analyse, aussi ponctuelle soit-elle, pour dégager des conclusions plus larges rayonnant sur un vaste champ de réflexion...* »[165]. Compte tenu de la pluralité de voies de droit dont disposent les requérants en matière de marchés publics, il importait de faire un choix pour mieux adresser le sujet. Dans cette perspective, il s'agira d'identifier l'organe juridictionnel concerné par l'étude. Aussi, il ne sera pas vain de préciser la différence entre règles de préparation, de passation et d'exécution des marchés publics. Ces précisions nous permettront, par la même occasion, de faire ressortir les contentieux ne faisant pas partie de l'étude et de déterminer le cadre temporel et géographique.

Identification de l'organe juridictionnel concerné par l'étude

En précisant à l'article 140 du Code des Obligations de l'Administration que les actes détachables des contrats administratifs peuvent faire l'objet de recours pour excès de pouvoir, le législateur fait de la Chambre administrative de la Cour suprême, le réceptacle naturel des recours liés aux procédures de passation des marchés publics. On note, alors, un manque d'intérêt du débat sur le juge compétent, sur la nature du contentieux et sur celle accessoire de la juridiction compétente.

Sans nul doute, la Chambre administrative de la Cour suprême est compétente pour recevoir les litiges relatifs aux actes détachables des marchés publics. Elle est juge en premier et dernier ressort en matière de recours pour excès de pouvoir[166]. Elle est, également, juge de cassation à l'égard des juridictions statuant en dernier ressort en matière administrative. Depuis sa mise en place, elle a été principalement saisie, de la régularité des procédures de passation des marchés publics. Pour

---

[165] G. DUPUIS, « les visas apposés sur les actes administratifs », *Mélanges offerts à Marcelle WALINE,* Tome 1, juillet 1974, p. 407.

[166] Loi organique n° 2017-09 du 17 janvier 2017 abrogeant et remplaçant la loi organique n° 2008-35 du 08 août 2008 sur la Cour suprême, *op. cit.,*

le plein contentieux, elle n'a pas enregistré de pourvois en cassation[167]. Qu'en est-il de la distinction des règles de passation et d'exécution des marchés publics ?

Distinction entre règles de passation et règles d'exécution des marchés publics

Dans le droit des marchés publics, il est habituel de distinguer dans le cycle de vie du contrat entre régime de leur passation et celui de leur exécution[168]. Sous la pression du droit de la concurrence, le droit des marchés publics s'est surtout orienté jusque-là vers la passation censée fournir à l'administration contractante l'offre la plus avantageuse économiquement[169]. L'administration dispose en matière d'exécution de suffisamment de prérogatives pour obliger son cocontractant à respecter ses engagements. Toutefois, les règles de passation ont une incidence directe sur celles de l'exécution[170].

Également, il est important de faire le *distinguo* entre la phase de préparation des marchés et celle de passation. S'agissant de la préparation, l'article 44 de la Directive n° 04/2005 met l'accent sur la précision dans la détermination de la nature et l'étendue des besoins. L'article 5 du Code des Marchés publics du Sénégal insiste sur la notion « *d'exactitude* »[171] en demandant aux autorités contractantes de déterminer leurs besoins aussi exactement que possible. Dans le cadre de cette étude, les règles de préparation et d'exécution des marchés publics ne seront pas traitées. Aussi convient-il d'analyser les contentieux non concernés par l'étude ?

---

[167] F.-H. DIALLO, « Le contrôle de régularité par le juge administratif », *Revue des Marchés Publics de l'ARMP* N° 18, Sept 2014, pp. 16-17.

[168] V. la thèse de A. JENAYAH, *Contrôle de l'exécution des marchés publics en droit tunisien,* l'Harmattan, 2018, p. 34.

[169] *Ibidem.*

[170] J.-F. KERLEO, « L'encadrement de l'exécution des marchés publics par le droit de l'Union européenne : Réflexions sur la proposition de directive relative à la passation des marchés publics », *Contrats et marchés publics* N° 1, janvier, 2013.

[171] Article 5 du Code des Marchés publics de 2022 : « *Avant tout appel à la concurrence, consultation ou négociation, l'autorité contractante est tenue de déterminer aussi exactement que possible la nature et l'étendue des besoins à satisfaire en prenant notamment en compte les objectifs de développement durable à travers ses dimensions économique, sociale et environnementale. Les fournitures, services ou travaux qui font l'objet de marchés doivent répondre exclusivement à ces besoins* ».

Les recours contentieux exclus

À l'évidence, faire le choix du recours en annulation sur les contrats de marchés publics comme critère de délimitation suppose d'exclure le contrôle juridictionnel de l'exécution des marchés publics[172], le contrôle juridictionnel des comptes et le contrôle non juridictionnel[173] devant le Comité de Règlement des Différends de l'ARCOP.

Abstraction sera donc faite au contentieux de pleine juridiction dans le cadre duquel, il est recensé très peu de décisions[174]. En effet, s'il est relativement aisé d'accéder aux arrêts de la Cour suprême, tel ne semble pas être le cas avec les jugements des Tribunaux de droit commun. Ces derniers souvent débordés manquent de moyens. Et la publication des décisions n'est pas le souci principal de ces juridictions[175]. C'est au hasard de la persévérance individuelle que les décisions sont connues[176]. D'ailleurs, certaines affaires[177] concernant les infractions pénales[178], ne favorisent nullement une telle ouverture au public en raison parfois de la sensibilité des questions traitées.

Plus généralement, le plein contentieux qualifié de subjectif, en tant qu'il ne pose pas principalement une question de légalité, ne relève assurément pas de l'office du juge de la légalité. Ce contentieux « *correspond aux actions en responsabilité (de toute nature), en répétition de l'indu, au contentieux contractuel, bref à ce que l'on appelle en droit civil le droit des obligations* »[179]. Ce contentieux

[172] Qui peut également être qualifié de contentieux subjectif, de contentieux indemnitaire, ou encore de plein contentieux subjectif.

[173] Sur le contrôle non juridictionnel des marchés publics, V. l'article Y. GAUDEMET : « Le précontentieux : le règlement non juridictionnel des conflits dans les marchés publics », *ADJA*, 1994.

[174] Nous n'avons recensé qu'un seul jugement. V. affaire Aida Diongue, dans le cadre de l'exécution des marchés du plan Jaxaay.

[175] M. NGAÏDE, « La notion de matière administrative au Sénégal : évolution de la jurisprudence, Droit sénégalais », *Revue de l'Association Sénégalaise de droit pénal* N° s, 5-6-7-8, 1997-1998, pp. 1 et s.

[176] *Ibidem.*

[177] Dans l'affaire Jaxaay, il a été reproché à Aida NDIONGUE de n'avoir pas exécuté l'intégralité des marchés de tentes, bacs à ordures et motopompes. Cette affaire a été jugée par le Tribunal Régional de Dakar. Finalement, la Cour d'appel a décerné un non-lieu.

[178] V. à ce sujet l'article de M. LAMOTTE, « L'étude des infractions des marchés publics», *Revue des marchés publics de l'ARMP* N°14 juin 2013, pp. 11-18.

[179] R. ROUQUETTE, *Petit traité du procès administratif*, Dalloz, 3e éd., 2008, n° 222. 30.

relevant du juge chargé du plein contentieux ne sera pas abordé dans le cadre de cette étude.

Quant au contrôle effectué par la Cour des comptes[180], celle-ci juge les fautes de gestion imputables aux agents qui préparent et signent les marchés publics. En raison des attributions non contentieuses à efficacité réduite[181], le contrôle effectué par cette juridiction ne présente pas d'originalité. Il ne sera pas traité.

S'agissant du contentieux non juridictionnel, c'est-à-dire celui traité devant le Comité de Règlement des Différends de l'ARCOP ex-ARMP, il convient de noter que le recours devant cet organe constitue, en quelque sorte, la protection minimale des acteurs face à l'administration. La prise en compte de ce contrôle aurait entraîné une extension trop large du champ de cette recherche. Toutefois, les nombreuses contestations devant cette instance nous ont permis d'apprécier le travail du juge et de pouvoir en faire une systématisation. À ce titre, nous n'hésiterons pas à interroger ses décisions. Il est important de fixer le cadre géographique et temporel puisque l'étude se veut monographique.

Cadre géographique et temporel

Il nous a paru utile de limiter l'étude géographiquement et temporellement. En s'engageant dans cette orientation, il est crucial d'analyser le contrôle juridictionnel des procédures de passation des marchés publics, dans un espace physique et juridique déterminé. Dans cette perspective, le cadre géographique objet de la présente étude est essentiellement le Sénégal. Au demeurant, cette étude fera appel, à chaque fois que cela est nécessaire, au droit français[182].

---

[180] Loi organique n° 2012-23 du 27 décembre 2012 abrogeant et remplaçant la loi organique n° 99-70 du 19 février 1999 portant création de la Cour des Comptes, *J.O* n° 6711 du samedi 2 février 2013, disponible en ligne sur www.jo.gouv.sn, (Consulté le 16 novembre 2016). Pour le statut des magistrats de la Cour des comptes, V. la loi organique n° 2016-26 du 05 août 2016 abrogeant et remplaçant la loi organique n° 99-13 du 17 février 1999 portant statut des magistrats de la Cour des comptes.

[181] A. ISSOUFOU, *Les mutations du droit des marches publiques au Niger et au Sénégal : contribution à l'étude de l'encadrement juridique d'une catégorie de dépense publique,* Thèse de doctorat de droit public, Université Cheikh Anta DIOP de Dakar, 2015, p. 432.

[182] On lira avec intérêt J.-B. D. GAUDUSSON : « Sur l'attractivité du modèle de la constitution de 1958 en Afrique, cinquante ans après… » *in* M. Bertrand (dir.), *1958-2008, Cinquantième anniversaire de la Constitution française*, Paris, Dalloz, 2008. Cf. également du même auteur, « *L'influence du droit français sur les institutions*

L'étude commence à partir de 2008, année au cours de laquelle le juge de l'excès de pouvoir, a été amené à contrôler les procédures de passation des marchés publics, et par voie de conséquence les décisions du CRD de l'ARCOP ex-ARMP. Deux raisons président à ce choix : la première évoquée plus haut, est relative aux Directives N°4 et N° 5 portant respectivement sur les procédures de passation et d'exécution et ainsi que le contrôle et la régulation. Ces dernières ont profondément bouleversé le droit des contrats administratifs[183] ainsi que de leur contentieux. Également, vu le nombre de décisions rendues par la Chambre administrative, il est apparu, dès lors, nécessaire de tirer les premiers enseignements de ce contrôle. Et c'est ce qui justifie l'intérêt de réfléchir sur une telle étude.

Intérêt de l'étude

On peut se demander quel est l'intérêt de faire une étude sur le contrôle juridictionnel des procédures de passation des marchés publics. Ce d'autant plus que les décisions en la matière ne sont pas nombreuses ?

Au Sénégal, si d'importants travaux ont été consacrés aux thématiques *« contrat administratif »*[184] et « *contentieux administratif* »[185], il importe de relever que la doctrine sénégalaise ne s'est pas encore beaucoup penchée sur une étude globale du contentieux des procédures de passation des marchés publics[186]. De ce fait, entreprendre une telle

---

juridiques du Tiers-Monde », *Revista Brasileira de Estudos Constitucionaisv* [Revue de l'Institut brésilien des Études constitutionnelles], vol. 2, n° 7, juil. Sept 2008.

[183] Y. GAUDEMET, « Pour une nouvelle théorie générale du droit des contrats administratifs : mesurer les difficultés d'une entreprise nécessaire », *RDP* N° 2, 2010, pp. 313-326.

[184] On lira avec intérêt l'article de feu M. DIAGNE : « Les nouvelles tendances du droit des contrats administratifs au Sénégal », *Revue EDJA* n° 80, janvier-février-mars 2009, pp. 13-36 ; S. DIOP : « Quelques remarques sur le Code des Obligations de l'Administration du Sénégal », *Annales Africaines*, 1987, 35 p. ; V également A. DIOUKHANÉ : « Sur quelques aspects du nouveau Code des marchés publics sénégalais », *Revue EDJA* n° 57, avril-mai-juin 2003, pp. 27-43 ; Sur cette question, on peut lire l'excellent article de M. NGAÏDÉ : « La loi n° 2006-16 modifiant le Code des Obligations de l'Administration ou le renouveau du droit des contrats administratifs au Sénégal ?», op. cit.

[185] V. supra.

[186] Voir à ce titre M. DJITTE, *La régularité de la passation des marchés publics : analyse de la jurisprudence de la Cour suprême du Sénégal de 2008 à 2021*, in Centre d'Etudes et de Recherches en Commande publique, 2021, 176 p. L'auteur a analysé les arrêts de la Cour suprême sur les questions de procédure de passation des marchés.

étude est d'autant plus salutaire que le domaine des contrats publics en général et celui de leur contentieux en particulier devraient faire l'objet de systématisations.

Si l'on a pu recenser des études partielles[187], évidemment non négligeables, le besoin d'une étude systématique, après plus d'une quinzaine d'années de jurisprudence devient une nécessité.

À l'inverse, en France, de nombreux travaux de recherche sont dédiés au contentieux à l'initiative des tiers[188], à celui de la fin des contrats, aux pouvoirs du juge administratif[189] encore au contentieux indemnitaire et à la responsabilité contractuelle[190].

Du point de vue pratique, l'ambition est de faire cette étude, une œuvre pionnière en matière de droit positif sénégalais. En effet, elle s'inscrit dans un contexte caractérisé par le phénomène de contractualisation de l'action

---

Mais, il s'agit d'une étude ayant pour objet de présenter le contexte de chaque décision, d'exposer la problématique spécifique et de résumer les grandes articulations de la motivation du juge avant d'isoler les enseignements majeurs. V. également I. NDIAYE, *Les recours dans le contentieux des marchés publics au Sénégal*, L'Harmattan, 2023, 208 p. Dans cet ouvrage, l'auteur explicite le régime des recours dans ce contentieux des marchés publics, en s'appuyant principalement sur les textes pertinents applicables au Sénégal. Le mardi 05 décembre 2023, A. NDIAYE a soutenu une thèse de droit privé portant sur le « contrôle des marchés publics au Sénégal », sous la Direction du Pr Abdoulaye SAKHO.

[187] R.-P. DIOUF, « Le contrôle des marchés publics par le juge administratif », *Revue des Marchés* Publics N°17, Avril 2014, pp. 17-20 ; V. B. BA : « Le contentieux de l'excès de pouvoir des marchés publics devant la Cour suprême du Sénégal (à partir des arrêts rendus entre 2008 et 2013) », *Annales Africaines,* Nouvelle Série, Volume 1, avril 2015, pp. 163-193 ; V. également M.-Y. DIALLO : « Le juge de l'administration et la régulation des marchés publics », *Annales Africaines*, Nouvelle série, volume 1, 2015, pp. 65-97.

[188] L. PREUD'HOMME, *L'articulation des voies de droit dans le contentieux de la commande publique à l'initiative des tiers au contrat,* Thèse de doctorat en droit public, Université Paris 1-Panthéon Sorbonne, 2013 ; V. T. GUILBAUD, *Le contentieux des tiers au contrat administratif*, Thèse de doctorat en droit public, Université Paris1-Panthéon Sorbonne, 2016.

[189] M. FALL, *Les pouvoirs du juge administratif dans le contentieux des contrats*, Thèse de doctorat en droit public, Université Montesquieu-Bordeaux IV, 2003.

[190] P. BOURDON, *Le contentieux indemnitaire de la nullité du contrat administratif*, Paris, L'Harmattan, coll. Logiques juridiques, 2009, 261 p. ; D. POUYAUD, *La nullité des contrats administratifs,* Paris, LGDJ, coll. Bibliothèque de droit public, tome 158, 1991, 598 p. ; P. TERNEYRE, *La responsabilité contractuelle des personnes publiques en droit* administratif, Paris, Economica, coll. Science et droit administratifs, 1989, 344 p. ; J.-F. OUMOUM, *La responsabilité contractuelle en droit administratif,* Paris, LGDJ-Lextenso éd., coll. Bibliothèque de droit public, tome 270, 2014, 598 p.

publique, et son périmètre porte sur les contrats publics[191] ou contrats dits de la commande publique, avec certes une certaine prédilection pour les marchés publics. Ainsi, va se présenter les termes de la dialectique qui met aux prises juge de l'excès de pouvoir face aux questions de procédures de passation des marchés publics.

Dans cette perspective, il sera rappelé la systématisation des principes et règles de droit relatifs à la procédure allant de l'introduction du recours à la clôture de l'instance, de même que ceux se rapportant aux questions de fond soulevées par les litiges et auxquelles le juge a apporté ou non une réponse. En effet, le droit du contentieux des marchés publics n'est pas une branche autonome. Il consiste en l'usage des méthodes et raisonnements propres au contentieux administratif.

L'étude du contrôle juridictionnel de la passation des marchés publics nécessite une démarche particulière aboutissant à la construction d'une problématique qu'il convient de présenter.

III. CONSTRUCTION DE LA PROBLÉMATIQUE

L'hypothèse de travail dégagée est la suivante : depuis 2008, la Cour suprême, notamment sa Chambre administrative est saisie de requêtes relatives aux procédures de passation des marchés publics plus particulièrement des décisions du Comité de Règlement des Différends de l'Autorité de Régulation de la Commande publique (ARCOP) ex-ARMP. Au regard de ce constat, on peut se poser la question de savoir comment le juge de l'administration exerce son contrôle sur lesdites procédures ?

Comment met-il en œuvre l'application des règles de procédure et de fond sur les procédures de passation des marchés publics ? L'application de ces règles est-elle satisfaisante ?

Malgré l'usage des procédés classiques de résolution des litiges, le contrôle n'a-t-il pas connu une avancée face à la complexité des questions de procédures de passation des marchés publics ?

Par ailleurs, il sera question de s'interroger sur l'efficacité supposée ou non du mécanisme du recours pour excès de pouvoir en matière de contentieux des marchés publics. Et finalement, on pourrait être amené

[191] Sur cette notion, S. BRACONNIER : « La typologie des contrats publics d'affaires face à l'évolution du champ d'application des nouvelles directives », *AJDA,* 2014, pp. 832-840.

à proposer des perspectives de réformes allant dans le sens de rendre plus facile l'accès au juge et les techniques de contrôle.

Au regard de tous ces questionnements et « *qu'il est vrai que l'on ne trouve que ce que l'on recherche* »[192], l'on pourra avoir une idée de l'impact de l'intervention du juge de l'administration sur les procédures de passation des marchés publics et de son contrôle au moyen du recours pour excès de pouvoir. Eu égard aux questionnements précités, on peut légitimement s'intéresser à la méthodologie choisie pour l'étude tout en tentant de justifier le plan adopté.

IV. MÉTHODOLOGIE, JUSTIFICATION ET ANNONCE DU PLAN

L'étude du contrôle juridictionnel des marchés publics nécessite une démarche méthodologique **(A),** devant aboutir à l'annonce d'un plan **(C)** qu'il convient de justifier **(B).**

A. Méthodologie

La méthode analytique[193] est l'une des méthodes naturelles dont se sert l'esprit humain pour parvenir à la vérité. Pour R. DESCARTES, cette méthode est le moyen par excellence de l'investigation scientifique. C'est pourquoi, il la situe au cœur de tout travail intellectuel et de recherche[194]. Le but essentiel visé par l'usage de cette méthode est d'expliquer, d'éclairer et de mieux faire connaître l'objet de l'étude[195]. L'étude du contrôle juridictionnel de la passation des marchés publics est fondée sur une double méthode d'analyse : elle est d'abord inductive et ensuite comparative.

Dans la démarche analytique, le recours à la méthode inductive permet de découvrir les lois générales à partir des faits particuliers de la réalité[196]. C'est pourquoi, elle est considérée comme une méthode

---

[192] F. MELLERAY, *Essai sur la structure du contentieux administratif*, *op.cit.*, p. 1.

[193] J.-P. ADIGRAN, *Initiation à la méthodologie en sciences*, L'Harmattan, 2018, p. 47.

[194] R. Descartes, *Discours de la méthode,* 1637. L'ouvrage existe en plusieurs éditions. On le trouve en versions électroniques dans Les Classiques des sciences sociales, Université du Québec à Chicoutimi, http:// classiques.uqac.ca/ classiques/Descartes/ discours méthode/discours_ methode.html, (Consulté en septembre 2017).

[195] J.-P ADIGRAN, *Initiation à la méthodologie en sciences*, *op. cit.*, p. 48.

[196] C'est ce qui ressort d'ailleurs de J. RIVERO, « Apologie pour les faiseurs de systèmes », *Dalloz*, 1951, chron. XXIII, pp. 99-102 & Pages de doctrine, Paris, LGDJ, 1980, Tome 1er, pp. 3-10 « À un plan plus humble, le « *faiseur de systèmes* »,

heuristique, c'est-à-dire une méthode de découverte. De l'accumulation d'observations et de faits mesurables, on peut en extraire des lois générales par un raisonnement inductif[197], allant du concret à l'abstrait[198]. Cette méthode est fondée sur l'approche empirique[199] et est effectuée sous le prisme du dépouillement systématique de la jurisprudence. L'empirisme est une doctrine philosophique qui considère que l'origine de toute connaissance humaine se situe dans l'expérience sensible et l'observation.

La seconde approche est comparative. Cette technique[200] permet de promener le regard dans d'autres législations et d'autres familles juridiques. Fréquemment, il sera fait recours au droit français[201] qui a inspiré largement le droit sénégalais des marchés publics. Effectivement, c'est dans le droit français des contrats administratifs[202] qu'il fallait rechercher les grands principes et règles régissant le droit des contrats

---

remontant du concret à l'abstrait, passant du multiple à l'un, va s'efforcer de ramener la pluralité des solutions données par la loi ou la jurisprudence à quelques formules qui en dégagent les aspects fondamentaux ; dans cet effort encore, il y a des degrés, selon qu'il s'attache à un domaine plus ou moins vaste». ; La méthode « *inductive* » permet la déconstruction, la reconstruction se doit d'être déductive

[197] La méthode inductive inspirée de la méthodologie juridique du professeur J.- L. BERGEL, V. à ce sujet J.-L. BERGEL : *Méthodologie juridique*, in Thémis, 1ère éd., 2001, 400 p.

[198] *Ibidem.*

[199] M. WALINE, « Empirisme et conceptualisme dans la méthode juridique : faut-il tuer les catégories juridiques ? », *in Mélanges en l'honneur de Jean Dabin,* Bruxelles et Paris, Bruylant et Sirey, 1963, pp. 359-371, spé. p. 362 où l'auteur explique en quoi on peut trouver une référence à l'existentialisme dans ce qu'écrit le commissaire du gouvernement B. CHENOT, « La notion de service public dans la jurisprudence économique du Conseil d'État », *EDCE*, 1950, pp. 77-83.

[200] O. PFERSMANN, « Le droit comparé comme interprétation et comme théorie du droit », *RIDC* n° 2, 2001, p. 275.

[201] V. D. SY, « L'évolution du droit administratif sénégalais », *EDJA*, décembre 2005, pp. 39-68 ; J.-M. NZOUANKEU, « Remarques sur quelques particularités du droit administratif sénégalais », *RIPAS* N° 9, 1984, pp. 1-36 ; V. A. BOCKEL, *Droit administratif,* Nouvelles éditions africaines, Dakar, 1978, 541 p. ; J.-C. GAUTRON, et M. ROUGEVIN-BAVILLE, *Droit public Sénégal,* du Paris, A. Pedone, 1977, 447 p.

[202] A. BOCKEL, « Les contrats administratifs », *A.- K. BOYE, in (sous la dir. de), Encyclopédie juridique de l'Afrique*, vol. 9, Abidjan, Dakar, Lomé, les nouvelles éditions africaines, 1982, pp. 213-272 ; V. A.-B. FALL, « Le Code des Obligations de l'Administration au Sénégal ou la transposition de règles de droit administratif français en Afrique par la codification », op. cit. ; V. D.-G. LAVROFF, « Le Code Sénégalais des Obligations de l'Administration », *Penant*, 1965, pp. 1-13. ; A. KAH, *La codification administrative au Sénégal,* Thèse de doctorat, Université de Paris-Nord, 1996, 324 p. ; S. DIOP, « Quelques remarques sur le code des obligations de l'Administration », op. cit.

administratifs au Sénégal. Ce qui fait dire à J. RIVERO que le système de juridiction administrative comme le droit qu'il vise à contrôler, constitue, selon la belle formule de cet auteur, un bon produit d'exportation française[203].

De ce point de vue, sans perdre de référence que constitue le contentieux de la commande publique en France, il est crucial de rester collé à la réalité. En paraphrasant le professeur D. SY, il s'agira de partir « *quelques fois des solutions du juge si elles sont suffisamment élaborées, et de les éclairer par la théorie du droit administratif français* »[204].

B. Justification du plan

Il va de soi que différentes approches pouvaient convenir à cette étude. Pour autant, il a été constaté que malgré la complexité des questions liées aux procédures de passation des marchés publics, le juge ne se départit pas de ses méthodes usuelles de résolution des litiges administratifs.

À l'analyse, le contrôle opéré par le juge sur les procédures de passation des marchés publics et, par ricochet sur les décisions du CRD de l'ARCOP (ex-ARMP), est le même que celui effectué sur les actes administratifs. Toutefois, il convient de noter qu'il a pris en considération la spécificité et la complexité desdites procédures. Ainsi, il nous a été donné d'observer que l'enracinement aux méthodes classiques n'entame, en rien, les mutations enregistrées dans le contrôle.

En effet, le juge a considérablement renforcé son contrôle en sanctionnant le non-respect des principes fondamentaux de la passation des marchés publics. Il a non seulement annulé les décisions du CRD en se fondant sur les moyens d'annulation propres aux marchés publics, mais il a également enrichi son office en élevant la concurrence et l'intérêt général dans le bloc de légalité administrative.

Aussi, l'une des avancées du contrôle a pu permettre au tiers de s'immiscer dans un procès traditionnellement réservé aux parties. La réforme de l'urgence grâce à l'aide du législateur organique a, également,

---

[203] J. RIVERO, « Les phénomènes d'imitation des modèles étrangers en droit administratif», *in Pages de doctrines,* Paris, LGDJ, 1980, Tome 1. ; V. également, Y. GAUDEMET, « L'exportation du droit administratif français : Brèves remarques en forme de paradoxe », *in Mélanges Philippe Ardant,* LGDJ, 1999, p. 431 ; D. TRUCHET, « Le rayonnement de la jurisprudence administrative française », *RJOI* numéro spécial, 2005, p. 171.

[204] V. D. SY, *Droit administratif,* op. cit.

permis au juge de renouveler son office en la matière. Toutefois, la pratique contentieuse a révélé des limites. Le mécanisme du recours pour excès de pouvoir s'est révélé inefficace.

Au regard de ce qui précède, trois idées ont pu retenir notre attention : l'application des méthodes traditionnelles de résolution des litiges sur la passation des marchés publics, les avancées notables constatées dans le contrôle ainsi que les limites du contrôle juridictionnel et les ajustements attendus. Pour une raison beaucoup plus pratique, nous allons adopter un plan binaire consistant, en premier lieu, à rappeler l'application des techniques classiques de contrôle, qui, en réalité, permet de passer en revue les règles de procédure et de fond utilisées par le juge (**première partie**) dans le contentieux des marchés publics.

En second lieu, il s'agira d'aborder les mutations observées dans le contrôle juridictionnel tout en convenant que malgré les avancées incontestables, ledit contrôle demeure perfectible **(deuxième partie).** Et de ce point de vue, des ajustements sont attendus. Dès lors, il convient d'annoncer finalement le plan choisi.

C. Annonce du plan

En définitive, le « *droit du contentieux des procédures de passation des marchés publics* » [205] n'est pas une branche entièrement autonome. Il consiste largement en l'emploi des procédures et raisonnements propres au contentieux administratif[206]. Mieux, l'observation de la pratique contentieuse en matière de procédures de passation des marchés publics fait ressortir deux tendances :

PREMIÈRE PARTIE : UNE APPLICATION SATISFAISANTE DES RÈGLES DE PROCÉDURE ET DE FOND SUR LES LITIGES RELATIFS À LA PASSATION DES MARCHÉS PUBLICS

DEUXIÈME PARTIE : DES AVANCÉES TIMIDES DANS LE CONTRÔLE DES QUESTIONS COMPLEXES LIÉES À LA PASSATION DES MARCHÉS PUBLICS

---

[205] Pour nous inspirer d'une formule imposée par R. CHAPUS « *droit du contentieux administratif* ».

[206] Le contentieux administratif peut être défini de différentes manières. L'expression s'entend, en effet, des modes de règlement des litiges qui mettent en cause l'Administration. Or, selon la voie qui a été choisie, il peut donc s'agir de modes non juridictionnels ou de modes juridictionnels.

PREMIÈRE PARTIE

UNE APPLICATION SATISFAISANTE DES RÈGLES DE PROCÉDURE ET DE FOND SUR LES LITIGES RELATIFS À LA PASSATION DES MARCHES PUBLICS

De manière générale, le contentieux administratif[207] est intimement lié à la naissance et au développement du droit administratif[208] dont il constitue assurément le volet le plus dynamique. Le droit administratif[209] étant une matière essentiellement jurisprudentielle[210], le règlement des litiges nés de l'activité administrative des pouvoirs publics a offert et continue d'offrir au juge un cadre théorique de conception, d'élaboration, de formulation et de mise en œuvre pratique des principales règles de forme et de fond du droit administratif[211]. Eu égard à son origine qui n'est pas textuel à l'instar des autres branches de la science juridique[212], le contentieux administratif, en ce qui concerne tout au moins ses sources, n'est pas statique. Son contenu s'enrichit sans cesse du fait des textes écrits et des décisions jurisprudentielles, mais aussi de réflexions doctrinales[213].

L'analyse sera adaptée au contexte juridictionnel du Sénégal qui, à l'instar de nombre de systèmes judiciaires des pays de tradition juridique française, est fortement influencé tout au moins en ce qui concerne les règles de procédure et de fond, par le contentieux administratif français avec néanmoins cette différence de taille que constitue le système

---

207 V. J. C. BONICHOT, P. CASSIA, B. POUJADE, *Les grands arrêts contentieux administratifs,* Dalloz, 2016, 1486 p. ; V. également F. COLIN, *L'essentiel des Grands arrêts du droit administratif : 90 arrêts analysés et commentés,* GUALINO, 2018, 211 p.

208 Il n'est plus de doute que ces transformations se sont faites dans le sens d'une libéralisation de l'État et de son droit, V. G. VEDEL, P. DELVOLVE, *Droit administratif,* Tome II, PUF, Paris, 12e éd., 1992.

209 V. C. DEBBASCH, « Le droit administratif, droit dérogatoire au droit commun », *in Mélanges offerts à René CHAPUS*, Paris, Montchrestien, 1992, pp. 127-133.

210 V. l'article G. VEDEL, « Le droit administratif peut-il être indéfiniment jurisprudentiel ? », *E.D.C.E.*, 1979-1980. p. 31 et s.; F. MELLERAY : « Le droit administratif doit-il redevenir jurisprudentiel ? », *AJDA*, Mars 2005, pp. 637-643.

211 El.- H. MBODJ, *Cours de Contentieux Administratif,* licence 3 Droit Privé, FSJP, 2008, p. 3, (non publié).

212 Droit civil, droit pénal, etc.

213 El.-H. MBODJ, op.cit.

d'unité[214] de juridiction[215] qui s'écarte de la tradition dualiste[216] française. C'est dans ce sens que B. KANTE a pu écrire que : « *L'unité de juridiction peut présenter certains avantages par rapport à la dualité de juridictions. Elle peut permettre une délimitation plus objective et plus simple du champ d'application du droit administratif ; elle est ainsi de nature à introduire plus de cohérence dans le contenu même du droit administratif* »[217]. Dans ce système[218], les mêmes juges sont compétents aussi bien en matière administrative qu'en matière judiciaire. D'ailleurs, A. BOCKEL soulignait son caractère séduisant, du fait de sa simplicité et de la modicité des moyens exigés[219].

Après la réforme de 1992 instituant un Conseil d'État, et par voie de conséquence une juridiction administrative, celle de 2008 consacre le

---

[214] V. Y.-S. LATH, « Le contentieux administratif dans le système ivoirien d'unité de juridiction : éléments d'une typologie », in *Mélanges en l'Honneur de Babacar KANTE,* L'Harmattan, 2017, pp. 537-563.

[215] C'est le modèle marocain qui a servi d'inspiration au système sénégalais. Le Maroc indépendant a maintenu le système d'unité de juridiction imposé par la France par le dahir d'organisation judiciaire du 12 août 1913 qui faisait des tribunaux judiciaires les juges du contentieux administratif à l'exception du contentieux de l'annulation. C'est le dahir du 27 septembre 1957 qui a institué une Cour suprême chargée de connaître des pourvois en cassation en matière administrative et dans d'autres matières, de même que du recours pour excès de pouvoir. Cette organisation qui a été celle initialement adoptée par le Sénégal fut profondément modifiée en 1991 avec la création de tribunaux administratifs désormais compétents en matière administrative, en première instance. La Côte d'Ivoire a, quant à elle, reprit le modèle sénégalais d'avant 1992 avec la différence que la chambre de la Cour suprême à laquelle le législateur ivoirien a confié le contentieux administratif est une chambre spécialisée en matière administrative et non une simple "section innommée" comme l'écrivait le professeur BOCKEL à propos du Sénégal. Les raisons du choix ont été expliquées par les autorités. Il y'avait des raisons financières. La dualité de juridiction entraînait des dépenses que le nouvel État pouvait éviter. Il y'a des soucis de simplifications avec en principe la suppression du partage des compétences entre le juge administratif et le juge judiciaire et également la disparition des questions préjudicielles. Mais le Sénégal a maintenu à l'application de l'Administration des règles strictes.

[216] V. à ce sujet l'intéressant article de B. PACTEAU : « Dualité de juridictions et dualité de procédures », *R.F.D.A,* septembre-octobre 1990. p. 66.

[217] B. KANTE, *Unité de juridiction et droit administratif. L'exemple du Sénégal,* Thèse d'État de droit public, Université d'Orléans, 1983, p. 387.

[218] V. par exemple R. CHAPUS, « Dualité de juridiction et unité de l'ordre juridique », *RFDA,* 1990, p. 739.

[219] A. BOCKEL, « Le contrôle juridictionnel de l'Administration », op. cit., p. 202.

retour de la Cour suprême et l'unité de juridiction[220]. En outre, il faut noter que la procédure administrative contentieuse est particulièrement importante. Certes, elle a parfois des similitudes avec la procédure civile, mais elle est complètement autonome. Surtout, en droit administratif[221], il y a de forts liens entre la procédure et le fond du litige[222].

Partant, le juge de l'administration va utiliser ses méthodes et techniques[223] usuels de résolution des litiges administratifs pour contrôler les procédures de passation des marchés publics. Concernant les conditions d'entrée au prétoire, on constate un accès au juge strictement encadré.

Au demeurant, il est nécessaire d'identifier les organes juridictionnels susceptibles de connaître des litiges relatifs aux marchés publics. De ce fait, on sera, en même temps, édifié sur les décisions et actes de passation des marchés pouvant être déférés devant le juge et ceux qui en sont exclus. Ensuite, il sera analysé la manière dont le juge procède à l'instruction[224] des litiges et sa perception de l'urgence à travers l'ancienne procédure du sursis à exécution et le nouveau mécanisme du référé administratif[225]. Sur le registre de l'examen des questions de fond, le juge se bornera à vérifier les aspects relatifs à la légalité externe

---

[220] V. à ce sujet de l'article de P.-M. SY : « Entre l'unité et la dualité de juridiction : l'Afrique noire francophone à la quête d'un modèle d'organisation de la justice administrative », *Nouvelles Annales Africaines* N° 2, 2011, p. 265. ; L'unité de juridiction procède de l'article 7 de la loi n° 2014-26 du 03 novembre 2014 fixant l'organisation judiciaire du Sénégal. Les Tribunaux de Grande Instance sont juges de droit commun en première instance en toute matière sous réserve des compétences d'attribution en premier et dernier ressort de la Cour suprême, des Cours d'appel, et en premier ressort des tribunaux du travail, des tribunaux d'instance et des organismes administratifs à caractère juridictionnel. Le choix de l'unité de juridiction présente des avantages certains liés au fait que le requérant est dispensé de la difficile question de la détermination du juge compétent. Toutefois, le modèle laisse subsister le problème de la procédure à suivre et du droit applicable.

[221] V. J. WALINE, *Droit administratif*, Dalloz, 2018, 27e éd., 785 p.

[222] A. BOCKEL, « Sur la difficile gestation d'un droit administratif sénégalais », p. 13.

[223] V. la thèse de Mme ND.-M DIAGNE : *Les méthodes et les techniques du juge en droit administratif sénégalais*, Thèse de Droit Public, Université Cheikh Anta DIOP de Dakar, 1995, 523 p.

[224] Sur le pouvoir d'instruction du juge, voir C.-A. DUBREUIL : « précision sur les pouvoirs d'instruction du juge administratif », *Juris Classeur général*, 5 Mars 2012, 289.

[225] V. J.-D. DREYFUS, Note sur : « Les pouvoirs du juge des référés en matière contractuelle », *ADJA*, Décembre 2002, pp. 1451-1453.

et à la légalité interne. A ce sujet, on a pu constater un contrôle usuel des règles de fond.

Finalement, la première partie de cette étude sera consacrée aux règles de procédure et de fond appliquées par le juge dans le contentieux de la passation des marchés publics. L'examen desdites règles révèle à la fois :

TITRE I : UN CONTRÔLE PLUS OU MOINS SÉVÈRE DES RÈGLES D'INTRODUCTION DES RECOURS

TITRE II : UN CONTRÔLE USUEL DES RÈGLES D'INSTRUCTION ET DE FOND

TITRE I

UN CONTRÔLE PLUS OU MOINS SÉVÈRE DES RÈGLES D'INTRODUCTION DES RECOURS

Autant, les règles de procédure ont, en effet, pour objet d'organiser les débats contentieux[226], de structurer le travail du juge, et aussi de canaliser les demandes des justiciables, autant elles ont un retentissement sur la façon dont est organisé et conçu le contrôle juridictionnel dans son ensemble[227]. Dans ces circonstances, les règles de recevabilité traduisent, dans un certain sens, la façon dont les pouvoirs publics et les juges eux-mêmes conçoivent le rôle et l'action de la juridiction administrative[228].

Dans le cadre de ce titre, il ne sera pas superflu de rappeler les organes juridictionnels compétents en matière de marchés publics afin de sérier les voies de droit que peuvent emprunter les concurrents. Comme dans le contentieux classique des actes administratifs, l'examen des décisions révèle que les conditions de recevabilité des recours sont strictement encadrées.

Même dans les procédures de passation des marchés publics, le juge exige toujours le respect des règles de forme et de délai et sa conception de l'intérêt à agir suit la même trajectoire.

Avant d'aborder l'exigeant contrôle de recevabilité des recours **(Chapitre II),** il convient de faire le rappel des différentes voies de recours en matière de marches publics **(Chapitre I).**

---

[226] V. R. CHAPUS, *Droit du contentieux administratif*, Montchrestien, 13e éd., 2008, 1560 p.

[227] *Ibidem.*

[228] *Ibidem.*

CHAPITRE I

LE RAPPEL DES VOIES DE RECOURS CONTENTIEUX EN MATIÈRE DE MARCHÉS PUBLICS

Ce qui frappe avant tout, c'est la pluralité des acteurs juridictionnels pour régler les litiges relatifs aux marchés publics. Et le présent chapitre se propose de décrire les recours contentieux qui peuvent être portés devant les organes juridictionnels compétents en matière de marchés publics. Ces recours sont variés et poursuivent des finalités différentes.

En fait, tout lecteur des dispositions pertinentes du Code des Marchés publics sait que l'article 140 dudit Code précise que les litiges relatifs aux marchés, constituant des contrats administratifs, sont soumis aux juridictions compétentes pour connaître du contentieux des contrats administratifs dans les conditions prévues par le Code des Obligations de l'Administration[229], ceux relatifs aux marchés des sociétés nationales et sociétés anonymes à participation publique majoritaire[230] sont soumis aux Tribunaux de droit commun[231]. De même, les litiges peuvent également être soumis à un arbitre[232] dans les conditions prévues par l'Acte uniforme relatif à l'arbitrage[233]. Les parties peuvent, également, insérer une clause compromissoire dans les conditions prévues

---

229 V. D.-G. LAVROFF, « Le Code sénégalais des Obligations de l'Administration », *Penant,* 1966, p. 3 et s.

230 Loi d'orientation n° 2022-08 relative au secteur parapublic, au suivi du portefeuille de l'État et au contrôle des personnes morales de droit privé bénéficiant du concours financier de la puissance publique, *JO,* n° 7516 numéro spécial du jeudi 21 avril 2022, p. 353.

231 Article 139.2 du Code des marchés de 2014 : les litiges relatifs aux marchés des sociétés nationales et sociétés anonymes à participation publique majoritaire sont soumis aux tribunaux de droit commun.

232 V. A.-D. KEBE, « Le déclin de l'exorbitance du droit administratif sénégalais sous l'effet du droit communautaire », disponible sur http://afrilex.u-deaux4.fr/ sites/afrilex/ IMG/pdf/ Le _déclin _de_ l'exorbitance_ du_ droit_ administratif_ sénégalais. pdf, pp. 1-28, (Consulté le 30/03/2017) ; M. GUYOMAR, « Le contentieux des sentences arbitrales en matière administrative », *RFDA*, Septembre-octobre 2010, pp. 959-970.

233 V. A.-B. FALL, « Réflexion sur quelques procédés non juridictionnels de règlement des litiges administratifs », in *Dominique DARBON, Jean du BOIS de GAUDUSSON, La création du droit en Afrique,* Paris, Karthala, 1997, pp. 421-441.

par le cahier des charges[234]. Enfin, les marchés publics étant aussi des actes de dépenses publiques, le juge financier intervient dans le contrôle des actes budgétaires et de la responsabilité des agents publics.

Dès lors, il s'agira de sérier les principaux recours juridictionnels possibles en matière de préparation, de passation et d'exécution des marchés publics, d'une part **(section I),** puis d'analyser les décisions de passation des marchés pouvant faire l'objet de recours, d'autre part **(section II).**

Section I. Les principaux recours juridictionnels en matière de marchés publics

À l'évidence, les litiges relatifs aux marchés publics peuvent être soulevés auprès de trois organes juridictionnels : il s'agit de la Cour suprême, du Tribunal de Grande instance et de la Cour des comptes. Qui plus est, le Tribunal arbitral dans les conditions prévues par l'Acte uniforme relatif à l'arbitrage[235] peut aussi être saisi.

Si, en matière de passation des marchés publics, la compétence est exclusivement réservée à la Chambre administrative de la Cour suprême **(Paragraphe I),** l'intervention de la Cour des comptes, du Tribunal de Grande instance[236] et de la Cour d'appel n'est pas moindre à l'occasion de la préparation et de l'exécution des marchés **(Paragraphe II)**.

Paragraphe I. La compétence exclusive de la Chambre administrative de la Cour suprême en matière de passation des marchés publics

Avant de faire focus sur la compétence exclusive de la Chambre administrative de la Cour suprême **(B)** en matière de passation des marchés publics, il sera mis en avant le fondement juridique du contrôle des contrats administratifs, donc des marchés publics **(A).**

---

[235] V. C. JARROSSON, dossier sur : « l'arbitrage en droit public », *ADJA,* Janvier 1997, pp. 16-24. ; M. DIOUF, « l'arbitrage au Sénégal : perspectives africaines et internationales-séminaire », organisé par l'UIA en collaboration avec le barreau du Sénégal, disponible sur www.ordredesavocats.sn, (Consulté le 07/11/2015).

[236] Loi n° 2014-26 du 03 novembre 2014 abrogeant et remplaçant la loi 84-19 du 02 février 1984 fixant l'organisation judiciaire et le décret n° 2015-1145 du 03 août 2015 fixant la composition et la compétence des Cours d'appel, des Tribunaux de grande instance et des Tribunaux d'instance, *J.O* n° 6869 du 18 août 2015.

A. Le fondement du contrôle des marchés publics

L. DUGUIT enseignait que l'étude de l'évolution du droit passe par celle de ses fondements[237]. À cet égard, il importe de rappeler les différents textes juridiques portant sur le fondement du contrôle des contrats administratifs. L'on note, entre autres, la Constitution du 22 janvier 2001[238], la Directive n° 05/2005/CM/UEMOA portant contrôle et régulation des marchés publics et des délégations de service public dans l'UEMOA, le Code des Obligations de l'Administration et les textes réglementaires spécifiques régissant les marchés publics.

L'observation de l'évolution du droit constitutionnel a déjà donné l'occasion à la doctrine de s'interroger sur l'opportunité de la rencontre entre la Constitution et le contrat administratif ou le contrat public[239]. Mais le scepticisme règne parmi les auteurs[240]. Le professeur DELVOLVÉ relevait, à cet égard, qu'*a priori* rien ne lie les termes « *Constitution* » et « *contrats publics* » ou tout simplement contrat[241].

Pour autant, la rencontre des deux mondes, constitutionnel et contractuel de droit public, s'est toutefois réalisée depuis, à la faveur de la jurisprudence constitutionnelle[242]. Le Conseil constitutionnel français a, en effet, découvert des fondements constitutionnels du droit des contrats administratifs[243] de manière indirecte plus qu'explicite car jamais la catégorie des contrats administratifs n'est mentionnée en tant que telle dans la jurisprudence du Conseil, celui-ci préférant évoquer les contrats des personnes publiques ou la notion de commande publique. De ce point de vue, il est établi que le Conseil a offert une matrice au développement de celui-ci en consacrant au rang constitutionnel, les principes juridiques qui en constituaient les

---

[237] L. DUGUIT, *Les transformations du droit public,* Paris, A. Colin, 1913. (Réédition : Paris, La mémoire du droit, 1999, 285 p.)

[238] *J.O*, numéro spécial 5963 du 22 janvier 2001, p. 27.

[239] V. notamment S. BRACONNIER, « La typologie des contrats publics d'affaires face à l'évolution du champ d'application des nouvelles directives », *AJDA*, 2014, p. 832.

[240] F. LOMBARD, « Constitution et contrat publics : développements récents », *Constitutions : revue de droit constitutionnel appliqué*, Dalloz, 2016, p. 277. V. également A. LOUVARIS, « La dénomination de contrats publics d'affaire », *AJDA*, 2015, p. 152.

[241] P. DELVOLVÉ, « Constitution et contrats publics », *Mélanges Franck Moderne, Mouvements du droit public*, Dalloz, 2004, p. 469.

[242] V. A. DUFFY, « La constitutionnalisation de la liberté contractuelle », *RDP*, 2006, p. 1569.

[243] Tels que la liberté contractuelle, *le « droit commun de la commande publique* » ou les principes fondamentaux de la commande publique notamment.

fondements dans le droit de l'Union et le droit national[244]. Il a d'abord reconnu une valeur constitutionnelle au principe d'égalité devant la commande publique en considérant que :

« *Le législateur peut, dans le but de concilier l'efficacité de la commande publique et l'égalité de traitement entre les candidats avec d'autres objectifs d'intérêt général inspirés notamment par des préoccupations sociales, prévoir un droit de préférence, à égalité de prix ou à équivalence d'offres, en faveur de certaines catégories de candidats ; que, s'il lui est également loisible, dans le même but, de réserver l'attribution d'une partie de certains marchés à des catégories d'organismes précisément déterminées, il ne saurait le faire que pour une part réduite, pour des prestations définies et dans la mesure strictement nécessaire à la satisfaction des objectifs d'intérêt général ainsi poursuivis* »[245]. Il a ensuite reconnu, dans sa décision relative à la loi d'organisation et d'orientation pour la sécurité intérieure, la valeur constitutionnelle du principe de transparence en matière de marchés publics en tant « *qu'il garantit le bon emploi des deniers publics tel que l'article 14 de la Déclaration de 1789 l'exige* »[246].

S'assurant du fondement constitutionnel des procédures des marchés publics à être encadrés, le Conseil constitutionnel a jugé que découlaient des articles 6 et 14 de la Déclaration des Droits de l'Homme et du Citoyen du 26 août 1789, et à ce titre avaient valeur constitutionnelle, les principes rappelés par le Code des Marchés publics, aux termes duquel :

« *Les marchés publics respectent les principes de liberté d'accès à la commande publique, d'égalité de traitement des candidats et de transparence des procédures. L'efficacité de la commande publique et la bonne utilisation des deniers publics sont assurées par la définition préalable des besoins, le respect des obligations de publicité et de mise en concurrence ainsi que par le choix de l'offre économiquement la plus avantageuse* »[247].

---

[244] F. ALLAIRE, *l'essentiel du droit des marchés publics*, Gualino, 2019, p. 17.

[245] Cons. const., 6 déc. 2001, Loi portant mesures urgentes de réformes à caractère économique et financier, Journal officiel du 12 décembre 2001, p. 19712, Recueil, p. 156. (Consulter ici https://www.conseil-constitutionnel.fr/ décision/2001/2001452DC.htm, le 12/02/2019).

[246] Cons. const., 22 août 2002, Loi d'orientation et de programmation sur la sécurité intérieure, Journal officiel du 30 août 2002, p.14411, Recueil, p. 198. (Consulter ici https://www.conseil-constitutionnel.fr/ décision/2002/2002460DC.htm, le 12/02/2019.)

[247] Cons. const., 26 juin 2003, Loi habilitant le gouvernement à simplifier le droit.

La Constitution sénégalaise du 22 janvier 2001[248] ne fait pas expressément référence au contrat administratif. Mais dans son préambule, il est rappelé le respect du principe de la transparence. Ainsi, le constituant sénégalais affirme son attachement à la transparence dans la conduite et la gestion des affaires publiques, ainsi qu'au principe de bonne gouvernance. De ce fait, l'exigence de transparence est élevée au rang de principe constitutionnel[249].

Sur le plan communautaire, la directive N° 5 relative au contrôle et à la régulation en son article 12 institue le principe du recours devant un organe juridictionnel[250]. Pour rappel, l'article 43 du traité instituant l'UEMOA[251] définit les directives comme étant des actes qui « *lient tout État membre quant aux résultats à atteindre* »[252]. Le propre de la directive est donc d'orienter ses destinataires dans la poursuite d'une certaine fin, sans enfermer sa mise en œuvre dans des prescriptions détaillées. Contrairement à d'autres normes de droit dérivé[253], la directive ne constitue pas une norme directement applicable[254] ; elle relève « *d'une méthode de législation à deux étages* ». L'introduction de cette norme dans l'ordre juridique national suppose sa transposition[255].

Effectivement, la transposition[256] de la Directive N° 5 sur le contrôle et la régulation des marchés publics et des délégations des services publics a abouti à la modification du Code des Obligations de

---

[248] Voir à ce sujet l'ouvrage de M. DIAKHATE, *La Constitution du Sénégal : la lettre, le politique et le juge,* L'Harmattan, 2023, 316 p.

[249] V. C. TEITGEN COLLY, « les instances de régulation et la constitution », *RDP,* 1973, p. 941.

[250] V. Supra.

[251] Pour une étude exhaustive du traité instituant l'UEMOA voir par exemple E. CEREXHE et L. L. H. DE BEAULIEU, *Introduction à l'Union économique ouest-africaine*, Bruxelles, De Boeck, 1977, 157 p. ; Pour mettre en œuvre ses objectifs, l'UEMOA s'est dotée d'organes de décision, d'exécution et de contrôle.

[252] Dans l'UEMOA, le régime juridique de la directive est fixé par le chapitre III du Traité modifié de l'UEMOA, relatif au « Régime juridique des actes pris par les organes de l'Union ».

[253] Acte uniforme, Acte additionnel, Règlement, Décision, etc.

[254] Sur la notion de directive, D. SIMON, « Directive », *Rep. dr. eur.,* Dalloz, mars 2012, n° 02.

[255] À ce sujet, on lira avec intérêt les réflexions de P.-A. TOURE : *La légistique, technique de conception et de rédaction des lois et des actes administratifs : une tradition de gouvernance normative*, L'Harmattan, 2018, p. 311.

[256] M. HIANCE, « La transposition de la directive dans le droit national, *Gazette palais,* 24 février 2000, n° 055, p. 19.

l'Administration[257]. Celui-ci, en ses articles 139 et 140, pose le principe de l'intervention du Tribunal de Grande instance, d'une part, et précise les actes détachables pouvant faire l'objet de recours pour excès de pouvoir devant la Cour suprême, d'autre part.

Quant au droit national des marchés publics, il s'est constitué formellement par la réunion des textes assurant la transposition des directives N° 4 et N° 5. Il s'agit des textes législatifs[258] et réglementaires[259] tels que le décret portant Code des Marchés publics[260] et le décret portant création, organisation et fonctionnement de l'Autorité de Régulation des Marchés publics (devenue Autorité de Régulation de la Commande Publique dite ARCOP)[261]. Si l'article 140 du décret portant Code des Marchés publics en ses paragraphes I, II et III traite de l'intervention des juridictions, l'article 20 du décret n° 2023-832 fixant

---

[257] V. A.- B. FALL, « Le Code des Obligations de l'Administration au Sénégal ou la transposition de règles de droit administratif français en Afrique par la codification », op. cit.

[258] V. à ce sujet la loi de 2006 portant modification du COA.

[259] La production interne des normes de « *marché public* » est soumise à une double spécificité : la place prépondérante du pouvoir réglementaire dans la création de ces textes ; la soumission très importante de l'initiative des lois et règlements au droit communautaire, sans pour autant que cela ait diminué par trop la place des initiatives internes.

[260] L'évolution du droit de la commande publique a connu différentes étapes marquées par plusieurs modifications des lois et textes réglementaires. En ce qui concerne les textes réglementaires, on peut citer principalement :
- le décret n°67.697 du 16/06/1967, portant réglementation des marchés administratifs, modifiés, (abrogé). ;
- le décret n° 2002-550 du 30 mai 2002 portant Code des Marchés publics, *J.O* n° 6054 du 6 juillet 2002, p. 1323 et s.), (abrogé).;
- le décret n° 2007-545 du 25 avril 2007 portant Code des Marchés publics abrogé, *J.O* n° 6349 du 2 juin 2007, p. 2901 et s., (abrogé). ;
- le décret n° 2007-546 du 25 avril 2007 portant organisation et fonctionnement de l'autorité de régulation des marchés publics (ARMP), (abrogé). ;
- le décret n° 2007-547 du 25 avril 2007 portant création de la Direction centrale des Marchés publics (DCMP) ;
- le décret n°2011-1048 du 27 juillet 2011 portant Code des Marchés publics, *J.O* n° 6604 du 27 juillet 2011, (abrogé). ;
- le décret 2014-1212 du 22 septembre 2014 portant Code des Marchés publics, *J.O* n° 6812 du 4 Octobre 2014, pp. 1159-1201, (abrogé).

[261] La loi n° 2022-07 du 19 avril 2022 modifiant la loi n° 65-51 du 19 juillet 1965 portant Code des Obligations de I' Administration, modifiée, (*JO* du 22 avril 2022) a créé l'ARCOP à la place de l'ARMP. Voir à ce sujet le décret n° 2023-832 fixant les règles d'organisation et de fonctionnement de l'Autorité de Régulation de la commande publique (ARCOP).

les règles d'organisation et de fonctionnement de l'ARCOP[262] indique que : « *Les décisions de la Commission sont exécutoires et ont force contraignante sur les parties ; elles sont définitives, sauf en cas de recours devant une juridiction compétente, ce recours n'ayant pas d'effet suspensif ; le Président du Conseil de Régulation peut également saisir la Commission à l'effet de statuer sur toute irrégularité dans l'application des procédures nationales ou, le cas échéant, des partenaires techniques et financiers dont l'ARCOP aurait été saisie* ».

En définitive, il convient de retenir qu'une grande partie des textes qui régissent les « *marchés publics* » au sens large est d'origine réglementaire. La combinaison de ces différents textes justifie la présence d'organes juridictionnels pour contrôler les décisions du Comité de Règlement des Différends de l'Autorité de Régulation de la commande publique (ARCOP). En matière de passation des marchés publics, la compétence de la Chambre administrative ne se présume pas.

B. Le contrôle des procédures de passation des marchés publics, une exclusivité juridictionnelle de la Chambre administrative de la Cour suprême

L'article 140 de la loi n° 2006-16 du 30 juin 2006, modifiant la loi du 19 juillet 1965 portant Code des Obligations de l'Administration dispose que : « *les actes détachables du contrat peuvent faire l'objet d'un recours pour excès de pouvoir devant le Conseil d'État* ». Cette compétence est purement et simplement une reprise de l'article 32 de l'ordonnance française du 31 juillet 1945 sur le Conseil d'État.

Dès le lendemain des indépendances, le constituant disposait que « *La Cour Suprême est juge de l'excès de pouvoir des autorités exécutives* »[263]. Cette compétence sera plus tard reconnue au Conseil d'État à la suite d'une réforme du système judiciaire[264], pour enfin revenir à nouveau à la Cour suprême sénégalaise représentée par la fusion du Conseil d'État avec la Cour de cassation.

Ainsi, la Cour suprême est juge, en premier et dernier ressort, de l'excès de pouvoir des autorités administratives ainsi que de la légalité des actes des collectivités territoriales selon l'article premier de la loi

---

[262] Ancien article 21 du décret n° 2007-546 du 25 avril 2007 portant organisation et fonctionnement de l'Autorité de Régulation des Marchés publics (ARMP), (abrogé).
[263] Article 82 Constitution sénégalaise de 1960, (abrogé).
[264] Loi n° 92-24 du 30 mai 1992, *J.O n°* 5464 du 1 juin 1992, (abrogé).

organique de 2017 sur la Cour suprême[265], modifiée. Par l'entremise de la Chambre administrative, elle reçoit les contestations soulevées devant le CRD. Les décisions dudit comité, assimilables à des actes détachables, sont limitativement énumérées : il s'agit de l'autorisation de contracter, la décision de contracter ou de ne pas contracter, l'opération d'attribution, l'approbation du contrat.

Dans sa jurisprudence, il est arrivé à la Chambre administrative de rappeler le principe suivant : « *le recours introduit directement devant la Cour suprême par la requérante contre la décision de l'autorité contractante portant attribution provisoire du marché doit être déclaré irrecevable* »[266] et que « *seules les décisions du Comité de Règlement des Différends peuvent être attaquées en annulation* »[267].

La Chambre administrative de la Cour suprême est ainsi considérée comme le réceptacle des litiges relatifs aux procédures de passation des marchés publics, le Tribunal de Grande instance et la Cour des comptes peuvent être amenés à arbitrer des litiges relatifs aux marchés publics[268].

Paragraphe II. L'intervention du Tribunal de Grande instance et de la Cour des comptes en matière de marchés publics

Dans le contentieux de pleine juridiction, appelé subjectif, la détermination de la juridiction compétente en matière de marchés publics[269] s'apprécie par la compétence du Tribunal de Grande instance[270]. Le juge financier, étant le juge du respect des deniers par les personnes publiques dans la conclusion de marchés publics, effectue

---

[265] Loi organique n° 2022-16 du 23 mai 2022 modifiant la loi organique n° 2017-09 du 17 janvier 2017 abrogeant et remplaçant la loi organique n° 2008-35 du 08 août 2008 sur la Cour suprême, *JO* n° 7531, numéro spécial du mardi 23 mai 2022, p. 571.

[266] CS. Arrêt n° 42 du 08 juin 2017, La Société Quali-Plaques c/État du Sénégal, (Inédit).

[267] CS. Arrêt n° 05 du 28 février 2019, Services Prestige dite « SP » c/ARMP-SUMMA-AIBD-LIMAK, (Inédit).

[268] V. J.-F LAFAIX, « Le juge du contrat face à la diversité des contentieux contractuels », *RFDA*, 2010, p. 1089.

[269] V. M. UBAUD-BERGERON, « Les contrats de l'administration devant le juge judiciaire : le juge judiciaire et la 'commande publique' », *RFDA*, 2013, p. 531.

[270] Loi n° 2014-26 du 03 novembre 2014 abrogeant et remplaçant la loi n° 84-19 du 02 février 1984 fixant l'organisation judiciaire, *J.O* du 10 novembre 2014, p. 1359. Cette réforme repose essentiellement sur trois innovations majeures: la définition d'une nouvelle carte judiciaire avec comme corollaire la création de tribunaux d'instance à la place des tribunaux départementaux et de tribunaux de grande instance à la place des tribunaux régionaux; une nouvelle répartition des compétences pour faire des tribunaux d'instance de véritables juridictions de proximité; la création de chambres criminelles au niveau des cours d'Appel et des tribunaux de grande instance.

un contrôle dans la gestion des marchés publics. Dans tous les cas, les litiges relatifs à la préparation et à l'exécution du marché[271] peuvent être déférés devant le Tribunal de Grande instance **(A)** et la Cour des Comptes **(B)**.

A. Le Tribunal de Grande instance, le juge de droit commun de l'exécution des marchés publics

Le régime de droit commun de la procédure administrative contentieuse est un ensemble de règles générales de procédure applicable aussi bien à la matière civile, administrative, fiscale que commerciale. À cet effet, l'article 139 alinéa 2 du Code des Obligations de l'Administration dispose que : « *les Tribunaux de Première instance sont compétents pour connaître du contentieux des contrats administratifs* ». Cela signifie que le juge de plein contentieux est compétent pour connaître de la validité et de l'exécution des contrats administratifs[272].

Au demeurant, il y a lieu de remarquer que le contentieux relève de la matière administrative[273] dont les articles 39[274] et 729[275] du Code de Procédure Civile déterminent les conditions dans lesquelles le juge est saisi. Avant que le législateur sénégalais n'ait décidé de transférer le

---

[271] V. M. DE MONSEMBERNARD, « Le contentieux de l'exécution des marchés publics, étape par étape », *AJ Collectivités Territoriales,* 2015 p. 441.

[272] D. SY, *Droit administratif,* L'Harmattan, 2 e éd., Revue, corrigée et augmentée, 2014, p. 350.

[273] Sur le contrôle que le juge exerce sur la matière administrative, V. A. DIEYE : « Le juge et la matière administrative », *Annales Africaines,* Nouvelles séries N° 9, Décembre 2018, pp. 339-364.

[274] Article 39 Sont assignés : *« 1° l'État en la personne de l'agent judiciaire de l'État ou en ses bureaux, à charge pour ce dernier de saisir le fonctionnaire compétent pour plaider au fond, s'il y a lieu ; 2° les établissements publics de toute nature en la personne de leur représentant légal ou en ses bureaux ; 3° les communes en la personne du maire à son domicile ou au siège de la municipalité ; 4° les autres collectivités publiques en la personne de leur représentant légal. Dans les cas ci-dessus, l'original est visé par celui à qui copie de l'exploit est laissée : en cas d'absence ou de refus... ».*

[275] Article 729 : *« Toute action en justice doit être précédée d'une demande adressée à l'autorité administrative désignée pour recevoir. L'assignation aux termes de l'article 39. Le silence gardé plus de quatre mois par l'autorité saisie vaut décision de rejet. L'assignation doit, à peine d'irrecevabilité, être servie dans le délai de deux mois qui suit, soit l'avis donné de la décision, de l'Administration, soit l'expiration du délai de quatre mois valant décision implicite de rejet. Elle doit, à peine de nullité, viser la réponse implicite ou explicite donnée par l'Administration à la demande préalable. Si c'est l'Administration qui est demanderesse, l'assignation est délivrée à la requête du ministre compétent ou à celle des autorités visées à l'article 39 ».*

contentieux de la passation des marchés publics à la compétence de la Chambre administrative de la Cour suprême, le juge a très tôt dégagé la ligne de partage entre le domaine du recours pour excès de pouvoir limité aux actes détachables des contrats administratifs et celui du contentieux des contrats administratifs dévolu aux Tribunaux régionaux[276].

L'affaire du 29 juin 1997 opposant le groupe Sud communication à l'État du Sénégal, sur la décision portant suspension de la diffusion de la radio, est une éloquente illustration[277]. Dans son argumentaire, le juge de l'excès de pouvoir estime que le litige dont il est saisi, entre dans le cadre de l'exécution du contrat en considérant, à cet égard, que : « *l'acte qui ne saurait être considéré détachable puisqu'il a été pris dans le cadre de l'exécution d'un contrat, et en outre, sur le fondement exclusif de l'inexécution de la convention signée entre les parties, qu'il suit de là que le recours pour excès de pouvoir doit être déclaré irrecevable* ». Toutefois, il s'agissait d'un contrat de concession de service public, qui a le statut de contrat administratif[278].

La Cour suprême a rappelé que, saisie d'un recours pour excès de pouvoir, elle est incompétente pour examiner la régularité d'un protocole d'accord dont l'appréciation relève en premier ressort de la compétence du Tribunal régional[279]. La société requérante sollicitait, à cet effet, l'annulation pour excès de pouvoir du protocole d'accord du 29 septembre 2012, par lequel l'Agence des Travaux et de Gestion des Routes dite AGEROUTE Sénégal avait confié au Centre d'information et de documentation publicitaire (CIDOP), la gestion de panneaux, emplacements et espaces publicitaires à travers la ville de Dakar. La Cour estima que l'acte attaqué est un contrat conclu entre l'AGEROUTE et le CIDOP dont l'appréciation relève en premier ressort de la compétence du Tribunal régional. Par conséquent, la Cour suprême, saisie en excès de pouvoir, est incompétente pour en connaître.

---

[276] R.-P. DIOUF, « le contrôle des marchés publics par le juge administratif », *op. cit.*, p. 28.

[277] C.E. 29 juin 1997, société SUD COMMUNICATION c/État du Sénégal, BACE N° 1, pp. 147-148

[278] M. NGAÏDE, M.-T SOCK, *Code des Marchés publics annoté*, Éditions Juriscare, p. 175.

[279] CS. Arrêt n° 17 du 27 mars 2014 Société MEDIASEN SARL c/- CIDOP SARL-AGEROUTE Sénégal-Mairie de Dakar, *Bulletin des arrêts de la Cour suprême* N° 8, année judiciaire 2014, p. 132.

Dans ce sillage, la Cour a déclaré irrecevable[280] une demande visant la suspension, par l'ONAS, le Groupement DELTAS S.A/VICAS et les sociétés DELTAS S.A/VICAS SARL, des travaux portant exécution de la décision n° 079/19/ARMP/CRD/DEF du 8 mai 2019 du Comité de Règlements des Différends (CRD) de l'Agence de Régulation des Marchés publics (ARMP) relative à la procédure de passation du marché portant sur les travaux d'entretien et d'exploitation des réseaux d'eaux usées et d'eaux pluviales à Dakar et dans les régions, lancés par l'ONAS et ce, sous astreinte de la somme de 500.000.000 FCFA par jour de retard et la saisine de la Cour en cas de difficultés. En effet, elle ne saurait ordonner l'arrêt des travaux relatifs à l'exécution d'une opération matérielle et, en l'absence d'un texte législatif. Le contentieux de l'exécution relève de la compétence du Tribunal de Grande instance.

En outre, il est fait état que : « *les marchés publics sont des contrats administratifs à l'exception de ceux passés par les sociétés nationales et les sociétés anonymes à participation publique majoritaire qui demeurent des contrats de droit privé* »[281]. Pour les marchés passés par ces sociétés, la compétence revient au juge chargé du plein contentieux. Ces sociétés sont régies par la loi d'orientation n° 2022-08 relative au secteur parapublic, au suivi du portefeuille de l'État et au contrôle des personnes morales de droit privé bénéficiant du concours financier de la puissance publique[282].

Au demeurant, les Sociétés anonymes à Participation publique majoritaire obéissent à des règles de fonctionnement et de contrôle, mais le fait que certains secteurs d'activités dans lesquels elles interviennent soient d'une importance particulière pour la communauté toute entière, ne rend-il pas paradoxal que les marchés passés par ces organismes soient régis par les règles applicables entre particuliers, et ne bénéficient pas, par conséquent, de certains privilèges et garanties

[280] CS. Ordonnance n° 13 du 02 juillet 2020, La Société « DELGAS ASSAINISSEMENT » c/La Direction centrale des Marchés Publics dite DCMP et autres, (Inédit).

[281] I. NDIAYE, *Guide de passation des marchés publics au Sénégal*, L'Harmattan, Paris, 2011, p. 187.

[282] *JO*, n° 7516, numéro spécial jeudi 21 avril 2022, p.353. La loi n° 90-07 du 26 juin 1990 relative à l'organisation et au contrôle des entreprises du secteur parapublic et au contrôle des personnes morales de droit privé bénéficiant du concours financier de la puissance publique a été abrogée et remplacée par la loi d'orientation n° 2022-08 relative au secteur parapublic, au suivi du portefeuille de l'État et au contrôle des personnes morales de droit privé bénéficiant du concours financier de la puissance publique.

reconnus seulement aux contrats administratifs ?[283]. Et c'est ce qui a fait dire à des auteurs que : « *la question des pouvoirs du juge dans le plein contentieux contractuel est une des plus délicates qui soient, à raison des diversités des solutions qui sont admises selon le type de contrat, de l'ambiguïté des expressions employées et de la confusion que peut y ajouter l'admission du recours pour excès de pouvoir dans certaines hypothèses* »[284].

Par ailleurs, il est intéressant de relever que, sans prévoir d'incriminations pénales relatives aux marchés publics, le Code des marchés en ses articles 147 à 150 indique les personnes susceptibles d'être poursuivies pénalement[285] et sur le plan disciplinaire ainsi que les faits susceptibles de revêtir, au regard des lois et règlements en vigueur auxquels il renvoie[286]. Il s'agit d'infractions présentant un caractère clandestin retardant leur découverte ou commis par le canal d'infractions occultes dont l'étude des éléments constitutifs est importante pour leur compréhension[287].

À cet égard, le Tribunal de Grande Instance est habilité à poursuivre pénalement les personnes responsables. Toutefois, dans la construction très élaborée que constitue le contentieux contractuel, le contentieux de l'exécution des marchés publics fait, dans une certaine mesure, figure de parent pauvre[288].

Au total, il faut noter que les jugements rendus par les Tribunaux de Grande Instance sont susceptibles d'être déférés devant la Cour d'appel, puis en cassation devant la Cour suprême. Depuis sa mise en place en 2008, celle-ci n'a pas enregistré de pourvois en cassation[289] en matière de procédures d'exécution des marchés publics. Quid de la Cour des Comptes ?

---

[284] A. LAUBADAIRE, F. MODERNE, P. DEVOLVE, *traité des contrats administratifs*, tome 2, p. 1003.

[285] V. F. THIRIEZ, « L'irruption du juge pénal dans le paysage administratif », *AJDA*, 1999, p. 105.

[286] M. LAMOTTE, « L'étude des infractions des marchés publics », op. cit., p. 11.

[287] R. P. DIOUF, « Comment sanctionner les fautes de gestions », *Revue des marchés publics (Sénégal)* N° 3, juillet 2011, pp. 28-31.

[288] M. DE MONSEMBERNARD, « le contentieux de l'exécution des marchés publics, étape par étape », *AJ Collectivités Territoriales,* 2015, p. 441.

[289] F.- H. DIALLO, « Le contrôle de régularité par le juge administratif », op. cit., p. 16.

B. La Cour des comptes, un juge pouvant intervenir dans le contrôle des marchés publics

L'intervention de la Cour des Comptes est sollicitée dans certaines situations[290]. À cet effet, il convient de faire observer que l'intervention du juge financier trouve principalement son fondement dans la place qu'occupe l'argent public dans la préparation, la passation et l'exécution des marchés publics[291]. D'ailleurs, le Code des Marchés publics dispose qu'en vue d'assurer l'efficacité de la commande publique et la bonne utilisation des deniers publics, la conclusion de contrats d'achats passés à titre onéreux par les acheteurs publics suppose l'existence de crédits suffisants[292].

Par conséquent, le juge financier exerce un contrôle sur la disponibilité des crédits avant l'engagement des dépenses pour un marché afin d'éviter une mauvaise gestion des deniers publics. Ainsi, la juridiction financière[293] est chargée de vérifier les comptes de certaines entités en contrôlant l'exécution des marchés publics[294]. Elle intervient, également, pour juger les comptables publics chargés de payer les entreprises titulaires de marchés publics[295].

Par ailleurs, l'article 57 de la loi organique n° 2012-23 du 27 décembre 2012 abrogeant et remplaçant la loi organique n° 99-70 du 19 février 1999 portant création de la Cour des Comptes énumère les conditions dans lesquelles sont punis les manquements en matière de dépenses et de recettes[296]. Il s'agit notamment du non-respect des seuils

---

[290] M. NGAÏDE, M.-T SOCK, op. cit. p.177.

[291] A. ISSOUFOU, *Les mutations du droit des marchés publics au Niger et au Sénégal : contribution à l'étude de l'encadrement juridique d'une catégorie de dépense publique, op. cit.*, p. 408.

[292] TPI, 17 mai 1969, Société Bernabé c/État du Sénégal.

[293] V. D. LAMARQUE et G. MILLER, « Le juge administratif face aux attributions non contentieuses du juge des comptes », *ADJA*, Décembre 1998, pp. 955-961.

[294] Sur les interactions entre le droit budgétaire et le droit comptable, V. D. THOMAS, « Les relations entre le droit des marchés publics et le droit budgétaire et comptable », *RDP* N° 4, 1997, pp. 1101-1137.

[295] *Ibid.*

[296] Article 57 de la loi sur la Cour des Comptes. - Est punissable :
A/- EN MATIÈRE DE DEPENSES :
1) le fait de n'avoir pas soumis à l'examen préalable des autorités habilitées à cet effet, dans les conditions prévues par les textes en vigueur, un acte ayant pour effet d'engager une dépense ;
2) le fait d'avoir imputé ou fait imputer irrégulièrement une dépense ;

fixés pour l'engagement d'une dépense publique en vue de conclure un marché et le cas des violations des arrêtés ministériels[297] relatifs aux seuils applicables dans la passation des marchés publics.

L'article 39 de la loi organique sur la Cour des Comptes dispose que :

« *Tout arrêt définitif rendu par une chambre peut également, sur le pourvoi du comptable, du ministre chargé des finances, des ministres concernés, du Procureur général près la Cour des Comptes ou du représentant légal de l'organisme dont dépend le comptable, être soumis à cassation pour cause d'incompétence, de vice de forme ou de violation de la loi. Ce pourvoi est formé dans les conditions fixées par la loi organique sur la Cour suprême* ».

L'article 76 de la même loi ajoute que les arrêts « *peuvent faire l'objet d'un recours en cassation porté devant la Cour suprême, à l'initiative du prévenu ou du Procureur général. En cas de cassation,*

---

3) le fait d'avoir enfreint la réglementation en vigueur concernant la comptabilité des matières ;
4) le fait d'avoir passé outre au refus de visa d'une proposition d'engagement de dépenses, excepté dans le cas où l'avis conforme du ministre chargé des finances a été obtenu préalablement par écrit ;
5) le fait d'avoir engagé des dépenses sans avoir reçu à cet effet délégation de signature ou de pouvoir ;
6) le fait d'avoir produit, à l'appui ou à l'occasion de ses liquidations, de fausses certifications ; etc. ;
7) ;
8) ;
B/ - EN MATIÈRE DE RECETTES :
12) le fait d'avoir manqué de diligences pour faire prévaloir les intérêts de l'État ou de toute autre personne morale visée à l'article 31 de la présente loi organique, notamment le défaut de poursuite d'un débiteur ou de constitution de sûreté réelle ;
13) Le fait d'avoir enfreint les règles régissant l'exécution des recettes ;
14) Le fait d'avoir négligé de contrôler, en sa qualité de chef de service responsable de leur bonne exécution, les actes de recettes effectués par ses subordonnés ;
C/ - DE MANIERE GENERALE :
15) Le fait d'avoir, dans l'exercice de ses fonctions ou attributions, en méconnaissance de ses obligations, procuré ou tenté de procurer à autrui ou à soi-même, directement ou indirectement, un avantage injustifié, pécuniaire ou en nature, entraînant un préjudice pour le Trésor, la collectivité ou l'organisme intéressé ;
16) Le fait d'avoir entraîné la condamnation d'une personne morale de droit public ou d'une personne morale de droit privé chargée de la gestion d'un service public, en raison de l'inexécution totale ou partielle ou de l'exécution tardive d'une décision de justice.

[297] Arrêté n° 007120 du 23 mars 2023 fixant les seuils en deçà desquels l'autorité contractante peut ne pas requérir la garantie de soumission.

l'affaire est renvoyée devant les chambres réunies de la Cour des Comptes »[298].

Il est ainsi indéniable que « *l'exécution des budgets publics implique plusieurs actes d'exécution dont le juge administratif pourra apprécier le bien-fondé dès lors que leur est reconnu le caractère d'actes administratifs* »[299]. Après avoir rappelé les organes juridictionnels compétents en matière de préparation, de passation et d'exécution des marchés publics, il sera étudié dans les lignes qui suivent les catégories de décisions de passation des marchés pouvant faire l'objet de recours.

Section II. Les décisions de passation des marchés susceptibles de recours

Seul l'acte administratif peut faire l'objet d'un recours pour excès de pouvoir[300] devant la Chambre administrative. Toutefois, toute manifestation des intentions d'un administrateur n'est pas, par elle-même, un acte sur lequel un débat contentieux peut se nouer. Ainsi, pour que le recours soit recevable, il faut qu'il existe un acte ou une décision susceptible d'être exécutée. Et, pour reprendre une expression couramment utilisée par le juge administratif français, il faut, en principe, que l'acte ou la décision en cause ait « *un effet juridique direct* »[301].

À cet effet, il sera analysé les décisions **(paragraphe I)** ou actes de passation des marchés pouvant faire l'objet de contrôle et ceux qui en sont exclus **(paragraphe II).**

[298] Sur cette question, V. N. MEDE : « Réflexion sur l'autorité de la chose jugée au financier », *Nouvelles Annales Africaines,* 2012, pp. 133-136.

[299] S. DAMAREY, « Le juge administratif, juge financier *», DALLOZ*, Paris, 2001, p. 289.

[300] C'est un recours qui a donné son nom au contentieux de l'excès de pouvoir. On peut le définir comme étant l'action par laquelle toute personne y ayant intérêt, peut provoquer l'annulation d'une décision exclusive par le juge compétent en raison de son illégalité. Selon G. GÈZE, « *le recours pour excès de pouvoir constitue l'arme la plus efficace, la plus pratique, la plus économique qui existe au monde pour défendre les libertés individuelles et la plus merveilleuse création des juristes* ». Le contentieux de l'excès de pouvoir englobe en réalité trois types de recours : le recours pour excès de pouvoir, le recours en appréciation et le recours en déclaration.

[301] Pour une illustration récente, CE, 5 octobre 2015, n° 387899, Comité d'entreprise du siège de l'Ifremer, Leb. p. 527 et 789 ; *AJDA* 2016. 493, note N. Havas.

Paragraphe I. Les catégories de décision pouvant être déférées devant la Cour suprême

Le Comité de Règlement des Différends est une instance de l'ARCOP ex-ARMP dont les décisions sont susceptibles d'être querellées devant la Chambre administrative **(A).** De même, le déféré du représentant de l'État est un mécanisme permettant au juge d'être saisi en matière de marchés publics des collectivités territoriales **(B).**

A. Les décisions du Comité de Règlement des Différends

L'article 12 de la Directive n° 05/2005/CM/UEMOA du 9 décembre 2005 permet au plaignant, victime d'une décision prise en son encontre par l'autorité contractante, de saisir directement l'organe de règlement des différends dans le cadre d'un recours non juridictionnel.

L'article 30 de la loi n° 2022-07 du 19 avril 2022 modifiant la loi n° 65-51 du 19 juillet 1965 portant Code des Obligations de l'Administration, fait expressément référence à la création d'un organe de régulation de la commande publique dénommé Autorité de Régulation de la Commande publique (ARCOP) sous forme d'autorité administrative indépendante[302]. L'article 2 du décret dispose, en effet, que : « *l'ARCOP a pour mission, [entre autres], de procéder au règlement non juridictionnel des litiges nés à l'occasion de la passation des marchés publics et des contrats de partenariat public-privé, ou de rendre des avis dans le cadre du règlement amiable des litiges nés à l'occasion de leur exécution* »[303].

Cet organe est distinct de la structure administrative chargée du contrôle *a priori* de la passation des marchés[304]. Les autorités administratives

---

[302] V. J. D. B. D. GAUDUSSON, « Le juriste français et l'institution des autorités administratives indépendantes en Afrique », *in L'esprit des institutions, l'équilibre des pouvoirs : Mélanges en l'honneur de Pierre PACTET*, Paris, Dalloz, 2003, pp. 65-76 ; V. également A. DIARRA « Les autorités administratives indépendantes dans les États francophones d'Afrique : cas du Mali, du Sénégal et du Bénin, *Revue Afrilex*, janvier 2000.

[303] Le Décret n° 2023-832 fixant les règles d'organisation et de fonctionnement de l'Autorité de Régulation de la commande publique (ARCOP) a abrogé et remplacé le décret n° 2007-546 du 25 avril 2007 portant organisation et fonctionnement de l'Autorité de Régulation des Marchés publics (ARMP), *J O* n° 6349 du samedi 2 Juin 2007.

[304] Décret n°2007-547 du 25 Avril 2007 portant création de l*a Direction Centrale des Marchés publics, J.O* n° 6349 du 2 Juin 2007 (abrogé). Dans le décret n° 2022 – 1777

indépendantes dotées de l'autonomie[305] n'entrent dans aucune des catégories préexistantes d'institutions administratives[306]. Elles présentent trois caractéristiques qui peuvent paraître contradictoires, mais qui reflètent la complexité de l'institution en lui donnant tout son intérêt[307].

La dénomination « *autorité* » signifie que l'on est en présence d'organismes dont le rôle n'est pas seulement consultatif. L'élément « *indépendance* » est au fondement de la notion, dans la mesure où il s'agit de donner des « *compétences propres* » à des organismes en principe collégiaux, soustraits aux exigences du pouvoir politique. Tout en étant des autorités indépendantes, les autorités administratives indépendantes[308] n'en sont pas moins des institutions « a*dministratives* », même lorsque le législateur ne leur a pas explicitement attribué ce qualificatif[309].

Juridiquement, ce sont des organes de l'État, relevant du pouvoir exécutif mais entendu plus largement que le strict pouvoir gouvernemental. Les autorités administratives indépendantes à l'instar de l'ARCOP se rattachent toutes à l'exécutif[310] d'une manière ou d'une autre, ce qui justifie la compétence du juge administratif, sauf exception prévue par la loi.

Le Conseil constitutionnel français qui a justifié les dérogations à la compétence du juge administratif, a néanmoins érigé en principe fondamental, la compétence de ce même juge administratif pour

---

portant répartition des services de l'État et du contrôle des établissements publics, des sociétés nationales et des sociétés à participation publique entre la Présidence de la République, la Primature et les ministères, figure la Direction centrale de la Commande publique qui doit remplacer la Direction Centrale des Marchés publics.

[305] Sur les autorités administratives indépendantes, V. NG. NGOM, *Réflexion sur un phénomène récent en Afrique : les autorités administratives indépendantes,* Thèse de doctorat, Université Cheikh Anta Diop de Dakar, 2000.

[306] J. MORAND-DEVILLERS, *Droit Administratif,* Montchrestien, 11° éd., p. 135. À cet effet, elle observe que « Ce ne sont ni des juridictions, ni des organismes consultatifs, ni des organismes de contrôle au sens traditionnel ».

[307] M. GJIDARA, « Le contrôle exercé par le juge administratif sur les autorités administratives indépendantes », disponible sur le lien hrcak.srce.hr/file/152555, p. 269, (Consulté le 19/07/2015).

[308] V. B.-L. SALL, *contribution à l'étude des autorités administratives indépendantes,* Thèse pour le doctorat d'État en droit, Poitiers, Mai 1990, 355 p.

[309] Tant le Conseil d'État à propos du Médiateur (C.E., Ass., 10 juillet 1981, Retail), et le Conseil constitutionnel ont confirmé leur nature administrative.

[310] Le décret n°2020-968 du 20 avril qui modifie le décret n°2019-910 du 15 mai 2019 rattache l'ARMP à la Présidence de la République.

annuler ou réformer les décisions prises dans l'exercice de prérogatives de puissance publique[311].

En soumettant les décisions du Comité de Règlement des Différends de l'ARCOP à son contrôle, le juge administratif remplit sa fonction de conciliation avec l'intérêt général, et n'a pas permis que les autorités administratives indépendantes soient considérées comme des autorités *sui generis*[312].

Dans l'affaire Quali Plaques SARL, la Cour suprême a jugé qu'un recours[313] introduit directement devant elle, par la requérante contre la décision de l'autorité contractante portant attribution provisoire du marché doit être déclarée irrecevable. En effet, il résulte des dispositions des articles 89 et 90 du Code des Marchés publics que tout candidat à une procédure d'attribution doit saisir la personne responsable du marché d'un recours gracieux préalablement à tout recours contentieux et, en l'absence de suite favorable, présenter un recours au Comité de Règlement des Différends de l'ARCOP.

Pour rappel, dans cette affaire, la société requérante sollicitait l'annulation de la décision d'attribution provisoire au groupement GEMALTO/FACE TECHNOLOGIES du marché lancé par le ministre des Infrastructures, des Transports Terrestres et du Désenclavement, pour la production et la gestion des titres de transports routiers biométriques sécurisés ainsi que la pose de plaques d'immatriculation sécurisées.

Dans cette espèce, il convient de noter que le juge est aussi en phase avec l'État du Sénégal en ce que celui-ci excipait, dans ses arguments, l'irrecevabilité du recours au motif que seules les décisions du Comité de Règlement des Différends (CRD) peuvent faire l'objet d'un recours pour excès de pouvoir et non la décision d'attribution provisoire d'un marché.

Dans une décision en date du 28 février 2019, la Cour a encore rappelé que seules les décisions du Comité de Règlement des Différends peuvent être attaquées en annulation[314]. Était en cause dans cette affaire, l'acte d'attribution du marché relatif à la gestion des salons

---

[311] Conseil constitutionnel à propos du Défenseur des droits (décision N° 2011-626 DC du 29 mars 2011).

[312] M. GJIDARA, « Le contrôle exercé par le juge administratif sur les autorités administratives indépendantes », op.cit., p. 278.

[313] CS. Arrêt n°42 du 08 juin 2017, La Société Quali-Plaques c/État du Sénégal, (Inédit), (Déjà cité).

[314] CS. Arrêt n° 05 du 28 février 2019, Services Prestige dite « SP » c/ARMP-SUMMA-AIBD-LIMAK (Inédit), (Déjà cité).

VIP de l'Aéroport international Blaise Diagne de Diass, notifié le 19 octobre 2017, de la décision implicite de rejet de son recours gracieux du 25 octobre 2017 par la société « *LAS S.A* », concessionnaire de l'exploitation de l'aéroport et de la décision explicite de rejet de son recours contentieux notifié le 15 janvier 2018 par le Directeur général de l'ARMP.

Dans sa réponse, la Cour indique que l'acte par lequel la société « *LAS* » a confié la gestion des salons « *VIP* » de l'aéroport à un opérateur privé n'est pas soumis à la procédure de passation des marchés publics et n'est, par conséquent, pas susceptible de recours devant le Comité de Règlement des Différends de l'ARMP. Le recours est déclaré irrecevable.

Dans le litige opposant la Société Techno Réseaux Sénégal au Maire de Gossas[315], le juge rappelle qu'il résulte de l'examen des pièces du dossier que ladite société a signifié sa requête non pas à l'ARMP dont la décision du Comité de Règlement des Différends est attaquée en annulation, mais à l'autorité contractante. Par conséquent, le requérant est déchu de son recours.

On observe ainsi, à travers ces différentes affaires, une consécration jurisprudentielle de la nature administrative de l'Autorité de Régulation des Marchés publics devenue ARCOP. Et c'est le même constat pour la doctrine, elle considère que l'autorité de régulation est une autorité administrative[316].

---

[315] CS. Arrêt n° 49 du 12 septembre 2013, Société TECHNO RESEAU c/Maire de Gossas, (Inédit).

[316] Voir, par exemple, Y. GAUDEMET, « La régulation, Nouveaux modes ? Nouveaux territoires », *Colloque ENA, 29 janvier 2004*, Revue Française d'Administration Publique, 2004, n° 109, p. 13 : « La régulation est la forme moderne de l'action administrative » ; S. TRAORÉ, « Les autorités administratives indépendantes dotées de la personnalité morale : vers une réintégration institutionnelle de la catégorie juridique ? », *Droit administratif,* août-septembre 2004, p. 16 et suivantes : l'auteur conteste l'idée selon laquelle réguler ne serait pas administrer, expliquant que la fonction de régulation est exercée par des autorités administratives ; J.GALLOT, « Qu'est-ce que la régulation ? », *in Concurrence et régulation des marchés*, Cahiers français, mars-avril 2003, n° 313, La Documentation française, spéc. p. 56, où l'auteur écrit que la régulation « est (...) une modalité de l'action publique » ; G. CLAMOUR, *Intérêt général et concurrence. Essai sur la pérennité du droit public en économie de marché,* Paris, Dalloz, Nouvelle Bibliothèque de Thèses, 2006, p. 692-695 : « La régulation constitue une activité administrative » ; L. CALANDRI, Recherche sur la notion de régulation en droit administratif français, Paris, Librairie générale de droit et de jurisprudence, 2008, p. 2 et suivantes.

Les conventions de marché des autorités décentralisées peuvent être déférées devant le juge.

B. Le déféré du représentant de l'État en matière de convention de marché

À côté de ce système classique de contrôle des actes détachables et du champ d'application du Code des Marchés publics (CMP), il faut souligner que les actes du représentant de l'État auprès des collectivités territoriales _sous-préfet et préfet_ peuvent être déférés devant le juge de l'excès de pouvoir dans le cadre du contrôle de légalité des actes des ordonnateurs ou des délibérations[317] des assemblées locales.

Ce contrôle de légalité[318] est prévu par les articles 243 et suivants de la loi n° 2013-10 du 28 décembre 2013 portant Code général des Collectivités territoriales, modifiée[319]. À ce titre, un certain nombre d'actes, parmi ceux qui sont transmis au représentant de l'État auprès de la collectivité territoriale, peuvent faire l'objet d'une demande de seconde lecture qui a, pour conséquence, de suspendre l'exécution de la décision. Il s'agit, entre autres, des conventions relatives aux marchés ainsi que les conventions de concession ou d'affermage de services publics locaux à caractère industriel ou commercial. Les marchés de fournitures, de services et de travaux des collectivités territoriales atteignant un certain seuil doivent être approuvés préalablement à leur exécution par les représentants de l'État[320].

En application de ce principe, le juge administratif a reçu la requête en annulation du gouverneur d'une région dirigée contre le protocole d'accord conclu entre le président d'un Conseil régional et le Président

---

[317] F. BOURRACHOT, Concl. C.G., « L'annulation de la délibération autorisant la passation d'un contrat entachée d'un vice propre entraîne-t-elle la nullité du contrat ? », *Bulletin Juridique des Contrats Publics* N° 23, Avril 2002, pp. 296-301.

[318] Les actes concernés par le contrôle de légalité instauré par la loi n° 96-06 du 22 mars 1996 portant Code des Collectivités locales étaient ceux prévus aux articles 334 et 335 (texte abrogé).

[319] La loi n° 2018-35 prescrit le remplacement dans tous les actes législatifs et réglementaires de la dénomination « *Collectivité Locale* » par « *Collectivité Territoriale* », *JO* numéro spécial, n° 7107 du Vendredi 06 juillet 2018.

[320] V. décret n° 96-1124 du 27 décembre 1996 fixant le montant des marchés des collectivités locales soumis à approbation préalable du représentant de l'État : ≥ 100 millions pour les régions ; ≥ 50 millions pour les villes de la région de Dakar, les communes chefs-lieux de région et communes d'un budget ≥ à 300 millions ; ≥ 15 millions pour les autres communes ; ≥ 15 millions pour les communautés rurales.

d'une association régionale des parents d'élèves pour le gardiennage des services et établissements scolaires secondaires de la région[321].

Dans une décision en date du 09 Mai 2018[322], la Cour suprême a été amenée à contrôler un contrat de prestation de services. Dans cette affaire, il était question d'un contrat de prestation de services n° 0002/CZ/Cab du 29 janvier 2018, transmis le 21 mars 2018 au Préfet du Département de Ziguinchor, dans lequel le Maire de ladite Commune a nommé Polycarpe Dominique BADIANE en qualité de « *Conseiller technique en charge des affaires financières du Maire* ». Après avoir saisi le Maire, par lettre du 6 avril 2018 restée sans réponse, aux fins de rectifier le vice entachant la procédure, le préfet a déféré le contrat devant la Cour suprême. Dans sa réponse, la Cour donne gain de cause au préfet en estimant qu'aux termes de l'article 14 visé au moyen que :

« *Les actes des collectivités locales font l'objet d'un contrôle de légalité exercé par les représentants de l'État. Les délégations de services publics, les marchés publics et les conventions de partenariat public-privé des collectivités locales sont passés conformément aux dispositions législatives et réglementaires en vigueur. Les contrats souscrits par l'organe exécutif local sont autorisés par le conseil de la collectivité locale qui peut en fixer les conditions, selon les modalités et limites prévues au titre IV du livre premier du présent code. La Cour suprême est juge du contentieux né de l'exercice du contrôle de légalité* ».

La Haute juridiction en conclut que ledit acte, passé en violation des dispositions de l'alinéa 3 du texte précité, encourt l'annulation. En tout état de cause, il ne ressort pas de l'examen des pièces du dossier que le Maire de la Commune de Ziguinchor, organe exécutif, a reçu l'autorisation du Conseil municipal avant de conclure le contrat de prestation de services déféré. D'autres catégories d'actes de passation des marchés publics ne peuvent pas être déférées devant le juge.

---

[321] CE, Arrêt n° 0014 du 29 juillet 1998, Gouverneur de la région de Tambacounda c/Président du Conseil régional de Tambacounda, *Bulletin des arrêts du Conseil d'État*, année judiciaire 1998, pp. 12-13.

[322] CS. Arrêt n° 32 du 9 mai 2018, préfet du Département de Ziguinchor c/Commune de Ziguinchor, *Bulletin des arrêts de la Cour suprême n° s* 15-16, Année judiciaire 2018, Juillet 2019, pp. 179-180.

Paragraphe II. Les actes de passation des marchés ne pouvant pas faire l'objet de contrôle

Il y a lieu de noter que certaines catégories d'actes de procédure de passation des marchés sont exclues de contrôle **(B).** Toutefois, il n'est pas superflu de rappeler le critère de l'acte détachable **(A).** Ce dernier est soumis au contrôle du juge administratif.

A. Le rappel du critère de l'acte détachable

La notion d'acte détachable[323] du contrat permet de considérer que ces actes peuvent être saisis séparément du contrat et bénéficier d'un régime propre, notamment la recevabilité du recours pour excès de pouvoir[324]. Elle est apparue pour la première fois en 1905 avec l'arrêt Martin[325]. Cette théorie a constitué un progrès important en permettant aux tiers au contrat de contester les actes périphériques de celui-ci par le biais du recours pour excès de pouvoir, lesquels actes étaient auparavant considérés comme incorporés à l'*instrumentum* dès sa conclusion.

Ainsi que le relevait N. BOULOUIS : « *le vieillard n'est pas mort ; il est même plutôt vert, pour un centenaire déjà ancien* »[326], il s'agissait de permettre à des tiers à un contrat de bénéficier, malgré l'absence d'action contractuelle, d'une voie de recours contre les actes qui ont acheminé les parties à la formation du contrat. C'est une « *notion purement fonctionnelle* »[327]. Le législateur sénégalais s'est engouffré dans cette brèche en codifiant la jurisprudence Martin[328]. Sont notamment

---

[323] V. à ce sujet les réflexions pertinentes de L. JANICOT : « Réflexions sur la théorie de l'acte détachable dans le contentieux contractuel », *RDP,* 2011, p. 347.

[324] H CHARLES, « Actes rattachables » et « Actes détachables » en droit administratif français. Contribution à une théorie de l'opération administrative, *Revue internationale de droit comparé,* 1968, Vol. 20, n° 4, pp. 771-775.

[325] CE 4 août 1905, Lebon, p. 749, concl. Jean ROMIEU.

[326] N. BOULOUIS, « Les recours autour de la signature », in *Commande publique. Les contentieux de la passation : comment les gérer*, Actes de colloque organisé par l'AFAC le 27 janvier 2011, p. 5 et s., spéc. p. 7.

[327] A. VAN LANG, G. GONDOUIN, V. INSERGUET-BRISSET, *Dictionnaire de droit administratif*, 2e éd., Armand Colin, coll. Cursus, 1999, p. 16.

[328] Concernant les autres tiers, le recours contre le contrat lui-même est traditionnellement fermé. À la fin du XIXème siècle, il était admis que toute possibilité pour un tiers de contester un contrat fût fermée. Avec l'arrêt Martin (Conseil d'État, 4 août 1905, Martin, requête numéro 14220, rec. p. 768 ; GAJA n° 15), la possibilité d'attaquer les actes détachables du contrat a été généralisée. En effet, dans la jurisprudence antérieure à cet arrêt, ce recours n'était possible que si le contrat n'était

détachables du contrat : l'autorisation de contracter, la décision de contracter ou de ne pas contracter[329], l'opération d'adjudication, l'approbation du contrat et l'acte de conclusion du contrat ou le refus de conclure.

Néanmoins, l'article 140 de la loi n° 2006-16 du 30 juin 2006[330] qui a abrogé ces anciennes dispositions ne reprend que les quatre premières dans son énumération : « *l'opération d'attribution* » ayant remplacé « *l'opération d'adjudication* ». Toutefois, la liste n'est pas exhaustive[331]. En définitive, le recours pour excès de pouvoir atteint uniquement les actes unilatéraux qui trahissent la spécificité du contrat administratif.

Dans le contentieux des marchés publics, le juge de la passation des marchés publics a rappelé le critère de l'acte administratif détachable

---

pas définitif, dès lors que, comme le rappelait le commissaire du gouvernement ROMIEU, les actes ne peuvent plus être détachés après la conclusion du contrat. Cependant, l'annulation des actes détachables se révélait souvent platonique car selon ROMIEU l'objectif de ce recours était de dire le droit et de prévenir le retour de la pratique condamnée plutôt que d'obtenir des effets pratiques sur le contrat lui-même.

[329] Par exemple la décision ou la délibération d'un Conseil Municipal de passer un contrat.

[330] M. NGAÏDE, « La loi n° 2006-16 modifiant le Code des Obligations de l'Administration ou le renouveau du droit des contrats administratifs au Sénégal ? », op. cit.

[331] Cf. R.-P. DIOUF, « Le contrôle des marchés publics par le juge administratif », *Revue des Marchés Publics* N° 16, janvier 2014, p. 28. « *À cette liste non épuisée et que ne récuserait pas le juge sénégalais, il faut ajouter le refus d'une autorité contractante de recevoir l'offre d'un soumissionnaire. En effet, dans une décision récente, le juge administratif a rejeté un moyen de l'ARTP tiré de l'irrecevabilité de la requête de Consortium Expanet Sunu Télécom Joint Loyal Sud Groupe Télécommunication en considérant que « le refus opposé à la demande de dépôt de la soumission du requérant constitue une décision d'un démembrement de l'État qui fait grief et peut être attaqué en annulation pour excès de pouvoir » (- C.E.S. 1ere section, arrêt n° 30/08 du 10 juin 2008). En sens contraire, le juge administratif a jugé que l'arrêté par lequel le Ministre de la Communication a procédé, pour défaut de paiement de la redevance convenue dans le cadre d'un contrat de concession de service public, à la suspension, pour une période de trois mois, de l'autorisation de diffuser des programmes radio accordée à la société requérante, n'est pas un acte détachable puisqu'il a été pris dans le cadre de l'exécution du contrat, et a en outre, pour fondement exclusif, l'inexécution de la convention signée entre les parties (*C.E.S, 29 juin 1997, société SUD COMMUNICATION c/État du Sénégal, BACE N° 1, pp. 147-148). *Ce même motif a été opposé à un autre requérant, le juge ayant, cette fois-ci, soulevé d'office le moyen tiré de l'exception de recours parallèle » (*C.E.S. 27 avril 2000, El Hadji DIOP et Jack Henderson c/État du Sénégal, *BACE N°* 2, p. 16-17*)*.

dans l'affaire dite ARTP[332]. Dans cette espèce, l'Agence de Régulation des Télécommunications et des Postes dite ARTP et l'État du Sénégal demandaient l'annulation de la décision n° 127/10/ARMP/CRD du 15 septembre 2010 du Comité de Règlement des Différends (CRD) de l'Autorité de Régulation des Marchés Publics (ARMP).

Après avoir étudié tous les moyens invoqués, la Cour rejette le recours en annulation de l'ARTP et de l'État du Sénégal contre la décision n° 127/10/ARMP/CRD du 15 septembre 2010 du Comité de Règlement des Différends de l'Agence de Régulation des Marchés publics en estimant que, d'une part, le pouvoir de statuer sur les irrégularités en prenant une décision ayant force contraignante emporte celui d'annuler la procédure affectée par lesdites irrégularités et, d'autre part, le CRD peut se prononcer sur la régularité de l'autorisation ou dérogation accordée par la DCMP à l'autorité contractante de recourir à l'entente directe et ceci, sans préjudice du recours juridictionnel qui peut être exercé devant le juge de l'excès de pouvoir si l'acte litigieux répond aux critères de l'acte administratif détachable.

Ainsi, outre l'admission du recours contre les délibérations d'un conseil général précédant la conclusion du contrat, le recours pour excès de pouvoir contre les actes détachables ont été étendus à la décision de signer un contrat dont le caractère détachable peut apparaître de façon non formelle, la décision de signature étant révélée par la signature même du contrat. Il s'agit en l'occurrence d'une « *détachabilité* » intellectuelle et juridique[333].

Sont aussi déférés devant le juge de l'excès de pouvoir l'acte par lequel une autorité administrative refuse de passer ou d'approuver un contrat[334], la mise en demeure de respecter l'offre d'une société candidate à l'attribution d'une concession domaniale[335], la décision de résilier un contrat[336] et la décision d'une commission d'appel d'offres qui constitue une décision individuelle qui fait grief[337]. Également, le juge administratif

---

[332] CS. Arrêt n° 20 du 12 Avril 2012, Agence de Régulation des Télécommunications et des Postes (A.R.T.P), État du Sénégal c/ARMP, (Inédit).

[333] Conseil d'État Français. Sect. 9 nov. 1934, chambre de commerce de Tamatave, Rec. 1034.

[334] Conseil d'État français Ass. 30 mars 1973, ministre de l'Aménagement du territoire, de l'équipement, du logement et du tourisme c/Schwetzoff, Rec. 26

[335] Conseil d'État Français arrêts n° 142064 et 142066, S.A.R.L, La Roustane et autres et Université de Provence.

[34] Conseil d'État français Ass. 2 février 1987, société TV6.

[337] Conseil d'État français arrêt n° 141026 du 8 juin 1994.

peut être saisi des dispositions réglementaires contenues dans un contrat administratif, à la condition que les clauses réglementaires[338] soient divisibles des autres stipulations contractuelles[339]. Cependant, d'autres catégories d'actes de passation sont exclues du contrôle du juge.

B. Les actes de passation insusceptibles de recours

Il faut considérer que les décisions du juge administratif permettent donc d'isoler deux catégories d'actes non susceptibles de recours pour excès de pouvoir : les actes sans caractère décisoire ou ne pouvant faire grief et ceux qui constituent de simples agissements ou actes préparatoires de la décision. Au titre des actes préparatoires, on peut citer les avis donnés par la commission d'appel d'offres de déclarer un appel d'offres infructueux, les mesures d'instruction préalable à la passation d'un marché, la délibération d'une autorité administrative décidant de renvoyer un dossier à la commission d'appel d'offres, le cahier des charges et la lettre d'envoi du dossier de consultation.

S'agissant des actes qui ne font pas grief parce qu'ils ne lèsent aucun intérêt ou ne modifient aucune situation juridique, nous pouvons retenir une demande de renseignements adressée à une entreprise, un avis donné par un jury de concours et une lettre qui ne contient que de simples recommandations. Précisons aussi qu'un avis de mise en concurrence, qui ne constitue qu'une simple formalité dans la passation des marchés publics, ne peut faire l'objet d'un recours pour excès de pouvoir[340].

D'ailleurs, la Cour a rappelé que le recours dirigé contre la lettre du Directeur général de l'ARMP qui se borne à rappeler le sens d'un avis du CRD, n'est pas une décision au sens de la loi puisqu'elle ne fait pas grief au requérant, et ne modifie en rien l'ordonnancement juridique[341].

Il en est de même de la lettre par laquelle le Directeur général de l'ARMP informe le requérant qu'une société concessionnaire n'est pas une autorité contractante au sens du Code des Marchés publics[342].

---

[338] À propos de la notion de clause réglementaire, V. P. TERNEYRE : « Réflexions nouvelles sur les 'clauses à caractère réglementaire 'des contrats administratifs à objet de service public », *RFDA* N° 5, Septembre-octobre 2011, pp. 893-898. ; A. LOUVARIS, « Recours contre les actes et les clauses réglementaires : état des lieux », *Revue Contrats Publics* N° 123, juillet-Août 2012, p. 64.

[339] R.-P. DIOUF, « Le contrôle des marchés publics par le juge administratif », op.cit.,

[340] *Ibid.*

[341] CS. Arrêt n° 22 du 24 Mars, La Société de Services d'Inspection et de Conseil c/ L'ARMP et la SICAP, (Inédit).

[342] CS. Arrêt n° 05 du 28 février 2019, Services Prestige dite « SP » c/ ARMP-SUMMA-AIBD-LIMAK, (Inédit).

L'exclusivité de la Chambre administrative de la Cour suprême ne se présume pas. Toutefois, il est permis de saisir le Tribunal de Grande instance et la Cour des comptes en cas de litiges relatifs aux marchés publics. Les jugements rendus par le Tribunal de Grande instance ainsi que les arrêts de la Cour des comptes sont susceptibles de recours. Une fois le juge compétent identifié et les décisions pouvant faire l'objet de recours, il sera question de traiter, dans les lignes qui suivent, les conditions de saisine du juge.

CHAPITRE II

L'EXIGEANT CONTRÔLE DES CONDITIONS DE RECEVABILITÉ DES RECOURS

Alors même qu'il a correctement déterminé le contentieux dont relève sa demande et exercé son action en conséquence, le requérant n'est pas assuré que son recours sera examiné au fond par le juge saisi. Ce dernier peut, en effet, rejeter ce recours en raison de son irrecevabilité et, donc, sans se prononcer sur les prétentions du demandeur. C'est pourquoi, la première grande question pour un requérant (et son conseil) est de savoir s'il a ou non-accès au juge administratif pour introduire un recours. L'ouverture des recours peut s'analyser sous l'angle du droit d'accès au juge, composante du droit au recours tel que garanti en droit positif aux plus hauts niveaux de la hiérarchie des normes[343].

Ainsi, on estime que les règles de procédure jouent un rôle considérable dans la protection des intéressés, que ce soit le requérant ou le défendeur. Il faut reconnaître, à cet égard, que la recevabilité des recours contentieux est subordonnée, devant le juge de l'administration, à des conditions relativement nombreuses. Ces conditions sont cumulatives et sont au nombre de quatre[344]. Elles sont relatives à l'absence de recours parallèle[345], à la nature de l'acte attaqué, à la qualité du requérant et enfin au délai et à la forme du recours.

---

[343] V. L. MILANO, *Le droit à un tribunal au sens de la Convention européenne des droits de l'homme*, Dalloz, 2006.

[344] Ces conditions étaient initialement régies par l'ordonnance du 30 septembre 1960 sur la cour suprême. Elles l'étaient aussi par la loi du 21 octobre 1996 sur le conseil d'état du Sénégal, elles le sont actuellement par la loi organique n° 2017-09 du 17 janvier 2017 abrogeant et remplaçant la loi organique n° 2008-35 du 08 août 2008 sur la Cour suprême.

[345] Même lorsque les conditions de recevabilité tenant à l'acte attaqué sont réunies, le requérant peut se voir opposer l'irrecevabilité du recours s'il disposait d'une autre voie de droit susceptible de lui procurer les mêmes résultats : un « *recours parallèle* ». C'est la manifestation du caractère subsidiaire du recours pour excès de pouvoir.

Au regard des décisions dépouillées, on constate une application restrictive des règles de forme et de délai, d'une part **(Section I)** et, un contrôle souple de l'intérêt à agir, d'autre part **(Section II).**

Section I. Une application restrictive des règles de forme et de délai

La saisine du juge en matière de procédure de passation des marchés est analogue à celle effectuée dans le contrôle des actes administratifs traditionnels. À ce sujet, la loi organique n° 2017-09 du 17 janvier 2017 abrogeant et remplaçant la loi organique n° 2008-35 du 08 août 2008 sur la Cour suprême modifiée par loi organique n° 2022-16 du 23 mai 2022 énumère un certain nombre de formalités afin que le recours soit recevable[346]. Concernant les formalités de la requête[347], il y a lieu de retenir que le législateur a allégé la procédure[348]. Avec la suppression de la consignation de cinq mille (5000) Francs CFA par la loi organique de 2008 sur la Cour suprême, il ne reste que deux formalités mais celles-ci demeurent toujours sévères, notamment, lorsqu'il s'agit du défaut de signification. En réalité, il s'agit des conditions cumulées qui sont au nombre de cinq (05) cas de figure[349].

---

[346] Elle indique que la requête doit, à peine d'irrecevabilité : indiquer les noms et domiciles des parties, contenir un exposé sommaire des faits et moyens ainsi que les conclusions, être accompagné, soit de l'expédition de la décision juridictionnelle attaquée et, le cas échéant, de la copie de la décision infirmée ou confirmée, soit de la décision administrative attaquée ou d'une pièce justifiant du dépôt de la réclamation. Il doit être joint à la requête autant de copies de celle-ci qu'il y a de parties en cause.

[347] Selon l'article 38 de la loi organique sur la Cour suprême. – *« La requête visée à l'article 34, accompagnée soit d'une expédition de la décision juridictionnelle attaquée, soit d'une copie de la décision administrative attaquée, doit être signifiée dans le délai de deux mois à la partie adverse, par acte extrajudiciaire contenant élection de domicile. Cet exploit doit, à peine de nullité, indiquer les dispositions de l'article 39 de la présente loi. L'original de l'exploit accompagné des pièces qui lui sont annexées est, dès la formalité accomplie, déposé au greffe. Dès l'introduction du pourvoi ou du recours, le greffe central de la Cour suprême procède à l'enrôlement et à la mise en état du dossier. Faute par le demandeur d'avoir satisfait dans le délai prévu aux dispositions du présent article, la Cour suprême le déclare déchu de son pourvoi »*

[348] D. SY, *La justice administrative au Sénégal*, Cours de droit administratif, DEA Droit public, année 2010-2011, (non publié). On constate avec l'ancienne Cour suprême, il y'avait plusieurs formalités notamment pour le recours pour excès de pouvoir mais actuellement le législateur a allégé la procédure.

[349] Les cinq variations du défaut de signification : le défaut de signification lui-même, la signification hors délai deux (02) mois, la signification sans indiquer à la partie adverse qu'elle dispose d'un délai de deux (02) mois pour produire sa défense, la signification à une autre personne non habilitée à la recevoir, enfin une signification non accompagnée d'une copie de la décision attaquée.

À la lumière des décisions étudiées, on observe un attachement excessif aux règles de forme **(Paragraphe I)** et une stricte application des règles de délai **(Paragraphe II).**

Paragraphe I. Un attachement excessif aux règles de forme

Le Professeur ND.-M. DIAGNE affirme dans sa thèse que « *le formalisme conduit le juge à sanctionner la violation des règles de forme soit par l'irrecevabilité de la requête, soit par la déchéance du requérant, soit par la nullité de l'assignation*»[350]. Il en va ainsi dans le contrôle juridictionnel de l'annulation des procédures de passation des marchés publics.

L'affaire Société de Nettoyage industriel et chimique[351] est un cas typique. Se fondant sur les conclusions de l'Avocat général, en ses conclusions tendant à la déchéance ou à l'irrecevabilité du recours, la Cour a rappelé les dispositions de l'article 38 de la loi organique sur la Cour suprême par lequel, le requérant est tenu, sous peine de déchéance, de signifier à la partie adverse sa requête accompagnée de la décision attaquée dans les deux mois.

Examinant les pièces du dossier, il apparaît que ladite société n'a pas signifié sa requête à l'Autorité de Régulation des Marchés publics dans les formes prévues par la loi. En conclusion, la Société de Nettoyage industriel et chimique est déchue de son recours. Cette décision illustre l'importance du respect des conditions de recevabilité du recours pour excès de pouvoir en ce sens que l'issue du procès y est indéniablement dépendante.

L'arrêt Ingénieurs Consultants Associés (ICA)[352] constitue aussi un autre exemple de l'attachement du juge aux formalités. Dans cette affaire, le juge considère qu'il résulte de l'examen des pièces du dossier que Mamadou Moustapha DIAGNE n'a pas signifié sa requête à l'ARMP, partie adverse, dans les délai et forme prévus par la loi. Le requérant doit être déclaré déchu de son recours.

---

[350] ND.-M DIAGNE, *Les méthodes et les techniques du juge en droit administratif sénégalais*, Thèse de Droit Public, Université Cheikh Anta DIOP de Dakar, 1995, p. 116.

[351] CS. Arrêt n° 06 du 9 février 2012, Société de Nettoyage industriel et chimique (SNIC) c/A.R.M.P, (Inédit).

[352] CS. Arrêt n° 27 du 26 Avril 2012-Ingénieurs Consultants Associés (ICA) c/ARMP, (Inédit).

Dans une autre espèce datée du 13 juillet 2017[353], le juge adopta la même attitude en rappelant qu'il résulte de l'examen des pièces du dossier que la Compagnie sénégalaise des Travaux publics SA (CSTP) n'a pas signifié sa requête accompagnée de la décision attaquée à l'Autorité de Régulation des Marchés publics (ARMP), partie adverse. Dès lors, la Compagnie sénégalaise des Travaux publics SA (CSTP) est déchue de son recours formé contre la décision n° 280/16/ARMP/CRD du 07 septembre 2016 du Comité de Règlement des Différends (CRD) de l'Autorité de Régulation des Marchés publics (ARMP).

Ainsi, nombreuses sont les décisions dans lesquelles le juge considère que l'absence de signification de la requête[354] entraîne la déchéance du requérant. Les exemples de déchéance pour défaut de signification sont nombreux du fait de l'exigence des conditions fixées par la loi.

Toutefois, la Cour suprême s'est montrée moins formaliste dans deux affaires. C'est le cas des affaires Fermon Labo[355] et Birane Yaya WANE[356].

Dans la première, elle décide que la signification de la copie de la décision attaquée est valable dès lors que celle-ci est lisible et sa conformité à l'original non contestée. En l'espèce, l'ARMP avait soutenu que Fermon Labo doit être déclarée déchue de son pourvoi, « *pour violation de l'article 38 de la loi organique sur la Cour suprême* », au motif que la copie de la décision querellée ne comporte ni la signature du Président du Comité de Règlement des Différends (CRD), ni la mention « *Original* » ou « *copie* » que revêtent les décisions rendues par le CRD, en violation de l'article 38 de la loi organique sur la Cour suprême.

Dans la seconde affaire, elle considère que la non-reproduction de l'article 39 dans l'exploit de signification, n'est pas sanctionnée si la partie adverse produit régulièrement un mémoire en défense. Au moins, dans ces deux décisions, le juge a fait preuve de moins de sévérité.

La dernière réforme relative à la loi organique sur la Cour suprême a permis également d'alléger les règles de forme en disposant au nouvel

---

353 CS. Arrêt n° 49 du 13 juillet 2017, La Compagnie Sénégalaise des Travaux Publics S.A. c/L'Autorité de Régulation des Marchés Publics, (Inédit).

354 CS. Consultants Associés (ICA), op.cit. ; CS. Arrêt n° 28 du 26 Avril 2012, Librairie Papeterie CLAIRAFRIQUE c/ARMP, (Inédit), etc.

355 CS. Arrêt N° 34 du 24 Mai 2012, Fermon Labo Sénégal S.A c/ARMP, (Inédit).

356 CS. Arrêt N° 30 du 26 Mars 2015, Birane Yaya WANE c/État du Sénégal ARMP, (Inédit).

article 74 bis 1 que la saisine de la Cour suprême se fait par « *par simple requête enregistrée au greffe de la Cour suprême dans le délai de quinze jours à compter de la notification de l'acte attaqué* »[357]. Ladite loi fait référence à la notion de simple requête sans recourir aux services d'un spécialiste. Le contrôle de l'exercice des délais s'avère aussi strict.

Le contrôle de l'exercice des délais s'avère aussi strict.

Paragraphe II. Une stricte application des règles de délai

Les délais de recours à l'encontre des actes détachables relatifs à la conclusion du contrat sont régis par les règles de droit commun prévues par la loi organique sur la Cour suprême[358]. Le respect du délai du recours pour excès de pouvoir fait l'objet d'un contrôle restrictif. Tout recours fait hors délai est déclaré irrecevable **(A).** Le juge reconduit, à cet effet, le mode de computation du quantième à quantième **(B).**

A. Le rejet systématique des recours introduits hors délai

Avant la réforme de la loi organique sur la Cour suprême en 2022[359] qui a permis d'abréger les délais de recours en quinze (15) jours sur les procédures de passation des marchés publics, le délai de droit commun, pour déférer au juge une décision d'une autorité administrative ou pour former un recours contre une décision juridictionnelle, était de deux (02). Ce délai de droit commun courait à compter d'une mesure suffisante de publicité relative à la décision détachable attaquée. Les décisions de recourir au contrat suivant une certaine procédure pour un objet donné et approuvant un cahier des charges constituaient avec la signature du contrat litigieux les éléments d'une même opération complexe.

Dans ces conditions, le requérant est recevable à exciper de l'illégalité éventuelle desdites décisions au soutien de son recours contre la signature, alors même que ces délibérations n'ont pas été attaquées dans le délai du recours contentieux[360]. Pour vérifier si la condition de délai

---

[357] Article 74-1 de la loi organique n° 2022-16 du 23 mai 2022, *JO* n°7531, 167ème année, du mardi 23 mai 2022, p.571.

[358] Infra, V. la dernière réforme de la Cour suprême sur les délais de saisine de la Cour suprême.

[359] Loi organique n° 2022-16 du 23 mai 2022 modifiant la loi organique n° 2017-09 du 17 janvier 2017 abrogeant et remplaçant la loi organique n° 2008-35 du 08 août 2008 sur la Cour suprême, *JO* n° 7531, numéro spécial du mardi 23 mai 2022, p.571.

[360] CE 8 déc. 1997, Sté Sotracer et ville d'Auxerre, req. n 168577, *Lebon T.* 925, 932; *RDI*, 1998. 241, obs. F. LLORENS et Ph. TERNEYRE, *D.*1998. 360, obs. Ph. TERNEYRE.

est respectée, le juge se place, non à la date de l'envoi du recours par le requérant, mais à la date de son enregistrement au greffe ou au secrétariat de la juridiction, qui correspond à la date de sa réception ou de son dépôt : ce n'est, en effet, qu'au moment où le recours lui est parvenu que la juridiction est saisie.

À cette fin, conformément à la législation en vigueur, le greffe appose, sur la requête, un timbre dateur et l'inscrit sur un registre d'ordre. En l'absence de ce formalisme, tout recours introduit hors délai est irrecevable. L'affaire la SEN TECHNOLEOGY S.A.R.L[361] constitue sans nul doute un parfait exemple.

Le 24 septembre 2008, le ministère de l'Enseignement technique et de la Formation professionnelle (M.E.T.F.P.) avait lancé un appel d'offre en quatre (04) lots séparés pour la fourniture de matériels informatiques. Au terme de l'évaluation des offres, la commission a attribué les lots 1 et 4 du marché à la société Computer land.

Par lettre du 28 janvier 2009, SEN TECHNOLOGY SARL a formé un recours gracieux devant le Directeur de l'Administration générale et de l'Équipement (D.A.G.E.) dudit Ministère qui, suivant courrier du 05 février 2009, a rejeté le recours au motif que celui-ci a été formé hors du délai de cinq (05) jours prévus par l'article 86 du décret portant Code des Marchés publics, l'attribution provisoire du marché ayant été publiée dans le journal « *Le Soleil* » du mercredi 31 décembre 2008. Rappelant les dispositions du Code des Marchés publics[362] applicable en la matière, la Cour considéra que le recours devant le CRD dont le délai d'exercice est tributaire du recours gracieux, lui-même atteint par la tardiveté, est bien irrecevable.

À l'inverse, lorsque l'ARMP soulève l'exception de caution judicatum solvi[363] au motif que le groupement Mohan est une société étrangère ayant son siège en Inde et l'irrecevabilité du recours en ce

---

[361] CS. Arrêt n° 47 du 10 Décembre 2009, Société SEN TECHNOLOGY S.A.R.L. c/ARMP, (Inédit).

[362] Il *« résulte de l'article 87 du Code des marchés publics qu'en cas d'absence de suite favorable de son recours gracieux le requérant dispose de trois (3) jours ouvrables à compter de la réception de la réponse de l'autorité contractante ou de l'expiration du délai de cinq (5) jours mentionné à l'article précédent pour présenter un recours au comité de règlement des différends en matière de passation des marchés publics, qui, conformément à l'article 88 du même code, est tenu d'examiner la recevabilité de sa saisine* ».

[363] Le *judicatum solvi* ou caution *judicatum solvi* est exigé pour assurer le paiement des frais et dommages-intérêts auxquels le procès pourrait donner lieu.

qu'il a été introduit hors délai, la Cour, pour sa part, observe que, d'une part, l'exception de caution judicatum solvi n'est pas prévue par la loi organique sur la Cour suprême qui définit la procédure à suivre et les formalités exigées, et, d'autre part, il ressort des dispositions de l'article 73-1 de la loi organique sur la Cour suprême que le délai pour se pourvoir est de deux mois, qu'il court à compter de la date de la publication de la décision attaquée, à moins qu'elle ne doive être notifiée ou signifiée, auquel cas le délai court de la date de la notification ou de la signification[364]. Enfin, elle conclut qu'en l'espèce, il ne résulte pas du dossier que la décision, objet du recours, a été notifiée ou que le requérant en a acquis la connaissance. L'irrecevabilité n'est pas encourue.

Dans cette affaire, il convient de noter que tant qu'il n'y a pas notification ou connaissance acquises, les délais courent. La Cour se rappelle une jurisprudence classique de l'ancienne Cour suprême qui avait jugé que, dans le cas du décret d'exclusion d'étudiants publié au Journal Officiel[365] mais non notifié aux intéressés, les délais ne courent pas[366].

Depuis la dernière modification de la loi organique sur la Cour suprême[367], il est intégré un article 74-1 bis intitulé comme suit : « Le *recours contre une décision rendue par l'autorité chargée de la régulation de la commande publique est formé par simple requête enregistrée au greffe de la Cour suprême dans le délai de quinze jours à compter de la notification de l'acte attaqué* ».

La Cour suprême, dans son arrêt n° 21 du 09 mars 2023, la Société Wade Technologie Company c/ARMP[368], a eu l'occasion de le rappeler au concurrent déchu et aux conseils qui, peut-être, n'étaient pas au courant de la modification de la loi organique sur la Cour suprême.

---

[364] CS. Arrêt n° 13 du 09 février 2017, Le Groupement Mohan Exports PVLT/Neptune Compagnie/Modem Préfab Système c/ARMP, *Bulletin des arrêts de la Cour suprême n° s 1*3-14, Année judiciaire 2017, Juin 2019, pp. 218-220.

[365] Sur la publicité des textes législatifs et réglementaires, voir P.A. TOURE, *L'entrée en vigueur des lois, des ordonnances et des actes administratifs en droit sénégalais*, abis édition, 2021, 449 p.

[366] CS, 5 juillet 1979, Aminata SALL et autres, GDJA n°XII.

[367] Loi organique n° 2022-16 du 23 mai 2022 modifiant la loi organique n° 2017-09 du 17 janvier 2017 abrogeant et remplaçant la loi organique n° 2008-35 du 08 août 2008 sur la Cour suprême, *op.cit.*

[368] CS. Arrêt n° 21 du 09 mars 2023, la Société Wade Technologie Company c/ARMP, (Inédit).

Dans le même temps, le juge de la passation des marchés publics reconduit le mode de computation de délai basé sur le mode de calcul du quantième à quantième.

B. La reconduction du mode de calcul du délai basé sur le quantième à quantième

Le juge applique dans son contrôle le mode de computation des délais basé sur le quantième à quantième. Ainsi, les délais sont francs. Le « *dies a quo* »[369] et le « *dies ad quem* »[370] ne sont pas comptabilisés. Dans la décision Espace Auto-SA[371], la Cour a fait une bonne interprétation de la computation des délais en recourant à la méthode du quantième à quantième. En effet, le recours de la société Espace Auto déclaré irrecevable, a été en réalité introduit dans le délai prévu par la loi puisque, les délais étant francs, elle a reçu la réponse de la SENELEC, le 22 février 2012 et a saisi le CRD le 28 février 2012.

Selon la Cour : « *Considérant qu'il résulte de l'article 88 du CMP que tout candidat à une procédure d'attribution d'un marché, peut, dans un délai de 5 jours ouvrables à compter de la publication de l'avis d'attribution du marché saisir l'autorité contractante d'un recours gracieux, auquel celle-ci est tenue de répondre dans un délai de 5 jours ouvrables ; Considérant que l'article 89 du même code prévoit qu'en l'absence d'une suite favorable à son recours, le requérant dispose de 3 jours ouvrables à compter de la réception de la réponse de l'autorité contractante pour présenter un recours au CRD ; Considérant que le délai étant franc, son point de départ est le jeudi 23 février 2012 et son terme le mardi 28 février 2012, compte non tenu des samedi 25 et dimanche 26 février, jours non ouvrables* ».

En annulant la décision n° 026/12/ARMP/CRD/du 7 mars 2012 du CRD de l'ARMP, la Cour considéra que c'est à tort que celui-ci a déclaré irrecevable le recours de la Société Espace Auto introduit le 28 février 2012.

Dans une autre affaire[372] où la requérante fait grief au CRD de déclarer son recours irrecevable alors qu'ayant reçu la lettre de rejet de la SSPP « *Le Soleil* », le vendredi 5 août 2016 à 16 heures, elle a valablement

[369] Cela veut dire le jour de la publication ou de la notification.
[370] Le jour de l'échéance.
[371] CS. Arrêt n° 48 du 9 Aout 2012, Espace Auto c/ARMP, (Inédit).
[372] CS. Arrêt n° 08 du 08 février 2018, La Société African Business Network (A.B.N.) c/ARMP, La SSPP « Le SOLEIL », (Inédit).

introduit son recours le 9 août 2016, les samedi et dimanche n'étant pas ouvrés, la Cour considère que le recours formé le mardi 9 août 2016 étant, dès lors, recevable, la décision attaquée encourt l'annulation.

Dans cette même mouvance, l'affaire opposant la Société DIOKAR HOLDING GROUP à l'ARMP[373], a permis à la Cour d'adopter la même solution en considérant que, d'après les dispositions de l'article 90[374] du Code des Marchés publics, en l'absence d'une suite favorable à son recours gracieux, le requérant dispose de trois (03) jours ouvrables à compter de la réception de la réponse de l'autorité contractante pour présenter un recours au Comité de Règlement des Différends. Le délai de trois (03) jours ouvrables étant francs, la société Diokar Holding Group a reçu notification de la réponse de l'autorité contractante le mardi 22 mars 2016. De ce fait, le point de départ du délai est le mercredi 23 mars 2016 et son terme le mardi 29 mars 2016, compte tenu de ce que les samedi 26, dimanche 27 et lundi de Pâques 28 mars 2016 étaient des jours non ouvrables. Il s'ensuit que la décision du Comité de Règlement des Différends déclarant irrecevable le recours de la société Diokar Holding Group, introduit le 29 mars 2016, encourt l'annulation.

Le respect absolu du mode de calcul basé sur le quantième est aussi noté à travers l'arrêt, la Société African Business Network[375]. Pour déclarer son recours irrecevable, le CRD a retenu que la société ABN devait le déposer au plus tard le 8 août 2016 alors le recours gracieux de la société ABN a été rejeté par l'autorité contractante par lettre du 5 août 2016. Cette date tombant un vendredi, la requérante disposait donc des deux (02) jours ouvrables, les lundi 8 et mardi 9 août, pour déposer son recours devant le CRD, étant entendu que les samedi 6 et dimanche 7 étaient des jours non ouvrables. Ainsi, le recours formé le mardi 9 août 2016 étant, dès lors, recevable, la décision attaquée encourt l'annulation.

Dans le même esprit, le juge a rappelé dans l'affaire Société SEN TECHNOLOGY SARL, que le délai d'introduction du recours gracieux ouvert par l'article 86 du Code des Marchés publics court à compter de la publication de l'avis d'attribution du marché et non à compter

[373] CS. Arrêt n° 59 du 23 novembre 2017, La Société DIOKAR HOLDING GROUP c/ARMP, (Inédit).

[374] Avec l'abrogation du Code des marchés de 2011, les recours devant les autorités contractantes sont organisés par les articles 89 et 90 du code de 2014 (avant, il s'agissait des articles 88 et 89). Ces numéros sont repris dans le décret n° 2022-2295 du 28 décembre 2022 portant Code des marchés publics.

[375] CS. Arrêt n° 08 du 08 février 2018, op.cit.

de la connaissance acquise d'une quelconque irrégularité par la partie intéressée[376].

La Cour a eu également à rappeler que s'agissant d'un marché financé, entre autres, par la BAD, la publication faite le 12 juillet 2021 dans le site de ladite banque constitue le point de départ pour faire courir le délai du recours administratif[377].

Au demeurant, il convient de noter que la Chambre administrative s'est montrée moins sévère quant à la recevabilité d'une dénonciation à l'initiative de tiers. En effet, elle a décidé que les dénonciations de tiers ne sont assujetties à aucun délai puisqu'elles peuvent être reçues « *avant, pendant et après la passation ou l'exécution des marchés publics et délégations de service public* »[378].

À travers les décisions étudiées, on constate que le calcul du délai ne pose pas de problème pour le juge. Il s'en remettait au délai de droit commun qui était de deux (02) mois. Mais, la dernière réforme sur la loi organique sur la Cour suprême a abrégé ce délai à quinze (15) jours à partir de la notification de l'acte contesté. Qu'en est-il des conditions relatives au requérant ?

Section II. Un traitement souple de l'intérêt à agir

Toute décision administrative peut être portée devant le juge de l'excès de pouvoir mais un nombre de personnes limitées peut contester une décision. Dans le cadre de cette étude, l'accent sera mis surtout sur l'intérêt à agir. Ainsi, la jurisprudence le définit comme correspondant à la notion d'intérêt froissé, c'est-à-dire d'intérêt suffisamment caractérisé[379].

En vertu d'un principe non écrit, mais implicitement consacré, on ne peut agir en justice que si l'on y a intérêt et dans la mesure de cet intérêt ; c'est ce qu'exprime le vieil adage : « *Pas d'intérêt pas d'action* ». Sa justification est aisée : les juges ont assez de tâches pour ne pas être

---

[376] A. NDIAYE, « Panorama de la jurisprudence de la Chambre administrative de la Cour suprême », *Bulletin d'Information de la Cour suprême* N° s 9-10, février 2017, p. 98.

[377] CS. Arrêt n°40 du 22 septembre 2022, Le Groupement ICM/ECOTRA S.A c/ARMP, État du Sénégal, AGEROUTE Sénégal, (Inédit).

[378] CS, Arrêt n° 20 du 12 avril 2012, ARTP et État du Sénégal c/ARMP, (Inédit).

[379] D. SY, *Droit administratif, op. cit.*, p. 119.

dérangés inutilement[380]. Cette notion permet de limiter les recours pour excès de pouvoir aux personnes intéressées par l'annulation de la décision. *A contrario*, une personne qui est étrangère à la décision ne dispose d'aucun intérêt pour agir. Ceci est, on le sait, une condition classique déterminant l'accès au juge de l'excès de pouvoir[381].

Ainsi sera-t-il question de s'appesantir d'abord sur l'interprétation relative entre l'intérêt à agir et la qualité pour agir (**paragraphe I),** puis de constater que le juge de l'excès de pouvoir exerce un contrôle libéral sur celui de l'intérêt des requérants **(Paragraphe II).**

Paragraphe I. Une relative interprétation intérêt à agir et qualité pour agir

Les décisions dépouillées révèlent que le juge des marchés publics interprète de manière satisfaisante l'intérêt à agir (**A),** tout en l'assimilant à la qualité pour agir **(B).**

A. Une interprétation satisfaisante de l'intérêt à agir

Aux termes de l'article 89 du Code des Marchés publics : « *la personne physique ou morale qui manifeste un intérêt à participer ou qui est retenue par une autorité contractante pour participer à une procédure de passation de marché* » est habilitée à engager une contestation contre un acte détachable du marché public[382]. En application de cette disposition, seuls les candidats, c'est-à-dire, les fournisseurs, les prestataires de service et les entrepreneurs qui remplissent toutes les conditions prévues par le Code des Marchés publics et qui ont l'intention de participer à la compétition ont le droit de contester l'acte détachable du marché mais à condition qu'ils justifient d'un intérêt[383].

Quant à la Directive n° 05/2005 portant Contrôle et Régulation des Marchés publics, elle limite, expressément, cette qualité au seul

---

[380] L. GARAUD, cité par F. TERRE, *Introduction générale au droit*, Paris, 10 éd., DALLOZ, 2015, p. 576 ; V. L. GARAUD, *L'intérêt pour agir en justice, Contribution à la notion d'intérêt en droit positif*, thèse Poitiers, 1959.

[381] À ce sujet V. l'article de M. LALIGNANT : « la notion d'intérêt pour agir et le juge administratif, *RDP*, 1971, p. 45.

[382] H. CHARLES, « 'Actes rattachables' et 'Actes détachables' en droit administratif français : contribution à une théorie de l'opération administrative », *Revue internationale de droit comparé*, 1968, Vol. 20, n° 4, pp. 771-775.

[383] A. ISSOUFOU, *Les mutations du droit des marches publiques au Niger et au Sénégal : contribution à l'étude de l'encadrement juridique d'une catégorie de dépense publique, op. cit.*, p. 380.

soumissionnaire, c'est-à-dire *« la personne physique ou morale qui participe à un appel d'offres en soumettant un acte d'engagement et les éléments constitutifs de son offre »*. À ce niveau, le Code des Marchés publics est allé plus loin que la Directive.

Ainsi, lorsque le requérant est une personne physique, il doit justifier d'un intérêt personnel, légitime et direct[384]. À cet égard, le juge vérifiera si l'intérêt[385] invoqué par le requérant est bien un intérêt suffisamment personnel, ce qui s'oppose à ce que le recours soit formé dans le but de défendre la légalité[386]. L'exigence d'un intérêt suffisamment personnel permet de limiter l'accès au prétoire à des administrés qui bien que pouvant justifier de leur appartenance à un cercle d'intérêt relatif à l'objet de la décision attaquée, ne peuvent justifier d'un réel effet bénéfique qu'aurait à leur égard l'annulation de la décision contestée[387].

Il en va de même pour les recours exercés par des personnes morales. Ainsi, comme pour les personnes physiques, la jurisprudence exige que la décision attaquée fasse directement grief aux interdits que défend la personne requérante. La personne morale doit toujours, afin de pouvoir exercer un recours en excès de pouvoir justifier d'une adéquation entre l'intérêt collectif[388] qu'elle défend et la décision qu'elle attaque, sauf au cas où la décision fait grief aux interdits personnels de la personne morale, c'est-à-dire, lorsqu'elle concerne directement le patrimoine de celle-ci ou encore, par exemple, les mesures relatives à son existence.

Le principe est donc clair. La décision doit léser l'intérêt collectif qui découle de l'objet social qu'elle s'est donnée. Le juge de l'excès de pouvoir l'a rappelé dans l'affaire Association sénégalaise des Hémodialysés et insuffisants rénaux[389]. Dans cette espèce, Carrefour Médical excipe de l'irrecevabilité du recours de l'ASHIR, motif pris de

---

[384] D. SY, op. cit., p. 119.

[385] K. SIBIRIL, *définition de la notion d'intérêt en droit administratif français*, Thèse de doctorat soutenue le 07/12/2012, p. 92, (Consulté le 21 novembre 2016).

[386] CE 6 octobre 1965, Marcy, p. 493 ; 23 septembre 1983, Le PETIT, p. 372 ; 27 octobre 1989, Seghers, p. 835 ; *DA*, 1989, n 665 ; CE 26 avril 2006, Mme Ouarrara et autres, *AJ*, 2006, p. 1519 ; CE 29 décembre 1995, Beucher, p. 480 ; *DA*, 1996, n° 102.

[387] CE 25 mars 1981, Lochet, p. 164 ; *DA,* 1981, n° 178 ; CE 22 octobre 1986, Reynaud, p.652, *DA*, 1986, n° 611 ; CE 27 octobre 2006, Mme Dreysse et autres, *AJ,* 2006, p. 2094 ; obs., S. BRONDEL, TA Lyon, 18 décembre 1991 ; Bertin *AJ*, 1991, p. 346, note J-Y. PLOUVIN.

[388] Plutôt en France, le juge a été amené à consacrer la notion d'intérêt collectif depuis 1906 en déclarant recevable « *l'action corporative* ».

[389] CS. Arrêt n° 24 du 12 Avril 2012, Association sénégalaise des Hémodialysés et insuffisants rénaux c/ARMP, (Inédit).

ce que la société FRESENIUS contre laquelle la décision a été rendue n'ayant pas fait de recours, l'ASHIR ne rapporte la preuve ni d'un grief ni de son intérêt à agir, ce, d'autant qu'elle n'est pas impliquée dans la procédure de passation de marché comme soumissionnaire encore moins comme autorité contractante.

Dans son argumentaire, la Cour observe que le recours pour excès de pouvoir qui est un recours objectif exige seulement du requérant qu'il ait intérêt à obtenir l'annulation. Elle conclut que l'ASHIR qui a pour objet l'accompagnement psychosocial des malades, le plaidoyer pour l'accessibilité de la dialyse, la disponibilité des médicaments et des kits, a intérêt à agir contre une décision portant sur l'attribution d'un marché relatif aux kits d'hémodialyses qu'elle juge dangereux pour la santé de ses membres. Son recours doit être recevable.

De plus, l'intérêt invoqué par le requérant doit être légitime et être suffisamment certain. Ce qui signifie que si les conséquences de la décision n'ont pas à être forcément immédiates, elles doivent cependant être clairement probables. C'est pourquoi, le juge de l'excès de pouvoir a pu considérer que, la seule circonstance qu'un fonctionnaire remplisse les conditions pour être nommé au tour extérieur ne lui donne pas intérêt pour contester une nomination au même titre, les conditions étant très générales[390]. Le juge de la passation des marchés publics en a fait focus à travers l'arrêt cité ci-dessus, en estimant que l'attributaire provisoire (Carrefour Médical) a un intérêt certain au maintien de la décision attaquée.

Il faut noter aussi le cas où la réalité de l'intérêt ne fait l'objet d'aucun doute. Il en est ainsi, par exemple, du cas du déféré du représentant de l'État[391] dans le cadre du contrôle de légalité des représentants de l'État sur les actes des autorités décentralisées, prévus par les articles 243 et 244 du Code général des Collectivités territoriales, modifié[392]. Enfin, le requérant doit justifier d'un tel intérêt

[390] CE, sect., 7 janv. 1944, Robert, Lebon 7.

[391] C.E.S, arrêt n° 0014 du 29 juillet 1998, Gouverneur de la région de Tambacounda c/Président du Conseil régional de Tambacounda. En l'espèce, la convention signée par le Président du Conseil régional sans l'autorisation de l'organe délibérant méconnaissant les dispositions de l'article 286 du code des collectivités locales, encourt l'annulation.

[392] Procédure qui était prévue par les articles 334 et suivants de la loi n° 96-06 du 22 mars 1996 portant Code des Collectivités locales. Cette procédure a été reprise par les articles 79 et suivants de la loi organique n° 2008- 35 portant création de la Cour Suprême.

à agir à la date du dépôt de la requête ou, au plus tard, à la clôture de l'instruction, l'intérêt à agir du requérant pouvant apparaître en cours d'instance[393]. Toutefois, le juge de l'excès de pouvoir ne semble pas distinguer l'intérêt à agir de la qualité pour agir.

B. Une assimilation intérêt à agir et qualité pour agir

Dans le langage du juge de l'administration, il est souvent mentionné que le requérant a « *intérêt* » et a donc « *qualité pour agir* »[394]. Toutefois, il se contente parfois de constater que le requérant a intérêt à agir, la qualité étant déduite implicitement de ce constat de recevabilité[395].

Pour ce faire, ce dernier doit être titulaire de la capacité à agir, d'une part, et se trouver, d'autre part, dans une situation particulière lui conférant une certaine qualité en laquelle il agit. Une fois ces conditions remplies, certaines limites liées aux caractéristiques de l'intérêt à agir vont s'imposer aux requérants, réduisant ainsi leur pouvoir de volonté. Si l'appartenance à un cercle d'intérêt conditionne la qualité en laquelle l'administré agit, celui-ci doit en plus démontrer qu'il a un intérêt particulier à agir.

La situation juridique dans laquelle se trouvent certaines personnes leur donne toujours intérêt à contester les décisions qui modifient cette situation. Or, si certaines qualités donnent toujours intérêt à agir, cela signifie bien que la qualité obtenue par son appartenance à un groupe déterminé et identifiable se distingue de l'intérêt à agir, en l'absence duquel, la volonté du requérant ne peut se réaliser.

Comme le souligne R. CHAPUS[396], une formule courante de la jurisprudence énonce qu'un requérant a « *intérêt* » et a « *par suite qualité* » à agir[397], ou bien à l'inverse que ce dernier est sans intérêt « *et par suite sans qualité à agir* »[398], cela ne doit pas être entendu comme signifiant qu'il suffit au requérant d'invoquer un intérêt qui soit réel. L'intérêt, s'il permet d'identifier la qualité en laquelle agit le

---

[393] CE, ass. 1er avr. 1938, Sté L'Alcool dénaturé de Coubert, Lebon 337.

[394] À cet égard V. P. CHARLOT : « L'actualité de la notion de qualité donnant intérêt à agir », *RFDA,* 1996, pp. 481-491.

[395] René Pascal DIOUF, op. cit.

[396] R. CHAPUS, *Droit du contentieux administratif,* p. 475, n° 569.

[397] V. par ex., CE 15 mars 1957, Israël, p. 174 ; CE, Ass. 22 juin 1963, Albert, p. 385 ; CE 11 février 1983, Synd. Autonome des enseignants de médecine, p. 817; cités in CHAPUS (R.), *op. cit.,* p. 475, n° 569.

[398] CE 21 juin 2002, Synd. Gén. Du ministère de l'agriculture CFDT, p. 844 ; in CHAPUS (R.), *op. cit.,* p. 475, n° 569.

requérant et de concrétiser sa volonté, va également pouvoir constituer une limite à cette dernière. L'intérêt doit remplir d'autres conditions supplémentaires afin de « *donner qualité à agir* » à celui-ci, ce qui ressort d'énoncés tels que « *l'intérêt invoqué par le requérant n'est pas de nature à lui donner une telle qualité* »[399].

Dans cet esprit, le juge de la passation des marchés publics a exigé que le requérant ait qualité pour mettre en place une commission des marchés. C'est le sens de la décision du 10 mai 2012, Cellule nationale de Traitement des Informations financières (CENTIF)[400].

Ladite cellule et l'État du Sénégal sollicitaient l'annulation de la décision n° 125 du 8 septembre 2010 du Comité de Règlement des Différends (C.R.D) de l'Autorité de Régulation des Marchés publics (A.R.M.P) en se fondant sur quatre moyens dont les deux derniers, en ce que la décision du CRD se prononce sur la personnalité juridique de la CENTIF en omettant de se référer à la loi uniforme n° 2004-09 du 6 février 2004 portant sa création.

Dans sa réponse, la Cour observe que les textes n'ont pas doté la CENTIF de la personnalité morale et juge que la CENTIF, dépourvue de la personnalité morale, n'a pas la qualité d'autorité contractante et ne peut, en conséquence, mettre en place sa propre commission des

---

399 CE Ass. 20 novembre 1981, Schwartz et Martin, p. 437 ; CE 29 juillet 1983, Féd. Départ. Des libres penseurs des Yvelines, p. 816 ; CE 21 mai 1986, Asso. Les Verts-parti écologistes, p. 652 ; CE 27 février p. 302 ; D. 2000, *IR*, p. 238 ; *RFDA*, 2000, p. 1147 ; CE 13 janvier 2003, Synd. Sud travail, p. 902 ; in CHAPUS (R.), *ibid.*, p. 476 ; CE 6 octobre 1965, Marcy, p. 493 ; 23 septembre 1983, *Le PETIT*, p. 372 ; 27 octobre 1989, Seghers, p. 835 ; *DA*, 1989, n° 665 ; CE 26 avril 2006, Mme Ouattara et autres, *A,J* 2006, p. 1519 ; CE 29 décembre 1995, *Beucher*, p. 480 ; *DA*, 1996, n° 102. ; 399 CE 25 mars 1981, *Lochet*, p. 164 ; *DA*, 1981, n° 178 ; CE 22 octobre 1986, Reynaud, p. 652 ; *DA*, 1986, n° 611 ; CE 27 octobre 2006, Mme Dreysse et autres, *AJ*, 2006, p. 2094 ; obs., S. BRONDEL, TA Lyon, 18 décembre 1991, Bertin *AJ*, 1991, p. 346, note J-Y. PLOUVIN.

400 La Cellule nationale de Traitement des Informations financières (CENTIF) du Sénégal a été créée par la loi uniforme n°2004-09 du 06 février 2004 relative à la lutte contre le blanchiment de capitaux. Ladite loi a été adoptée en application de la Directive n° 07/2002/CM/UEMOA du 19 septembre 2002 du Conseil des Ministres de l'Union économique et monétaire ouest-africaine (UEMOA). Les compétences de la Cellule ont été élargies à la lutte contre le financement du terrorisme aux termes de la loi uniforme n°2009-16 du 02 mars 2009. La CENTIF est une cellule de renseignement financier (CRF) de type administratif, placée sous la tutelle du Ministre de l'Économie, des Finances et du Plan. Elle joue un rôle central dans le dispositif national de lutte contre le blanchiment de capitaux et le financement du terrorisme (LBC/FT).

marchés en dehors de celle du Ministère de l'Économie et des Finances, autorité de tutelle. C'est donc à bon droit que l'ARMP a retenu comme nuls et de nullité absolue les actes pris par la commission des marchés mise en place irrégulièrement par la CENTIF. En l'espèce, la cellule n'a pas qualité à agir. Sous ce rapport, l'analyse du droit des marchés publics, sous examen, indique que la qualité à agir est parcimonieusement accordée[401].

Par ailleurs, il arrive que certaines entités ne souhaitent pas agir « *en qualité de* ». C'est le cas où l'entité impliquée s'estime citée à tort en sollicitant ainsi « *une demande de mise hors cause* ». Dans la plupart des cas, c'est l'Agent judiciaire de l'État[402] qui formule les requêtes y afférentes. À chaque fois que le juge a été saisi dans ce sens, il a fait droit à la demande des requérants. Les exemples sont assez nombreux[403].

En outre, en matière de passation des marchés publics, le contribuable local peut agir dès que la procédure suivie aggrave les charges de la collectivité. Au Sénégal, l'article 314 du Code général des Collectivités territoriales, modifié[404] offre à une personne lésée par un acte mentionné aux articles 243[405] et 244[406] dont les conventions relatives

---

[401]A. ISSOUFOU, *Les mutations du droit des marches publiques au Niger et au* Sénégal : contribution à l'étude de l'encadrement juridique d'une catégorie de dépense publique, *op.cit.,* p. 182.

[402] Décret n° 70-1216 du 7 novembre 1970 portant création d'une Agence Judiciaire de l'État et fixant ses attributions.

[403] Il s'agit pour la plupart des agences de l'État, structures dotées de la personnalité juridique et de l'autonomie financière, des sociétés nationales, des sociétés anonymes à participation publique majoritaire de l'État.

[404] Loi n° 2013-10 du 28 décembre 2013 portant Code général des Collectivités territoriales, modifiée.

[405] Article 243.- Sont concernés par ces dispositions les actes suivants :
- les délibérations des conseils ou les décisions prises par délégation des conseils ;
- les actes à caractère réglementaire pris par les collectivités locales dans tous les domaines qui relèvent de leur compétence en application de la loi ;
- les conventions relatives aux marchés ainsi que les conventions de concession ou d'affermage de services publics locaux à caractère industriel ou commercial ;
- les décisions individuelles relatives à la nomination, à l'avancement de grade ou d'échelon d'agents des collectivités locales ;
- les décisions individuelles relatives aux sanctions soumises à l'avis du conseil de discipline et au licenciement d'agents des collectivités locales.

[406] Article 244.- Les décisions réglementaires et individuelles prises par le président du conseil départemental ou le maire dans l'exercice de leurs pouvoir de police, les actes de gestion quotidienne pris au nom des collectivités locales autres que ceux mentionnés à l'article 243 ci-dessus sont exécutoires de plein droit dès qu'il est

aux marchés ainsi que les conventions de concessions d'affermage de services publics locaux à caractère industriel et commercial, un recours direct devant le juge de l'excès de pouvoir. Toutefois, le dépouillement des décisions rendues en matière d'intérêt à agir dans le contentieux de la passation des marchés publics semble présager que le juge de l'administration exerce un contrôle libéral.

Paragraphe II. Un libéralisme réaffirmé

Le libéralisme du juge se rattache au fait que l'intérêt à agir constitue une condition fondée sur la volonté des individus d'agir en justice. En effet, l'accès au juge dépend de l'existence d'un droit lésé selon la thèse de R. ODENT[407] qui souligne : « *en principe pour former une action en justice, il faut justifier d'un droit : c'est, en effet, l'existence de ce droit, son importance, sa valeur par rapport aux droits dont peut faire état le défendeur, qui constitue l'objet même du procès ; le contentieux administratif n'échappe pas à cette règle générale, qui est une règle de bon sens* ». Et traditionnellement, on affirme que la manière dont le juge apprécie cette condition est libérale, c'est-à-dire qu'il accepte facilement de reconnaître l'existence d'un intérêt donnant qualité pour agir à l'encontre de l'acte dont la légalité est mise en cause.

Œuvre prétorienne, la notion d'intérêt pour agir a également fait l'objet d'une évolution considérable. Chemin faisant, la reconnaissance par le législateur du recours pour excès de pouvoir, la prise de conscience du caractère fondamental de la légalité et l'aval des conquêtes prétoriennes par l'opinion doctrinale comme gouvernementale, ont incité la Haute juridiction à modeler la notion d'intérêt donnant qualité pour l'ouverture du recours pour excès de pouvoir dans un sens plus large[408].

L'étude de la jurisprudence en matière de passation de marchés publics révèle que le juge de l'excès de pouvoir fait preuve de libéralisme dans l'appréciation de l'intérêt à agir en utilisant des expressions pour le qualifier. Ainsi se montre-t-il ouvert dans l'appréciation de cet intérêt comme en atteste l'usage des termes « *intérêts à intervenir* » et « *intérêt à agir* ».

---

procédé à leur publication ou à leur notification aux intéressés, après transmission au représentant de l'État.

[407] R. ODENT, *Contentieux administratif*, Fascicule I, les cours de droit, Paris, 1970-1971.

[408] M. MIGNON, « Une évolution inachevée : la notion d'intérêt ouvrant le recours pour excès de pouvoir », Paris, *Dalloz,* 1953, p. 122.

À travers, au moins, deux affaires ayant occasionné l'introduction de mémoires en intervention[409], il fait indistinctement référence à l'un et à l'autre des termes[410]. Dans la première[411], la Cour observe que la SONATEL, ayant déposé le 10 janvier 2011 au Greffe de la Cour, le mémoire doit s'analyser comme une intervention volontaire. Ainsi a-t-elle décidé qu'en matière d'excès de pouvoir, l'intervention est recevable dès lors que son auteur justifie d'un « *intérêt à intervenir* ».

Dans la seconde décision rendue le même jour[412], elle rappelle d'abord que l'ASHIR soulève l'irrecevabilité de l'intervention volontaire de la société Carrefour Médical au motif que le recours en excès de pouvoir est ouvert à celui qui a un « *intérêt froissé* ». Or, Carrefour est l'attributaire provisoire du marché. En déclarant ladite société recevable en son intervention, la Cour estime qu'en matière de contentieux relatif aux marchés publics, l'attributaire provisoire a un intérêt certain au maintien de la décision attaquée. En l'espèce, elle considère que les requérants ont tous deux intérêts à agir.

Il faut se féliciter que le tiers s'immisce dans le contentieux de la passation des marchés publics en la faveur du dépôt d'un document dénommé « *Mémoire d'intervention volontaire* ». Lorsque le requérant a intérêt à obtenir l'avantage qu'il recherche, il se doit d'invoquer tout moyen pour y parvenir. Il semblerait que si l'intérêt à agir n'est pas indiqué dans la demande, la requête ne sera pas examinée au fond[413]. C'est pourquoi, les requérants y joignent un document appelé « *mémoire d'intervention* ». Toutefois, le mémoire d'intervention est assujetti au respect des délais de recours. Dans l'arrêt ARTP[414], le juge a déclaré irrecevable le mémoire réplique de l'ARTP pour avoir été déposé au-delà du délai de deux (02) mois. En définitive, le juge de l'excès de pouvoir fait preuve de libéralisme quant à l'intérêt à agir des requérants.

---

[409] V. Gérard CORNU, Vocabulaire juridique : Demande incidente par laquelle un tiers entre dans un procès déjà engagé, de son propre mouvement (intervention volontaire) ou à l'initiative de l'une des parties en cause (intervention forcée).

[410] B. BA, « Le contentieux de l'excès de pouvoir des marchés publics devant la Cour suprême du Sénégal (à partir des arrêts rendus de de 2008 et 2013) », *Annales Africaines*, Volume 1, 2015, p. 179.

[411] CS. Arrêt n° 20 du 12 Avril 2012, A. R.T.P-État du Sénégal c/ARMP, (Inédit).

[412] CS. Arrêt n° 24 du 12 Avril 2012, Association sénégalaise des Hémodialysés et Insuffisants rénaux (A.S.H.I.R.), op.cit.

[413] La jurisprudence a admis que l'intérêt à agir puisse apparaître postérieurement au recours dans l'arrêt Société l'alcool dénaturé de Gobert du 1er avril 1938.

[414] Arrêt précité.

CONCLUSION TITRE I

Le contrôle juridictionnel des marchés publics, de manière large, peut être considéré comme l'ensemble des litiges concernant les marchés publics dont le règlement appartient à une quelconque juridiction. Si d'autres types de contentieux sont loin d'être négligeables[415], la compétence pour connaître des litiges relatifs aux procédures de passation des marchés publics revient souvent au juge de l'excès de pouvoir de sorte que ce contentieux relève d'un contentieux objectif. La problématique de la compétence juridictionnelle n'ayant pas posé un problème, il restait à apprécier les conditions de saisine du juge.

Comme dans le contentieux traditionnel des actes administratifs, nous avons observé que les conditions d'accès au juge de la passation des marchés publics sont strictement encadrées. Finalement, le non-respect des règles de procédure est souvent source d'irrecevabilité ou de déchéance. Ainsi, le juge a perdu de nombreuses occasions de traiter le fond des litiges. La fidélité du juge au respect des règles de recevabilité n'est-elle pas importée dans l'examen des règles de l'instruction et de fond ?

---

[415] Les litiges relatifs aux marchés des sociétés nationales et sociétés anonymes à participation publique majoritaire sont soumis aux tribunaux de droit commun. Les litiges peuvent également être soumis à un tribunal arbitral dans les conditions prévues par l'Acte uniforme relatif à l'arbitrage.

TITRE II

UN CONTRÔLE USUEL DES RÈGLES D'INSTRUCTION ET DE FOND

Bien qu'inspirée fort largement de la procédure civile[416], la procédure administrative contentieuse repose essentiellement sur la reconnaissance en faveur de l'administration de privilèges juridictionnels fondés sur la prise en compte et la protection de l'intérêt général. Elle consacre une inégalité juridique entre les parties au procès. L'originalité de cette procédure tient au fait qu'elle est écrite, inquisitoire, simple et économique et qu'elle facilite à l'administré la charge de la preuve[417]. Le jugement des litiges administratifs, comme celui des autres litiges, se décompose normalement en deux phases. La première est en principe consacrée à l'instruction du recours et la seconde à son jugement proprement dit[418].

Du point de vue de l'urgence, le sursis à l'exécution[419] d'une décision du Comité de Règlement des Différends était strictement accordé en raison de la réunion des deux conditions exigées par la loi organique. Toutefois, le dépassement du délai raisonnable pour statuer, ainsi que la motivation[420] succincte des décisions font que ce procédé avait connu des limites. Le législateur organique lui a préféré le référé administratif. Il sera intéressant d'évaluer le travail du juge sur le mécanisme du sursis à exécution. L'on pourra, également, se demander si le juge est-il toujours maître de l'instruction. Et qu'en est-il de sa perception du référé administratif ?

Sur un autre registre, le contentieux de l'excès de pouvoir dirigé contre un acte détachable d'un marché public est un contentieux de la

---

[416] V. R. MOREL, *Traité élémentaire de procédure civile*, Sirey, 2e éd., 1949, 606 p.
[417] El. H. MBODJ, op. cit., p. 17, (Non publié).
[418] ND.-M. DIAGNE, op.cit., p. 177.
[419] Le sursis à exécution est une mesure d'urgence qui permet au juge de différer l'exécution d'une décision administrative. Il constitue un tempérament au principe fondamental de droit public qui énonce le caractère exécutoire des actes administratifs qui ont vocation à s'appliquer en vertu du privilège du préalable.
[420] V. M. DIAKHATE, « La motivation des décisions des juridictions administratives en Afrique subsaharienne francophone », *Afrilex*, consulter ici http://afrilex.u-bordeaux4.fr /la-motivation-des-decisions-des.html, (Consulté le 28/10/2019).

légalité et, à ce titre, ne peuvent être excipés devant le juge que des moyens de pure légalité[421]. Même si en droit sénégalais, les moyens d'annulation à l'appui du recours pour excès de pouvoir n'ont pas été codifiés par le législateur[422], il importe de relever que ceux-ci sont regroupés autour de la légalité externe et de la légalité interne.

Les moyens de légalité externe que peut invoquer le requérant sont l'incompétence, le vice de forme et de procédure. Les moyens de légalité interne tiennent à l'illégalité de l'objet ou des motifs d'une décision et du détournement de pouvoir[423].

À l'instar des actes administratifs, ces moyens peuvent être dirigés contre l'acte détachable ou le contrat lui-même, mais à condition, dans la deuxième hypothèse, qu'il ne s'agisse, comme rappelé ci-dessus, que de moyens de pure légalité.

À cet égard, on remarque une conduite minutieuse de l'instruction et de l'urgence, d'une part **(Chapitre I)** et, un contrôle courant des règles de fond, d'autre part **(Chapitre II).**

---

421 R.-P. DIOUF, « Le contrôle des marchés publics par le juge administratif (suite) », op. cit., p. 25.

422 B. KANTE, *Unité de juridiction et droit administratif : l'exemple du Sénégal*, Thèse de Droit Public, Université d'Orléans, 1983, p. 313.

423 *Ibid.*

CHAPITRE I

UNE CONDUITE MINUTIEUSE DE L'INSTRUCTION ET DES PROCÉDURES D'URGENCE

Le droit processuel fourmille de typologies. Lorsqu'il s'agit de présenter, de façon organisée, les règles qui gouvernent un procès, on peut recourir à différentes catégorisations[424]. C'est au cours de l'instruction que le juge cherche à établir les faits qui lui sont soumis, à vérifier leur exactitude[425]. Le jugement lui permet de répondre à la question de droit posée par le requérant ou de rejeter le recours s'il estime les prétentions non-fondées[426]. Les principes propres à l'instruction sont souvent analysés séparément de ceux qui régissent le jugement. Ce dernier sera traité dans la deuxième partie de l'étude relative à l'exécution des décisions d'annulation[427].

Le formalisme dont il a été question à propos de l'interprétation des conditions de recevabilité des recours ne disparaît pas totalement au moment de l'instruction. Ce qui fait que plusieurs paramètres donnent à ce procès un caractère unique : l'identité de ses protagonistes (les parties), les arguments échangés devant le juge (les moyens), ou encore les questions soumises au juge et qu'il doit trancher (les conclusions)[428].

---

[424] V. M. GUYOMAR, B. SEILLER, *Contentieux administratif*, Dalloz, 3e éd., 2014, p. 335.

[425] *Ibid.*

[426] M. GUYOMAR, B. SEILLER, op. cit

[427] V. la thèse de N.-D.-M. DIAGNE, p. 247 sur le pragmatisme concernant le jugement.

[428] C. BARRAY, P.-X. BOYER, *Droit du contentieux administratif*, Gualino, 2019, p. 157.

En outre, avant la réforme de la loi organique sur la Cour suprême de 2008[429], le juge pouvait autoriser qu'il soit sursis à l'exécution[430] d'une décision du Comité de Règlement des Différends : c'est le procédé classique. La loi organique de 2017 sur la Cour suprême abrogeant celle de 2008 institue le référé administratif : c'est la procédure nouvelle.

Alors que le juge dispose d'une certaine maîtrise du déroulement de l'instruction du fait du caractère inquisitorial de la procédure et que les éléments objectifs constitutifs de l'instance[431] sont délimités et déterminés par les parties, on observe par la même occasion que les conditions d'admission de l'urgence sont strictement encadrées.

Ainsi, on note une maîtrise de l'instruction **(Section I)** et une interprétation restrictive des conditions d'admission de l'urgence **(Section II).**

Section I. Une maîtrise de l'instruction

En l'absence de dispositions spéciales, le juge sénégalais se réfère, en principe, aux règles de la procédure civile[432] en matière d'instruction des litiges administratifs[433]. Les initiatives qu'il prend dans la conduite du procès laissent apparaître qu'il s'efforce d'effectuer une vérification minutieuse des éléments de l'instruction et des principes directeurs du procès administratif.

Ainsi sera-t-il analysé le rôle primordial du juge lors de la phase de l'instruction et les parties dans l'instance, d'une part **(paragraphe I),** puis le respect du caractère équitable du procès dans le contentieux de la passation des marchés publics, d'autre part **(paragraphe II).**

---

[429] Plus de sept années après la création de la Cour suprême née du regroupement du Conseil d'État et de la Cour de cassation, l'application au quotidien de la loi organique n° 2008-35 du 08 août 2008 a révélé des difficultés et des insuffisances qui justifient sa refonte.

[430] Le sursis à exécution est une mesure d'urgence qui permet au juge de différer l'exécution d'une décision administrative. Il constitue un tempérament au principe fondamental de droit public qui énonce le caractère exécutoire des actes administratifs qui ont vocation à s'appliquer en vertu du privilège du préalable.

[431] V. R. DESIRY, « Le rôle du juge dans le déroulement de l'instance civile », *D.*, 1956, chron. XXVII, p. 145.

[432] Le décret n°64-572 du 30 juillet 1964 portant Code de Procédure civile, modifié par le décret n° 2001-1151 du 31 décembre 2001.

[433] ND.- M. DIAGNE, op. cit., p. 179.

Paragraphe I. Le rôle primordial du juge et des parties

Le juge dispose d'une certaine maîtrise du déroulement de l'instruction du fait du caractère inquisitorial de la procédure **(A).** Les éléments objectifs constitutifs de l'instance, qui la délimitent et en déterminent l'objet, restent quant à eux largement déterminés par les parties **(B).**

A. Les pouvoirs inquisitoriaux du juge lors de la phase d'instruction

« *On nous l'a appris dès notre jeune âge universitaire : la procédure contentieuse est, en matière administrative, écrite et inquisitoriale* »[434] ainsi déclarait Chabanol. Elle est également inégalitaire, secrète, autonome, simple et économique. Ces aspects la distinguent des procédures civile et pénale. Les pouvoirs du juge s'aperçoivent à travers son pouvoir inquisitorial. Ainsi, tout l'intérêt du « *pouvoir inquisitoire est précisément de bouleverser les règles de la charge de la preuve* »[435] et de régir entièrement la « *question de la place et du rôle du juge administratif dans la phase d'instruction* »[436] du procès administratif. C'est tout particulièrement cet aspect du caractère inquisitorial de la procédure qui importe ici.

En d'autres termes, le juge administratif, contrairement aux principes classiques de procédure, s'empare de certaines questions afin de déterminer sa conviction, et ce indépendamment de la volonté des parties. Dès lors, le juge : « *ne s'efface pas complètement ; il ne se cantonne pas dans le rôle passif d'intermédiaire obligatoire dans le dialogue contentieux ; il dirige au contraire le débat soit en ordonnant la communication à de nouvelles personnes, soit en mettant en demeure les parties de respecter les délais qu'il leur a fixés* »[437].

La situation intrinsèquement inégalitaire dans laquelle se présentent les litiges portés devant le juge administratif est effectivement compensée par le caractère inquisitorial de l'instruction qui confère « *au juge*

---

[434] D. CHABANOL, « Du dialogue du juge et des parties. Réflexions sur la procédure administrative contentieuse », *in Mélanges en l'honneur de Daniel LABETOULLE,* Juger l'Administration, administrer la justice, Dalloz, 2007, spéc. p. 149.

[435] J.-P. COLSON, *L'office du juge et la preuve dans le contentieux administratif,* LGDJ, 1970, p. 142.

[436] B. DUFOURCQ, *L'office du juge dans la phase d'instruction du procès administratif,* thèse, Poitiers, 2008, p. 19.

[437] R. DENOIX DE SAINT MARC, D. LABETOULLE, « Les pouvoirs d'instruction du juge administratif », *EDCE*, 1970, p. 69, spéc. p. 71.

administratif, dans l'exercice de ses pouvoirs généraux de direction de la procédure, [la faculté] de prendre toutes mesures propres à lui procurer, par les voies de droit, les éléments de nature à lui permettre de former sa conviction sur les points en litige »[438].

De ce point de vue, il appartient au juge administratif « *d'exiger de l'administration compétente la production de tous documents susceptibles d'établir sa conviction et de permettre la vérification des allégations du requérant* »[439]. Il dispose dans cette phase du procès d'un véritable pouvoir « *intrusif* », en ce qu'il s'empare des éléments du dossier et de l'argumentation des parties afin de déterminer la nécessité de les préciser ou de les établir, sans s'en tenir à la dialectique classique de l'administration de la preuve[440]. Si la demande de pièces pour compléter l'instruction est d'un usage régulier. En revanche, la visite des lieux[441], pour ne prendre qu'un exemple, reste d'un recours exceptionnel.

S'agissant du caractère écrit de la procédure contentieuse, il implique que les parties doivent nécessairement verser au dossier soumis au juge l'ensemble de leurs prétentions ainsi que les documents, pièces ou éléments qu'ils estiment nécessaires à la résolution du litige[442].

Sous ce rapport, le juge estime que le CRD n'est pas tenu de procéder à l'audition des parties, du fait du caractère écrit de la procédure qui est une procédure administrative contentieuse dans l'affaire Afrique Télécoms[443]. En l'espèce, le requérant reprochait au Comité de Règlement des Différends (CRD) d'avoir rejeté son recours sans à aucun moment de la procédure juger utile de l'entendre sur les griefs articulés contre l'autorité contractante quant à la régularité et à la transparence de la procédure.

---

[438] CE 20 févr. 2012, Min. de la Défense et des anciens combattants, req. N°350382 ; V. aussi, à propos d'un refus de visa, CE 1erjuin 2011, M. Beddiaf, req. N° 337992 ; *AJDA,* 2011. 2182, note Delabie qui rappelle que le juge peut ordonner la production des éléments qui peuvent être versés au dossier dans le respect des exigences liées à la sécurité nationale.

[439] CE, Sect., 1er mai 1936, Couespel du Mesnil, p. 485.

[440] V. pour les limites d'un tel pouvoir, en termes de confidentialité notamment : CE, Sect., 1er octobre 2014, M. Erden, n° 349560.

[441] Art. R. 622-1 du code de justice administrative ; V. de manière générale le Titre II du Livre VI de la partie règlementaire de ce code consacré aux différents moyens d'investigation. Il est arrivé à la Cour suprême d'effectuer des visites dans les lieux. V. l'affaire Keur Momar SARR.

[442] M. GUYOMAR, B. SEILLER, op. cit., p. 337.

[443] CS. Arrêt n° 37 du 27 Octobre 2011, COMET AFRIQUE TELECOMS c/ARMP, (Inédit).

Dans une autre affaire relative[444] à l'attribution provisoire du marché lancé par le Ministère de l'Éducation nationale, relatif à la fourniture de matériels informatiques et de reprographie, destinés aux Inspections d'Académie (IA) et Inspections de l'Éducation et de la Formation (IEF), il est fait grief au CRD, d'avoir omis de communiquer à Computer Land les pièces, à lui transmises sur sa demande, le 04 janvier 2016 par l'autorité contractante, ainsi que les observations de celle-ci sur le recours, et de ne pas la mettre en mesure de produire la lettre du 15 juillet 2015 de Microsoft Sénégal qui anéantit les allégations de RISO.

Toutefois, la Cour rappelle que les pièces réclamées par le CRD dans le cadre de ses enquêtes menées pour asseoir sa décision conformément à la réglementation fixée par le Code des Marchés publics ne sont pas communiquées aux autres candidats. Pour autant, l'oralité n'est pas absente du débat contentieux. L'institution du régime des référés administratifs ainsi que les récentes réformes de la procédure contentieuse ont contribué au développement de l'oralité. Mais, le principe reste constant : le périmètre et les termes du litige, en d'autres termes l'instance, sont définis par la procédure écrite.

Sur le registre de la preuve, la règle de procédure civile selon laquelle la charge de la preuve incombe au demandeur « *actori incombit probatio* » est également applicable devant la Cour suprême. Le demandeur doit toujours apporter, au moins, un commencement de preuve.

Cependant, le juge du contentieux administratif fait généralement montre d'un grand libéralisme en renversant la charge de la preuve en faveur de l'administré, lequel n'a pas accès au dossier par le caractère inquisitoire de la procédure. Il peut renverser la charge de la preuve lorsqu'il apparaît que les allégations du requérant sont suffisamment fondées sans qu'il puisse en apporter la preuve formelle. Il peut alors demander à l'administration la production des documents ou la révélation des motifs de sa décision, même lorsque celle-ci ne doit pas être formellement motivée[445].

L'interprétation littérale du principe entraîne le rejet d'un recours dont l'auteur n'a pas fourni au juge des preuves suffisantes[446]. Dans le

---

444 CS. Arrêt n° 07 du 27 janvier 2017, Computer Land SARL c/ARMP du Sénégal, (Inédit).

445 CE 24-5-1954, BAREL, *RDP,* 1954. 509, concl. Letourneur, note WALINE, GAJA ; 21-12-1960, Vicat-Blanc, *RDP*, 1961. 421, note CHAPUS ; 26-1-1968, Maison Génestal, *AJDA*, 1968.102, chr. Jurisp., GAJA.

446 ND-M. DIAGNE, op. cit., p.183.

contrôle juridictionnel de la passation des marchés publics, le juge a rejeté un recours pour absence de preuve. Il en est ainsi dans l'affaire opposant l'État du Sénégal et l'ARTP[447]. L'Agence de Régulation des Télécommunications et des Postes (ARTP) et l'État du Sénégal, sollicitaient l'annulation de la décision n°127/10/ARMP/CRD du 15 septembre 2010 du Comité de Règlement des Différends (CRD) de l'Autorité de Régulation des Marchés publics (ARMP)[448].

Selon la Cour, il résulte de l'article 80 visé au moyen qu'en matière de convention de délégation de service public ou de contrat de partenariat, l'autorité contractante peut, exceptionnellement, déroger au principe de la passation par appel d'offres et recourir à la procédure de passation par entente directe lorsque, notamment, une seule source est en mesure de fournir le service demandé. Or, en l'espèce s'il infère de ces dispositions textuelles que lorsque la preuve de l'exclusivité de la source ne peut être rapportée, le recours à l'appel d'offres devient obligatoire. L'État du Sénégal et l'ARTP n'ont pas établi la preuve de l'exclusivité de la source de la prestation demandée.

Le juge prononce le rejet parce que le requérant n'aurait apporté aucun élément lui permettant de statuer. Ici, il y a absence de preuves manifestes. Les parties aussi jouent un rôle primordial dans la détermination des éléments de l'instance. Si le recours pour excès de pouvoir « *constitue l'hypothèse contentieuse privilégiée de l'intervention*

---

[447] Arrêt précité.

[448] Décision n° 127/10/ARMP/CRD du 15 septembre 2010 du comité de règlement des différends statuant en commission litiges sur la dénonciation de la société nationale des télécommunications (SONATEL) concernant la procédure relative au contrat dit de partenariat entre l'agence de régulation des télécommunications et des postes (ARTP) et la société global Voice group (GVG) s.a ayant pour objet l'assistance pour la mise en place d'un système de contrôle et de tarification des communications téléphoniques internationales entrantes au Sénégal. Voici en substance la décision du CRD : « *Qu'au demeurant, la circonstance que seul GVG opère en Afrique ne saurait signifier que c'est la seule société capable de réaliser les prestations envisagées, d'autant que seul un appel d'offres est de nature à établir cet état de fait ; Qu'en effet, l'organisation d'une procédure d'appel à la concurrence sur la base d'un dossier d'appel d'offres (DAO) dans lequel sont arrêtés des critères de qualification des soumissionnaires et de conformité des offres, devrait normalement donner l'opportunité aux candidats éventuels de soumettre des propositions et, après évaluation, permettre d'établir que GVG est la seule société capable de fournir les prestations sollicitées ; Qu'en conclusion, il y a lieu de dire que l'autorisation donnée par la DCMP à l'ARTP de passer un contrat par entente directe est mal fondée et irrégulière* ».

inquisitoriale du juge administratif »[449], c'est en raison de la nature du litige en question, dont l'issue ne peut dépendre exclusivement de la contingence de la volonté ou de la diligence des parties.

B. La prise en compte de la volonté des parties dans la détermination des éléments constitutifs de l'instance

Le caractère inquisitorial ne fait pas obstacle à ce que les parties jouent, également à ce stade de la procédure, un rôle important. Le juge administratif « *est le maître de l'instruction, dès lors que les parties en ont circonscrit les limites* »[450]. Ces limites sont généralement déterminées par « *le demandeur, à l'initiative de la saisine du juge, qui, par ses écritures, fixe dès le départ les limites du litige* »[451]. À cet effet, le juge administratif n'ordonne en principe pas de mesure d'instruction relativement à des faits que les parties n'auraient pas invoqués.

Bien que le caractère inquisitorial de la procédure contentieuse offre au juge une certaine maîtrise de la phase d'instruction du procès administratif, cet aspect ne suffit pas à lui conférer une maîtrise de l'instance lui permettant de mener à bien son office. Tant l'expression de la volonté des parties, qui ne saurait être dénaturée, que les contraintes d'ordre pratique limitent en réalité l'exercice des prérogatives liées à l'inquisitorialité de la procédure administrative contentieuse[452].

À cette fin, il faut convenir dans un procès administratif que les parties initiales sont le requérant et le défendeur. L'identification du requérant est simple : il s'agit de la personne qui a introduit le recours. Par la même occasion, un tiers peut intervenir spontanément à une instance en vue de soutenir le requérant[453] ou le défendeur s'il a par exemple intérêt au maintien de la décision attaquée[454].

La recevabilité de cette intervention sur laquelle le jugement doit expressément statuer, est soumise au respect de plusieurs conditions : l'intervention doit être présentée par mémoire ; elle peut être présentée

---

[449] R. DENOIX DE SAINT MARC, D. LABETOULLE, « Les pouvoirs d'instruction du juge administratif », op. cit., p. 71.
[450] *Ibidem.*
[451] J.- M. LE GARS, op. cit.
[452] V. pour les limites d'un tel pouvoir, en termes de confidentialité notamment : CE, Sect., 1er octobre 2014, M. Erden, n° 349560.
[453] Intervenant en demande.
[454] Intervenant en défense.

sans délai[455], l'intervenant doit justifier d'un intérêt à intervenir, distinct de celui des parties à l'instance. C'est le cas, par exemple, en contentieux de l'annulation s'il aurait eu intérêt à introduire lui-même l'instance.

Mais, l'intérêt à intervenir étant apprécié de manière plus souple que l'intérêt à agir du requérant[456]: l'intervenant peut voir son intérêt à intervenir reconnu alors qu'au contraire il ne justifie pas d'un intérêt à agir[457]. On note aussi les conclusions. Elles correspondent aux prétentions des parties. Les moyens soulevés correspondent à l'argumentation développée par les parties afin de convaincre le juge du bien-fondé de leurs prétentions respectives. On distingue, ainsi, les moyens du requérant et les moyens en défense. Les moyens pouvant être soulevés devant le juge administratif se rattachent à des causes juridiques.

Aussi, la juridiction chargée du contentieux administratif est saisie par le requérant, qui est ainsi à l'initiative de l'instance et peut logiquement y mettre un terme en se désistant de l'instance, ou même de l'action. Le désistement[458] d'instance, comme son nom l'indique, ne met fin qu'à l'instance engagée, et ne fait pas obstacle à l'introduction ultérieure d'un nouveau recours, contrairement au désistement d'action. Lorsque le requérant ne précise pas la nature de son désistement, il est réputé ne porter que sur l'instance. Il en est de même lorsque le jugement qui en donne acte n'en précise pas la nature, le requérant n'étant alors pas regardé comme ayant renoncé à faire valoir son droit. L'objet de l'instance (c'est-à-dire la demande du requérant) peut disparaître avant que le juge ait statué. Dans ce cas, il n'y a plus lieu de statuer.

Dans le contentieux de la passation des marchés, il est arrivé que les concurrents évincés se désistent au cours du procès[459]. Il convient de

---

455 À ce sujet V. l'affaire : CS, Arrêt n° 20 du 12 avril 2012, ARTP et État du Sénégal c/ARMP, (Inédit). Dans cette espèce, la cour a décidé que les dénonciations de tiers ne sont assujetties à aucun délai puisqu'elles peuvent être reçues « *avant, pendant et après la passation ou l'exécution des marchés publics et délégations de service public* ».

456 V. supra.

457 V. arrêt ASHIR.

458 V. C. EUDE, « Le désistement dans la procédure administrative contentieuse », *AJDA*, 1984, p. 3.

459 CS. Arrêt n° 29 du 28 avril 2016, Consortium d'Entreprises (C. D. E.) c/ARMP/A.G.E.T.I.P.(APIX), (Inédit) ; CS. Arrêt n° 39 du 23 Juin 2016 Société Carrefour Médical c/ARMP & État du Sénégal, (Inédit) ; CS. Ordonnance n° 07 du 21 Mars 2019, La Société Sénégalaise d'Équipement de Travaux et de Services dite « SETS SUARL » c/ARMP, (Inédit). Dans ces affaires, le juge n'a fait que constater le désistement d'une des parties au procès.

noter que le juge veille au respect du caractère équitable du procès administratif.

Paragraphe II. L'attachement du juge au respect du caractère équitable du procès administratif des procédures de passation des marchés publics

Au-delà des pouvoirs inquisitoriaux du juge, deux principes participent à veiller au caractère équitable du procès administratif : il s'agit du principe du contradictoire[460] et de la motivation[461]. Le principe du contradictoire ou principe de la contradiction s'applique à la procédure suivie devant toutes les juridictions et pour reprendre l'expression de PACTEAU[462], « *c'est la garantie de participer pleinement au débat judiciaire* ». Comme l'a dit avec humour R. CHAPUS[463], « *il n'y a pas de choix possible entre une procédure contradictoire et une procédure qui ne le serait pas* ». Quant à la motivation des décisions de justice[464], elle est perçue comme *« une exigence élémentaire de l'État de droit démocratique »*[465].

L'examen des décisions rendues révèle que le juge tient au respect du principe du contradictoire **(A)** et confirme que les décisions du CRD sont suffisamment motivées **(B).**

A. Le rappel du respect du principe du contradictoire

Le contradictoire est un principe directeur du procès administratif en vertu duquel les parties reçoivent communication des mémoires et des pièces et ont la possibilité d'y répondre[466]. Le principe du contradictoire ne s'applique qu'au stade de l'instruction. Dès lors que l'instruction n'a pas été ouverte, le juge n'est pas tenu de communiquer la requête au défendeur[467]. Monsieur CLEMENT relève, à cet égard, que : « *le principe du contradictoire est une règle fondamentale et même élémentaire du*

---

[460] On pourra lire avec intérêt l'article de R. SCHWARTZ : « Chronique de législation, un perfectionnement du caractère contradictoire de la procédure, *AJDA,* 20 mars 1992, pp. 203-204.

[461] V. N. P. LECLER, « Le Conseil d'État et le contenu de la motivation des actes administratifs », *Dalloz,* 1992, p. 63.

[462] B. PACTEAU, *Contentieux administratif,* PUF, 7e éd., 2005, p. 253.

[463] R. CHAPUS, *Droit du contentieux administratif,* 13e éd., Montchrestien, 2008, p. 838.

[464] V. J. SINGER, « La motivation des actes administratifs », *RA,* 1980, p. 349.

[465] F. RIGAUX, « La loi des juges », *Odile Jacob,* 1997, p. 198.

[466] V. P.-O. CAILLE Note sur : « Comment garantir le respect du principe du contradictoire devant le juge administratif ? », *ADJA*, Juillet 2009, pp. 1446-1449.

[467] CE, sect., 5 avr. 1996, *Syndicat des avocats de France.*

procès administratif, et au-delà de tout procès. C'est certainement l'ossature d'un système juridictionnel dans un État de droit »[468].

La Haute juridiction française dira de ce principe qu'il : « *tend à assurer l'égalité des parties devant le juge* » et « *implique la communication à chacune des parties de l'ensemble des pièces du dossier, ainsi que le cas échéant, des moyens relevés d'office ; que ces règles sont applicables à l'ensemble de la procédure d'instruction à laquelle il est procédé sous la direction de la juridiction* »[469].

De toutes les règles de procédure, c'est la plus importante. Le respect du caractère contradictoire de la procédure « *n'est pas seulement destiné à protéger les intérêts des plaideurs, mais [il] est également une garantie de bonne justice, le moyen le plus efficace qu'on ait trouvé d'atteindre la vérité objective* »[470]. La juridiction ne peut statuer si les personnes directement intéressées n'ont pas été mises en cause devant elle. Les intéressés ont droit à la communication du dossier. Les personnes en cause peuvent se défendre par le moyen de mémoire ou d'observations en défense[471].

Ce principe est lié au droit de la défense et gouverne toute l'instruction. Le juge sénégalais vérifie régulièrement si l'administration respecte les droits de la défense et les principes du contradictoire de manière générale. On a pu relever de nombreuses décisions aussi bien avec l'ancienne Cour Suprême[472], le Conseil d'État et l'actuelle Cour suprême.

Dans le contentieux de la passation des marchés publics, le juge a rappelé le respect du principe sacro-saint du contradictoire dans l'affaire COMET AFRIQUE TELECOMS[473]. La société requérante sollicitait la suspension immédiate de la procédure de passation du marché relatif à l'appel d'offres n°AO-06/2010 lancé par la Poste et l'annulation de la

---

468 C. CLEMENT, « Le juge administratif des référés : un véritable juge de l'urgence après la loi du 30 juin 2000 », *LPA,* 10 août 2000, n° 159, spéc. p. 9.

469 CE, 29 juillet 1998, *Mme Esclatine*, n°179635 et 180208, Rec. p. 320 ; *AJDA,* 1999, p. 69, note F. ROLIN ; *D.,* 1999, p. 85, concl. D. CHAUVAUX ; *D.,* jurisp., 1999, p. 201.

470 J. NORMAND, *L'office du juge et la contestation*, Thèse, Droit, L.G.D.J., Paris, 1965, n° 184.

471 G. PEISER, *droit administratif général*, Dalloz, 2014, p. 279.

472 Parmi les décisions recensées on peut noter : *C.S.* 28 janvier 198I, N'Diogou SALL, G.D.J.A.S, T.I., p. 526.

473 CS. Arrêt n° 37 du 27 Octobre 2011, COMET AFRIQUE TELECOMS c/ARMP (Inédit), (Déjà cité).

décision n° 38/11/ARMP/CRD du 23 mars 2011 du Comité de Règlement des Différends de l'Autorité de Régulation des Marchés publics. Avant de se prononcer sur les deux moyens relatifs à l'inexactitude matérielle des faits et de la violation des droits de la défense, le juge a d'abord considéré que la demande tendant à la suspension immédiate de la procédure de passation du marché relatif à l'appel d'offres n°AO-06/ 2010 lancé par la Poste, n'avait aucune base légale.

Reprochant au Comité de Règlement des Différends (CRD) d'avoir rejeté son recours sans, à aucun moment de la procédure, juger utile de l'entendre sur les griefs articulés contre l'autorité contractante quant à la régularité et à la transparence de la procédure, la Cour répond que le CRD n'est pas tenu de procéder à l'audition des parties, du fait du caractère écrit de la procédure qui est une procédure administrative contentieuse au cours de laquelle le principe du contradictoire a été respecté. C'est ainsi qu'elle a rejeté la demande d'annulation formée contre la décision n° 038/11/ARMP/CRD du 23 mars 2011 du Comité de Règlement des Différends de l'ARMP.

Dans l'affaire Sénégalaise des Eaux dite SDE rendue le 23 janvier 2020[474], la Cour a rejeté le recours de ladite société en rappelant que la procédure suivie devant le CRD obéit au principe du contradictoire qui suppose que les parties soient en mesure de prendre connaissance et de discuter de toutes les pièces et arguments présentés dans le cadre de l'instruction de l'affaire. En effet, estime-t-elle que par lettre de transmission du 12 décembre 2018, la SDE demanderesse à l'instance devant le CRD, a reçu par l'intermédiaire de l'ARMP un mémoire en réponse de l'autorité délégante et a pu présenter ses moyens et produire les pièces justificatives à l'appui de ses prétentions.

La méconnaissance du principe du contradictoire[475] est fondée sur la faculté pour le juge de soulever d'office un moyen de pur droit, présumée favoriser le risque d'arbitraire, alors que l'obligation de le faire permet de les exempter d'en informer les parties. Obligatoire par principe, la motivation suffisante des décisions du CRD est rappelée par le juge.

---

[474] CS. Arrêt n° 01 du 23 janvier 2020, Sénégalaise des Eaux SDE c/ARMP, État du Sénégal, (Inédit).

[475] Sur le principe du contradictoire V. P. IDOUX : *La contradiction en droit administratif français*, Université Montpellier I, 2005.

B. Une motivation suffisante des décisions du CRD

En l'absence de texte d'ordre général réglementant la question, le juge sénégalais effectue un contrôle empirique sur la motivation[476]. Ce contrôle est caractérisé par le maintien du principe "*pas de motivation sans texte*", atténué néanmoins par l'exigence de la motivation de certaines décisions[477]. Le problème de la motivation des actes administratifs a toujours soulevé l'interrogation de la motivation obligatoire. Elle ne s'impose que quand un texte le prévoit. Il s'agit là d'une position constante plusieurs fois affirmée par le juge[478]. Toutefois, il est arrivé que le juge impose la motivation sans se référer à un texte[479].

Dans le contrôle juridictionnel de la passation des marchés publics, la question de la motivation des décisions rendues par le Comité de Règlement des Différends ne pose généralement pas problème. Il a fallu attendre l'année 2015 pour recenser une décision dans laquelle, il a été reproché audit comité, d'avoir insuffisamment motivé sa décision. Il en était ainsi dans l'affaire SENELEC/ARMP[480].

Suivant avis des 31 août et 1er septembre 2013, la SENELEC a publié dans le journal « Le Soleil », un appel d'offres en dix lots, en vue de l'acquisition de matériel roulant pour les besoins de son exploitation. La société CCBM Industries, par lettre du 5 septembre 2013, a introduit auprès de la SENELEC un recours gracieux tendant à la révision des spécifications techniques contenues dans le dossier d'appel d'offres (DAO). N'ayant pas reçu de réponse satisfaisante, elle a saisi le 18 septembre 2013 l'ARMP, qui a d'abord ordonné la suspension de la procédure avant de rendre la décision n° 27/14/ARMP/CRD du 29 janvier 2014[481].

---

[476] ND.-M. DIAGNE, *Les méthodes et les techniques du juge en droit administratif Sénégalais, op.cit.,* p. 406.

[477] *Ibid.*

[478] A. DIEYE, « Le juge et la motivation des actes administratifs au Sénégal », *EDJA* N° 81, avril-mai-juin 2009, p. 2.

[479] CE 27 octobre 1993, Seydou Mamadou DIARRA, (Inédit).

[480] CS. Arrêt n° 25 du 12 Mars 2015, SENELEC c/ARMP, (Inédit).

[481] Décision n° 027/14/ARMP/CRD du 29 janvier 2014 du comité de règlement des différends, statuant en commission litiges sur le recours de la société CCBM industries en contestation des spécifications des techniques relatives à l'appel d'offres n° 25/2013 de la SENELEC ayant pour objet l'acquisition de matériel roulant pour l'exploitation. V. Le raisonnement du CRD « …*Qu'à cet égard, il importe de retenir que certes l'Autorité contractante détient la prérogative de fixer les critères en*

L'objet du recours était articulé sur deux moyens fondés, d'une part, sur la violation de la loi notamment des articles 7 du Code des Marchés publics et de l'article 2 du décret n° 2007-546 du 25 avril 2007 portant organisation et fonctionnement de l'ARMP, et d'autre part, sur l'insuffisance de motifs en ce que, pour motiver sa décision, le CRD affirme « *qu'en l'espèce, accéder à la requête de CCBM Industries en fixant la garde au sol à 190 mm minimum en lieu et place de 200 mm, soit une différence d'un centimètre, ne peut, objectivement, avoir un impact significatif sur la performance du véhicule et ne peut substantiellement limiter l'usage auquel il est destiné* » alors qu'il ne s'est appuyé ni sur un avis technique ni sur une analyse technique encore moins sur une démonstration technique, entraînant ainsi une motivation insuffisante.

Dans sa réponse, la Cour a d'abord expliqué que la garde au sol est la distance entre le sol et le point le plus bas du véhicule et est souvent adaptée à l'utilisation du véhicule. En conclusion, elle a rejeté le recours de la SENELEC, en estimant qu'en retenant qu'accéder à la requête de CCBM Industries en fixant la garde au sol à 190 mm minimum en lieu et place de 200 mm, soit une différence d'un centimètre ne peut objectivement avoir un impact significatif sur la performance du véhicule et ne peut substantiellement limiter l'usage auquel il est destiné. Elle estime, à cet effet, que la révision de ce critère permet d'élargir la concurrence et de préserver le principe de liberté d'accès à la commande publique. Ainsi, le CRD a suffisamment motivé sa décision.

Du coup, la motivation doit indiquer clairement les considérations de droit et de fait qui fondent la décision. Les éléments de raisonnement permettent de passer des considérations de droit et de fait à la décision prise de sorte que le destinataire puisse en connaître et comprendre les motifs « *à la seule lecture de la décision* »[482]. Dans cette espèce, le juge chargé de contrôler la passation des marchés publics s'est montré

---

fonction de l'utilisation de la fourniture, cependant les spécifications techniques doivent être fixées de manière à ne pas constituer une entrave à l'accès au marché ; Qu'en l'espèce, accéder à la requête de CCBM Industries en fixant la garde au sol à 190 mm minimum en lieu et place de 200 mm, soit une différence d'un (1) centimètre, ne peut, objectivement, avoir un impact significatif sur la performance du véhicule et ne peut substantiellement limiter l'usage auquel il est destiné ; Qu'en outre, la révision de ce critère permet d'élargir la concurrence et de préserver le principe de liberté d'accès à la commande publique ; Qu'il résulte de ce qui précède qu'il y a lieu de réviser les spécifications techniques contestées au lot n°1…».

[482] A. DIEYE, « Le juge et la motivation des actes administratifs au Sénégal », op. cit., p. 22.

particulièrement exigeant sur la forme de la motivation. Il a, plutôt, estimé que la motivation de la décision du CRD était suffisante.

La question de la motivation a été aussi évoquée dans une affaire[483] opposant Computer Land SARL à l'ARMP. La requérante invoquait le défaut de base légale dans la mesure où le CRD a retenu que son offre, prise dans sa globalité, est anormalement basse, en se fondant exclusivement sur le prix du dupli copieur RISO EZ 231 qui est une des composantes du lot, alors que le marché est constitué d'un lot unique et indivisible.

La Cour, dans son argumentaire, fait appel à l'article 59 du Code des Marchés publics qui prévoit que, par décision motivée, la commission des marchés compétente peut rejeter une offre qu'elle juge anormalement basse si elle détermine que son montant ne correspond pas à la réalité économique par rapport à la prestation offerte, après avoir demandé au candidat toutes précisions utiles concernant en particulier les sous-détails des prix. En l'espèce, la commission des marchés estimait que les prix du dupli copieur et des licences Microsoft office 2013 professionnelle proposée par Computer Land sont anormalement bas et ne correspondent pas à la réalité économique. C'est ainsi que ladite commission a demandé des justifications à la requérante qui a répondu sans établir la preuve qu'elle bénéficie de conditions exceptionnellement favorables pour fournir les produits ou justifier de l'économie résultant de solutions ou procédés techniques adoptées. En retenant que la commission des marchés a bien motivé sa décision sur le caractère anormalement bas de l'offre de la société Computer Land, la Cour conclut que le CRD a légalement justifié sa décision.

Comme l'écrit BERTRAND, « *la motivation en droit de la requête apparaît comme une obligation de forme mise à la charge du justiciable et non comme la traduction d'une maîtrise quelconque sur le droit applicable à l'instance*»[484]. Pour être recevable, et donc potentiellement fondée, une requête doit être motivée, indépendamment de la maîtrise que le juge pourra finalement détenir sur les moyens invoqués, ou ignorés plus exactement.

---

483 CS. Arrêt n° 07 du 27 janvier 2017, Computer Land SARL c/ARMP-État du Sénégal (Inédit), (Déjà cité).

484 F.-G. BERTRAND, *La règle* "non ultra petita" *dans le contentieux administratif*, thèse, Paris, 1974, p. 370.

Aujourd'hui, la motivation des décisions juridictionnelles est codifiée[485]. En effet, le législateur organique prévoit la motivation des décisions de la Cour suprême[486] et du Conseil constitutionnel[487] du Sénégal. L'étude du déroulement de l'instruction et des parties dans l'instance a permis d'apercevoir les traits spécifiques de la procédure devant la Cour suprême. Par ailleurs, il sera important d'analyser les conditions dans lesquelles le juge appréhende l'urgence en matière de passation des marchés publics.

Section II. Une interprétation restrictive des conditions d'admission de l'urgence

Le talon d'Achille de la procédure administrative contentieuse et, partant, de son efficacité était certainement l'insuffisance des pouvoirs du juge confronté à l'urgence de certaines situations[488]. La comparaison avec les procédures suivies en la matière devant la juridiction judiciaire soulignait les efforts à entreprendre pour établir, en matière administrative, un système moderne et efficace[489]. On fera l'évaluation de ce qu'était la situation traditionnelle, c'est-à-dire avant la loi organique de la Cour suprême de 2017.

D'ailleurs, l'une des premières décisions[490] en matière de procédures de passation des marchés publics a été rendue sur le fondement d'une demande de sursis à exécution. À l'analyse des décisions y afférentes,

[485] Sur la question de la motivation des décisions juridictionnelles, V. M. DIAKHATE, « La motivation des décisions des juridictions administratives en Afrique subsaharienne francophone », *Afrilex*, « http://afrilex.u-bordeaux4.fr/la-motivation-des-decisions-des.html, pp. 1-31, (Consulté le 28/10/2019) ; V. également A.-M. ADANDEDJAN : « Réflexion sur la motivation des juridictions constitutionnelles en Afrique noire Francophone », *Afrilex*, http://afrilex.u-bordeaux4.fr/ sites/afrilex/IMG/pdf/ REFLEXION_SUR_LA_MOTIVATION_Ambroise.pdf, (Consulté le 08 mai 2017).

[486] Article 49 de la loi organique n° 2017-09 du 17 janvier 2017 abrogeant et remplaçant la loi organique n°2008-35 du 08 août 2008 sur la Cour suprême, *« Les arrêts de la Cour suprême sont motivés », in J.O* n° 6986, numéro spécial du Mercredi 18 janvier 2017, p. 47.

[487] Article 24 de la loi organique n° 2016-23 du 14 juillet 2016 relative au Conseil constitutionnel, « *Le Conseil constitutionnel rend, en toute matière, des décisions motivées* », in *J.O* n° 6946 du vendredi 15 juillet 2016.

[488] J. WALINE, *droit administratif*, Dalloz, 27 éd., 2018, p. 748.

[489] *Ibidem.*

[490] CS. Arrêt n° 10 du 25 Septembre 2008, État du Sénégal c/ARMP, CRD, AATR., *Bulletin des arrêts de la Cour suprême* N° 1, Année judiciaire 2008-2009, Décembre 2011, p. 88.

on constate que le sursis à exécution **(Paragraphe I)** et le référé administratif **(Paragraphe II)** sont strictement accordés.

Paragraphe I. Un sursis à exécution timidement accordé

Les exemples de mise en œuvre des procédures d'urgence dans la jurisprudence administrative sénégalaise sont faciles à recenser du fait de leur rareté[491]. Cela est aussi perceptible dans le contentieux de la passation des marchés publics. Pour répondre favorablement à la demande des requérants, le juge exigeait la réunion des deux conditions posées par la loi **(A).** Dans le même temps, il liait l'octroi du sursis à l'annulation ultérieure et effectuait une motivation succincte **(B)** accordant ou non le sursis.

A. L'exigence de la réunion des deux conditions posées par le législateur

Afin que le sursis à l'exécution d'une décision du CRD de l'ARMP puisse être ordonné, le législateur[492] posait deux conditions cumulatives : il s'agissait de la condition du préjudice irréparable et celle des moyens paraissant sérieux. Toutefois, le juge pouvait exceptionnellement faire droit à une demande de suspension. Il s'agissait des cas visés à l'ancien article 73-3[493] de la loi organique 2008-35 sur la Cour suprême. Il peut, sur sa propre initiative, prononcer le sursis à exécution pour tout marché public que lui transmet le représentant de l'État aux fins d'annulation.

L'article 50 de l'ancienne de la loi organique mentionnait que « *le représentant de l'État (en cas de déféré d'un acte d'une collectivité locale devant la Cour suprême) peut assortir son recours d'une demande de sursis à exécution. Il est fait droit à cette demande si l'un des moyens invoqués dans la requête paraît, en l'état de l'instruction, sérieux et de nature à justifier l'annulation de l'acte attaqué* ».

Selon l'ancien article 73-2 de la loi organique[494], « *Sur demande expresse de la partie requérante, la Cour suprême peut, à titre*

---

[491] ND.-M. DIAGNE, op. cit.

[492] Ancien article 73-2 de la loi organique 2008-35 sur la Cour suprême.

[493] Selon l'article 73-3 de la loi organique sur la Cour suprême, le délai de recours et le recours sont suspensifs en cas de déclaration d'utilité publique, d'expulsion d'étranger, d'extradition.

[494] Selon que l'on se place sous l'empire de l'ordonnance n° 60-17, des lois organiques n° 92-24 ou n° 96-30 sur le Conseil d'État, ou de la loi organique n° 2008- 35, il a toujours été reconnu au juge administratif le pouvoir de prononcer un sursis à exécution de l'acte attaqué.

exceptionnel, ordonner le sursis à exécution des décisions des autorités administratives contre lesquelles a été introduit le recours en annulation. Le sursis en exécution ne peut être accordé que si les moyens invoqués paraissent, en l'état de l'instruction, sérieux et si le préjudice encouru par le requérant est irréparable ».

Ainsi donc, ces conditions faisaient l'objet d'une vérification systématique par le juge administratif[495]. Dans une affaire ayant opposé l'État du Sénégal à l'ARMP[496], le juge avait effectué une bonne interprétation des deux conditions cumulatives.

L'État du Sénégal sollicitait l'annulation pour excès de pouvoir de la décision n° 014 du 27 juin 2008 du Comité de Règlement des Différends de l'Autorité de Régulation des Marchés publics statuant en commission litiges entre le contrôle financier et l'Agent autonome des Travaux routiers (A.A.T.R.) sur l'application de l'article 37-3 du Décret n°2007-545 du 25 avril 2007 portant Code des Marchés publics. À l'appui de sa requête, l'État du Sénégal soulevait un moyen tiré de la violation fondée, d'une part, de l'article 1er de la loi organique sur le Conseil d'État et des articles 18 à 23 du décret n° 2007-546 du 25 avril 2007 portant organisation et fonctionnement de l'Autorité de Régulation des Marchés publics, et d'autre part, de la violation des articles 37 al 3 du Code des Marchés publics, 13 et 14 de la Directive n° 04/2005. Après avoir rappelé que les deux conditions cumulatives étaient réunies, le juge a fait droit à la requête de l'État du Sénégal en ordonnant le sursis.

Dans deux autres décisions[497], il a prononcé le sursis à l'exécution des décisions du CRD en invoquant les deux conditions cumulatives. Pourtant, cette attitude faisait penser que le juge semblait revenir à la lettre de la loi en faisant référence aux deux conditions cumulatives pour l'octroi ou non du sursis à exécution. C'est la raison pour laquelle, lorsque l'une des conditions faisait défaut, il rejetait systématiquement

---

[495] R.-P. DIOUF, « Le contrôle des marchés publics par le juge administratif (suite) », *Revue des Marchés Publics* N° 17, Avril 2014, p. 24.

[496] CS. Arrêt n° 10 du 25 Septembre 2008, État du Sénégal c/ARMP, CRD, AATR., *Bulletin des arrêts de la Cour suprême* N° 1, Année judiciaire 2008-2009, Décembre 2011, pp. 88-89. (Déjà cité).

[497] Dans ces décisions ci-après, le juge a prononcé le sursis :
- CS. Arrêt n°30 du 23 Septembre 2010, Le Port Autonome de Dakar c/ARMP, (Inédit) ;
- CS. Arrêt n° 54 du 23 Aout 2012, La Société Angélique International Limited en abrégé A.I.L c/CRD-ARMP, (Inédit).

le recours. L'arrêt AIL C/ARMP[498] en est une belle illustration. Dans cette décision, il semble que « *certains moyens paraissent sérieux* » mais le « *critère du préjudice irréparable* » n'était pas réuni : « *Considérant qu'en l'état de l'instruction, même si certains moyens paraissent sérieux, la requérante n'établit pas le préjudice irréparable qu'elle encourt si les décisions sont exécutées* ».

Ainsi, le juge de l'excès de pouvoir faisait du critère du préjudice irréparable une condition essentielle pour accorder ou non le sursis à exécution. De ce point de vue, il semblait revenir à une certaine hiérarchisation des conditions dont faisait état J.-M. NZOUANKEU[499]. Selon cet auteur : « *le juge de l'excès de pouvoir semble introduire une certaine hiérarchie entre les deux conditions d'octroi du sursis ; il semble bien, en effet, que la gravité du préjudice l'emporte sur le caractère sérieux des moyens invoqués par le requérant (...)* ».

À l'inverse, lorsque les deux conditions ne sont pas réunies, la Cour rejette la requête ou le recours en estimant que le sursis à l'exécution de la décision ne peut être accordé que si les moyens invoqués paraissent, en l'état de l'instruction, sérieux et, si le préjudice encouru par le requérant est irréparable. Dans deux autres affaires, le juge rejette les requêtes aux fins de sursis en ce que les deux conditions ne sont pas réunies[500]. L'exigence des deux conditions cumulatives renseignait que le juge veillait scrupuleusement au respect de la loi. Les limites s'aperçoivent aussi dans les cas où le juge semblait lier l'octroi du sursis à l'annulation ultérieure de l'acte.

B. L'étroite liaison de l'octroi du sursis à exécution à l'annulation ultérieure et la motivation sommaire des décisions

Autant, les restrictions liées à l'octroi du sursis à exécution s'étaient aperçues dans les cas où le juge exigeait la réunion des deux conditions posées par la loi, autant elles s'apercevaient dans la liaison entre l'octroi

---

[498] CS. Arrêt n° 40 du 27 juillet 2013, la Société angélique International Limited en abrégé (A.I.L) c/ARMP, (Inédit).

[499] J.-M. NZOUANKEU, *Les grandes décisions de la jurisprudence administrative sénégalaise, op.cit.*, p. 183.

[500] CS. Arrêt n°13 du 09 février 2017, Le Groupement Mohan Exports PVLT/Neptune Compagnie/Modem Préfab Système c/L'A.R.M.P. & L'État du Sénégal, *Bulletin des arrêts de la Cour suprême* n° s 13-14, Année judiciaire 2017, Juin 2019, pp. 218-220 ; CS. Arrêt n° 26 du 28 avril 2016, Société COMPUTER LAND c/L'A. R. M. P. & l'État du Sénégal, (Inédit).

du sursis et l'annulation ultérieure **(1).** Dans cette même lignée, on constatait une motivation sommaire des décisions en la matière **(2).**

1. Une étroite liaison entre l'octroi du sursis et l'annulation ultérieure

En vérité, lorsque le juge statuait sur une demande de sursis, il n'avait pas en principe à se soucier de la question de savoir si la décision attaquée sera déclarée illégale ou non. Il doit se demander si les conséquences que l'exécution de cette décision risque d'entraîner peuvent être fâcheuses pour le requérant, dans l'attente de la solution finale[501]. Il est vrai que l'octroi du sursis ne peut être compris « *sans préjudicier au fond* »[502]. Il est également reconnu que c'est au cas où l'on saisirait à sa juste valeur l'intérêt d'avoir pu bénéficier d'un sursis à exécution.

Cependant, cela ne doit pas pousser le juge à subordonner l'octroi du sursis à l'annulation inévitable de l'acte. Le sursis peut être accordé à l'égard d'une décision que le juge estimera finalement légale. Toutefois, on constate que le juge en charge du contentieux de la passation des marchés publics semble lier l'octroi du sursis à l'exécution de la décision à l'annulation au fond.

Trois exemples suffisent pour montrer la propension du juge face à ce constat. Dans une décision[503] déjà citée plus haut, le juge avait ordonné le sursis à l'exécution de la décision n° 014 du 27 juin 2008 du Comité de Règlement des Différends de l'Autorité de Régulation des Marchés publics.

Statuant sur le fond[504], c'est-à-dire huit (08) mois plus tard, il considéra que le représentant du contrôle financier ne saurait être pris comme un des observateurs prévus par l'article 14 de la directive, mais plutôt comme membre ayant voix consultative aux termes des articles 37, 38 et 39 combinés du Code des Marchés publics. Il s'ensuit que la décision du comité prise en violation de la loi doit être annulée.

Ainsi avait-il annulé la décision n° 14/ARMP/CRMP/CRD du 27 juin 2008 du Comité de Règlement des Différends de l'Autorité de

[501] ND.- M. DIAGNE, op. cit., p. 230.
[502] Y. GAUDEMET, idem.
[503] Arrêt ° 10 du 25 Septembre 2008, État du Sénégal Contre ARMP, CRD, AATR, op. cit.,
[504] CS. Arrêt n° 12 du 05 mai 2009, État du Sénégal c/ARMP, *Bulletin des arrêts de la Cour suprême* N° 01, année 2008-2009, p. 96.

Régulation des Marchés publics. En ordonnant le sursis à exécution huit mois plutôt, il annule, cette fois-ci, pour violation de la loi.

Dans la décision Port Autonome de Dakar, le juge avait ordonné le sursis à l'exécution de la décision n° 040/10[505] du 21 avril 2010 du Comité de Règlement des Différends de l'ARMP statuant en commission litiges. Statuant[506] quatre (04) mois plus tard, il indique que la méconnaissance de la règle impérative qui détermine la composition du Comité de Règlement des Différends a vicié, en la forme, la décision prise sans la présence du magistrat. De ce fait, l'argument de l'ARMP tiré du quorum fixé à trois (03) membres par le manuel de procédures adopté par son Conseil de régulation ne saurait couvrir ce vice de forme entachant l'acte puisque ce manuel n'a pas vocation à édicter une procédure contraire à celle instituée par les lois et règlements. Le moyen étant fondé, il échait d'annuler la décision du C.R.D. Ainsi, il annula la décision n° 040/10/ARMP/CRD du 21 avril 2010 du Comité de Règlement des Différends de l'ARMP statuant en commission litiges rendue sur saisine du Port Autonome de Dakar.

Enfin, dans l'arrêt la Société Angélique International Limited en abrégé A.I.L c/CRD[507], c'est le même raisonnement que le juge avait effectué, en ordonnant le sursis à l'exécution de la décision attaquée. Douze (12) mois après[508], il déclara que, d'une part, ce critère de sélection des candidats était prévu dans les DPAO et que sa modification n'a pas été portée à la connaissance des candidats et, d'autre part, le montant minimum exigé au titre du chiffre d'affaires se distingue de la justification de la capacité financière par des documents

---

[505] Dans cette affaire, le CRD émet l'avis suivant :
1) Constate que les dates des différents courriers ne font pas l'objet de contestation par les deux parties ;
2) Constate que la DCMP a respecté le délai de traitement de cinq (5) jours œuvrés fixé par la décision n° 1/CRMP du 6 mars 2008 prise en application des articles 138 et 139 du Code des Marchés publics ; par conséquent,
3) Dit qu'il n'y a pas lieu à autoriser la poursuite de la procédure de passation et que le PAD doit se conformer à l'avis de la DCMP donné par lettre n°43/MEF/DCMP/jd en date du 24 février 2010 ;
4) Dit que le Directeur général de l'ARMP est chargé de notifier au Port autonome de Dakar et à la DCMP, la présente décision qui sera publiée.

[506] CS. Arrêt n° 01 du 13 septembre 2011, Le Port Autonome de Dakar c/ARPM, *Bulletin des arrêts de la Cour suprême* n°2-3, année judiciaire 2010-2011, p. 240.

[507] Arrêt déjà cité.

[508] CS. Arrêt n° 55 du 24 Octobre 2013, la Société angélique International Limited en abrégé (A.I.L) c /ARMP, (Inédit).

légalement admis et l'expiration du délai imparti par l'accord de financement ne saurait justifier des atteintes aux règles de passation des marchés publics. Ainsi, le CRD a violé les principes de transparence et d'égalité des candidats sus évoqués. Au fond, il annule la décision n° 072/13/ARMP/CRD[509] du 27 mars 2013 du Comité de Règlement des Différends de l'Autorité de Régulation des Marchés publics.

Les décisions étudiées montraient qu'il y avait une liaison étroite entre l'octroi du sursis de la décision attaquée et l'annulation au fond. Dans ce même état d'esprit, on constatait que le juge effectuait une motivation sommaire.

---

[509] V. le raisonnement du CRD :
« Considérant qu'en application de cette disposition communautaire, l'article 44 i) du Code des marchés publics permet à tout candidat de justifier qu'il dispose des capacités juridiques, techniques, financières et environnementales requises pour exécuter le marché, en présentant tous documents et attestations appropriés énumérés par le dossier d'appel à la concurrence, et de présenter le cas échéant, tout autre document permettant de juger de sa capacité financière ;
Considérant qu'au vu des offres présentées par les soumissionnaires, le CRD a constaté que le chiffre d'affaires requis de 90 millions de dollars correspond à 3 fois le montant de l'offre de Overseas Infrastructure qui est de 28 958 157 millions de dollars US et la plus chère ; que cet écart jugé excessif entre le chiffre d'affaires moyen de 90 millions de dollars et l'offre la plus élevée démontre que ledit critère a été fixé de façon disproportionnée ;
Considérant qu'en l'espèce, le soumissionnaire Lucky Exports a également présenté une attestation de ligne de crédit de 71,4 millions de dollars US attestée par une banque agréée en lieu et place des 60 millions de dollars US requis à la clause 5.1 des DPAO, ce qui correspond à 2,9 fois le montant de son offre ;
Considérant, en outre, que l'offre de Lucky Exports est la moins-disant ;
Considérant enfin qu'il convient de rappeler que l'accord de financement du projet litigieux arrive à expiration en fin avril 2013 avec le risque d'annulation du crédit du fait des errements et des violations de l'autorité contractante qui hypothèquent sérieusement le maintien du financement de EXIMBANK, si le marché ne parvient pas à se dénouer avant la date prévue pour la clôture du projet ;
Considérant que l'annulation des crédits va ainsi priver l'accès à l'énergie aux populations locales de 214 localités rurales relevant des départements de MBACKE, DIOURBEL, BAMBEY, TIVAOUANE, THIES, RUFISQUE, OUSSOUYE, KOLDA et BIGNONA, ce qui va contribuer à ralentir les efforts consentis par les pouvoirs publics pour sortir cette frange importante de la population de la situation de pauvreté dans laquelle elle est confinée ;
Que par conséquent, il y a lieu de confirmer la proposition d'attribution du marché litigieux »…

2. Une motivation sommaire des décisions relatives au sursis à exécution

Effectivement, le dépouillement des décisions relatives au sursis à exécution en matière de procédures de passation des marchés publics montrait que le juge appréciait sommairement les arguments excipés par les requérants avant de se prononcer aussi brièvement sur le recours. Autrement dit, sur la spécification des motifs l'ayant conduit à l'octroi ou non du sursis sollicité, le juge en fait une règle aléatoire[510]. C'est ainsi que, lorsqu'il décidait de prononcer le sursis à exécution, il le faisait sans autre forme de motivation, en se contentant d'exposer les arguments du requérant qu'il qualifie de sérieux sans les discuter. Il ne jugeait pas non plus utile d'expliquer en quoi le préjudice n'était pas irréparable.

On ne saurait dire s'il s'agit là, de la manifestation d'un libéralisme à tous crins ou d'une mauvaise application de la loi, car, rappelons-le, les conditions d'octroi du sursis à exécution sont cumulatives et non alternatives. C'est dans ce sens que R.-P. DIOUF a écrit : « *Le juge administratif donne ainsi l'impression d'user d'une clause de style, alors que, même si les conditions d'octroi du sursis à exécution dépendent de son appréciation souveraine, il n'en est pas moins tenu de motiver suffisamment ses actes pour que le requérant soit en mesure de prendre connaissance des causes de rejet de sa requête* »[511].

Dans sa décision inaugurale[512], le juge se fondait essentiellement sur les arguments du requérant pour accorder le sursis. Dans cette affaire, le requérant ne soulevait qu'un moyen unique tiré de la violation de la loi pris en deux branches à savoir : la violation de l'article 1er de la loi organique sur le Conseil d'État, des articles 18 à 23 du décret n° 2007-546 du 25 avril 2007 portant organisation et fonctionnement de l'Autorité de Régulation des Marchés publics, de la violation des articles 37 alinéa 3 du Code des Marchés publics, 13 et 14 de la Directive n° 04/2005 de l'UEMOA.

Dans sa réponse, la Cour rappelle sommairement que : « *Considérant que les moyens ainsi soulevés paraissent sérieux en l'état actuel de l'instruction ; Considérant que le préjudice encouru par le requérant en cas d'exécution de la décision attaquée serait difficilement réparable*

---

[510] B. BA, « Le contentieux de l'excès de pouvoir des marchés publics devant la Cour suprême du Sénégal (à partir des arrêts rendus de 2008 et 2013) », op. cit., p. 184.

[511] R.-P. DIOUF, « Le contrôle des marchés publics par le juge administratif (suite) », op. cit., p. 25.

[512] Arrêt déjà cité.

pour le contrôleur financier qui ne pourra plus jouer sa mission de contrôle et d'alerte dans la passation des marchés publics ; Qu'il y a lieu d'ordonner le sursis à l'exécution de la décision attaquée par application des dispositions des alinéas 1er et 2 de l'article 36 de la loi organique n°96-30 du 21 octobre 1996 sur le Conseil d'État modifiée par les lois organiques n° 99-70 et n° 99-72 du 17 février 1999 ».

Cette attitude du juge s'apercevait également dans les arrêts P.A.D c/CRD[513] et AIL/CRD[514]. À ce propos, la réponse du juge était tout à fait succincte : « *Considérant qu'en l'état de l'instruction, les moyens de la requête paraissent sérieux et le préjudice encouru par la requérante irréparable ; Qu'en conséquence, il y a lieu d'ordonner le sursis à l'exécution de la décision attaquée* ».

Ainsi, on dira que le lecteur est tenu à l'écart des réels motifs, c'est-à-dire des raisons de droit et de fait ayant entraîné le prononcé du sursis[515]. L'interprétation des conditions de l'octroi du sursis à exécution permet de constater que le juge applique à la lettre les dispositions de la loi organique sur la Cour suprême et motive sommairement ses décisions.

En somme, pour parvenir à une plus grande efficacité des procédures d'urgence, le législateur a entendu la remanier dans la nouvelle loi organique sur la Cour suprême. Mais, les conditions posées pour suspendre les décisions du CRD sont strictement délimitées par le juge.

Paragraphe II. Une stricte application des conditions posées par le législateur en matière de référé administratif

Il importe de faire observer que la procédure du référé administratif[516] a fondamentalement redéfini l'urgence. Toutefois, les quelques rares décisions dépouillées montrent que le juge exige le respect des conditions posées par les textes. Au demeurant, il convient de rappeler que l'article 84 de la loi organique sur la Cour suprême dispose que : « *quand une décision administrative fait l'objet d'une requête en annulation, le juge des référés, saisi d'une demande en ce sens, peut ordonner la suspension de l'exécution de cette décision ou de certains de ses effets, lorsque l'urgence le justifie et qu'il est fait état d'un moyen propre à créer, en*

---

[513] CS. Arrêt n° 30 du 23 Septembre 2010, Le Port Autonome de Dakar c/ARMP (Inédit), (Déjà cité).
[514] Arrêt déjà cité.
[515] B. BA, op. cit., p. 185.
[516] Sur le rôle du juge des référés, V. C. CLEMENT, « Le juge administratif des référés : un véritable juge de l'urgence après la loi du 30 juin 2000 », *LPA*, 10 août 2000, n° 159, spéc. p. 9.

l'état de l'instruction, un doute sérieux quant à la légalité de la décision ». En s'engageant dans cette orientation, le législateur organique ne reprend que l'alinéa 1er de l'article 521 du Code de Justice administrative (CJA)[517] en France. Ce texte se substitue à l'ancien sursis à exécution[518]. Il en modifie les conditions de fond. Ces conditions sont relatives à « *l'urgence* » et au « *doute sérieux* ». La condition de l'urgence remplace l'ancienne condition selon laquelle l'exécution de la décision risque d'entraîner des conséquences *« irréparables »*.

Que signifie exactement « *urgence* ». Le Conseil d'État français a jugé que : « *la condition d'urgence à laquelle est subordonné le prononcé d'une mesure de suspension doit être regardée comme remplie lorsque la décision administrative contestée préjudicie de manière suffisamment grave et immédiate à un intérêt public, à la situation du requérant ou aux intérêts qu'il entend défendre; qu'il en va ainsi alors même que cette décision n'aurait un objet ou des répercussions que purement financiers et que, en cas d'annulation, ses effets pourraient être effacés par une réparation pécuniaire*»[519]. Le juge des référés doit apprécier les problèmes de façon concrète[520]. L'urgence n'est pas considérée du point de vue du seul requérant, mais résulte de la mise en balance des intérêts de celui-ci avec l'intérêt général et aussi celui des tiers. Elle s'apprécie « *objectivement et compte tenu des circonstances de chaque espèce* »[521]. Toutefois, la seule perspective de la multiplication des contestations administratives et contentieuses ne suffit pas, en principe, à caractériser l'urgence[522].

---

[517] Ce code regroupe des dispositions de droit français relatives à certaines juridictions administratives (Conseil d'État, Cours administratives d'appel, tribunaux administratifs, Tribunal des conflits).

[518] V. C. MORLOT-DEHAN, « La réforme des procédures d'urgence devant le juge administratif », *L.P.A.*, n° 176 du 04 septembre 2000, pp. 4-11.

[519] G. PEISER, *Contentieux administratif, op. cit.*, p.184.

[520] CE, sect., 19janv. 2001, Conf. nat, req. n° 228815, AJDA, 2001, p. 150 et s. en l'espèce le référé est refusé.

[521] CE, sect., 28 février 2001, préfet des Alpes-Maritimes, EDCE 2002.47 : annulation de l'ordonnance pour insuffisance de motivation suspendant l'exécution. Rejet de la demande : l'instruction ne relève pas de risques sérieux pour l'environnement et aucune autre solution ne permettait de stocker les déchets. À contrario : suspension d'une mesure permettant l'importation de cellules souches humaines d'origine embryonnaire qui porte une atteinte grave et immédiate aux intérêts défendus par l'association et d'autre part à l'intérêt public interdisant des recherches sur l'embryon ; CE 13 nov.2002, Assoc. Alliance, EDCE 2003.47.

[522] CE 18 déc. 2002, M. Migaud.

Alors que dans les anciens textes, il fallait que la requérante présente « *un moyen sérieux de nature à justifier l'annulation de la décision attaquée* », il suffit maintenant qu'il y ait « *un moyen propre à l'effet de créer en l'état de l'instruction un doute sérieux quant à la légalité de la décision* ». Le « *moyen propre à faire naître un doute sérieux* », notion clef du référé s'est substituée, lors de la mise en œuvre des procédures d'urgence issues de la loi organique sur la Cour suprême, au « *moyen sérieux* » antérieurement utilisé pour conditionner le sursis à cxécution.

Le changement terminologique a fait couler beaucoup d'encre, et c'est pourquoi nous ne reviendrons sur ce point que pour rappeler qu'il avait pour but de rompre avec les pratiques restrictives des juridictions et de marquer la possibilité pour le juge des référés de suspendre une décision administrative sans avoir de certitude sur le bien-fondé des moyens d'annulation invoqués et pour lui permettre un traitement accéléré de ces requêtes[523].

Le juge des référés statuant en urgence procède à une première analyse des moyens et retient celui qui éveille chez lui un doute quant à la légalité de la décision[524]. Cependant, cela ne suffit pas. Il faut en outre que ce doute soit sérieux. Le juge des référés peut retenir un moyen propre à créer un doute sérieux quant à la légalité de l'acte attaqué qui n'a pas été soulevée à l'appui de la demande au fond[525].

La première ordonnance recensée en matière de référé exercé sur les procédures de passation des marchés publics est relative à l'affaire l'E.B.G.E.T c/l'A.R.M.P et la Mairie de Golf Sud[526]. Dans cette espèce, l'Entreprise de Bâtiment Génie civil Électricité et Télécom dite E.B.G.E.T. sollicitait le paiement par la mairie de Golf Sud de la somme de 100.000.000 FCFA à titre de dédommagement au motif que le marché attribué à Ndoukoumane Enterprise n'est pas conforme à la loi puisqu'elle est moins disante.

---

[523] J.-H. STAHL et P. FOMBEUR, « Rapport du groupe de travail du Conseil d'État sur les procédures d'urgence », *RFDA*, 2000, spéc. p. 946.

[524] J. PIASECKI, *L'office du juge administratif des réfères : Entre mutations et continuité jurisprudentielle, op. cit.*, p. 178.

[525] CE, 30 décembre 2002, *Société Cottage Wood*, n° 249860, Rec. T. pp. 856-867. À approcher de CE, Sect., 20 février 1953, *Société Intercopie*, Rec. p. 88.

[526] CS, Ordonnance de Référé n° 9 du 08 juin 2017, l'E.B.G.E.T c/l'A.R.M.P. et la Mairie de Golf Sud (Inédit), (Déjà cité).

Toutefois, la Cour argue que ce recours, qui tend à faire reconnaître un avantage pécuniaire à la requérante, relève du plein contentieux dévolu, en premier ressort, au Tribunal de Grande instance, juge de droit commun en la matière et ne peut, par conséquent, être porté devant le juge de l'excès de pouvoir. Que la cour est incompétente.

Il faut attendre deux ans plus tard, soit en 2019, pour voir la Cour suprême suspendre une décision du CRD dans une affaire opposant société Delgas Assainissement à l'ARMP[527]. Dans cette affaire, le juge admet que les deux conditions exigées par la loi organique pour ordonner la suspension de la décision du CRD sont réunies[528].

Était en cause, une décision de l'ARMP relative à la procédure de passation de marché pour les travaux d'entretien et d'exploitation des réseaux d'eaux usées et d'eaux pluviales à Dakar et dans les régions, lancé par l'Office national de l'Assainissement du Sénégal (ONAS). La Société requérante sollicitait la suspension de l'exécution de la décision du CRD de l'ARMP en se fondant sur trois moyens : la violation de la loi, l'erreur manifeste d'appréciation et le défaut de base légale. La Cour suprême accepte le recours de Delgas en estimant que l'urgence le justifie et qu'il y a un doute sérieux. De plus, elle est allée plus loin en observant que la décision attaquée porte atteinte à un intérêt public, à la situation du requérant ou aux intérêts qu'il entend défendre. Elle l'a rappelé dans une affaire où il estime qu'il y a urgence dès lors que la décision querellée porte atteinte de manière suffisamment grave et immédiate aux intérêts de la requérante[529].

Dans l'ordonnance n°11 du 10 juin 2021[530], le juge a d'abord rappelé qu'il résulte de l'article 84 de la loi organique sur la Cour suprême que la suspension de l'exécution de la décision administrative est subordonnée à deux conditions cumulatives à savoir l'urgence et l'existence d'un doute sérieux quant à la légalité de la décision attaquée. L'urgence est justifiée par la cause relative aux marchés publics pour un soumissionnaire candidat évincé. Sans s'expliquer sur la condition du doute sérieux, il estime qu'en l'état de l'instruction, le requérant justifie non seulement de l'urgence de nature à faire prononcer la suspension de

---

[527] CS. Ordonnance de référé n° 03 du 11 juillet 2019, la Société « Delgas Assainissement » c/ARMP, (Inédit).

[528] V. à ce sujet l'article V. HAÏM, « De l'usage du référé dans le cas d'irrégularités lors de la passation d'un marché public », *AJDA,* 2010, p. 871.

[529] CS. Ordonnance n° 19 du 1 octobre 2020, DISMAT c/ARMP, (Inédit).

[530] CS. Ordonnance n°11 du 10 juin 2021, Établissement Ndéye Diétou THIAM c/ARMP, (Inédit).

ladite décision compte tenu des circonstances de l'espèce mais soulève également des moyens propres à créer un doute sérieux quant à la légalité de la décision attaquée. La décision encourt ainsi la suspension. Il semble dans ces affaires que la condition de l'urgence l'emporte sur celle du doute sérieux.

À l'inverse, dans d'autres affaires, lorsque l'une des deux conditions fait défaut, le juge n'hésite pas à rejeter la demande de suspension. C'est le cas dans l'affaire la Sénégalaise des Eaux. En effet, l'une des deux conditions fait défaut[531], la demande de suspension a été rejetée.

Dans l'ordonnance n° 8 du 12 décembre 2019 Neurotech SA[532], le juge fait avancer que le seul fait de viser l'article 84 de la loi organique sur la Cour suprême ne saurait suffire à caractériser l'urgence en cette matière. Non seulement, le requérant ne justifie pas de l'urgence de nature à faire prononcer la suspension de ladite décision compte tenu des circonstances de l'espèce. Mais aussi, aucun des moyens soulevés par le requérant n'est propre à créer un doute sérieux quant à la légalité de la décision attaquée.

Il en est de même dans l'ordonnance n° 07 du 12 décembre 2021, Société West Africa Pharmaceuticals and Biomedicals Sénégal c/ARMP, le juge estime que le requérant bien que justifiant de l'urgence, la décision ne soulève pas un doute sérieux quant à la légalité de la décision[533].

C'est le même raisonnement que le juge a effectué dans une autre ordonnance en date du 24 novembre 2022[534]. À l'occasion de cette affaire, il a estimé qu'en l'état de l'instruction, si la condition liée à l'urgence est réalisée, en revanche la requérante n'excipe pas de moyens propres à créer un doute sérieux quant à la légalité de la décision. La décision attaquée n'encourt pas la suspension.

À l'instar du contrôle que le juge opérait dans le sursis à exécution, la situation ne change pas fondamentalement. Pourtant, la rationalisation des temps[535] de justice constitue un thème récurrent du débat sur

---

[531] CS. Ordonnance n° 05 du 10 octobre 2019, La Société Sénégalaise des Eaux dite SDE c/ARMP, (Inédit).

532 CS. Ordonnance n°8 du 12 décembre 2019, Neurotech SA c/ARMP, (Inédit).

[533] CS. Ordonnance n° 07 du 12 décembre 2021, Société West Africa Pharmaceuticals and Biomedicals Sénégal c/ARMP, (Inédit).

[534] CS. Ordonnance n° 29 du 24 novembre 2022, La Société Wade Technology Company c/-Le Comité de Règlement des Différends de l'Autorité de Régulation des Marchés Publics dite ARMP (Son Directeur Général), (Inédit).

[535] V. J. BEMBA, « Le juge administratif et le temps dans le contentieux de l'excès de pouvoir », *RDP* N°2, 1996, pp. 509 et s.

l'organisation des tribunaux. Toutes les grandes réformes auxquelles a donné lieu l'organisation de la juridiction administrative, ont été dictées par le souci d'optimiser le traitement des affaires et de réduire les délais de jugement. La conduite habituelle de l'instance et l'application des règles de fond montrent que le juge ne s'affranchit pas totalement des méthodes usuelles de résolutions des litiges administratifs.

CHAPITRE II

UN CONTRÔLE COURANT DES RÈGLES DE FOND

Une fois les questions de recevabilité réglées, si donc rien ne s'y oppose, le juge de l'excès de pouvoir[536] examinera la légalité au fond de la décision contestée par le requérant. C'est à ce stade qu'apparaît la notion de « *cas d'ouverture* »[537] du recours pour excès de pouvoir. À cet effet, il convient de noter que les moyens susceptibles d'être soulevés sont innombrables. La doctrine a très tôt cherché à les regrouper en grands ensembles en familles de moyens, si l'on peut dire. C'est notamment ce qu'a cherché à faire É. LAFFERRIÈRE en 1887 dans son Traité de la juridiction administrative et des recours contentieux[538].

En 1951, F. GAZIER[539] a estimé utile de faire le point et de publier une « *présentation nouvelle des ouvertures du recours pour excès de pouvoir*»[540]. Il oppose légalité externe et légalité interne en distinguant dans la première le contrôle de l'incompétence, du vice de forme, et de l'irrégularité de procédure, et dans la seconde, le défaut de base légale, la violation d'une disposition légale, le détournement de pouvoir ou de procédure.

Les questions de compétence, de forme et de procédure[541] ont une primauté dans l'ordre dans lequel les différents moyens de légalité sont

---

[536] V. M. LETOURNEUR, « L'étendue du contrôle du juge de l'excès de pouvoir », *E.D.C.E,* 1962, pp. 57-58.

[537] Il faut signaler cependant, que « *...la classification des ouvertures du recours pour excès de pouvoir n'a pas en soi de valeur normative ; elle ne s'impose pas aux justiciables ; ce n'est qu'un instrument d'analyse que le juge utilise pour dire le droit...* », Théry, conclusion, sous CE, 14 novembre 1975, Syndicat national de l'enseignement supérieur, Rec., p. 571.

[538] BRAUD (X.), *Cours de Droit administratif général*, Gualino, 2019, p. 507.

[539] Lui aussi Conseiller d'État.

[540] F. GAZIER, « Essai de présentation nouvelle des ouvertures du recours pour excès de pouvoir en 1950 », *EDCE*, 1951. p. 77.

[541] Si AUCOC et LAFERRIÈRE n'en distinguaient que deux, cela fait maintenant près d'un siècle que l'on distingue la forme de la procédure et que l'on admet que ce que l'on nomme désormais la légalité externe comprend trois types de moyens logiquement

examinés par le juge[542]. Il existe cependant des décisions qui montrent que le juge parfois s'affranchit des systématisations[543]. Ainsi donc, moyens et cas d'ouverture se rattachent nécessairement (mais pas toujours de façon évidente) à l'une des deux causes juridiques identifiées en matière de recours pour excès de pouvoir, la légalité externe et la légalité interne de la décision contestée[544].

En tout état de cause, le contrôle du juge sénégalais porte normalement sur tous les éléments de légalité externe[545] et de légalité interne[546] de la décision qui fait l'objet du recours. Le dépouillement révèle, à cet effet, un contrôle satisfaisant des règles de la légalité externe **(Section I)** et un relatif approfondissement de la légalité interne **(Section II).**

Section I. Un contrôle satisfaisant des règles de la légalité externe

La doctrine française reconnaît majoritairement l'incompétence et le vice de forme comme des cas d'illégalité. Ils représentent les deux modalités de contrôle de la légalité formelle de l'acte administratif. L'incompétence est relative à l'auteur de l'acte tandis que le vice de forme concerne la procédure d'élaboration de l'acte. Le contrôle des règles de procédure ne soulève aucun problème majeur dans le contentieux des actes administratifs[547].

Dans le contentieux de la passation des marchés publics, le juge exige le respect des règles de compétence **(Paragraphe I)** et attache

---

distincts. Il s'agit de l'incompétence, du vice de forme et du vice de procédure. Et, dans toutes les espèces, les moyens de légalité externe sont systématiquement contrôlables par le juge, mais ne seront naturellement contrôlés que si le requérant en fait la demande sauf pour l'incompétence qui présente un caractère d'ordre public.

[542] J.-M. AUBY et R. DRAGO, *Traité des recours en matière administrative,* Litec, 1992, 686 pages, spéc. p.333, n° 201. (Citée par *A.* V.-P. AMBEU, *La fonction administrative contentieuse en Côte d'Ivoire*, Thèse de droit public, Université Jean Moulin Lyon 3, 12 septembre 2011, p. 277), (Consulté le 24/02/2016).

[543] M.-J. GUEDON, « La classification des moyens d'annulation des actes administratifs : Réflexion sur un état des travaux », *AJDA*, 1978, p. 82. (Citée par A. V.-P. AMBEU, op. cit., p. 277).

[544] Cette distinction est essentielle, car une fois le délai de recours expiré, le requérant ne pourra plus soulever de nouveau moyen se rattachant à une nouvelle cause juridique : CE, sect., 20 févr. 1953, Société Intercopie : Lebon, p. 88. Pour tenir compte de cette jurisprudence, tout requérant normalement avisé soulève au minimum un moyen relevant de chacune des deux causes juridiques.

[545] Les éléments de la légalité externe sont : la compétence, les procédures et la forme.

[546] Les éléments de la légalité interne sont : le but, les motifs de fait et de droit et l'objet (la conformité à la loi du contenu de la décision.

[547] N.-D. M. DIAGNE, op. cit., p. 394.

une importance à la distinction formalités substantielles et formalités non substantielles **(Paragraphe II).**

Paragraphe I. L'exigence du respect des règles de compétence

La procédure administrative non contentieuse, préalable à la conclusion d'un contrat comme à l'adoption d'un acte administratif unilatéral, n'a de sens que si l'autorité publique est compétente[548]. À l'évidence, la compétence est une habilitation légale à agir pour les autorités administratives ou à trancher un litige pour les autorités juridictionnelles[549]. Elle peut être définie comme une règle s'attachant au respect des domaines d'intervention des autorités administratives ou au respect des attributions conférées aux autorités administratives. Elle consiste à réserver le pouvoir administratif aux seules autorités régulièrement investies.

La compétence constitue ainsi un titre juridique permettant à certaines conditions et dans certaines limites, de prendre des actes imputables à la personne publique[550]. En conséquence, dans l'ordre juridique étatique, chaque autorité administrative n'est habilitée à accomplir que certains actes qui bornent son domaine de compétence. L'acte n'est régulier qu'autant qu'il est l'œuvre de l'autorité investie à cette fin[551]. Les règles de compétence sont d'ordre public. Les actes accomplis par une personne incompétente[552] sont nuls et de nullité absolue. Sans qu'aucune partie ne l'invoque, le vice d'incompétence peut être soulevé d'office par la Cour suprême en cas de contestation de la légalité d'un marché public déféré devant elle[553].

Sans nul doute, la doctrine et la jurisprudence française partagent cette conception de la nullité absolue de l'acte entaché de vice d'incompétence. La nullité du marché prononcée pour incompétence est susceptible d'engager la responsabilité de la personne publique. Le

---

548 Sur les règles de compétences, V. M. LEI : « Compétence et contrats publics », *RFDA*, 2019, 1011.

549 G. GONDOUIN, V. INSERGUET-BRISSET, A. VAN LANG, *Dictionnaire de droit administratif, op. cit.*, p. 94.

550 J.-M. AUBY et R. DRAGO, op. cit., Tome 2, p. 244. (Citée par A. V.-P. AMBEU, op. cit., p. 278, (Consulté le 24/02/2016).

551 F. WODIE, « L'inexistence des actes juridiques unilatéraux en droit administratif français », *AJDA,* 1969, p. 76. (Citée par A. V.-P. AMBEU, op. cit., p. 278.)

552 Conclusion de marché, approbation, annulation, etc.

553 A. SEYE, *Bulletin des décisions et avis rendus, par le comité de règlement des différends de l'ARMP,* disponible sur www.armp.sn, p. 152, (Consulté le 24/022016).

cocontractant pourra alors demander l'indemnisation du préjudice que lui aura causé la faute de l'autorité contractante[554].

Dans ce contexte, la capacité juridique d'une personne publique à conclure un contrat, liée à sa compétence, est révélée, sans qu'elle en résulte, par une contrainte procédurale séquencée[555]. Transposant l'idée qu'établir « *la compétence d'un agent, c'est déterminer dans quelles conditions (de temps, de lieu, de formes...), il devra vouloir pour que la manifestation de sa volonté ait une valeur juridique* »[556].

Classiquement, la compétence des personnes publiques se décompose aux plans matériel, territorial et temporel. Les deux derniers aspects, s'ils n'appellent pas de commentaire spécifique propre à la technique contractuelle, permettent de circonscrire le champ de l'activité contractuelle des personnes publiques.

La première affaire connue en matière d'interprétation des règles de compétence est relative à l'affaire CENTIF[557]. Dans cette espèce, la Cour a jugé que le moyen tiré de l'incompétence de la commission des litiges du CRD de l'ARMP n'est pas fondée. Même si la CENTIF a donné la qualification de demande d'avis au recours qu'elle a adressé au CRD, il s'agit plutôt d'une contestation de l'avis défavorable de la DCMP dont est compétente la commission des litiges du CRD. C'est ainsi qu'elle décida que c'est à tort que la CENTIF plaide l'incompétence du CRD.

On constate une application correcte des lois de compétence dans la mesure où c'est le CRD qui avait déclaré que la CENTIF[558] n'a pas de personnalité propre au regard de l'article 2.1.a). C'est un organisme non doté de la personnalité morale relevant du Ministère de l'Économie et des Finances. Elle ne peut pas être une autorité contractante. Ce que la Cour suprême a confirmé.

Dans une autre affaire, la Cour a confirmé la compétence du CRD en matière de litiges relatifs aux procédures de passation des marchés

---

[554] *Ibid.*

[555] G JEZE, *Les principes généraux du droit administratif*, t. 1, 3e éd., 1925, Paris, M. Giard, p. 7.

[556] *Ibidem.*

[557] CS. Arrêt n° 29 du 10 Mai 2012, CENTIF-État du Sénégal c/ARMP, *Bulletin des arrêts de la Cour suprême* N°4-5, année judiciaire 2012, p. 225.

[558] Décision n° 125/10/ARMP/CRD du 08 septembre 2010 du comité de règlement des différends statuant en commission litiges sur la saisine de la cellule nationale de traitement des informations financières (CENTIF) contestant la décision de rejet par la DCMP de sa demande d'immatriculation du marché relatif à l'acquisition de deux véhicules.

publics[559]. En l'espèce, il s'agissait de la décision par laquelle la Société Angélique International Limited (AIL) sollicitait l'annulation de la décision n° 77 du 16 juillet 2012 du Comité de Règlement des Différends de l'Autorité de Régulation des Marchés publics (CRD-ARMP) déclarant non conforme l'offre qu'elle a faite sur le marché lancé par l'Agence sénégalaise d'Électrification rurale (ASER) portant fourniture, transport et pose de matériels de réseaux électriques dans différentes régions du Sénégal.

La société requérante plaidait l'incompétence de l'ARMP en ce que ses compétences en matière de litiges relatifs aux procédures de passation des marchés publics sont régies par l'article 31 du Code des Obligations de l'Administration (COA) dont les conditions d'application ne sont pas réunies, en l'espèce, et dont les dispositions ne peuvent également justifier sa compétence à se prononcer sur la demande d'avis de l'ASER.

La Cour commence par rappeler les missions de l'ARMP qui consistent, conformément à l'article 2.5 du décret portant son organisation et son fonctionnement, à veiller par ses avis et recommandations, à l'application de la réglementation et des procédures relatives à la passation des marchés publics et délégations de service publics. Ensuite, elle estime que c'est à bon droit que saisie du litige né entre l'autorité contractante et l'organe chargé du contrôle a priori qui divergent sur l'évaluation des offres, l'ARMP, a, conformément à ses attributions prévues à l'article 22 du décret susvisé, réuni son CRD statuant en commission litiges pour trancher le différend. Elle en conclut que le moyen tiré de son incompétence ne saurait être fondé.

En revanche, lorsque la Cour est incompétente sur la nature du litige, elle la décline. Il en est ainsi dans l'affaire E.B.G.E.T[560]. À l'origine, l'Entreprise de Bâtiment Génie civil Électricité et Télécom dite E.B.G.E.T. sollicitait le paiement par la mairie de Golf Sud de la somme de cent (100 000 000) millions de Francs CFA à titre de dédommagement à la suite de la décision du Comité de Règlement des Différends de l'Autorité de Régulation des Marchés publics (ARMP) déclarant son recours irrecevable.

---

[559] CS. Arrêt n° 64 du 29 Novembre 2012, La Société Angélique International Limited en abrégé (A.I.L) c/ARMP, *Bulletin des arrêts de la Cour suprême* N° 4-5, année judiciaire 2012, p. 253.

[560] CS, Ordonnance de Référé n° 9 du 08 juin 2017, l'E.B.G.E.T c/ARMP et la Mairie de Golf Sud (Inédit).

Toutefois, la Cour freine ladite société en estimant que ce recours, qui tend à faire reconnaître un avantage pécuniaire à la requérante, relève du plein contentieux dévolu, en premier ressort, au Tribunal de Grande instance, juge de droit commun en la matière et ne peut, par conséquent, être porté devant le juge de l'excès de pouvoir. Elle est incompétente.

Enfin, dans une affaire en date du 11 février 2021[561], la Cour suprême note qu'il en résulte que le ministre des Finances et du Budget, qui a compétence pour approuver le marché de l'espèce, est habilité à le résilier. Dans cette affaire, il faut retenir que l'ONFP, établissement public à caractère industriel et commercial (EPIC), créé par la loi n° 86-44 du 11 août 1986, est placé sous la tutelle technique du Ministère de la Formation professionnelle et sous la tutelle financière du Ministère chargé des Finances.

En résumé, le recours à la technique contractuelle est devenu pour les autorités publiques une pratique courante alors même que la multiplication des échelons administratifs a conduit à compliquer la délimitation de la compétence des autorités publiques[562]. Dans ce contexte, l'indispensable protection de la compétence des personnes publiques contractantes connaît un risque d'érosion qui suscite l'interrogation[563]. Pourtant, l'étude de l'encadrement juridique de la compétence des personnes publiques révèle quc, loin d'être négligée, la notion bénéficie dans la sphère contractuelle d'une protection substantiellement vigoureuse qui cumule contrainte procédurale et sanction contentieuse.

Autant, la Cour suprême exerce un contrôle satisfaisant sur les règles de compétence, autant pour les règles de forme et de procédure, elle s'attache à la distinction formalités substantielles et celles non substantielles.

Paragraphe II. L'attachement du juge à la distinction formalités substantielles et formalités non substantielles

Abordées constamment par la doctrine administrativiste[564], les règles de forme et de procédure n'en sont pas pour autant aisées à

---

561 CS. Arrêt n° 09 du 11 février 2021, Groupement Société Générale de Construction et d'Aménagement (SOGECAM)/Général de Travaux et de Services (GTS) c/- État du Sénégal (AJE)-Office national de Formation professionnelle, (Inédit).

562 M. LEI, « Compétence et contrats publics », *op. cit.*

563 *Ibidem.*

564 A.-D. LAUBADERE, J.-C. VENEZIA, Y. GAUDEMET, *Traité de droit administratif,* LGDJ, 1999,1107 p. spéc. p. 494 ; J. AUBY et R. DRAGO, *Traité des recours en matière administrative,* Litec, 1992, 686 p., (Citée par A. V.-P. AMBEU, op. cit., p. 281.)

distinguer[565]. Le vice de forme proprement dit est l'irrégularité de l'acte administratif dans sa forme. Il concerne la présentation extérieure de l'acte par lequel la norme est édictée. Plusieurs obligations pèsent en la matière sur l'administration : la signature de l'acte par son auteur, le respect des contreseings des actes exigés par les textes, l'exigence de motivation résultant de l'application de l'article.

Quant au vice de procédure, il affecte le processus d'élaboration de l'acte. Il s'agit d'assurer ici à la fois le respect des procédures garantissant le respect de garanties pour l'administré, tout en ne faisant pas peser sur l'administration une charge inutile. Selon M. MESCHERIAKOFF, « *le vice de procédure existe lorsqu'une des étapes du processus de prise de l'acte a été soit oubliée, soit mal faite* ».

Tout acte édicté peut comporter des atteintes aux règles de forme et de procédure. Les atteintes constituent des irrégularités pouvant entraîner son annulation. Cependant, toutes les omissions et toutes les irrégularités n'entraînent pas systématiquement l'annulation de l'acte auquel elles se rattachent. Le juge administratif français opère une distinction selon que la forme[566] violée est digne ou non de sanction. Et

---

565 Le vocabulaire juridique propose d'ailleurs deux approches ; le formalisme apparaît d'une part comme une tendance générale dans une législation à multiplier les formalités dans la formation des actes juridiques ou l'exercice des droits, soit à des fins de preuve, soit à des fins de publicité, soit à peine de nullité ; d'autre part comme une exigence de forme poussée au plus haut degré (on parle de formalisme substantiel) qui consiste à subordonner la validité d'un acte (dit solennel) à l'accomplissement de formalités déterminées (requises à peine de nullité absolue). Ces approches mettent en relief l'intérêt des règles de forme (signature, contreseing, motivation) et de procédure (publicité, consultation préalable, enquête préalable) de même que leurs effets possibles sur la validité des actes administratifs. Ainsi la procédure tient à l'élaboration de l'acte alors que la forme porte principalement sur la présentation matérielle et extérieure de celui-ci (*instrumentum) ;* V. G. CORNU, *Vocabulaire juridique,* PUF, 2000, p. 394.

566 R. HOSTIOU, *Procédures et formes de l'acte administratif en droit français*, Bibliothèque de droit public, Tome 119, LGDJ, 1975 ; G. ISAAC, *La procédure administrative contentieuse*, Bibliothèque de droit public, Tome 1979, 1968. À noter que la doctrine dominante souligne avec insistance ce qu'elle considère comme la confusion initiale, entre vice de forme et vice de procédure, due à E. LAFFERRIERE (*Traité…*, 2 éd., Tome 2, op. cit., p. 520 et s.) ; G. DUPUIS, La présentation de l'acte administratif, in *Sur la forme et la forme de la procédure de l'acte administratif*, Paris, Économisa, 1979, p. 9 et s. : « La forme concerne l'écrit, l'*instrumentum* : elle concerne la date, les visas, les motifs, la présentation en articles, la formule exécutoire, les signatures et les contreseings…La procédure est relative à l'opération formatrice, au *negotium* : elle est l'ensemble des faits et gestes de l'auteur de l'acte, les avis qu'il

en général, c'est lorsqu'une formalité dite substantielle a été ignorée que le juge administratif français annule l'acte litigieux.

Le juge sénégalais en charge du contentieux de la passation des marchés publics semble s'être approprié cette distinction comme il l'a rappelé dans l'affaire Sénégalaise des Eaux dite SDE en estimant qu'en matière de contentieux des marchés publics, seules les irrégularités substantielles de nature à exercer une influence sur la sincérité de la procédure suivie ou l'égalité de traitement des candidats sont sanctionnées par le juge administratif[567].

Pour autant, la première décision recensée en la matière est relative à l'affaire Port autonome de Dakar[568]. Dans cette affaire, ladite société estimait que la composition du Comité de Règlement des Différends était irrégulière lors de la prise de la décision attaquée puisque Mamadou DEME, magistrat, nommé membre du Conseil de Régulation par décret n° 2009-502 du 29 mai 2009 n'y siégeait pas, alors qu'aux termes de l'article 18 du décret n° 2007-546 du 25 avril 2007 portant organisation et fonctionnement de l'Autorité de Régulation des Marchés publics (ARMP), le comité doit, pour statuer, comprendre dans sa composition un magistrat au moins parmi les membres de l'administration.

Pour sa part, le CRD conclut au rejet de la demande d'annulation en faisant valoir principalement que le manuel de procédure interne adopté par le conseil de régulation permet au Comité de Règlement des Différends de statuer lorsque le quorum fixé à trois (3) membres est atteint.

Dans son argumentaire, le juge rappelle d'abord que le décret (Code des marchés) a ainsi fixé la constitution de l'organe collégial en prévoyant qu'un magistrat doit être obligatoirement dans la composition et que la présence du magistrat dans un organe investi du pouvoir de trancher des litiges, doit être analysée comme une formalité substantielle dans la mesure où elle garantit les droits des personnes et est susceptible de changer le sens de la décision. En conséquence, la méconnaissance de la règle impérative qui détermine la composition du Comité de Règlement des Différends a vicié, en la forme, la décision prise sans la présence du magistrat.

---

prend, les mises en demeure qu'il formule, les délais qu'il doit respecter, les droits de la défense dont il faut assurer le libre exercice… ».

[567] CS. Arrêt n° 01 du 23 janvier 2020, Sénégalaise des Eaux SDE c/ARMP, État du Sénégal, (Inédit).

[568] CS. Arrêt n° 01 du 13 Janvier 2011, Le Port Autonome de Dakar c/ARMP, op. cit., p. 240.

Dans la deuxième affaire[569], la Société Complexe industriel Thiaré GUEYE (CITG) demandait l'annulation de la décision n° 027/11/ARMP/CRD du 23 février 2011 du Comité de Règlement des Différends de l'ARMP. Pour donner suite aux appels d'offres émis par l'AGETIP pour des travaux d'équipements de salles de classe et de blocs administratifs, ladite société a soumis différentes offres. À la publication de l'avis d'attribution provisoire du marché, elle n'a pas été retenue et, estimant que ses offres étaient les moins-disants sur l'ensemble des lots, elle a saisi le Comité de Règlement des Différends de l'ARMP qui, pour rejeter son offre, a retenu qu'elle n'a pas indiqué le montant de ladite offre sur la lettre de soumission, or ce manquement constitue une omission substantielle.

Selon la Cour, les différentes mentions exigées du candidat tendent à donner à l'offre un caractère précis et ferme et elles revêtent, à cet égard, un caractère substantiel et que le CRD en a exactement déduit que l'obligation de mention du montant de l'offre sur la lettre de soumission est une formalité substantielle dont l'inobservation entraîne le rejet de l'offre. Ainsi, le recours en annulation de la société « *Complexe industriel Thiaré GUEYE (CITG)* » formé contre la décision n° 027/11/ARMP/CRD du 23 février 2011 du Comité de Règlement des Différends de l'ARMP fut rejeté.

Cette décision révélatrice d'une certaine convergence de vue entre l'ARMP et son juge revêt une portée pédagogique et didactique certaine. Elle permet aux acteurs de la procédure de passation des marchés de s'approprier les règles qui gouvernent ce secteur et, d'en assurer, l'exécution. Ce faisant, le juge contribue à la régulation des marchés publics mais aussi à diminuer, grâce à la dimension informative de ses décisions, les recours relatifs à la passation des marchés publics[570].

Également, l'omission des formalités prises en compte par la Chambre administrative comme garanties offertes au justiciable, porte à la fois sur le non-respect des procédures prescrites et la violation d'une formalité substantielle[571]. Les formalités substantielles qui s'opposent aux formalités accessoires sont celles qui protègent particulièrement les

---

[569] CS. Arrêt n° 01 du 9 février 2012, Complexe Industriel Thiare GUEYE (CITG) c/ARMP, (Inédit).

[570] M.- Y. DIALLO, « Le juge de l'Administration et la régulation des marchés publics », *Annales Africaines*, Nouvelle série, volume 1, 2015, p. 76.

[571] A. V.-P. AMBEU, *La fonction administrative contentieuse en Côte d'Ivoire*, *op.cit.*, p. 283, (Consulté le 24/02/2016).

administrés ou dont l'inobservation exerce une influence déterminante sur le contenu de la décision. Par conséquent, si la violation d'une règle de forme ou de procédure n'a pas eu sur le contenu de la décision une influence déterminante, il n'y aura pas d'annulation : la formalité est réputée accessoire.

C'est cette idée qu'exprime le Président LABETOULLE en tête de son article aux Mélanges BRAIBANT consacré aux rapports entre principe de légalité et principe de sécurité lorsqu'il explique que toute irrégularité qui entache un acte juridique ne doit pas nécessairement être susceptible d'entraîner l'annulation de cet acte[572]. Il est vrai, en effet, comme l'écrit le Doyen VEDEL, que l'État de droit n'est finalement que la dose de juridique que la société peut supporter sans étouffer[573].

Du reste, le juge sénégalais partage apparemment cette opinion. C'est du moins ce qui ressort de l'arrêt DAROU MINAM PRESTATIONS[574]. Dans le cadre de l'appel d'offres, en sept (07) lots, lancé par le Centre des Œuvres universitaires de Dakar (COUD) et publié au journal « *le soleil*» du 29 août 2012, pour l'exploitation des restaurants Central, ASD, ESP Dakar, ENSEPT, Bloc ISFAR-ENSA-CMRT-UFR santé Ziguinchor et EPT Thiès, la commission des marchés dudit établissement a proposé d'attribuer le lot n°3 à Darou Minam Prestations (DMP) après application du rabais proposé par le COUD, à la suite de l'égalité entre l'entreprise Triple A et DMP.

Saisi d'un recours, le Comité de Règlement des Différends (CRD) de l'ARMP a ordonné la reprise de l'évaluation. En application de cette décision, la commission des marchés du COUD a repris l'évaluation avec comme conséquence le rejet de l'offre de DMP et la proposition de l'attribution provisoire du lot 3 à Triple A. DMP a alors saisi le CRD qui, par décision n° 158/13/ARMP/CRD du 26 juin 2013, a confirmé le choix de cette commission. Cette décision a été déférée devant le juge de la passation des marchés publics.

Selon le requérant, l'article 18 du décret portant organisation et fonctionnement de l'ARMP a été violé, en ce que le Comité de Règlement des Différends a statué dans une composition comprenant les nommés Cheikh Saad Bou SAMB, Ely Manel FALL, René Pascal DIOUF, Khadijetou Ly DIA, Takia Aïssatou Falla CARVALHO alors

---

572 D. LABETOULLE, *« Principe de légalité et principe de sécurité », in Mélanges en l'honneur de G. Braibant,* Dalloz, Paris, 1996, 876 p.

573 Acte du colloque des 11 et 12 octobre 1993 « *L'État de droit au quotidien* », p. 65.

574 CS. Arrêt n° 37 du 23 Avril 2015, Darou Minam Prestations c/ARMP, (Inédit).

que ceux-ci n'ont aucune qualité pour siéger à l'occasion des audiences dudit comité, et que ce texte ne lui donne nullement la possibilité de s'adjoindre de tierces personnes.

Dans sa réponse, la Cour estime qu'il résulte des mentions de la décision attaquée que le comité qui a statué était composé du Président par intérim du Conseil de régulation, de deux membres du CRD et du Directeur général de l'ARMP faisant office de rapporteur, qui sont les seuls signataires de la décision. Elle conclut que la présence de Cheikh Saad Bou SAMB et autres qui ont siégé en qualité d'observateurs, n'a pu entacher la régularité de la composition du CRD.

Dans ce même esprit, lorsque le détournement de procédure n'est pas établi, le juge le fait savoir[575]. Le Groupement Cabaliste sollicitait l'annulation de la décision n° 298/15/ARMP/CRD du 14 octobre 2015 du Comité de Règlement des Différends (CRD) de l'Autorité de Régulation des Marchés publics (ARMP) ordonnant la poursuite de la procédure de passation du marché. Il reprochait au CRD un détournement de procédure tiré, d'une part, de la violation des principes régissant l'appel d'offres en ce que des coûts cachés dans l'offre du groupement Atos obligeant à conclure des avenants[576] seront découverts et entraînera un coût final supérieur à l'offre de Cayalist et, d'autre part, de l'insuffisance de motifs en ce que le CRD n'a pas cru devoir se pencher sur les irrégularités qu'il a soulevées dans l'examen du litige.

Toutefois, la Cour n'a pas les mêmes vues que le groupement dans cette affaire. En effet, elle estime que s'agissant du détournement de procédure, il ne résulte pas du dossier que l'autorité contractante a utilisé une procédure autre que celle prévue en matière d'appel d'offres en deux étapes avec une évaluation fondée sur des critères de qualification technique et de capacité financière préétablis. Le recours n'est pas fondé. Si le contrôle de la légalité externe est relativement satisfait, il en va autrement pour le contrôle interne.

Section II. Un relatif approfondissement de la légalité interne

Les vices de légalité susceptibles d'être sanctionnés par la voie du recours pour excès de pouvoir pourraient certes être tous analysés comme des violations de la loi si ce dernier terme est conçu dans un

[575] CS. ARRÊT N° 08 du 27 janvier 2017, Le Groupement Cayalist Business Solutions c/ARMP, (Inédit).

[576] V. E. FATÔME, « Les avenants », *RFDA*, Octobre 1998, pp. 760-766.

sens très général, puisque toute prescription découle d'un texte ou d'une norme jurisprudentielle.

De façon plus précise, il faut distinguer différents cas d'illégalité, liés à l'erreur sur le droit applicable mais aussi sur les faits qui conduisent l'autorité administrative à prendre telle ou telle décision. Il se peut aussi, plus rarement, que l'illégalité résulte du fait que l'autorité a poursuivi un but autre que celui pour lequel telle ou telle compétence lui a été conférée[577].

Dans le contrôle juridictionnel de la passation des marchés publics, l'étude des décisions révèle un examen plus ou moins approfondi des moyens relatifs aux motifs **(Paragraphe I),** puis un usage contrasté de la violation de la loi et du détournement de pouvoir **(Paragraphe II).**

Paragraphe I. Un examen plus ou moins approfondi des moyens relatifs aux motifs

Il faut considérer que le contrôle des motifs par le juge sénégalais, n'a cessé d'évoluer, ces dernières années. Aujourd'hui, le juge dispose de pouvoirs étendus dans le domaine du contrôle des motifs des actes administratifs. Au demeurant, il y a lieu de distinguer les motifs de droit[578] ou erreur de droit, des motifs de fait ou erreur de fait[579]. Ces motifs sont des éléments de fait et de droit qui servent de base à l'acte administratif. Ils doivent être réguliers[580].

Le dépouillement révèle que le juge effectue un contrôle concret du défaut de base légale **(A)** alors que celui des motifs est plus ou moins incident **(B).**

A. Un contrôle concret du défaut de base légale

Il y a régularité des motifs de droit lorsque, d'une part, l'acte administratif a une base légale et, d'autre part, lorsque cette base légale est correctement interprétée[581]. Les motifs de droit se rapportent, selon la

[577] V. M. LOMBARD, G. DUMONT, J. SIRINELLI, *Droit administratif,* Dalloz, 11° éd., 2015, p. 511.
[578] J.-M. PEYRICAL, « Le juge administratif et la sauvegarde des actes de l'annulation : étude sur la neutralisation et la substitution des motifs », *AJDA,* 1996, p. 22.
[579] Inauguré en par la jurisprudence française en 1912 à travers la décision « *Boisselet »,* *(*CE 28 juin1912, Rec. p. 740).
[580] D. SY, *Droit administratif, op. cit.*, p. 309.
[581] *Ibid.*

classification[582] que l'on trouve dans le contentieux administratif sénégalais, au défaut de base légale, à l'erreur de droit[583] et aux actes pris en dehors du champ d'application de la loi[584]. Le défaut de base légale peut revêtir plusieurs formes : acte dépourvu de tout fondement légal, base légale choisie inexacte ou inadaptée, période d'application de la base légale expirée ou non encore commencée, base choisie par l'administration illégale du fait d'une décision d'annulation par le juge ou encore l'interprétation erronée de la base légale faite par l'administration.

Au moins, dans deux décisions, le juge de l'excès de pouvoir a sanctionné des décisions du CRD de l'ARMP fondées sur le défaut de base légale. Il s'agit des affaires COMET AFRIQUE TELECOMS[585] et Yaya Birane WANE[586]. Dans la première, d'après le juge, manque de base légale, un recours par lequel COMET AFRIQUE TELECOMS[587] sollicite la suspension immédiate de la procédure de passation du marché relatif à l'appel d'offres n°AO-06/2010 lancé par la Poste. La Cour rappelait, à cet égard, qu'une telle demande telle que formulée n'avait aucune base légale.

Ladite société sollicitait la suspension immédiate de la procédure de passation du marché relatif à l'appel d'offres n°AO-06/2010 lancé par la Poste et l'annulation de la décision n° 38/11/ARMP/CRD du 23 mars 2011 du Comité de Règlement des Différends de l'Autorité de Régulation des Marchés publics. La demande de suspension de la procédure devait être adressée au CRD de l'ARMP et c'est ce qui explique l'absence de base légale à la demande.

Dans la seconde affaire, le juge estime que doit être annulé, pour manque de base légale, l'arrêté qui a été pris en application d'un décret

---

[582] Ce sont les professeurs AUBY et ORAGO qui ont dégagé trois illégalités pouvant affecter les motifs de droit. Il s'agit de l'erreur de droit, du défaut de base légale et de l'édiction d'un acte en dehors : du champ d'application de la loi. (V. J.M. AUBY et R. DRAGO, *Traité de contentieux administratif*, T. II, pp. 380 et s.).

[583] V. M. HEINIS, « L'erreur de droit dans la jurisprudence administrative », *RA*, 1997, p. 143.

[584] M. DIAGNE, *L'efficacité du contrôle contentieux exercé sur l'Administration sénégalaise,* Thèse de Droit Public, Université Aix-en-Provence, 1990, p. 242.

[585] Déjà cité.

[586] CS. Arrêt n° 43 du 14 juillet 2016, Birane Yaya WANE c/ARMP, *Bulletin des arrêts* N° 11-12, année judiciaire 2016, p. 232.

faisant l'objet d'une décision de sursis à exécution prononcée par la Cour suprême. Le Président de la République avait déjà pris le décret n° 2014-47 portant organisation et fonctionnement des Chambres de Commerce, d'Industrie et d'Agriculture.

Par arrêt n° 30 du 12 juin 2014, la Cour suprême a ordonné le sursis à l'exécution dudit décret. À ce sujet, le ministre du Commerce, visant le décret objet du sursis, a pris l'arrêté attaqué pour proroger le mandat des élus des Chambres de Commerce. Birane Yaya WANE soutenait que la décision attaquée manquait de base légale pour avoir visé un décret objet de décision de sursis non encore intégré dans le dispositif juridique. Ce sur quoi le juge a répondu favorablement.

Le moyen relatif au défaut de base légale a été invoqué dans l'affaire la société CCBM Industries-Espace Auto. Dans cette espèce, le CRD a estimé que la décision de l'autorité contractante est fondée alors que celle-ci n'a donné aucune justification ni aucun motif. Pour fonder sa décision de rejet, la Cour objecte qu'il ressort de la décision attaquée que le CRD a indiqué que le grief du requérant portant spécifiquement sur l'exigence d'un moteur diesel a bien été pris en compte puisque l'autorité contractante lui a répondu que l'administration ne peut se permettre d'acquérir des véhicules dont l'homologation a été suspendue ou annulée par l'autorité compétente.

Ajoutant que les spécifications des sous-lots ne sont pas conformes à celles du dossier d'appel d'offres, la Cour répond que contrairement aux allégations du requérant, le CRD, par des motifs propres et adoptés, a légalement justifié sa décision. Ainsi, elle rejette le recours de la société CCBM Industries-Espace Auto formé contre la décision n° 283/15/ARMP/CRD du 30 septembre 2015 du Comité de Règlement des Différends (CRD) de l'Autorité de Régulation des Marchés publics (ARMP) relative à l'attribution de véhicules pour l'équipement des IA et IEF lancé par le ministère de l'Éducation nationale. Dans cette affaire, le défaut de base légale invoqué par le requérant n'est pas établi.

Dans l'affaire société « DELGAS ASSAINISSEMENT »[588], le pouvoir de l'autorité contractante dans l'élaboration et la mise en œuvre des critères du DAO n'est pas discrétionnaire, mais soumis au contrôle de l'autorité de régulation et de la juridiction compétente. En application notamment des articles 2 du décret n°2007-546 du 25 avril

---

[588] CS. Arrêt n° 07 du 12 mars 2020, La société « *DELGAS Assainissement* » c/ARMP, *Bulletin des arrêts de la Cour suprême* n° s 21-22, Année judiciaire 2020, Avril 2021, pp. 224-226.

2007 portant organisation et fonctionnement de l'ARMP et 92 du Code des Marchés publics, les observations et demandes formulées par le CRD dans le cadre de l'exercice de son contrôle de régularité d'une procédure de passation, s'imposent à la commission des marchés qui doit s'y conformer. En s'abstenant de sanctionner ses manquements en annulant la procédure d'attribution du marché alors qu'il a établi dans ses propres constatations que la commission des marchés n'avait pas tenu compte des observations et indications données sur les justificatifs exigés des candidats en vue de l'évaluation des offres, le CRD a privé sa décision de base légale. L'annulation est ainsi encourue.

Enfin, dans une dernière affaire en date du 23 février 2023589, la Cour a considéré que pour aboutir à la conclusion que l'erreur d'appréciation commise par l'autorité contractante est sans incidence sur la régularité de l'attribution provisoire du marché, le CRD s'est borné à énoncer que la CCI SARL, attributaire provisoire, a présenté pour chaque lot une offre moins-disant sans établir que cette conclusion procède de l'analyse et de la comparaison de toutes les offres, y compris celle de la requérante et qu'elle tient dûment compte des critères d'évaluation énumérés à l'article 59 du CMP. Ainsi, en s'abstenant d'invalider la procédure d'attribution provisoire du marché, après avoir relevé que le motif de disqualification de la requérante est mal fondé, le CRD a manqué de tirer les conséquences juridiques de ses propres constatations. À cet effet, l'annulation de la décision est encourue.

On constate que le juge interprète correctement le moyen relatif au défaut de base de légale. Qu'en est-il des motifs de fait ?

B. Un contrôle incident des motifs de fait

Quant aux motifs de fait, la jurisprudence sur l'erreur de fait montre un triple aspect de celle-ci. Les aspects portent soit sur des faits matériellement inexacts[590], soit sur une mauvaise qualification juridique de ceux-ci[591], soit sur une erreur manifeste d'appréciation[592].

---

[589] CS. Arrêt n° 18 du 23 février 2023, la Société Kamac SARL c/ARCOP, (Inédit).

[590] CE 14 janvier 1916, « *Camino* », Rec. p.15 ; V. également CE 20 janvier 1922, « *Trépont* », Rec. p. 65.

[591] CE 4 avril 1914, « *Gomel* », Rec. p. 448.

[592] CE 15 février 1961, « *Lagrange* », Rec. p. 121, V. également CE 2 novembre 1973, « *Société Librairie François Maspero* », Rec. p. 611.

Si l'exactitude matérielle des faits et la qualification juridique des faits sont contrôlées incidemment **(1)**. À l'inverse, l'erreur manifeste d'appréciation est vérifiée **(2)**.

1. Un contrôle incident de l'exactitude matérielle des faits et de la qualification juridique des faits

Les germes du contrôle de l'exactitude matérielle des faits sont apparus dans l'affaire COMET AFRIQUE TELECOMS. Il s'agissait de la décision par laquelle le juge avait sanctionné le défaut de base légale. Toutefois, il estime que le Comité de Règlement des Différends (CRD), en rejetant le recours de COMET AFRIQUE TELECOMS pour ce motif, a fait une exacte appréciation des faits de la cause. En l'espèce, il avait vérifié la matérialité des faits allégués par les requérants et estimé que « *le moyen est mal fondé* ».

Aussi, le juge n'a pas hésité à rejeter le recours lorsque les faits invoqués par le requérant ne sont pas fondés. Telle est sa position dans l'affaire opposant le Groupement Cayalist Business Solutions à l'ARMP[593]. Le requérant invoquait l'inexactitude matérielle des faits en ce qu'il avait été écarté au motif qu'Infosys Limited est membre de son groupement alors que celui-ci est un tiers par rapport à ce groupement puisqu'il fait partie de ses sous-traitants. Toutefois, la cour observe que le groupement étant composé de trois membres dont Infosys Limited, aucune erreur de fait ne peut être retenue contre le CRD.

Le juge observe la même tendance dans le contrôle de qualification[594] juridique des faits[595], c'est-à-dire qu'il contrôle si les faits invoqués par le CRD sont bien de nature à justifier en droit la mesure prise[596]. Toujours est-il que l'exactitude matérielle des faits est toujours contrôlée[597].

Ainsi a-t-il été amené à vérifier la qualification juridique des faits à travers, au moins, deux décisions. Il s'agit des affaires, la Société angélique International Limited en abrégé AIL[598] et celle dite CERTEC[599].

---

[593] CS. Arrêt n° 08 du 27 janvier 2017, Le Groupement Cayalist Business Solutions c/L'A. R. M. P. (Inédit), (Déjà cité).

[594] V. C. VAUTROT-SCHWARZ, *La qualification juridique en droit administratif*, LGDJ, 2009, 685 p.

[595] F. COLIN, M.-L. MESSE, *L'essentiel du contentieux administratif*, Gualino, 3e éd, 2017, p. 47.

[596] CE, 4 avril 1914, Gomel, 55125, publié au recueil Lebon.

[597] CE., 20 janvier 1922, Trépont, Rec, p. 65.

[598] CS. Arrêt n° 55 du 24 Octobre 2013, la Société angélique International Limited en abrégé (A.I.L) c/ARMP, op. cit.

[599] CS. Arrêt n° 19 du 3 Juin 2011, CERTEC S.A c/ARMP, *Bulletin des arrêts de la Cour suprême* N° 2-3, année judiciaire 2010-2011, p. 250.

Dans la première, ladite société sollicitait l'annulation de la décision n° 072/13/ARMP/CRD du 27 mars 2013 du Comité de Règlement des Différends (CRD) de l'Autorité de Régulation des Marchés publics (ARMP), statuant en commission litiges sur le recours de l'ASER suite à l'avis défavorable de la Direction centrale des Marchés publics sur la proposition d'attribution du marché de fournitures, de transport et de pose de matériels de réseaux électriques dans différentes régions du Sénégal et de la décision d'attribution provisoire des 13 et 14 avril 2013 de l'ASER.

Dans son raisonnement, le juge fait observer que la capacité financière par des documents légalement admis et l'expiration du délai imparti par l'accord de financement ne saurait justifier des atteintes aux règles de passation des marchés publics, le CRD a violé les principes de transparence et d'égalité des candidats sus évoqués. La qualification juridique des faits opérés par le CRD n'est pas exacte.

Aussi, dans CERTEC SA[600], la Cour ne semble pas adhérer à la qualification juridique effectuée par le CRD. Passant en revue les arguments non satisfaisants du CRD, elle observe d'abord que le cahier des charges, en son point 16, prévoit que : « *Si le fournisseur n'est pas le constructeur, il devra produire tous certificats d'agrément du constructeur et de formation technique de ses équipes* ». Ensuite, elle répond que « *la décision attaquée, qui a rejeté le recours de la société CERTEC, sans relever la production par l'attributaire provisoire des certificats d'agrément du constructeur et de formation technique de ses équipes, comme exigé par le cahier des charges encourt l'annulation* ». Par conséquent, elle annule la décision n° 088 du 7 juillet 2010 du Comité de Règlement des Différends de l'ARMP.

Ainsi, la question essentielle soulevée était la contestation de la qualification juridique des faits telle qu'elle était opérée par le CRD. En conséquence, le juge était amené bon gré mal gré à vérifier non seulement la matérialité des faits, mais également si les faits retenus entraient bien dans la catégorie juridique que le CRD avait choisie. Toutefois, on note des avancées dans le contrôle de l'erreur manifeste d'appréciation.

2. Une vérification de l'erreur manifeste d'appréciation

Le contrôle des motifs de fait s'est surtout fait sentir à l'occasion de l'utilisation de la technique de l'erreur manifeste d'appréciation. Jusqu'à

[600] CS. Arrêt n° 19 du 3 Juin 2011, CERTEC S.A c/ARMP, *Bulletin des arrêts de la Cour suprême*, *op. cit.*, p. 250.

une période relativement récente, il a été constaté le refus du juge africain de recourir à cette technique pour contrôler les motifs des actes administratifs[601]. Le juge sénégalais n'échappait pas à ces critiques[602]. Avec l'avènement du Conseil d'État du Sénégal, le contrôle des motifs de faits des actes administratifs ne portait pas seulement sur l'exactitude matérielle des faits et la qualification juridique des faits, il inclut l'erreur manifeste d'appréciation[603].

Chemin faisant, le juge a pu accomplir des progrès dans le contrôle du pouvoir discrétionnaire de l'administration en vue de faire respecter la légalité mais aussi de protéger les droits et libertés des citoyens[604]. La technique de l'erreur manifeste d'appréciation, « *notion clé du droit administratif et du droit public en général* », est devenue une réalité avec l'arrêt rendu par l'ancien Conseil d'État sénégalais dénommé CICR[605].

L'erreur manifeste d'appréciation se définit de manière générale comme une erreur grossière qui ne peut passer inaperçue. Selon le Doyen VEDEL, est manifeste, une erreur qui saute aux yeux sans qu'il soit besoin d'être un expert très averti[606]. Il suit de là que l'erreur ne doit pas être incertaine mais manifeste. Le caractère manifeste de l'erreur est apprécié d'un point de vue pratique par le juge[607].

Dans l'affaire Établissements Ndeye Diétou THIAM[608], les juges de la haute juridiction se rappellent la définition formulée dans deux arrêts rendus par l'ancien Conseil d'État du Sénégal en 1993[609]. Ainsi la Cour se remémore-t-elle que l'erreur manifeste d'appréciation est une erreur grave et apparente rendant la décision inadaptée aux motifs qui l'ont

---

601 V. P.-M. SY, « Le Conseil d'État sénégalais et le contrôle de l'erreur manifeste d'appréciation », *EDJA* N° 41, Avril-mai-juin 1999, pp. 171-201.

602 N.D.-M. DIAGNE, Thèse précitée, p. 367.

603 P.-M. SY, « Quelques remarques sur l'institution du recours pour excès de pouvoir au Sénégal depuis la création du Conseil d'État au Sénégal », *EDJA* N° 53, avril-mai-juin 2002, p. 72.

604 D. SY, « L'évolution du droit administratif sénégalais », *EDJA* N° 67, Octobre-Novembre-Décembre 2005, p. 502.

605 V. Arrêt du C.E du 27 octobre 1993, CICR, (Inédit).

606 G. VEDEL, P. DELVOLVE, *Droit administratif*, PUF, 1ère éd., 1992, p. 327.

607 *Idem.*

608 CS. Arrêt n° 56 du 9 décembre 2021, Établissements Ndeye Diétou THIAM c/ARMP, Bulletin *des arrêts de la Cour suprême n° s 23-24*, Année judiciaire 2021, Août 2022.

609 CES. 27 octobre 1993, Comité International de la Croix Rouge (Inédit) ; CES. 24 novembre 1993. SIMPA, (Inédit).

provoquée ou est constituée lorsque l'administration s'est trompée de manière grossière dans l'appréciation des faits qui ont motivé sa décision.

Importée dans le contentieux de la passation des marchés publics, l'erreur manifeste d'appréciation a été expressément retenue par le juge à deux reprises. Dans une troisième affaire, il reconnaît qu'elle n'est pas fondée.

L'arrêt la Société Angélique International Limited en abrégé A.I.L[610] a été l'occasion pour le juge d'annuler une décision du CRD fondée sur l'erreur manifeste d'appréciation. Les faits de l'espèce méritent d'être rappelés. Suivant avis paru au journal le Soleil du 14 janvier 2012, l'Agence sénégalaise d'Électrification rurale (ASER) a lancé un appel à la concurrence pour le marché relatif à la fourniture, au transport et à la pose de matériels de réseaux électriques dans différentes régions du Sénégal. C'est ainsi qu'après l'évaluation des offres reçues de quatre soumissionnaires que sont Lucky Exports, Kec International, Overseas Infrastructures et la société Angélique International Limited, la commission des marchés de l'ASER a abouti à un constat de carence pour non-conformité des offres.

L'objet de la carence portait sur le fait que pour Lucky Exports, Kec International et Overseas Infrastructures, les institutions financières indiennes qui leur ont délivré des garanties de soumission, n'ont pas indiqué de correspondant local, comme exigé par la clause 20.2 des données particulières de l'appel d'offres. S'agissant de la Société Angélique International Limited (AIL), il lui a été reproché de n'avoir pas satisfait au critère sur la capacité technique et l'expérience. Se basant sur la branche tirée de l'erreur manifeste d'appréciation, le juge a estimé que le CRD, en tirant argument du seul fait que les travaux n'étaient pas terminés à la date de la réunion du 7 mai 2012 pour retenir que l'attestation délivrée antérieurement par l'ASER à AIL est fausse, a fait une interprétation erronée des minutes de la réunion. En partant de ce constat erroné de la fausseté de l'attestation pour écarter l'offre du soumissionnaire AIL au motif qu'il n'a pas rempli le critère sur la capacité technique et l'expérience, le CRD a commis une erreur manifeste d'appréciation.

Par voie de conséquence, la Cour suprême annula la décision rendue par le Comité de Règlement des Différends de l'ARMP au motif que l'instance de régulation n'a pas effectué un travail d'investigation pour

[610] Arrêt déjà cité.

savoir comment l'opération est exécutée par A.I.L d'abord et ensuite par ENCO, la société sous-traitante. Le pouvoir d'interprétation du CRD, estime le juge, est poussé à son maximum comme s'il s'agissait d'une interprétation *contralegem*. En effet, l'ARMP par l'intermédiaire de son CRD aurait dû dégager la part de responsabilité qui incombe à la société ENCO, attributaire de la part du marché non exécutée. Dans cette affaire, le juge de la passation des marchés annule une décision du CRD en se fondant exclusivement sur l'erreur manifeste d'appréciation.

Toutefois, le vice retenu, c'est-à-dire celui de l'erreur manifeste d'appréciation pour annuler la décision du régulateur n'emporte pas notre adhésion. Cela fera l'objet d'une attention dans la deuxième partie de cette étude. Mais d'après le juge, la décision du CRD est entachée d'une erreur manifeste d'appréciation.

Autant dans la décision SARRE-CONS[611], le juge a annulé la décision du CRD sur le fondement des première et troisième branches du premier moyen et du deuxième moyen pour violation de la loi, autant il admet dans la deuxième branche du deuxième moyen l'erreur manifeste d'appréciation.

Dans cette espèce, il estima que le CRD a annulé l'attribution provisoire du marché à SARRE-CONS au motif que la CFAO n'a pas produit l'intégralité de ses états financiers des trois dernières années. Ensuite, la Chambre administrative fait savoir que l'article 66 alinéa 4 du Code des Marchés publics (CMP) indique que, d'une part, la demande de complément de dossier n'est qu'une faculté et non une obligation et, d'autre part, une telle décision viole les dispositions combinées des articles 59 et 70 du même code régissant l'évaluation et l'attribution des marchés.

D'après la Cour, il ressort du DAO, que les candidats doivent produire les états financiers de leurs trois dernières années d'exploitation Toutefois, conformément à l'article 69 du CMP, la commission des marchés dispose de la faculté de demander aux candidats de préciser la teneur de leurs offres afin d'en faciliter l'examen, l'évaluation et la comparaison.

Ainsi, le juge décide que la non-production par la CFAO de l'intégralité de ses états financiers n'a pas empêché la commission des marchés de procéder à l'examen détaillé de son offre qui a été déclarée conforme mais non retenue parce que n'étant pas la moins-disant. Ce qui fait que le premier moyen en sa troisième branche, c'est-à-dire la

---

[611] CS. Arrêt n° 47 du 22/08/2013, Société SARRE-CONS c/ARMP, (Inédit).

violation de la loi et le deuxième moyen relatif à l'erreur manifeste d'appréciation en sa deuxième branche sont fondés.

Dans cette espèce, le juge aurait pu annuler la décision du CRD en se fondant sur le moyen relatif à l'erreur manifeste d'appréciation. Toutefois, elle a choisi une solution consistant à invoquer la violation de la loi en ce que l'erreur manifeste se retrouvait déjà en filigrane dans le dispositif de la décision : « *le CRD, après avoir relevé que SARRE-CONS a produit des documents attestant qu'il satisfait au critère relatif à l'expérience spécifique, en a écarté certains sans justifications, se bornant à énoncer que l'examen des pièces du dossier permet de constater qu'il n'a pas exécuté un marché dont le montant minimum doit être le double de l'offre du candidat* ».

Dans la dernière affaire retenue[612], le requérant reprochait au CRD une erreur manifeste d'appréciation tirée de ce qu'il a été écarté au motif qu'il n'a pas listé Infosys Limited en tant que membre du groupement dans la garantie de soumission alors qu'aucun texte ne prévoit que le sous-traitant doit être listé dans la caution de soumission.

Dans son argumentaire, la Cour avance d'abord que selon la clause 29.3 des Instructions aux Soumissionnaires (IS) du Dossier d'appel d'offres international, la garantie d'offre d'un Groupement d'entreprises doit, d'une part, être émise au nom du groupement présentant l'offre et, d'autre part, dresser la liste de tous les partenaires dudit groupement d'entreprises. Toujours, d'après le juge, la garantie de soumission présentée par le Groupement Cayalist n'a pas inclus dans sa liste Infosys, membre de son groupement. Au regard de ces développements précédents, le CRD, en exigeant du requérant qu'il liste Infosys Limited, n'a pas commis d'erreur manifeste d'appréciation.

L'introduction de la technique de l'erreur manifeste d'appréciation dans le contentieux des marchés publics constitue une illustration du renforcement du contrôle juridictionnel de l'administration[613]. Si le détournement de pouvoir est rarement invoqué, le moyen relatif à la violation de la loi est souvent allégué par les requérants.

---

612 CS. Arrêt n° 08 du 27 janvier 2017, Le Groupement Cayalist Business Solutions c/L'A. R. M. P. (Inédit), (Déjà cité).

613 M.-Y. DIALLO, « Le juge de l'Administration et la régulation des marchés publics au Sénégal », op. cit., p. 88.

Paragraphe II. Un usage contrasté de la violation de la loi et du détournement de pouvoir

S'il est constaté que la violation de la loi est un moyen fréquemment invoqué **(A),** on note une rare référence au détournement de pouvoir **(B).**

A. Un moyen fréquemment invoqué : la violation de la loi

La « *violation de la loi* » est le dernier-né des cas d'ouverture. C'est ce qui explique sa dénomination vague, « *attrape-tout* ». Par « *violation de la loi* », on entend en effet désigner toute illégalité qui ne s'analyse pas en une incompétence, en un vice de forme, ou en un détournement de pouvoir[614]. Les annulations fondées sur l'objet de l'acte sont celles qui se ramènent à la violation de la loi ou à la violation directe de la loi. Il y a violation de la loi lorsque l'acte pris par l'autorité administrative viole le droit, c'est-à-dire viole le contenu des règles de droit qui lui sont supérieures.

La loi peut être comprise dans son assertion large, comme celle qui englobe l'ensemble des règles écrites de droit. Lorsque le juge est saisi d'un recours fondé sur le moyen tiré de la violation de la loi, il rappelle les dispositions de la loi violée et les compare à celles de la décision attaquée[615].

Le premier cas d'annulation pour violation directe de la loi a trait à la violation d'une disposition réglementaire du Code des Marchés publics[616] et de la Directive de l'UEMOA[617]. Il s'agit notamment de l'affaire État du Sénégal c/Comité de Règlement des Différends de l'A.R.M.P. (A.A.T.R)[618].

---

[614] V. G. LEBRETON, *Droit administratif général*, Dalloz, 8e éd., 2015, p. 507.

[615] ND.-M. DIAGNE, op.cit., p. 432.

[616] Articles 37, 38 et 39 combines du décret n° 2007-545 du 25 avril 2007 portant Code des Marchés publics.

[617] Article 14 de la directive N° 05, des membres de la Commission :

« La Commission d'ouverture des plis et d'évaluation des offres présente toutes les garanties de professionnalisme et d'indépendance. Elle peut avoir recours à toute expertise qu'elle jugera nécessaire. Des personnes qualifiées peuvent être désignées par l'entité administrative chargée du contrôle des marchés publics en qualité d'observateurs pour contrôler les opérations d'ouverture et d'évaluation. Les membres de la Commission d'ouverture des plis et d'évaluation des offres et toutes personnes participant à ses séances sont tenus au principe de confidentialité des débats. Aucun membre de la Commission ne peut être poursuivi sur le plan disciplinaire pour les propos tenus et les votes émis au cours des réunions. »

[618] CS. Arrêt n°12 du 05/05/09, État du Sénégal c/ARMP, (Déjà cité).

Dans cette espèce, l'État du Sénégal sollicitait l'annulation de la décision n° 014/ARMP/CMD du 27 juin 2008 du Comité de Règlement des Différends de l'Autorité de Régulation des Marchés publics statuant en commission litiges entre le contrôle financier et l'Agence autonome des Travaux routiers.

Il importe de faire observer que le requérant faisait grief au Comité de Règlement des Différends de s'être érigé en juge de la légalité en écartant les dispositions de l'article 37, paragraphe III du Code des Marchés publics, alors que celles-ci ne sont en rien contraires aux articles 13 et 14 de la Directive n° 05/2005/CM/UEMOA. Ainsi était-il question dans cette affaire de se prononcer ou non sur la présence du contrôleur financier.

La Cour avance que le représentant du contrôle financier ne saurait être pris comme un des observateurs prévus par l'article 14 de la Directive, mais plutôt comme membre ayant voix consultative aux termes des articles 37, 38 et 39 combinés du Code des Marchés publics. La décision du Comité de Règlement des Différends prise en violation de la loi doit être annulée.

La Cour suprême a été on ne peut plus explicite, dans l'affaire Société SARRE-CONS[619]. Elle estima mutatis mutandis que le CRD « *a violé la loi* ». SARRE-CONS sollicitait l'annulation de la décision n°118/12/ARMP/CRD du 3 octobre 2012 du Comité de Règlement des Différends (CRD) de l'Autorité de Régulation des Marchés publics (ARMP), annulant l'attribution provisoire à son profit du marché, portant fournitures de véhicules à la société de pétroles du Sénégal (PETROSEN), et ordonnant la reprise de l'évaluation.

Dans un premier temps, la Cour suprême estime que pour annuler l'attribution provisoire faite au profit de Sarre Cons, le CRD a, dans la décision attaquée, reproché à la commission des marchés de PETROSEN, d'avoir méconnu cette clause insérée dans le DAO, alors que celle-ci est contraire aux dispositions légales susvisées. Ensuite, elle fait savoir que le CRD, après avoir relevé que SARRE-CONS, a produit des documents attestant qu'il satisfait au critère relatif à l'expérience spécifique en a écarté certains sans justifications, se bornant à énoncer que l'examen des pièces du dossier permet de constater qu'il n'a pas exécuté un marché dont le montant minimum doit être le double de l'offre du candidat. En se déterminant ainsi, le CRD a violé la loi.

---

[619] Arrêt précité.

Dans la décision CERTEC[620], l'expression « *violation de la loi* » n'est pas expressément retenue, mais c'est ce caractère qui a déterminé la solution du litige. Ladite société demandait l'annulation de la décision n° 088/ARMP/CRD du 7 juillet 2010 du Comité de Règlement des Différends de l'Autorité de Régulation des Marchés publics qui a rejeté son recours tendant à l'annulation de la décision d'attribution du marché d'équipement de l'hôpital principal de Dakar en matériel biomédical à la société Carrefour médical.

La Cour rappelle d'abord que le cahier des charges, en son point 16, prévoit que : « *Si le fournisseur n'est pas le constructeur, il devra produire tous certificats d'agrément du constructeur et de formation technique de ses équipes* » et conclut que la décision attaquée, qui a rejeté le recours de la société CERTEC, sans relever la production par l'attributaire provisoire des certificats d'agrément du constructeur et de formation technique de ses équipes, comme exigé par le cahier des charges encourt l'annulation. C'est ainsi que la décision n° 088 du 7 juillet 2010 du Comité de Règlement des Différends de l'Autorité de Régulation des Marchés publics a été annulée pour violation des cahiers de charge.

La sanction de la violation de la loi au sens large a été plus manifeste lorsque le CRD s'est englué dans la contrariété de décisions[621]. Le Groupement d'Ingénierie et de Construction de la Société générale de Surveillance dit GIC/SGS sollicitait l'annulation de la décision n° 304/16/ARMP/CRD du 05 octobre 2016 du Comité de Règlement des Différends (CRD) de l'Autorité de Régulation des Marchés publics (ARMP) déclarant irrecevable leur recours concernant la procédure de sélection d'un consultant pour la supervision des travaux de construction des routes de connexion à l'autoroute Thiès-Touba, lancée par l'Agence des Travaux et de Gestion des Routes (AGEROUTE).

Le requérant a introduit son recours en annulation contre cette décision en articulant trois griefs tirés de la contrariété de décisions, de la violation de la loi et du défaut de base légale. En se fondant exclusivement sur le premier grief tiré de la contrariété de décisions en ce que le CRD avait, par décision n° 281 du 13 septembre 2016, déclaré le recours du Groupement recevable et ordonné la suspension de la

---

[620] CS. Arrêt n° 19 du 3 Juin 2011, CERTEC S.A c/ARMP, op. cit., p. 250.

[621] CS. Arrêt n° 37 du 14 juin 2018, État du Sénégal c/Autorité de Régulation des Marchés Publics-Groupement d'Entreprise Solidaire-CSTP SA, *Bulletin des arrêts de la Cour suprême n° s* 15-16, Année judiciaire 2018, Juillet 2019, pp. 184-186.

procédure de passation du marché avant de se dédire dans la même cause et la même instance en rétractant cette décision pour déclarer le même recours irrecevable.

La Cour rappelle les dispositions de l'article 90 alinéa 2 du Code des Marchés publics selon lequel le recours devant le CRD n'est recevable que s'il est fondé sur une violation caractérisée de la réglementation des marchés publics. Ensuite, elle indique que le recours est accompagné de la pièce attestant du paiement d'une consignation, d'une part, et d'autre part, que l'article 91 du même Code ajoute que dès réception du recours, le CRD examine si celui-ci est recevable et ordonne à l'autorité contractante de suspendre la procédure de passation du marché.

La Cour estime que, pour déclarer irrecevable le recours du groupement, le CRD a constaté avoir déjà déclaré ce recours recevable par décision n° 281/16/ARMP/CRD du 13 septembre 2016 et a rétracté ladite décision. Finalement, elle fait savoir sa position en estimant qu'en statuant à nouveau sur la recevabilité du recours, alors qu'après avoir reçu les documents complémentaires demandés dans le cadre de l'instruction du recours, le CRD ne devait plus statuer que sur le fond du litige, la décision attaquée viole les dispositions suscitées et, par conséquent, encourt l'annulation.

Enfin, dans une affaire ayant trait à un défaut de notification à la personne indiquée, la Cour a rappelé qu'en se déterminant ainsi, sans rechercher si la personne qui a reçu et déchargé ladite lettre est habilitée à la recevoir alors surtout que la notification dudit acte est faite à unc personne morale de droit privé, le CRD a méconnu le sens et la portée des dispositions susvisées[622]. Dans cette espèce, la société requérante estime que pour rejeter son recours, le CRD a affirmé que la commission des marchés les a saisis par lettre du 2 décembre 2020, réceptionnée par un membre de la famille en l'occurrence Mamadou BALL, pour lui demander de justifier de la réalité économique de leur prix unitaire jugé anormalement bas alors qu'ils n'ont reçu aucun courrier dans ce sens et que la Directrice générale de l'entreprise n'a ni parent ni membre de sa famille ni employé qui porte ce nom.

Au bout du compte, c'est donc par la violation de la loi que le recours pour excès de pouvoir sanctionne le principe de légalité dans son ensemble, étant entendu que le mot « *loi* » ne doit pas créer d'équivoque,

---

[622] CS. Arrêt n° 56 du 9 décembre 2021, Établissements Ndeye Diétou THIAM c/ARMP, *Bulletin des arrêts de la Cour suprême n° s 23-24*, Année judiciaire 2021, Août 2022.

et que les règles dont la méconnaissance peut être invoquée au titre de ce moyen peuvent appartenir à l'une quelconque des sources de la légalité[623].

Si le moyen relatif à la violation de la loi est souvent invoqué par les requérants et sanctionné par le juge, il demeure que le détournement de pouvoir est peu évoqué dans le contentieux de la passation des marchés publics.

B. Une rareté de l'invocation du détournement de pouvoir

Avec la technique du contrôle du but de l'acte, le juge de l'administration vérifie si l'acte en question est entaché d'un détournement de pouvoir[624]. Le détournement de pouvoir est retenu dès lors qu'une autorité administrative use de ses pouvoirs dans un but autre que celui pour lequel ils lui sont conférés.

La notoriété du détournement de pouvoir comme cas d'ouverture du recours pour excès de pouvoir, liée au caractère souvent pittoresque des cas dans lesquels il a été relevé, dépasse largement son efficacité pratique réelle. Souvent invoqué par les requérants, le détournement de pouvoir est rarement retenu par le juge[625], même s'il n'en résulte pas véritablement un déclin[626]. Le juge observe une grande réserve à l'égard de ce moyen. Dans l'ensemble, le vice relatif au détournement de pouvoir a été invoqué à travers deux décisions dans lesquelles le juge n'a pas donné suite.

La première recensée est relative à l'affaire CETUD[627]. En effet, il a été reproché à celui-ci, dès le début de l'appel d'offres, d'avoir opté pour un candidat pour avoir déjà attribué la présente concession au Bureau Veritas le 30 novembre 2009 et, nonobstant l'annulation par le CRD le 11 janvier 2010, persisté dans sa volonté démesurée d'attribuer le marché au concurrent alors qu'elle propose une redevance plus intéressante outre sa proposition de redevance d'investissement et de régulation.

La Cour renseigne d'abord que le CETUD s'est conformé aux prescriptions du CRD lors de la procédure de relance du marché qui a été à nouveau attribué au Bureau Veritas, et ensuite, il ne résulte pas du

---

[623] J. WALINE, *droit administratif,* Dalloz, 2014, p. 664.

[624] CE 26 novembre 1875, « Pariset », *GAJA*, 21e éd., p. 27.

[625] P. CHRETIEN, N. CHIFFLOT, *Droit administratif,* Dalloz, 2012, p. 513.

[626] V. L.-V. F. MAUBLANC, « Le prétendu déclin du détournement de pouvoir », *in Mélanges J.-M. Auby,* Dalloz, 1992, p. 239.

[627] CS. Arrêt n° 11 du 31 Mars 2011, Société Générale de Surveillance « SGS ». c/ARMP, (Inédit).

dossier que l'autorité contractante a exercé son pouvoir pour un objet autre que celui en vue duquel il a été conféré par la loi. Ce qui fait que ce moyen est mal fondé.

Dans la seconde décision relative à l'Affaire SARRE-CONS[628], le juge affirme avec certitude que le moyen relatif au détournement manque en fait[629]. Selon la requérante, le CRD s'est arrogé le droit d'exiger de Sarre Cons la propriété d'un garage et en annulant l'attribution qui lui a été faite pour ce motif, le CRD a commis un détournement de pourvoir. Ce qui n'a pas emporté, en l'espèce, la conviction du juge en ce que celui-ci estime que le moyen était inexact.

Que ce soient les règles de la légalité externe tout comme celles de la légalité interne, la Cour suprême utilise les techniques traditionnelles de contrôle dans le contentieux contractuel des procédures de passation des marchés publics.

---

[628]Arrêt déjà cité.

[629] Le « *moyen manquant en fait* » est un moyen soulevé par les parties devant le juge administratif qui invoque un ou des faits qui sont matériellement inexistants.

CONCLUSION TITRE II

S'agissant de l'instruction et de sa conduite, l'on a noté une certaine maîtrise. Si le juge détient tous les pouvoirs inquisitoriaux pour le règlement du litige, il reste que les parties jouent un rôle primordial dans les éléments constitutifs de l'instance. Le sursis à exécution et le référé administratif sont strictement accordés en raison de la réunion des deux conditions exigées par la loi. Autant, on constate un dépassement du délai raisonnable pour statuer, autant on aperçoit une motivation sommaire des décisions accordant ou pas le sursis, d'où des limites de ce mécanisme et la mise en place du référé administratif.

En cas d'irrégularités relatives aux moyens de légalité externe, le juge les sanctionne systématiquement. L'on constate, également, que dans la plupart des cas, les concurrents évincés soulèvent des moyens de légalité externe. Les moyens de légalité interne sont peu invoqués par les requérants. Au fond, on observe que les techniques traditionnelles de contrôle sont correctement appliquées. Pour autant, on note une importation de la technique de l'erreur manifeste d'appréciation dans le contentieux de la passation des marchés publics.

CONCLUSION PREMIÈRE PARTIE

L'étude de la première partie a permis de faire une photographie de l'application des règles de procédure et de fond dans le contrôle juridictionnel des procédures de passation des marchés publics. Les décisions recensées montrent que le juge exerce une fonction juridictionnelle satisfaisante. Des efforts ont été perçus dans l'examen des litiges concernant l'appréciation des règles de procédure et de fond. À ce sujet, le juge a eu à arbitrer des litiges en usant de ses pouvoirs inquisitoriaux pour rendre des décisions justes et équitables. Et on constate que la Cour suprême sanctionne systématiquement le non-respect des règles de procédure et de fond.

De manière générale, on observe un ancrage aux méthodes classiques de contrôle. Pour parvenir à une plus grande efficacité des procédures d'urgence, le législateur a institué le référé administratif dans la nouvelle loi organique sur la Cour suprême. La substitution du sursis à exécution par le référé administratif n'a pas permis au juge de varier sa perception de l'urgence. Il exige toujours la réunion des deux conditions : l'urgence et le doute sérieux.

Dans ce même esprit, les questions de fond ont fait ressortir les moyens d'annulation repartis en moyen de légalité externe et en moyen de légalité interne. À ce propos, le contrôle des moyens de légalité externe s'avère relativement maitrisé. C'est au niveau du contrôle des moyens de légalité interne que le juge s'est peu prononcé. Toutefois, le juge a appliqué la technique de l'erreur manifeste d'appréciation. Au regard de ce qui précède, il importe de se poser la question de savoir si le contrôle du juge a connu une avancée dans l'interprétation des questions complexes liées aux procédures de passation des marchés publics ?

DEUXIÈME PARTIE

DES AVANCÉES TIMIDES DANS LE CONTRÔLE DES QUESTIONS COMPLEXES LIÉES À LA PASSATION DES MARCHÉS PUBLICS

Les principes généraux régissant la commande publique[630] sont au nombre de trois : la liberté d'accès à la commande publique, l'égalité de traitement des candidats et la transparence. S'y ajoute une règle générale s'appliquant dans le cadre des marchés publics : « *le choix de l'offre économiquement la plus avantageuse* ». Les fondements de ces principes se trouvent dans plusieurs sources jurisprudentielles et textuelles. Avec la consécration de l'obligation de respecter ces dits principes fondamentaux[631] qui gouvernent non seulement le choix du cocontractant mais aussi la totalité de l'opération contractuelle, une question s'impose : est-ce que le juge sénégalais intègre ces principes dans son contrôle sur les procédures de passation des marchés publics ?

En élargissant sensiblement sa panoplie de contrôle[632] par rapport à ces principes précités, nous avons également observé un office qui s'est progressivement enrichi. S'il n'existe pas de définition générale et consensuelle de la notion d'office du juge, il s'en dégage, néanmoins, un sens commun et doctrinal communément admis, mais rarement explicitement formulé. Cette notion recoupe schématiquement son sens commun, à savoir celle de devoir[633], de « *fonction que l'on doit remplir, charge dont on doit s'acquitter* »[634]. Si le terme d'office peut renvoyer à l'idée de compétence, entendue comme une « *aptitude à agir dans certains domaines* »[635], c'est le plus souvent à celle de « *rôle* »[636], de mission ou de fonction qu'il est assimilé.

---

630 L. RICHER, « L'article 1er du Code des marchés publics doit-il être révisé ?», *AJDA*, 1994, spécial, pp. 13-17. Dans son article, il donne une définition de la « définition juridique » que l'on peut prendre comme fondement pour appréhender ce que l'on appelle ici « notion juridique » : « *Une définition juridique est un instrument de qualification : elle fournit les éléments qui permettent de décider si un acte ou une situation entre dans une catégorie à laquelle s'applique un régime* ».

631 P. (de) BAECKE, « La maturation des principes fondamentaux de la commande publique », Constitution 2010, p. 410.

632 Sur l'élargissement de la panoplie de contrôle, nous nous inspirons de l'article de P.-M. SY, « Le Conseil d'État sénégalais et le contrôle de l'erreur manifeste d'appréciation », op. cit., p. 19.

633 Étymologiquement, le terme d'office est issu du latin « *officium* », qui signifie devoir ou service.

634 *Le Petit Robert*, dictionnaire, 2013.

635 G. CORNU, *Vocabulaire juridique, op. cit.*, p. 34

636 J. HERON, T. LE BARS, *Droit judiciaire privé*, Montchrestien, 5e éd., 2012, n° 278.

Autant, l'office du juge s'est enrichi, autant il a été constaté qu'il reste perfectible en raison de la dimension économique de la passation des marchés publics, de l'absence de la sollicitation du déféré du représentant de l'État, de la faiblesse de la production jurisprudentielle, de l'imprécision des conditions de l'admission de l'urgence et des requêtes mal présentées et pouvant être régularisées.

Tout en se félicitant des progrès observés dans le contrôle, on s'est s'intéressé également à la sociologie du contentieux à travers l'étude des données relatives aux décisions rendues par année, à la durée et à l'issue des litiges ainsi qu'à la nature des recours soumis au juge.

L'on va se pencher naturellement sur la question de l'efficacité du recours pour excès de pouvoir en matière de passation des marchés publics. À la lumière des décisions étudiées, on note à la fois :

TITRE I : LE RENFORCEMENT SIGNIFICATIF DU CONTRÔLE

TITRE II : LA TIMIDITÉ DU DÉVELOPPEMENT DU CONTRÔLE

TITRE I

LE RENFORCEMENT SIGNIFICATIF DU CONTRÔLE

Comme mentionné plus haut, l'obligation de respecter les principes fondamentaux trouve son fondement dans les textes et la jurisprudence autant nationaux[637] que communautaires. L'imposition de ces principes à l'acheteur public transforme la faculté d'exercice de la liberté contractuelle par la personne publique à ce stade de l'opération contractuelle en une hypothèse très faible en raison de la prépondérance de ces principes sur l'ensemble des procédures de passation. La référence à ces principes a permis au juge de renforcer son contrôle. Aussi accorde-t-il une attention particulière aux moyens d'annulation propres aux marchés publics, aux tiers et à la rénovation de l'urgence.

Ainsi, il s'est forgé un nouvel office consistant à éclairer les questions de contrariété et en accueillant favorablement le principe de mise en concurrence ainsi que l'intérêt général dans le bloc de la légalité administrative.

L'objet de ce titre est d'essayer de cerner les moments qui ont rythmé l'élargissement de la panoplie de contrôle **(Chapitre I),** puis l'enrichissement de l'office du juge (**Chapitre II).**

---

[637] Même le Conseil constitutionnel, qui a utilisé la formule « *commande publique* » dans plusieurs de ses décisions, l'a, semble-t-il, fait principalement en considération du flou qu'elle comporte. Cette considération ne doit pourtant pas limiter l'importance et la portée des décisions du Conseil constitutionnel qui emploient cette expression (pour l'heure au nombre de quatre : n° 2001-452 DC du 6 décembre 2001, *Loi portant mesures urgentes de réformes à caractère économique et financier (MURCEF)* ; N° 2002-460 DC du 22 août 2002, *Loi d'orientation et de programmation sur la sécurité intérieure*, n° 2002-461 DC du 29 août 2002, *Loi d'orientation et de programmation pour la justice*, et n° 2003-473 DC du 26 juin 2003 *Loi habilitant le gouvernement à simplifier le droit.*

CHAPITRE I

L'ÉLARGISSEMENT DE LA PANOPLIE DE CONTRÔLE

Le contrôle du juge de l'excès de pouvoir[638], a connu, au cours des dernières années, des évolutions profondes, visant à assurer une meilleure conciliation entre, d'une part, la protection du principe de légalité, qui régit l'action administrative et qui implique, en la matière, notamment le respect de la liberté d'accès à la commande publique, de l'égalité de traitement des candidats et de la transparence des procédures et, d'autre part, l'objectif de stabilité des relations contractuelles[639].

À l'évidence, il est noté l'existence d'un ensemble homogène formé par les trois principes de la commande publique[640]. Ces derniers sont, dans les textes comme dans la jurisprudence, systématiquement abordés de manière globale. En revanche, il sera question ici de percevoir les fonctions spécifiques à chaque principe, ainsi que leur articulation, au sein de l'ensemble qu'ils forment. Pour notre étude, c'est cette spécificité qui appelle notre attention en tant qu'elle met en évidence les fonctions de chaque principe.

Au-delà des règles de procédure et de fond dont le juge fait couramment usage, on constate qu'il a annulé des procédures de passation des marchés pour méconnaissance des principes fondamentaux, mais

---

638 V. J. ROCHEFLED, « Les sources administratives du droit des contrats : le sort du contrat irrégulièrement conclu et la mutation des rôles du juge administratif et de la place du contrat au sein de l'action administrative », *RDC,* 2010, p. 807.

639 V. J.-M. SAUVÉ, « Les mutations contemporaines du droit de la commande publique », 3 juin 2014, Clôture des Quatrièmes États-généraux du droit administratif. L'actualité du contentieux des contrats publics, 27 juin 2014, Conseil d'État, 4 avril 2014, Département de Tarn-et-Garonne, n° 358994, Conseil d'État, 21 mars 2011, Commune de Béziers II, n°304806, Conseil d'État, 28 décembre 2009, Commune de Béziers I, n° 304802, Conseil d'État, 16 juillet 2007, Société Tropic travaux signalisation, n° 291545, consulter ici https://www.banquedesterritoires.fr /les-contentieux-de-la-commande-publique-vus-par-le-conseil-detat).

640 V. à ce sujet l'article de C. MARINO-PHILIPPE : « Les nouvelles règles de la commande publique : bilan autour d'un contentieux en perpétuelle évolution », *RDP* N° 1, 2011, pp. 113-128.

aussi pour non-respect de la régularité des différentes étapes de la passation des marchés publics. De ce point de vue, on analysera d'abord l'extension de la panoplie de contrôle **(section I),** puis l'ouverture à d'autres moyens de contrôle **(section II).**

Section I. L'extension de la panoplie de contrôle…

Force est de constater que les principes de liberté d'accès, d'égalité de traitement et de transparence des procédures sont rattachés à une branche du droit récente et spécifique, le « *droit commun de la commande publique* »[641]. L'acheteur se doit donc de respecter ces principes lors de la passation de ses marchés publics. Toute la réglementation des marchés publics repose sur le respect de ces principes fondamentaux et ce, quel que soit le montant du marché. La méconnaissance des principes de liberté d'accès, d'égalité de traitement des candidats et de transparence constitue un manquement aux obligations de publicité et de mise en concurrence.

Le Conseil constitutionnel a consacré, par ailleurs, la valeur constitutionnelle de principes comparables, qu'il déduit des articles 6[642] et 14[643] de la Déclaration des Droits de l'Homme et du Citoyen de 1789. Mieux, le Conseil d'État a reconnu que les principes de transparence[644] des procédures, d'égalité de traitement des candidats et de liberté d'accès à la commande publique sont applicables aux marchés quel que soit leur montant[645]. Le juge administratif français veille au respect de ces principes généraux du droit des marchés publics[646]. Il en est de même pour le juge sénégalais. En intégrant ces principes dans son contrôle, il s'affranchit des méthodes usuelles de résolution des litiges administratifs.

Dans les lignes qui suivent, il convient d'aborder l'élargissement du contrôle fondé sur l'exigence du respect de transparence et d'égalité de

---

[641] CC, décision n° 2003-473 DC du 26 juin 2003, *Loi habilitant le gouvernement à simplifier le droit*, *Rec.* p. 382 ; *AJDA,* 2003. 1404, note E. FATÔME; *ibid.* 1391, note J.-E. SCHOETT; *ibid.* 2348, ét. E. FATÔME et L. Richer ; *Dr. adm.* 2003, p. 6, note A. MÉNÉMÉNIS.

[642] Article 6 : « *Chacun a le droit à la reconnaissance en tous lieux de sa personnalité juridique* ».

[643] Article 14 : « *Tous* les Citoyens ont le droit de constater, par eux-mêmes ou par leurs représentants, la nécessité de la contribution publique, de la consentir librement, d'en suivre l'emploi, et d'en déterminer la quotité, l'assiette, le recouvrement et la durée ».

[644] P.-G. WYCKOFF, *Pratique du droit de la construction : Marchés publics et privés,* Eyrolles, 8° éd, 2017, p. 222.

[645] CE, 29 juillet 2002, Société MAJ Blanchisseries de Pantin.

[646] CE, avis, 29 juillet 2002, Société MAJ Blanchisseries de Pantin.

traitements des candidats, d'une part **(paragraphe I),** puis d'examiner la liberté d'accès à la commande publique et la protection des petites et moyennes entreprises, d'autre part **(paragraphe II).**

Paragraphe I. Un contrôle étendu au respect des principes de transparence et d'égalité de traitement des candidats

Ces deux principes, traditionnels en droit des marchés publics sont interdépendants. Néanmoins, afin de bien percevoir la signification et les modalités de mise en œuvre de chacun d'entre eux, il convient de les étudier successivement. À partir de quelques décisions dépouillées, il est possible de dire que le juge a renforcé son contrôle en annulant des procédures de passation des marchés publics pour non-respect du principe de transparence[647] et d'égalité de traitement des candidats.

Ainsi observe-t-on une sanction du non-respect du principe de transparence **(A)** et d'égalité de traitement des candidats **(B).**

A. La sanction du non-respect du principe de transparence

Jusqu'à une époque récente, la transparence était pratiquée et recherchée sans être expressément nommée[648]. Il a fallu attendre le début des années 1990 pour que le vocable apparaisse[649]. C'est pourquoi F. LLORENS se demande : « *s'il ne s'agissait pas là d'une simple clause de style, de la concession obligée à une mode terminologique ou, au mieux, d'une façon de donner un regain de jouvence à une réalité (l'obligation de publicité, en l'occurrence), d'âge fort vénérable* »[650].

Dans ce même ordre d'idées, L. Richer fait remarquer que : « *s'il existe un principe général de transparence des contrats publics, il s'agit donc d'un principe spécifique à la matière et non d'une application particulière d'un principe général du droit. (...). Au stade actuel, si la valeur normative du principe est affirmée, sa portée reste encore mal déterminée, le principe juridique est à peine sorti de la gangue de l'idée force et le prestige de la notion de transparence pourrait faire oublier que, comme l'égalité ou la concurrence, la transparence doit avoir ses*

---

[647] Sur ce principe V. notamment J.-M. COMMUNIER, « Le principe de transparence : réflexions sur sa qualification et sa portée », *in Le Droit de l'Union Européenne en principes, Liber Amicorum en l'honneur de Jean Raux*, éd. Apogée, 2006, p. 262.

[648] V. E. GLASER chron. sur « L'obligation de transparence et absence de transparence », *in Bulletin juridique des contrats publics* N° 43, Novembre 2005, pp. 414-420.

[649] F. LLORENS, « Principe de transparence et contrats publics », *Contrats et marchés publ.* 2004, chron. 1.

[650] F. LLORENS, art. préc.

limites. La transparence n'est pas une valeur en soi, elle est au service de fins qui lui sont extérieures »[651]. L'auteur évoque par la suite l'existence d'un « *principe en gestation* »[652], dans la mesure où ce n'est pas un principe général de transparence[653] qui a été consacré par les textes et la jurisprudence, mais un principe spécifique au droit des contrats de la commande publique.

Ce principe signifie que la procédure de passation des marchés publics ne doit pas être opaque, que les différentes phases de la procédure doivent bannir toute discrimination[654] et donner lieu à une information claire et précise et à une concurrence loyale entre les divers candidats[655]. Il implique notamment que les critères d'attribution du marché et leurs conditions de mise en œuvre, soient communiqués le plus tôt possible, c'est-à-dire dès l'engagement de la procédure.

Dans un important arrêt, le Conseil d'État français[656] souligne que : « *pour assurer le respect des principes de liberté d'accès à la commande publique, d'égalité de traitement des candidats et de transparence des procédures, l'information appropriée des candidats sur les critères d'attribution d'un marché public est nécessaire, dès l'engagement de la procédure d'attribution du marché, dans l'avis d'appel public à la concurrence ou le cahier des charges tenu à la disposition des candidats ; que dans le cas où le pouvoir adjudicateur souhaite retenir d'autres critères que celui du prix, l'information appropriée des candidats doit alors porter également sur les conditions de mise en attribution du marché et les conditions de leur mise en œuvre selon les modalités appropriées à l'objet, aux caractéristiques et au montant du marché concerné* ».

En vérité, l'information des candidats sur les conditions de mise en œuvre des critères d'attribution impose de publier également la

---

651 L. RICHER, « La transparence et l'obstacle », *in Contrats publics*, *Mélanges en l'honneur du Professeur de Michel Guibal*, Presse de la Faculté de droit de l'Université de Montpellier, coll. Mélanges, 2006, vol. 1, pp. 175 et s.

652 *Idem* : « pour autant, le droit français ne consacre pas un principe général de transparence ; tout au plus est-il admis qu'il pourrait s'agir d'un principe en gestation ».

653 J. MARCHAND, « Réflexions sur le principe de transparence », *RDP,* 2014, p. 687.

654 V. J. RIVERO, « Les notions d'égalité et de discrimination en droit public français », *in Travaux de l'Assoc. H. Capitant*, 1961-1962, p. 343.

655 C. LAJOYE, *Droit des marchés publics,* Gualino, 5e éd, 2012, p. 121.

656 CE 30 mars 2009, Agence nationale pour l'emploi, *AJDA*, 2009, p. 602, note J.-D. DREYFUS.

pondération des critères d'attribution[657]. L'absence d'une telle publication vicie la procédure de passation du marché[658]. Cette publicité[659] des critères et de leur pondération s'opère au moyen de leur mention dans l'avis d'appel public à la concurrence ou dans les documents de la consultation. De même, quand le pouvoir adjudicateur a recours, pour préciser les critères d'attribution qu'il a retenus, à des sous-critères, ces derniers doivent faire l'objet d'une telle publicité[660].

Sous ce rapport, le juge sénégalais de la passation des marchés publics s'est prononcé dans ce sens à travers l'arrêt, la Société Angélique International Limited en abrégé A.I.L[661]. Dans son raisonnement, il invoque la violation du principe de transparence[662] : « *Lorsque les sous-critères ne figurant pas dans le dossier d'appel d'offres ne sont pas portés au préalable à la connaissance des candidats au marché. Il ajoute, à cet égard, que ce critère de sélection des candidats était prévu dans les Documents particuliers de l'Appel d'offres (DPAO) et que sa modification n'a pas été portée à la connaissance des candidats* ». Il en conclut que le CRD a violé le principe de transparence. Dans cette espèce, le juge annule la décision du CRD pour méconnaissance des principes de transparence et d'égalité des candidats. Le principe d'égalité sera traité dans les développements qui suivent. Toutefois, la Chambre administrative se focalise sur le considérant précité pour faire ressortir la violation du principe de transparence.

De même, le pouvoir adjudicateur doit informer les candidats potentiels dc la pondération ou de la hiérarchisation de ces sous-critères si cette pondération ou cette hiérarchisation est, par sa nature et par son

---

[657] C. LAJOYE, op.cit., p. 122.

[658] En ce sens : CJCE, 24 janv. 2008 Emm. G. Lianakis AE e. a. c/ Dimos Alexandroupolis e. a, aff.C-532/06 : Contrats-Marchés publics 2008, n°54, note W. ZIMMER ; BJCP 2009, p. 299 ; CP-ACCP 75/2008, p. 12 ; CE, 9 août 2006, Sté Hairis SAS : Contrats-Marchés publics 2006, n° 258 ; BJCP 2006, p. 478.

[659] G. ECKERT, « Le contenu des avis de publicité en matière de délégation de service public », *Contrats et marchés publ.* 2004, prat. 15.

[660] CJCE, 24 janv.2008 Emm. G. Lianakis AE e. a. c/DimosAlexandroupolis e. a, aff.C-532/06 : précité ; CE, 1e avril 2009, Ministre d'État, Ministre de l'Écologie, de l'Énergie du développement durable et de l'Aménagement du territoire : Contrats-Marchés publics 2009, n° 171, note J.-P. PIÉTRI ; JCP A 2009, n° 2170, note F. LINDITCH.

[661] CS. Arrêt n° 55 du 24 octobre 2013, la Société angélique International Limited en abrégé A.I.L c/ARMP-ASER-État du Sénégal, (Inédit).

[662] F. LLORENS, « Principe de transparence et contrats publics », *Contrats et marchés publics,* Janvier 2004, p. 5.

importance, susceptible d'exercer une influence sur la présentation des offres et leur sélection[663].

Dans sa décision Bureau Veritas SA[664], le juge précise que les sous-critères ne figurant pas dans le DAO et n'ayant pas été portés au préalable à la connaissance des candidats, il y a violation du principe de transparence. En revanche, la publicité des conditions de mise en œuvre des critères d'attribution n'impose pas de porter à la connaissance des candidats la méthode de notation des offres. Dans cet esprit, le Conseil d'État indique que, si le respect des principes fondamentaux de la commande publique oblige d'indiquer dans les documents de consultation d'un marché, les critères d'attribution du marché et leurs conditions de mise en œuvre, ils n'obligent pas d'informer les candidats de la méthode de notation des offres[665].

Enfin, il faut souligner que ces règles de publicité des critères d'attribution et de leurs conditions de mise en œuvre s'appliquent aussi bien pour les marchés passés en procédure adaptée que ceux conclus en procédure formalisée[666]. Aussi le juge a-t-il été amené à étendre son contrôle en invoquant l'exigence du respect de l'égalité de traitement des candidats.

B. La sanction du non-respect du principe d'égalité de traitement des candidats

Il n'est pas superflu de rappeler que l'égalité de traitement signifie donc que tous les candidats doivent disposer des mêmes chances dans la formulation des termes de leurs offres, indépendamment de leur nationalité[667]. Ce principe a vocation à s'appliquer à toutes les phases de la procédure de passation, ainsi qu'à la phase d'exécution des contrats

---

663 CE, 18 juin 2010, Commune de Saint-Pal-de-Mons : Contrats-Marchés publics 2010, n° 271 note P. REES.

664 CS. Arrêt n° 12 du 7 Avril 2011, VERITAS SA c/ARMP, (Inédit).

665 CE, 31 mars 2010, Collectivité territoriale de Corse : *Contrats-Marchés publics* 2010, n° 240, note P. DEWILERS ; CE, 21 mai 2010, Commune d'Ajaccio : *Contrats-Marchés publics,* 2010, n° 239, note P. DEWILERS.

666 CE, 30 mars 2009, Agence nationale pour l'emploi : précité ; CE, 24 fév. 2010, Communauté de communes Enclave des Papes : *Contrats-Marchés publics,* 2010, n°131, note W. ZIMMER.

667 CJCE, 25 avril 1996, *Commission c/Belgique,* (affaire des « Bus Wallons »), aff. C-87/94, *Rec.* p. I-2043, pt. 54 ; *RDI,* 1996, p. 368, obs. F. LLORENS et Ph. TERNEYRE.

publics[668], et ce, dès l'enclenchement de la procédure. Ce principe restreint par exemple la possibilité pour les législations nationales d'imposer des limitations d'accès aux procédures de passation[669] ou interdit l'exclusion automatique fondée sur des présomptions irréfragables[670]. Pendant le déroulement de la procédure, il implique l'obligation, pour les personnes publiques, de s'en tenir à la même interprétation des critères d'attribution tout au long de la procédure[671].

Dans cette perspective, toutes les entreprises doivent pouvoir faire acte de candidature ou remettre une offre. À toutes les étapes de la procédure, elles doivent bénéficier des mêmes informations et des mêmes règles de compétition. Leur candidature et leur offre doivent être analysées dans des conditions identiques, à partir de critères préalablement définis. Ainsi, la mauvaise définition préalable des besoins constitue une atteinte au principe d'égalité de traitement des candidats[672].

Le Conseil d'État estime que : « *faute d'avoir précisément défini le type des prestations complémentaires envisagées, lesquelles doivent nécessairement être en rapport direct avec l'objet du marché, la communauté urbaine de Dunkerque et la ville de Dunkerque n'ont pas, eu égard à l'insuffisante définition de la nature et de l'étendue de leurs besoins, et à la marge de choix discrétionnaire qu'elles s'étaient ainsi réservée, prévu des modalités d'examen des offres garantissant l'égalité de traitement des candidats et la transparence de la procédure ; qu'un tel manquement, qui est de nature à léser la société Decaux au stade de l'examen des offres, justifie l'annulation de la procédure de passation du marché* »[673].

---

[668] V. notamment CJCE, 19 juin 2008, *Pressetext Nachrichtenagentu rGmbH c/Republik Osterreich*, aff. C-454/06, *Rec.* p. I-4401, concl. J. KOKOTT ; *AJDA* 2008. 2008, note J.-D. DREYFUS ; *RDI* 2008. 501, obs. R. NOGUELLOU ; *RFDA,* 2011. 98, note H. HOEPFFNER ; *RTD eur.* 2009. 511, chron. A.-L. SIBONY et A. DEFOSSEZ ; *Contrats et marchés publ.* 2008, comm. 186, note W. ZIMMER.

[669] CJUE, ord., 4 octobre 2012, *Vivaio dei MoliniAzienda Agricola PorroSavoldi c/Autorità per la vigilanza sui contrattipubblici di lavori, servizi e forniture*, aff. C-502/11, pt. 37.

[670] CJUE, 23 décembre 2009, *Serranton Sarl Consorzio Stabile édili SCRL c/Cne de Mila*, aff. C-376/08, préc.

[671] CJCE, 4 décembre 2003, *EVN AG WienstromGmb*, aff. C-448/01, *Rec.* p. I-14527 ; *AJDA,* 2004. 334, note T. GLIOZZO.

[672] P.-G. WYCKOF, op. cit., p. 225.

[673] CE, 15 décembre 2008, Communauté urbaine de Dunkerque, ville de Dunkerque c/société Decaux.

Ce principe est le corollaire du principe d'égalité devant la loi qui, avant d'être consacré comme un principe à valeur constitutionnelle, fut reconnu comme principe général de droit par le Conseil d'État[674]. Il faut dire que l'égalité devant la loi est un principe fondamental expressément affirmé par la Déclaration des Droits de l'Homme et du Citoyen de 1789, dans le Préambule de la Constitution de 1946 et dans la Constitution du 4 octobre 1958. Il signifie que toute personne doit être traitée de manière identique à une autre si elle est placée dans la même situation juridique[675].

Cette égalité de traitement devant la loi est transposée dans le droit des marchés publics en égalité de traitement des candidats à un marché public. Cette dernière, comme cela a été précisée plus haut, a reçu valeur constitutionnelle[676].

Du reste, le juge sénégalais a rappelé le respect de ce principe dans l'arrêt Port autonome de Dakar[677] en déterminant que les critères de sélection qualitative étant différents des critères d'attribution, l'autorité contractante n'a pas indiqué les modalités d'application selon lesquelles les candidats seront sélectionnés, s'arrogeant ainsi un pouvoir souverain d'appréciation. L'irrespect de cette mention entraîne la violation du principe d'égalité de traitement des candidats. Ainsi peut-on recenser de nombreux cas où la violation du principe d'égalité de traitement entre les candidats est constatée. Il s'agit d'une erreur sur le délai donné aux entreprises, des spécifications techniques discriminatoires, de préférence locale, d'une absence d'élimination des offres arrivées hors délai et d'une absence d'élimination d'une offre anormalement basse.

En l'espèce[678], il convient de noter qu'après avoir détecté l'offre qui paraissait anormalement basse et examiné les justificatifs demandés à l'entreprise, si l'offre est de nature à compromettre la bonne exécution du marché, le Conseil d'État a jugé que la retenir serait contraire au principe d'égalité de traitement des candidats et le pouvoir adjudicateur a l'obligation de la rejeter :

« *Considérant que le fait, pour un pouvoir adjudicateur, de retenir une offre anormalement basse porte atteinte à l'égalité entre les candidats*

---

674 CE Ass., 7 févr. 1958, Syndicat des propriétaires de forêts de chênes lièges d'Algérie, Rec. p. 74 – CE Ass., 22 janv. 1982, Ah. Won, Rec. p. 33.

675 C. LAJOYE, *op.cit.*, p.120.

676 Décision précitée du Conseil constitutionnel du 26 juin 2003.

677 Arrêt déjà cité.

678 P.-G. WYCKO, *op.cit.*, p. 225.

à l'attribution d'un marché public ; qu'il résulte des dispositions précitées que, quelle que soit la procédure de passation mise en œuvre, il incombe au pouvoir adjudicateur qui constate qu'une offre paraît anormalement basse de solliciter auprès de son auteur toutes précisions et justifications de nature à expliquer le prix proposé ; que si les précisions et justifications apportées ne sont pas suffisantes pour que le prix proposé ne soit pas regardé comme manifestement sous-évalué et de nature, ainsi, à compromettre la bonne exécution du marché, il appartient au pouvoir adjudicateur de rejeter l'offre »[679].

Sous cet éclairage, le principe d'égalité de traitement des candidats interdit toute discrimination à l'encontre d'un candidat. Le Conseil d'État dans un arrêt du 13 mai 1987, Société Warner Isofi Isolation[680] censure une directive au motif qu'elle « *a pour effet d'introduire une discrimination qui n'est pas en rapport avec l'objet de la réglementation de marchés publics et de porter ainsi une atteinte injustifiée à l'égalité de traitement qui doit être assurée entre les entreprises candidates à la présentation d'une offre* ».

Dans l'arrêt, la Société angélique International Limited en abrégé A.I.L[681], le juge a justifié le respect du principe d'égalité en soulignant que : « *les critères comme du reste les sous-critères doivent être justifiés par l'objet du marché, avoir la précision nécessaire de manière à ne laisser aucun pouvoir discrétionnaire à la commission des marchés, être portés à la connaissance des candidats et respecter les principes fondamentaux de transparence, d'égalité des candidats et de non-discrimination* ».

Sur le respect de la non-discrimination, la Cour suprême a rappelé que l'examen des pièces du dossier ne révèle pas l'existence de clauses discriminatoires à l'égard de la société requérante dans l'affaire La Société Etude-Coordination-Travaux, dite ECOTRA SA[682].

En l'espèce, la référence au principe d'égalité de traitement apparaît dans le considérant où il indique que le montant minimum exigé au titre du chiffre d'affaires se distingue de la justification de la capacité financière par des documents légalement admis et l'expiration du délai

---

[679] CE, 29 mai 2013, Ministre de l'Intérieur et CE, 15 octobre 2014, Rabot Dutilleuil.
[680] Rec.p. 171, D. 1987.somm. 430, obs. TERNEYRE.
[681] CS. Arrêt n° 55 du 24 Octobre 2013, op.cit., (Inédit).
682 CS. Arrêt n° 48 du 23 septembre 2021, La Société Étude-Coordination-Travaux, dite ECOTRA SA, c/ARMP, (Inédit).

imparti par l'accord de financement ne saurait justifier des atteintes aux règles de passation des marchés publics.

Au total, le juge exerce un contrôle constant sur le principe de transparence et sur celui d'égalité de traitement des candidats. Il en est de même de la liberté d'accès à la commande publique et de l'impartialité.

Paragraphe II. Un contrôle élargi de la liberté d'accès à la commande publique et au principe d'impartialité

Le juge[683] joue un rôle primordial dans la protection de la liberté d'accès à la commande publique **(A)** des petites et moyennes entreprises **(B).**

A. La protection de la liberté d'accès à la commande publique

Il signifie que l'accès[684] à la commande publique doit être libre et impartial. La personne publique adjudicatrice ne doit pas créer ou laisser s'installer un milieu non concurrentiel. Dès lors, elle ne peut écarter des candidats en se fondant sur d'autres conditions que celles autorisées par le Code des marchés[685]. C'est pourquoi, les clauses écartant certaines catégories de candidats par leurs exigences particulières en matière de capacité ou de spécifications techniques sont sanctionnées par le juge[686].

À l'évidence, le principe prohibe l'exclusion de candidats qui rempliraient les conditions exigées par le règlement de la consultation. En outre, ce dernier ne doit contenir aucune exigence qui ne se justifierait pas par l'objet du marché. L'acheteur doit veiller à ce que les clauses du marché et les critères de sélection des candidats et des offres n'aboutissent pas à écarter certaines catégories de candidats ou à en favoriser d'autres[687].

À ce titre, il n'est pas possible d'écarter, par principe, la candidature d'un opérateur économique ayant participé, sous quelque forme que ce

---

683 On notera que le principe d'égalité avait déjà été reconnu comme un « *principe général du droit* » par le Conseil d'État, alors même que normalement les PGD sont des principes non-textuels et que l'égalité a un fondement textuel. B. GENEVOIS, « Principes généraux du droit », *Encyclopédie juridique Dalloz – Répertoire de contentieux administratif*, 2000, 91 pp., 999 n°s., spé. n° 116 justifie cela par le fait que la Déclaration de 1789 n'a eu pendant longtemps aucune valeur juridique impérative.

684 À ce sujet lire notamment C. CANTIÉ : « L'objectif d'égal accès à la commande publique est-il assuré ? », *Contrats publics*, n° 69, septembre 2007, p. 52.

685 C. LAJOYE, op.cit., p. 114.

686 *Ibidem.*

687 P.-G. WYCKO, op.cit., p. 227.

soit, à la préparation d'un marché public. Ainsi, la participation d'une entreprise à la définition d'un projet ne constitue pas, en elle-même, un motif justifiant que cette entreprise soit écartée des consultations futures mettant en œuvre le projet qu'elle aura contribué à définir.

Pour s'en convaincre, au moins, dans deux décisions, le juge a rappelé le respect du principe de la liberté d'accès à la commande publique. Dans la première affaire dite SARRE CONS[688], la requérante sollicitait l'annulation de la décision n°118/12/ARMP/CRD du 3 octobre 2012 du Comité de Règlement des Différends (CRD) de l'Autorité de Régulation des Marchés publics (ARMP), annulant l'attribution provisoire à son profit du marché.

Dans cette espèce, le CRD a annulé l'attribution provisoire du marché à la société SARRE-CONS au motif que PETROSEN a déclaré conforme l'offre sans qu'elle n'ait produit l'autorisation du constructeur des véhicules proposés. Or, il ressort tant du Règlement n° 02/2002/CM/UEMOA du 23 mai 2002 sur les pratiques anti-concurrentielles, de l'article 23 de la loi n° 94-63 du 22 août 1994 sur les prix, la concurrence et le contentieux économique, que de l'article 88 du traité de l'UEMOA et de l'avis du CRD n°017/10/ARMP/CRD du 11 août 2010.

Ainsi, la clause incluse dans les dossiers d'appel d'offres (DAO) et relative à l'autorisation du constructeur à commercialiser son produit en matière d'achats de véhicules neufs est irrégulière et contraire aux règles de concurrence, de libre accès aux marchés publics et d'égalité des candidats aux marchés de véhicules neufs.

Dans sa réponse, le juge rappelle que les dispositions des articles 88 du traité instituant l'UEMOA et de l'article 3 du règlement n°02/2002/CM/UEMOA du 23 mai 2002 sur les pratiques anti-concurrentielles, des accords limitant l'accès au marché ou le libre exercice de la concurrence par d'autres entreprises constituent des ententes qui restreignent ou faussent le jeu de la concurrence.

Dans la seconde affaire mettant en cause la SENELEC[689], le Comité de Règlement des Différends s'est permis de substituer aux spécifications techniques contenues dans le dossier d'appel d'offres de la SENELEC ses propres spécifications techniques, au demeurant, puisées dans la réclamation de CCBM candidat au marché, alors que selon le premier

---

[688] Arrêt n° 47 du 22 Août 2013, Société SARRE-CONS c/ARMP-État du Sénégal, (Inédit), (Déjà cité).

[689] CS. Arrêt n° 25 du 12, Mars 2015, SENELEC c/ARMP, (Inédit).

de ces textes, les autorités contractantes qui envisagent de passer un marché de fournitures doivent déterminer les besoins au moyen de spécifications techniques contenues dans le dossier d'appel d'offres, lesquelles définissent les caractéristiques requises en fonction de l'usage auquel ces fournitures sont destinées.

Selon la SENELEC, en ordonnant la modification des critères relatifs à la garde au sol, le Comité de Règlement des Différends (CRD) privilégie un seul concurrent qui, compte tenu du fait qu'il n'est pas obligé de respecter ces spécifications techniques, sera moins disant que les autres concurrents, alors que l'ARMP a pour mission de veiller au respect de la réglementation en matière de marchés publics, notamment empêcher toute violation des règles de concurrence dans le cadre des procédures de passation des marchés. Enfin, elle exige à ce que la décision du CRD soit suffisamment motivée.

Rappelant d'abord les dispositions pertinentes du Code des Marchés publics, le juge a estimé que la garde au sol est la distance entre le sol et le point le plus bas du véhicule et est souvent adaptée à l'utilisation du véhicule. En retenant qu'accéder à la requête de CCBM Industries en fixant la garde au sol à 190 mm minimum en lieu et place de 200 mm, soit une différence d'un centimètre ne peut objectivement avoir un impact significatif sur la performance du véhicule et ne peut substantiellement limiter l'usage auquel il est destiné et, qu'en outre, la révision de ce critère permet d'élargir la concurrence et de préserver le principe de liberté d'accès à la commande publique, le CRD a suffisamment motivé sa décision.

Le principe de liberté d'accès interdit ainsi d'exclure des candidats qui remplissent toutes les conditions requises par le règlement de la consultation, qui ne doit comporter aucune exigence qui ne serait pas justifiée par l'objet du marché.

Au regard des décisions étudiées, nous pouvons dire que le juge attache un intérêt particulier au respect du principe de la liberté d'accès à la commande publique. Le principe d'impartialité n'est pas cité comme faisant partie intégrante des principes fondamentaux de la passation des marchés publics. Toutefois, le juge semble le sous-entendre dans son contrôle.

Les principes dits de la commande publique[690] que sont la liberté d'accès à la commande publique, l'égalité de traitement des candidats

[690] V. pour une application récente de ces principes CE 29 juin 2012 *Société Pro2C.*

et la transparence des procédures, occupent une place centrale. De manière générale, le principe d'impartialité se rattache à ces principes, plus particulièrement au principe d'égalité de traitement mais également au libre accès à la commande publique. Ce qui implique que l'impartialité est ainsi appréciée *in concreto* par le juge. Ce dernier a, à cet égard, rappelé son champ d'application, et notamment les personnes visées dans l'affaire, le Port Autonome de Dakar c/CRD[691]. Même si le juge a rejeté le recours de ladite société, il demeure qu'il fait référence au respect du principe d'impartialité. En effet, il a déclaré que le recours aux documents-types favorise certes le respect de la réglementation mais ne constitue nullement une garantie absolue de respect de celle-ci.

D'après le juge, ces documents doivent être adaptés aux spécificités de chaque dossier d'appel d'offre et surtout être renseignés, pour répondre aux exigences de transparence et d'impartialité. Le pouvoir adjudicateur aurait dû mettre en œuvre « *toute mesure en vue de lever ce doute légitime, par exemple en l'écartant de la procédure d'analyse des offres* ». Dans ces conditions, le Conseil d'État confirme l'annulation de la procédure de passation du marché de la région[692]. La Cour suprême accorde également une protection élevée aux petites et moyennes entreprises.

B. La protection des petites et moyennes entreprises

Les arrêts n° 37 du 14 juin 2018, État du Sénégal c/ARMP[693] et n° 34 du 27 Mai 2021, Société Étude-Coordination-Travaux dite ECOTRA SA/ARMP[694] illustrent à bien des égards le contrôle que la Cour suprême exerce sur l'accès des PME à la commande publique.

Dans la première affaire, l'État du Sénégal sollicitait l'annulation de la décision n° 280/16/ARMP/CRD du 7 Septembre 2016 du Comité de règlement des différends de l'autorité de régulation des marchés publics (CRD de ARMP) ordonnant l'annulation de la procédure d'attribution provisoire du marché, la relance de la procédure par appel d'offres international du lot 2 du marché de construction du stade de Kaffrine. Alors que dans la seconde, ECOTRA SA invitait à son tour la haute juridiction à annuler la décision n° 141/2020/ARMP/CRD/DEF du

---

691 CS. Arrêt n°18 du 22 Mars 2012, Port Autonome de Dakar c/ARMP, (Inédit).

692 CE, 14 octobre 2015, Société RevetSens c/Région Nord-Pas-de-Calais, n° 390968.

693 CS. Arrêt n° 14 du 22 février 2018, Le Groupement GIC/SGS/ARMP & L'AGEROUTE, *Bulletin des arrêts de la Cour suprême n° s* 15–16, Année judiciaire 2018, Juillet 2019, pp.171-172.

694 CS. Arrêt n° 34 du 27 Mai 2021, La Société Étude Coordination-Travaux dite ECOTRA SA, (Inédit).

9 Septembre 2020 du CRD de l'ARMP rejetant son recours contre l'attribution provisoire du marché pour les travaux d'aménagement et de bitumage de la boucle des Kalounayes y compris les voiries lancées par l'AGEROUTE.

La question de droit qui ressort principalement de ces deux affaires peut être formulée ainsi qu'il suit : l'exigence d'expérience spécifique, les tergiversations du CRD sur les preuves de capacité financière, la non-constitution de groupement réunissant des entreprises communautaires et non communautaires sont-elles de nature à défavoriser l'accès des Petites et Moyennes Entreprises à la commande publique ?

Les juges de la Cour suprême répondent par l'affirmative. Dans la première affaire, le recours de l'État du Sénégal contre la décision du CRD portant annulation et relance de l'appel d'offres international est rejeté en ce que la Cour suprême considère que le critère d'expérience spécifique constitue un obstacle à l'accès aux marchés relatifs à la construction et à la réfection de stade. Par la même occasion, les juges estiment que la constitution de groupements réunissant des entreprises communautaires et entreprises non communautaires favorise le transfert de technologie.

Dans la seconde espèce, la juridiction de céans argue que le CRD, en écartant les preuves d'attestation de financement, compromet l'accès des PME à la commande publique. L'analyse de ces décisions montre que la Cour suprême sénégalaise protège jalousement l'accès des candidats (PME) à la commande publique[695]. Et ce, en allant notamment jusqu'à créer, sans aucune hésitation apparente, une brèche afin de garantir un large accès à la commande publique, si ce n'est à toutes les PME[696], à certaines d'entre elles par la constitution de groupements réunissant des entreprises communautaires et non communautaires.

Au total, le contrôle effectué sous le prisme des principes fondamentaux de la passation des marchés publics a permis au juge de renforcer son contrôle. En se détachant des moyens classiques de contrôle et en acceptant de recevoir le recours des tiers, la Cour suprême s'emploie à utiliser d'autres moyens de contrôle.

---

[695] F. ALLAIRE, « l'accès des PME à la commande publique, in la commande publique, un levier pour l'action publique ? » sous la direction d'Etienne Muller, *Dalloz*, 2018.

[696] Voir à ce sujet la loi d'orientation n° 2020-02 du 07janvier 2020 relative aux Petites et Moyennes Entreprises, *JO*, numéro spécial, n° 7259 du lundi 20 janvier 2020, p.79.

Section II. ... À l'ouverture à d'autres moyens de contrôle

En élargissant son contrôle aux principes fondamentaux de la commande publique, le juge a aussi été amené à annuler des procédures de passation des marchés en se fondant sur les moyens d'annulation propres aux marchés publics. L'une des avancées les plus importantes a été de permettre au tiers de faire partie du procès[697] des procédures de passation des marchés publics et la rénovation des procédures d'urgence. Ainsi, on observe que le contrôle est élargi aux moyens d'annulation propres aux procédures de passation des marchés publics **(Paragraphe I).** Par ailleurs, on note la prise en compte du recours du tiers et la rénovation de l'urgence dans le contentieux des marchés publics **(paragraphe II).**

Paragraphe I. Un contrôle élargi aux moyens d'annulation propres aux marchés publics

Au-delà des principes fondamentaux de la passation des marchés publics que le juge utilise parfois pour annuler des procédures de passation des marchés publics, nous avons recensé d'autres règles figurant dans le Code des Marchés publics pouvant ainsi lui permettre d'effectuer son contrôle. Il s'agit, entre autres, des Dossiers d'Appel d'Offres (DAO) et des Documents particuliers de l'Appel d'Offres (DPAO) **(A)** ainsi que les décisions d'attribution et les garanties exigées **(B).**

A. Un contrôle prenant en compte les dispositions des Dossiers d'Appel d'Offres (DAO) et les Documents particuliers de l'Appel d'Offres (DPAO)

En raison de leur technicité, les Dossiers d'Appel d'Offres (DAO) et les Documents Particuliers de l'Appel d'Offres (DPAO) incorporent des spécifications techniques, si détaillées que les soumissionnaires sont tentés d'en négliger certaines données pouvant induire en erreur les personnes responsables de marché et le Comité de Règlement des Différends. Cultivant sa « *neutralité axiologique* », le juge ne se prête guère à un examen superficiel de tels dossiers[698]. Il examine, au cas par cas et opère un contrôle rigoureux sur lesdits documents.

---

697 V. à ce sujet É. UNTERMAIER-KERLEO : « Le tiers à l'acte administratif unilatéral, un administré et un justiciable de second rang », *RFDA*, 2013, p. 285.

698 B. BA, op. cit., p. 172.

Dans la décision CERTEC rendue le 03 juin 2011[699], le juge de l'excès de pouvoir a sanctionné le non-respect des documents contenus dans le cahier des charges. En effet, ladite société sollicitait l'annulation de la décision n° 088/ARMP/CRD du 7 juillet 2010 du Comité de Règlement des Différends de l'Autorité de Régulation des Marchés publics qui a rejeté son recours tendant à l'annulation de la décision d'attribution du marché d'équipement de l'hôpital principal de Dakar en matériel biomédical, à la société Carrefour médical.

En l'espèce, la société requérante reprochait au CRD de dispenser la société Carrefour Médical de l'exigence de production de l'attestation de compétence du personnel du candidat. Le Comité de Règlement des Différends de l'Autorité de Régulation des Marchés publics s'est fondé sur la proposition de ladite société relative à l'éventuelle formation de son personnel, avant d'ajouter que cette société pouvait se passer de cette proposition parce qu'elle n'est pas dans les exigences de prescription du marché. Pour sa part, CERTEC SA estimait que le C.R.D a violé le cahier des charges qui en ses clauses relatives aux « *spécifications techniques* », et à la « *maintenance* » exige la production de certification d'agrément du constructeur et de formation technique des équipes de l'attributaire.

Dans sa réponse, la Cour rappelle que le cahier des charges, en son point 16, prévoit que : « *Si le fournisseur n'est pas le constructeur, il devra produire tous certificats d'agrément du constructeur et de formation technique de ses équipes* ». Ce qui n'est pas le cas en l'espèce. Elle conclut que la décision attaquée, qui a rejeté le recours de la société CERTEC, sans relever la production par l'attributaire provisoire des certificats d'agrément du constructeur et de formation technique de ses équipes, comme exigé par le cahier des charges, encourt l'annulation.

L'arrêt SARRE-CONS a, aussi, permis de renseigner sur le sens du respect des éléments contenus dans le DAO. Dans cette affaire, il était reproché au CRD d'avoir annulé l'attribution provisoire du marché à la société SARRE-CONS au motif que PETROSEN a déclaré conforme l'offre de celle-ci, sans qu'elle n'ait produit l'autorisation du constructeur des véhicules proposés.

Il ressort tant du Règlement n° 02/2002/CM/UEMOA du 23 mai 2002 sur les pratiques anti-concurrentielles, de l'article 23 de la loi n° 94-63 du 22 août 1994 sur les prix, la concurrence et le contentieux économique, que de l'article 88 du traité de l'UEMOA et de l'avis du

[699] Arrêt déjà cité.

CRD n°017/10/ARMP/CRD du 11 août 2010, que la clause incluse dans les dossiers d'appel d'offres (DAO) et relative à l'autorisation du constructeur à commercialiser son produit en matière d'achats de véhicules neufs est irrégulière et contraire aux règles de concurrence, de libre accès aux marchés publics et d'égalité des candidats aux marchés de véhicules neufs.

Rappelant les dispositions de l'article 24-3 nouveau du Code des Obligations de l'Administration[700] en ce que les autorités contractantes doivent respecter les principes de liberté d'accès à la commande publique, d'égalité de traitement des candidats et de transparence des procédures, le juge estime que l'autorité contractante ne doit pas violer les règles de concurrence et de libre accès aux marchés publics en insérant dans les dossiers d'appel d'offres (DAO) une clause relative à l'autorisation du constructeur à fournir par les candidats au marché de véhicules neufs.

En l'espèce, le juge s'est montré très pointilleux en examinant les éléments du dossier. En effet, il a considéré qu'une simple attestation non accompagnée de pièces justificatives ne suffit pas à établir l'existence d'un service après-vente conformément aux exigences du DAO.

L'exigence du respect du DAO est également rappelée dans l'affaire Société sénégalaise d'équipement et de prestation de services SUARL (dite SEPS)[701]. Selon la haute juridiction, il résulte de l'examen des

---

[700] Article 24 nouveau relatif Principes fondamentaux applicables aux achats : « *en vue d'assurer l'efficacité de la commande publique et la bonne utilisation des deniers publics, la conclusion des contrats d'achat passés à titre onéreux par les acheteurs publics :*

- *exige une définition préalable de leurs besoins par ces acheteurs publics ;*
- *suppose l'existence de crédits suffisants selon le principe stipulé à l'article 17 du présent code ; et,*
- *doit respecter les principes de liberté d'accès à la commande publique, d'égalité de traitement des candidats et de transparence des procédures.*

Les principes susvisés s'appliquent aux achats effectués :

- *par l'État, les collectivités locales et leurs établissements publics ;*
- *par les personnes qui agissent au nom et pour le compte des acheteurs publics ; et,*
- *par les organismes dont l'activité est financée majoritairement par des fonds publics, déterminés conformément aux dispositions du code des marchés publics visé à l'article 25 ci-après ».* Le non-respect des formalités de publicité prescrites et la violation du principe d'égalité de traitement des candidats aux commandes publiques par les acheteurs publics entraînent la nullité de la procédure de passation ou du marché passé, à la requête de toute personne intéressée au déroulement normal de la procédure.

[701] CS. Arrêt n° 24 du 09 juillet 2020, Société sénégalaise d'équipement et de prestation de services SUARL (dite seps) c/ARMP, *Bulletin des arrêts de la Cour suprême* n° s 21-22, Année judiciaire 2020, Avril 2021, pp. 252-254.

pièces du dossier que, d'une part, pour la qualification du conducteur des travaux, la SEPS a fourni le CV d'un titulaire de diplôme universitaire de technologie ayant exécuté des projets en qualité de géomètre alors que le DAO exige un conducteur des travaux de génie civil rural ou équivalent, justifiant de la réalisation d'au moins trois projets similaires au cours des dix dernières années, et, d'autre part, sur le matériel demandé, son offre technique ne comporte pas sept (07) des items sur les seize (16) qui étaient demandés. Par conséquent, la branche du moyen n'est pas fondée.

Enfin, dans l'affaire la Société DISMAT[702], le juge estime que le seul critère financier n'est pas suffisant pour attribuer le marché au candidat ayant soumis l'offre la moins disante, à l'exclusion des autres critères figurant au Dossier d'Appel d'Offres (DAO).

L'exigence du respect des Documents particuliers de l'Appel d'Offres (DPAO) est aussi apparue dans l'arrêt la Société angélique International Limited en abrégé A.I.L[703]. La société requérante reprochait au Comité de Règlement des Différends d'avoir ordonné l'attribution du marché à la société Lucky Exports alors que l'ARMP a constaté que l'offre du candidat repêché n'est pas conforme à l'exigence de capacité financière qu'il faut prouver en justifiant pour chacune des trois dernières années, un chiffre d'affaires annuel minimal de 90 000 000 de dollars US. L'ARMP juge en toute incompétence que cette exigence du cahier des charges est « *disproportionnée* » avant de l'écarter au profit de Lucky Exports au motif que l'accord de financement du 21 avril 2011 liant le Sénégal à EXIMBANK INDIA sera caduc le 30 avril 2013 si le marché n'est pas attribué à Lucky Exports.

Toutefois, la Cour précisa d'abord que les critères comme du reste les sous-critères doivent être justifiés par l'objet du marché, avoir la précision nécessaire de manière à ne laisser aucun pouvoir discrétionnaire à la commission des marchés, être portés à la connaissance des candidats et respecter les principes fondamentaux de transparence, d'égalité des candidats et de non-discrimination.

S'offusquant du fait que le CRD a estimé que le critère a été fixé de façon disproportionnée, la Cour en a conclu que le critère de sélection des candidats était prévu dans les DPAO et que sa modification n'a pas été portée à la connaissance des candidats. Devant cette situation, elle

---

[702] CS. Arrêt n° 12 du 25 février 2021, Société DISMAT c/ARMP, (Inédit).
[703] Arrêt déjà cité.

en conclut que le montant minimum exigé au titre du chiffre d'affaires se distingue de la justification de la capacité financière par des documents légalement admis et que l'expiration du délai imparti par l'accord de financement ne saurait justifier des atteintes aux règles de passation des marchés publics.

Le respect des DAO et des DPAO fait l'objet d'une surveillance entière de la part du juge chargé du contentieux de la passation des marchés publics. Les affaires relatives aux décisions d'attribution et aux garanties lui ont, aussi, donné l'occasion au juge d'annuler des procédures de passation des marchés publics.

B. Un contrôle concret sur les décisions d'attribution et les garanties exigées

À l'évidence, les décisions d'attribution constituent de loin la première indication en termes de litiges dans le contentieux de la passation des marchés publics. Dans la décision CERTEC SA[704], le juge estime que la décision attaquée, qui a rejeté le recours de la société CERTEC, sans relever la production par l'attributaire provisoire des certificats d'agrément du constructeur et de formation technique de ses équipes, comme exigé par le cahier des charges encourt l'annulation.

En revanche, dans l'arrêt SONERCO[705], le juge a paralysé l'action en accordant le sursis à l'exécution de l'acte attaqué dans la mesure où la requérante soutient qu'aucune des conditions posées par les articles visés au moyen tiré de la violation de la loi, relativement aux critères de recevabilité de l'offre et de qualification du candidat, n'a été remplie par l'attributaire provisoire, contrairement aux considérations du CRD.

À l'appui de sa demande, la société SONERCO invoquait la violation des dispositions de l'article 24 nouveau du Code des Obligations de l'Administration, celles du décret n° 2005-576 du 22 juin 2005 portant charte de transparence et d'éthique en matière de marchés publics et celles des dispositions des articles 68, 69, 70 et 59 du Code des Marchés publics ainsi qu'un vice de procédure tiré du non-respect de la procédure prévue par l 'article 140 du Code des Marchés publics.

S'agissant des garanties exigées, le juge veille scrupuleusement à son respect. La décision la Société angélique International Limited en

---

704 Arrêt déjà cité.

705 CS. Arrêt n° 36 du 9 Avril 2015, Société SONERCO c/ARMP, État du Sénégal, ministère des forces armées, (Inédit), (Déjà cité).

abrégé A.I.L[706] constitue un parfait exemple en la matière. Faisant état des dispositions du Code des marchés applicable en la matière, le juge estime que le montant minimum exigé au titre du chiffre d'affaires se distingue de la justification de la capacité financière par des documents légalement admis et que l'expiration du délai imparti par l'accord de financement ne saurait justifier des atteintes aux règles de passation des marchés publics ; ainsi, le CRD a violé les principes de transparence et d'égalité des candidats sus évoqués. Cet arrêt constitue à n'en pas douter un exemple parfait de contrôle de garanties exigées.

Dans une autre affaire en date du 09 juillet 2020[707], la Cour a rappelé que l'article 68 du Code des Marchés publics ne fait pas obligation à la commission des marchés de relancer les candidats qui n'ont pas produit les pièces exigées à l'article 44 susvisé. S'engouffrant dans cette brèche sur l'exigence des garanties, la Cour a considéré que le CRD a, à bon droit, retenu qu'au moment de sa soumission, la requérante a produit un document qui ne vaut ni engagement ferme d'octroi de crédit de la banque, ni inscription à son compte bancaire d'un crédit à son profit[708].

L'une des innovations dans le contrôle du juge de la passation des marchés a été de permettre aux tiers d'être partie prenante du procès des marchés publics et de rénover les procédures d'urgence.

Paragraphe II. La considération du recours du tiers et la rénovation de l'urgence

Le tiers peut-il s'immiscer dans un procès dont il ne fait pas partie ? La réforme de l'urgence a-t-elle permis au juge de prendre en compte les préoccupations des acteurs des marchés publics en termes de célérité ?

En tout état de cause, l'accueil favorable du recours du tiers **(A)** et la rénovation de l'urgence **(B)** ont aussi fondamentalement renforcé le contrôle du juge de l'excès de pouvoir.

A. L'accueil favorable du recours du tiers dans le contentieux des procédures de passation des marchés publics

Aux termes de l'article 55 de la loi n° 65-51 du 19 juillet 1965 portant Code des Obligations de l'Administration, modifiée par la loi 06-16 du

---

[706] CS. Arrêt la Société angélique International Limited en abrégé A.I.L c/ARMP-ASER-État du Sénégal, (Inédit), (Déjà cité).

[707] CS. Arrêt n° 24 du 09 juillet 2020, Société sénégalaise d'équipement et de prestation de services SUARL (dite seps) c/ARMP, op.cit.

[708] CS. Arrêt n°19 du 8 avril 2021, Société de Construction et de Gestion Immobilière, dite C-GIM c/ARMP, État du Sénégal, Groupe Sen Ingénierie, dite GSI, (Inédit).

30 juin 2006 : « *Les contrats administratifs s'interprètent suivant la commune intention des parties en tenant compte de la collaboration du co-contractant au service public, des prérogatives de la puissance publique, des changements de circonstances et de l'équilibre financier du contrat* ».

Dans ce même esprit, l'article 56 de la même loi poursuit en indiquant que « *les contrats administratifs n'ont d'effet qu'entre les parties contractantes ; ils ne nuisent pas aux tiers...* ». Alors, quel est l'intérêt pour un tiers[709] de s'immiscer dans un litige qui ne le concerne pas ?

Si historiquement, la théorie de l'acte détachable attribuée à l'arrêt « *Martin* » de 1905, a constitué un progrès important en permettant aux tiers au contrat de contester les actes périphériques de celui-ci par le biais du recours pour excès de pouvoir, lesquels actes étaient auparavant considérés comme incorporés à l'*instrumentum* dès sa conclusion, le tiers[710] avait du mal à s'immiscer dans le contrôle des contrats administratifs. Éminemment subjectif, le contentieux contractuel est par essence un contentieux réservé aux parties au contrat. Les tiers en sont en principe exclus. Mais, ce postulat, quasi irréfragable dans la sphère du droit privé, doit être nuancé dans celle du droit public.

À contrario, le contentieux administratif des contrats a favorisé, ces dernières décennies, l'entrée en force des tiers dans le champ du contentieux contractuel[711]. La sphère contractuelle, traditionnellement fermée aux tiers en vertu de la nécessaire stabilité des droits acquis en vertu du contrat face aux « *exigences brutales du principe de légalité* », apparaît aujourd'hui singulièrement perméable[712].

Les récentes évolutions jurisprudentielles ont fait une place importante aussi bien au requérant qu'au tiers dans le contentieux de l'excès

---

709 V. l'intéressant article de M. UBAUD-BERGERON : « Le juge, les parties et les tiers : brèves observations sur l'effet relatif du contrat », *in Contrats publics, Mélanges en l'honneur du Professeur Michel Guibal,* Presses de la Faculté de droit de l'université de Montpellier, coll. Mélanges, 2006, vol. 1, p. 575.

710 V. pour exemple : J. BENTZ, « Le tiers à l'acte administratif », *RPDA,* 1958, n° 11, p. 164, n° 12, p. 1 ; A. BOCKEL, « Sur le rôle de la distinction du tiers et de l'usager dans le droit de la responsabilité publique », *AJDA* 1968, I, p. 437 ; F. MODERNE, « La distinction du tiers et de l'usager dans le contentieux des dommages de travaux publics», *CJEG* 1964, chron., p. 154 ; M. UBAUB-BERGERON, « Le juge, les parties et les tiers : brèves observations sur l'effet relatif du contrat », in *Mélanges M. Guibal, t. 1*, Presses de la Faculté de Montpellier, 2006, p. 575.

711 S. BRACONNIER, « Les recours ouverts aux tiers », *AJDA*, 2011, p. 314.

712 *Ibid.*

de pouvoir, en leur permettant, surtout, de s'infiltrer, par cette voie de recours, dans des domaines sensés réservés au seul juge de pleine juridiction.

Lorsque Carrefour Médical excipe de l'irrecevabilité du recours de l'ASHIR, motif pris de ce que la société FRESENIUS contre laquelle la décision a été rendue n'ayant pas fait de recours, l'ASHIR ne rapporte la preuve ni d'un grief ni de son intérêt à agir, ce, d'autant qu'elle n'est pas impliquée dans la procédure de passation de marché comme soumissionnaire encore moins comme autorité contractante, la Cour marque son désaccord : « *en indiquant que le recours pour excès de pouvoir qui est un recours objectif exige seulement du requérant qu'il ait intérêt à obtenir l'annulation* ». En acceptant de recevoir le recours de l'ASHIR, qui est un tiers dans cette affaire, le juge sénégalais fait du tiers un acteur important du procès des marchés publics.

Dans une autre affaire ayant opposé l'ARTP au CRD, le juge a accepté le recours de la SONATEL en estimant que celui-ci doit s'analyser comme une intervention volontaire. Celle-ci est recevable dès lors que son auteur justifie d'un « *intérêt à intervenir* ». Faut-il le rappeler, dans cette affaire, la SONATEL, qui a dénoncé auprès du Comité de Règlement des Différends (CRD) l'avis de non-objection de la Direction centrale des Marchés publics (DCMP), a un « *intérêt certain* » à ce que soit maintenue la décision dudit comité annulant la procédure relative à la conclusion du contrat liant l'ARTP et Global Voice Group. Il faut également se féliciter de la formule heureuse permettant la dénonciation à l'initiative des tiers prévue à l'ancien article 20 du décret portant organisation et fonctionnement de l'ARMP[713].

Ainsi donc, la spécificité du droit administratif est de présenter des relations triangulaires lors d'un contentieux[714]. À titre d'exemple, le préfet va s'immiscer dans les relations tissées entre l'autorité locale et ses administrés[715]. Le candidat à un marché public va contester le contrat conclu entre l'autorité publique et son cocontractant. Dans cet exemple, nous sommes en présence de relations s'établissant entre trois parties différentes, mais ces trois parties en contact avec le contentieux, ne l'étaient pas avant la formation du litige. Avant celle-ci, une de ces

[713] Voir le texte sur l'ARCOP qui abrogé le texte sur l'ARMP.

[714] E. URVILLIERS-ZUCCARO, *Le tiers en droit administratif,* Thèse de Droit Public, Université de Nancy, 2010, p. 33.

[715] V. J. RIVERO, « L'administré face au droit administratif », *AJDA*, 1995, n° spécial, p. 148.

personnes était « *tiers* » à la relation formée[716]. La rénovation de l'urgence a aussi fait évoluer le contrôle du juge.

B. La rénovation de l'urgence

À dire vrai, l'urgence[717] a profondément remodelé l'office[718] du juge administratif[719] et créé, pour lui, une exigence accrue de pédagogie auprès des parties, premiers destinataires des décisions rendues, mais aussi auprès de la doctrine, des justiciables et, d'une manière plus générale, de l'opinion publique[720]. Force est de constater que le temps de la justice coïncide désormais avec le temps de l'action administrative. Mais, lorsqu'il descend de l'Olympe dans l'arène de l'actualité, le juge peut rencontrer les pressions et les passions de l'opinion publique et des médias et il s'expose, par-là, à de nouveaux défis[721].

À ce sujet, l'article 86 de la loi organique sur la Cour suprême est on ne peut plus clair : « *En cas d'urgence et sur simple requête qui sera recevable en l'absence d'une décision administrative préalable, le juge des référés peut ordonner toutes autres mesures utiles sans faire obstacle à l'exécution d'aucune décision administrative* ». Cette disposition a répondu aux souhaits, depuis longtemps exprimés, des praticiens du droit et de la doctrine[722]. Cette réforme consacre pleinement la vocation du juge administratif à agir en urgence et semble clore les tergiversations doctrinales et les vicissitudes au sujet de l'efficacité du référé. Ce juge unique a même la possibilité, qui n'est pas nouvelle, de rejeter immédiatement la demande, sans aucune procédure lorsque « *la demande ne présente pas un caractère d'urgence ou lorsqu'il apparaît manifeste…* » et que celle-ci n'est pas de la compétence de la juridiction administrative, « *qu'elle est irrecevable ou mal fondée* »[723].

---

[716] *Ibidem.*

[717] V. P.-M. DIAO, « Brèves réflexions sur l'urgence en droit des marchés publics », *in FALL (I.M.) (sous la direction de)*, Théorie et contentieux constitutionnels en Afrique, in Mélanges en l'honneur du Professeur El.-H. MBODJ, le Harmattan, Vol. II, 2023, pp.1133-1143.

[718] V. E. GLASER, « Les habits neufs du juge du contrat », *AJDA,* 2011, p. 311.

[719] É. GEFFRAY, S.-J. LIEBER, « Référé précontractuel, une bouffée d'oxygène », *AJDA*, 2008, p. 2161.

[720] J.-M. SAUVE, « L'urgence devant le juge administratif », op. cit., p.12.

[721] *Ibid.*

[722] V. A. SALL, « Le sursis à exécution des décisions administratives dans la jurisprudence sénégalaise », op. cit

[723] G. PEISER, *Droit administratif général*, *op. cit.,* 2014, p. 187.

La procédure reste certes contradictoire mais elle est modifiée, car selon l'article 89, elle est « *écrite ou orale* ». Le président de la Cour ou le magistrat qu'il délègue, peut être saisi en cas de manquement aux obligations de publicité et de mise en concurrence auxquelles est soumise la passation des marchés publics.

Les personnes habilitées à agir sont celles qui ont un intérêt à conclure le contrat et qui sont susceptibles d'être lésées par ce manquement, ainsi que le représentant de l'État dans le département dans le cas où le contrat est conclu ou doit être conclu par une collectivité territoriale ou un établissement public local[724].

Le président de la Cour peut être saisi avant la conclusion du contrat. Il peut ordonner à l'auteur du manquement de se conformer à ses obligations et suspendre la passation du contrat ou l'exécution de toute décision qui s'y rapporte. Il peut également annuler ces décisions et supprimer les clauses ou prescriptions destinées à figurer dans le contrat et qui méconnaissent lesdites obligations. Dès qu'il est saisi, il peut enjoindre de différer la signature du contrat jusqu'au terme de la procédure.

En renforçant significativement son contrôle, le juge a vu son office s'enrichir avec éclat.

[724] CS. Arrêt n° 32 du 9 mai 2018, Préfet du Département de Ziguinchor c/Commune de Ziguinchor, op. cit.

CHAPITRE II

L'ENRICHISSEMENT DE L'OFFICE DU JUGE

Le domaine des contrats administratifs est typique de la façon dont le juge redéfinit son office afin de l'adapter aux évolutions de la société[725]. Dans cette perspective, une relecture des fondements servant de base à son office est nécessaire. Elle appelle aujourd'hui un redéploiement de l'office du juge administratif contractuel pour tenir compte de la diversité des impératifs qui s'imposent à lui. Significativement, l'expression « *office du juge* », classique en doctrine, n'est apparue que récemment dans les arrêts eux-mêmes. Le plus souvent, elle sert à justifier la reconnaissance de nouvelles prérogatives au juge administratif mais elle fonde aussi parfois le rappel de certaines de ses obligations[726]. L'office du juge[727] est ainsi composé d'un ensemble cohérent, constamment enrichi, de pouvoirs et de devoirs destinés à garantir un examen pertinent des litiges et l'effectivité de la décision rendue[728].

Cet enrichissement récent des pouvoirs du juge administratif a été initié par le législateur[729] et relayé par l'adoption de jurisprudences particulièrement audacieuses[730]. Au juge administratif classique, gardien scrupuleux et éthéré de la légalité, a succédé un juge administratif contemporain, attentif autant au respect de la légalité qu'aux conséquences concrètes de ses décisions. En tout état de cause, il convient de faire

---

[725] Sur l'évolution des pouvoirs du juge, V. l'article de B. NOYER, « Quelques réflexions sur l'évolution des pouvoirs du juge administratif », Espaces du service public, *in Mélanges Jean DU BOIS DE GAUDUSSON*, pp. 1315-1322.

[726] M. GUYOMAR-B. SEILLER, *Contentieux administratif*, Dalloz, 3° éd., 2014, p. 432.

[727] P.-M. DIAO, « L'office du juge de la passation des marchés publics au Sénégal », *in KEBE (A.A.D.), BA (B.), DIAKHATE (M.) et FALL (M.), (sous la direction de),* Vues africaines de droit public et de science politique : à partir des thèses dirigées par le Pr Ismaël Madior FALL, l'Harmattan, vol I., 2022, pp. 647-675.

[728] M. GUYOMAR-B. SEILLER, op.cit.

[729] L'adoption de la nouvelle loi sur la Cour suprême notamment la loi n° 2017-09 du 17 janvier 2017 abrogeant et remplaçant la loi organique n° 2008-35 du 08 août 2008 sur la Cour suprême en ses articles 83 et s. institue le référé administratif.

[730] Dans l'arrêt n° 50 du 26 septembre 2013 Cheikh Tidiane SY c/État du Sénégal : le juge a appliqué la technique de la modulation dans le temps, ce qui est une première.

observer que le dépouillement des décisions rendues en matière de passation des marchés publics révèle un juge pédagogue[731] **(section I).** Cet enrichissement est accentué par l'usage de la technique du standard et l'enrichissement du bloc de légalité administrative **(section II).**

Section I. Un juge pédagogue

L'examen des décisions montre que le juge de l'excès de pouvoir s'emploie à un effort d'interprétation manifeste **(paragraphe I)** et règle avec rigueur les questions de contrariété posées devant lui **(paragraphe II).**

Paragraphe I. Un effort d'interprétation manifeste

Monsieur le Professeur R. CHAPUS dit de l'office du juge qu'il intéresse : « *les rapports du juge avec les procédures du règlement des litiges au cours de l'instance engagée devant lui, il peut être présenté comme l'exercice par le juge de pouvoirs qu'il tient de sa qualité de juge et qu'il doit ou peut mettre en œuvre [...] de façon que le jugement des affaires soit aménagé comme l'impose ou le permet leur contexte juridique et, en fin de compte, conformément aux recommandations d'une bonne administration de la justice[...]*»[732].

Ainsi, la fonction principale du juge peut se résumer en trois étapes : le juge dit le droit applicable au litige, tire les conséquences de cette déclaration et donne l'ordre de s'y conformer[733]. Le Président ODENT a donné à la définition de l'interprétation une formulation essentielle[734] : « *Lorsqu'un texte est clair, c'est-à-dire lorsque, compte tenu des règles de la grammaire, de la sémantique et de la syntaxe, son sens ne peut prêter à aucune discussion et lorsqu'en outre des dispositions ne sont en contradiction avec aucune autre disposition en vigueur ayant valeur juridique au moins égale, le juge administratif ne se livre à aucune fantaisie interprétative ; il applique strictement ce texte…*».

Un semblable raisonnement pourrait être tenu quant à l'interprétation des actes juridiques. Cette définition n'est pas propre à son auteur : elle

---

731 V. F. BLANCO, « Le Conseil d'État, juge pédagogue », *RRJ*, 2003, p. 1513.

732 R. CHAPUS, *Droit du contentieux administratif*, Montchrestien, 13° éd., 2008, n° 1040.

733 J. PIASECKI, *L'office du juge administratif des référés : entre mutations et continuité jurisprudentielle,* Thèse pour le Doctorat de Droit public, Présentée et soutenue publiquement le 13 décembre 2008, Université du Sud–Toulon var, disponible sur https://tel.archives-ouvertes.fr/tel-00370824/, p. 17, (Consulté le 23/02/2016).

734 R. ODENT, *Contentieux administratif*, 1978, fasc.1, pp. 444-445.

reflète une longue tradition doctrinale et contentieuse. Son approfondissement fait rapidement apparaître un postulat : il y' aurait en droit administratif des données qui ont une signification immédiatement compréhensible et d'autres un sens caché. Le critère de distinction entre ces deux hypothèses serait la « *clarté* »[735].

Le couple clarté-obscurité est en effet la base fondamentale du raisonnement qui traduit l'exigence d'une interprétation[736]. Dans ces circonstances, le juge de l'excès de pouvoir a été amené à clarifier un certain nombre de notions[737], de concepts et de dispositions textuelles dans le cadre de son contrôle. Et son office s'est enrichi avec éclat.

Dans l'affaire Firdaws[738], il estime que le CRD a considéré que le soumissionnaire a satisfait au critère d'exécution d'un marché similaire, faisant ainsi une extension trop large de ce critère, alors que le marché similaire doit être compris, non pas au point de vue du secteur d'activité de nettoiement, mais au sens, à la fois de la nature de la prestation et surtout de l'objet et du site du nettoiement.

Faisant suite à l'affaire précitée[739], il reprécise sa pensée en donnant une définition beaucoup plus soutenue du critère relatif à la réalisation d'un « *marché similaire* » qui renvoie à l'exécution de marchés analogues, mais pas obligatoirement identiques comme soutenu par la requérante. Il faut retenir qu'au-delà de son office, le juge est en phase avec sa jurisprudence antérieure. Ainsi, il n'avait pas jugé utile d'ordonner le sursis à exécution sollicité par Firdaws. Le juge est, certes, chargé d'appliquer la loi et d'en contrôler le respect mais rien ne devrait s'opposer à ce qu'il atténue la sévérité des textes en mettant en œuvre son pouvoir d'interprétation[740].

---

735 J.-J. BIENVENU, *L'interprétation juridictionnelle des actes administratifs et des lois : sa nature et sa fonction dans l'élaboration du droit administratif,* Thèse de doctorat d'État, p.6. *disponible sur* www.sist.sn / gsdl/collect/ butravau/index/assoc/ HASH01ad/76f86260... /DTH135.pdf, (Consulté le 04 janvier 2016).

736 *Ibid.*

737 Sur l'interprétation de la loi, V. B. GENEVOIS, « Le Conseil d'État et l'interprétation de la loi », *RFDA*, 2002.

738 CS. Arrêt n° 67 du 13 Décembre 2012, Firdaws Services c/ARMP, (Inédit).

739 CS. Arrêt n° 59 du 28 Novembre 2013, Firdaws Services c/ARMP, *Bulletin des arrêts de la Cour suprême* N° s 6-7, année judiciaire 2013, p. 159.

740 Cf. R. ODENT, *Contentieux administratif,* fasc. I, p. 443.

Dans une autre affaire dénommée AIL[741], il s'est employé à une précision sémantique du terme « *litige* »[742]. Pour le juge, il faut entendre par litige au sens de l'article 22 précité, le recours à l'ARMP ayant d'ailleurs été suggéré par la DCMP à l'autorité contractante. Il l'a également rappelé à propos de l'article 89 du CMP dans l'affaire Le Groupement ICM/ECOTRA S.A[743]. Selon le juge, au sens de l'article 89 du dudit Code, la date de publication de l'avis d'attribution provisoire du marché constitue le point de départ du délai du recours gracieux.

Dans deux autres affaires, le juge apporta des précisions importantes sur les notions d'« *autorités contractantes* »[744] et de « *critères » et « sous critères* »[745]. Dans un premier temps, il estime à bon droit qu' : *« il ne saurait être assimilé à l'autorité contractante définie aux termes de la directive comme l'État, les Collectivités territoriales, les Établissements publics, les Agences et Organismes, personnes morales de droit public bénéficiant du concours financier ou de la garantie de l'État, les sociétés d'État, les sociétés à participation financière publique majoritaire et les associations formées par une ou plusieurs de ces personnes morales de droit public ainsi que les personnes morales de droit privé agissant pour le compte de ces entités, signataires d'un marché public* ». Tout en précisant le domaine d'intervention du contrôleur financier[746], il argue que ne saurait non plus être pris pour l'organe de contrôle *a priori* des procédures de passation des marchés publics que constitue la Direction centrale des Marchés publics.

Poursuivant cette dynamique, le juge précise la notion d'« *expérience* » dans un litige opposant l'État du Sénégal à l'ARMP[747], à propos de la décision n° 280/16/ARMP/CRD du 7 septembre 2016 du Comité de

[741] CS. Arrêt n°64 du 29 Novembre 2012, La Société Angélique International Limited en abrégé (A.I.L) c/-ARMP, op. cit.

[742] S. GUINCHARD, T. DEBARD, *Lexique des termes juridiques 2016-2017*, Dalloz, 2016, p. 659. On parle de litige lorsqu'une personne ne peut obtenir amiablement la reconnaissance d'une prérogative qu'elle croit avoir et qu'elle envisage de saisir un tribunal pour lui soumettre sa prétention. Avant la saisine du juge, on parle d'un simple différend ou d'un conflit de prétentions. Le terme, bien que très large, est, en pratique, synonyme de procès.

[743] CS. Arrêt n°40 du 22 septembre 2022, Le Groupement ICM/ECOTRA S.A c/ARMP, État du Sénégal, AGEROUTE Sénégal, (Inédit).

[744] Arrêt déjà cité.

[745] CS. Arrêt n° 55 du 24 Octobre 2013, la Société angélique International Limited en abrégé (A.I.L) c/ARMP (Inédit), (Déjà cité).

[746] Décret n° 78-085 du 1er février 1978 portant organisation du Contrôle financier.

[747] CS. Arrêt n° 37 du 14 juin 2018, État du Sénégal c/ARMP, op. cit., p. 184.

Règlement des Différends (CRD) de l'Autorité de Régulation des Marchés publics (ARMP) ordonnant l'annulation de la procédure d'attribution provisoire du marché, la relance de la procédure par appel d'offres international.

En invoquant le moyen tiré de la violation de l'alinéa 2 de l'article 52 du CMP en ce que la décision querellée justifie l'ouverture du marché à un appel d'offres international par l'insuffisance d'expérience spécifique des entreprises nationales entraînant la faible concurrence dans le marché de la construction et de la rénovation des stades, la Cour soutient que le critère « *expérience* » constitue un obstacle à l'accès aux marchés relatifs à la construction et à la réfection des stades, qui sont ainsi gagnés par la même entreprise.

Dans une autre affaire, il en conclut que les « *critères* » comme du reste les « *sous-critères* » doivent être justifiés par l'objet du marché, avoir la précision nécessaire de manière à ne laisser aucun pouvoir discrétionnaire à la commission des marchés, être portés à la connaissance des candidats et respecter les principes fondamentaux de transparence, d'égalité des candidats et de non-discrimination.

En étudiant ces décisions, on se rend compte que le juge dans l'exercice de sa fonction juridictionnelle met en œuvre son pouvoir d'interprétation. Ledit pouvoir est l'expression d'une volonté autonome d'application et de détermination du sens des textes juridiques préexistants. Son office s'est, également, déployé dans la clarification des questions de contrariété.

Paragraphe II. Une clarification des questions de contrariété

Lorsque le juge doit trancher une question relative à la contrariété entre deux normes de valeur juridique différente, sa première tâche est de s'assurer que ces deux normes sont effectivement en contradiction. Pour ce faire, il lui incombe de déterminer avec précision la portée des textes en présence. La primauté des normes internationales en général et des normes communautaires[748] en particulier sur la loi, même postérieure, et plus généralement sur les normes internes autres que constitutionnelles est aujourd'hui pleinement admise. Poursuivant, la

[748] V. P.-O SAKHO, « La Cour suprême face au droit communautaire », *in Mélanges en l'Honneur de Babacar KANTE : Actualités du droit public et de la science politique en Afrique*, L'Harmattan, pp. 739-753.

bataille juridique de la supériorité du droit communautaire[749] (tant originaire que dérivé) a commencé par une réticence à reconnaître la supériorité du droit communautaire[750] face à une loi postérieure.

Ce n'est qu'à la veille des années 90, dans l'arrêt Nicolo[751], que le Conseil d'État français a reconnu la supériorité d'un traité sur une loi même postérieure. À cet égard, il a accepté de contrôler la compatibilité d'une loi avec le Traité de Rome, et de faire prévaloir un traité sur une loi même postérieure. Il en ressort donc une interprétation littérale de l'article 55 de la Constitution française et 98 de la Constitution sénégalaise du 22 janvier qui dispose que : « *les traités ou accords régulièrement ratifiés ou approuvés ont, dès leur publication, une autorité supérieure à celle des lois, sous réserve, pour chaque accord ou traité, de son application par l'autre partie* »[752].

La Cour de Justice de l'UEMOA dans son avis n° 001/2003 du 18 mars 2003 affirme que : « *La primauté bénéficie à toutes les normes communautaires, primaires comme dérivées, immédiatement applicables ou non, et s'exerce à l'encontre de toutes les normes nationales administratives, législatives, juridictionnelles et, même, constitutionnelles parce que l'ordre juridique communautaire l'emporte dans son intégralité sur les ordres juridiques nationaux* »[753].

Dans le contentieux de la passation des marchés publics, il importe de faire observer que le juge sénégalais de l'excès de pouvoir ne se gêne guère pour rappeler la prévalence de la norme communautaire sur celle nationale. Ainsi a-t-il été amené à clarifier une question de contrariété entre le décret N° 2007-545 du 25 Avril 2007 portant Code des Marchés publics et les Directives N° 04 et N° 05 de l'UEMOA, dans ce qu'il est convenu d'appeler l'affaire État du Sénégal c/ARMP, CRD, AATR[754].

---

[749] J.-B. AUBY, « La bataille de San Romano, Réflexions sur les évolutions récentes du droit administratif », *AJDA*, 20 novembre 2001, p. 912.

[750] Concrètement la primauté du droit communautaire signifie que la norme communautaire prend place dans l'ordre juridique interne, avec rang de priorité sur toute norme nationale » selon l'expression du juge Y. YEHOUESSI ; V. Y.-D. YEHOUESSI, « L'application du droit international dans l'ordre juridique des États francophones ouest africains : le cas du droit de l'Union économique et monétaire ouest-africaine », Communication lors du colloque de Ouagadougou du 24-26 juin 2005, *Les cahiers de l'Association ouest-africaine des hautes Juridictions francophones*, pp. 343-357.

[751] CE, arrêt Nicolo du 20 octobre 1989.

[752] Article 98 de la constitution du 22 janvier 2001.

[753] M. FALL, *les cours de justice africaine et l'intégration*, L'Harmattan, 2021, 514 p.

[754] Arrêt déjà cité.

En l'espèce, il était reproché au CRD de l'ARMP, la mise à l'écart de la norme nationale devant celle communautaire. Le requérant faisait grief au CRD de s'être érigé en juge de la légalité en écartant les dispositions de l'article 37 paragraphe III du Code des Marchés publics, alors que celles-ci ne sont en rien contraires aux articles 13 et 14 de la Directive n° 05/2005/CM/UEMOA.

Dans sa réponse, le juge s'estime en phase avec le CRD en rappelant que : « *s'il est vrai que le comité ne peut annuler le décret portant Code des Marchés publics, il reste qu'il peut écarter des dispositions contraires aux directives n° 4 et 5 en vertu du principe de la primauté du droit communautaire sur la législation nationale* ». La charge normative de la règle communautaire l'emporte sur celle nationale : « *la norme communautaire brise celle nationale* » a-t-on coutume d'entendre[755].

Dans l'affaire SARRE CONS[756], la Cour va d'abord considérer que le CRD a eu tort de reprocher à PETROSEN d'avoir méconnu la clause relative à l'autorisation du constructeur des véhicules proposés en ce sens qu'elle viole des dispositions légales telles que l'article 88 du traité de l'UEMOA, l'article 23 de la loi n° 94-63 du 22 août 1994 relatifs aux pratiques anticoncurrentielles. Ensuite, elle indique que la non-production par la CFAO de l'intégralité de ses états financiers n'a pas empêché la commission des marchés d'évaluer son offre déclarée conforme mais non retenue comme la moins-disant.

Sur ces fondements, elle annule la décision du CRD. D'ailleurs, elle indique à juste titre que le respect des dispositions des DAO ne doit pas entraver celui des dispositions légales et communautaires relatives aux pratiques anticoncurrentielles.

Dans une autre affaire[757], il était plutôt question de contrariété entre un document interne[758] et un texte législatif. En l'espèce, le Port autonome de Dakar sollicitait l'annulation de la décision n° 040/10 du 21 avril 2010 du Comité de Règlement des Différends (CRD) statuant

---

[755] B. BA, « Le contentieux de l'excès de pouvoirs des marchés publics », op. cit., p. 174.
[756] Arrêt Déjà cité.
[757] CS. Arrêt n° 01 du 13 Janvier 2011, Le Port Autonome de Dakar c/ARMP, *Bulletin des arrêts de la Cour suprême* N° 2-3, année judiciaire 2010-2011, p. 240. (Arrêt cité).
[758] Ici, il s'agit du manuel de procédures qui est une documentation descriptive qui doit permettre une meilleure compréhension des systèmes d'informations et une amélioration de la gestion. C'est un guide opératoire qui indique le circuit de traitement des opérations tout en spécifiant : la tâche à faire (quoi) ; le niveau de responsabilités (qui), les différentes étapes de traitement (quand), les lieux de réalisation (où), le mode d'exécution (comment).

en Commission litiges qui a constaté que la Direction centrale des Marchés publics (DCMP) a respecté le délai de traitement de cinq (5) jours ouvrés fixé par la décision n° 1 CRMP du 6 mars 2008 prise en application des articles 138 et 139 du Code des Marchés publics et qu'il n'y avait pas lieu à autoriser la procédure de passation du marché, le PAD devant se conformer à l'avis de la DCMP donné par lettre n° 43/MEP/DCMP/JD du 24 février 2010.

Selon le Port, la composition du Comité de Règlement des Différends était irrégulière lors de la prise de la décision attaquée puisque Mamadou DEME, magistrat, nommé membre du Conseil de Régulation par décret n° 2009-502 du 29 mai 2009 n'y siégeait pas. Or, aux termes de l'article 18 du décret n° 2007-546 du 25 avril 2007 portant organisation et fonctionnement de l'Autorité de Régulation des Marchés publics (ARMP), le comité doit, pour statuer, comprendre dans sa composition un magistrat, au moins, parmi les membres de l'administration.

Pour sa part, l'ARMP avait demandé le rejet de la demande d'annulation au motif que le manuel de procédure interne adopté par le conseil de régulation permet au Comité de Règlement des Différends de statuer lorsque le quorum fixé à trois (03) membres est atteint. Dans sa réponse, le juge observe que la méconnaissance de la règle impérative qui détermine la composition du Comité de Règlement des Différends a vicié, en la forme, la décision prise sans la présence du magistrat et considère que : « *l'argument de l'ARMP tiré du quorum fixé à trois (3) membres par le manuel de procédure adopté par son Conseil de Régulation ne saurait couvrir ce vice de forme entachant l'acte puisque ce manuel n'a pas vocation à édicter une procédure contraire à celle instituée par les lois et règlements* ». Dans son raisonnement, la recherche de conformité de la règle inférieure à celle supérieure rythme l'orientation de sa démarche.

Son attitude à régler des questions de contrariété s'est aussi manifestée dans l'affaire opposant le Groupement GIC à l'ARMP/AGEROUTE[759]. Le requérant reprochait au CRD une contrariété de décisions en ce que celui-ci avait, par décision n° 281 du 13 septembre 2016, déclaré le recours du Groupement recevable et ordonné la suspension de la procédure de passation du marché avant de se dédire dans la même cause et la même instance en rétractant cette décision pour déclarer le même recours irrecevable.

---

[759] CS. Arrêt n° 14 du 22 février 2018, Le Groupement GIC-SGS c/ARMP, *Bulletin des arrêts de la Cour suprême* N° 15-16, Année judiciaire 2018, Juillet 2019, pp. 171-172.

Toutefois, le juge prend le contrepied du CRD en estimant qu'en statuant à nouveau sur la recevabilité du recours, alors qu'après avoir reçu les documents complémentaires demandés dans le cadre de l'instruction du recours, le CRD ne devait plus statuer que sur le fond du litige, la décision attaquée viole les dispositions suscitées et, par conséquent, encourt l'annulation.

Pour en revenir au fait que le juge fait prévaloir la norme supérieure sur celle inférieure, son attitude est tout à fait louable dans la mesure où, avec le développement de l'intégration économique[760] en Afrique, un droit communautaire africain est en voie de formation. En effet, le Sénégal est membre de la Communauté économique africaine (C.E.A.) de l'Union économique et monétaire ouest-africaine (U.E.M.O.A.), de la Communauté économique des États de l'Afrique de l'Ouest (C.E.D.E.A.O.) et de l'Organisation pour l'Harmonisation en Afrique du Droit des Affaires (O.H.A.D.A.). Les traités créant ces organisations reposent sur la supranationalité et prévoient l'application directe et immédiate des actes de leurs organes délibérants sur le territoire des États membres[761]. La technique du standard et l'intégration de nouveaux principes dans le bloc de légalité ont aussi enrichi l'office du juge.

Section II. Le recours à la technique du standard et l'enrichissement notable du bloc de légalité administrative

Terme issu du vocabulaire juridique anglo-saxon, le standard désigne une notion à contenu variable utilisée pour désigner un comportement, supposé correspondre à ce qui est communément admis par un groupe social à un moment donné[762]. En cas de litige, ce comportement type sert de référence au juge pour apprécier le comportement d'un individu[763].

Le caractère flou du standard juridique, qui ne se laisse pas enfermer dans une définition précise, confère au juge un grand pouvoir d'appréciation dans l'application de la notion[764]. Le standard juridique, par sa souplesse, permet l'adaptation du droit à l'évolution de la société.

---

[760] Sur la question de l'intégration économique, on lira avec intérêt l'ouvrage d'A. SALL, *Les mutations de l'intégration des États en Afrique de l'Ouest : une approche institutionnelle*, Paris, l'Harmattan, 2006, 189 p.

[761] D. SY, *Droit administratif, op. cit.*, p. 53.

[762] Par ex. : les bonnes mœurs, la bonne foi, le bon père de famille, les règles de l'art dans l'exécution d'un travail.

[763] S. GUINCHARD, T. DEBARD, *Lexique des termes juridiques 2016-2017*, *op. cit.*, p. 1031.

[764] *Ibid.*

De manière plus pragmatique, il permet ponctuellement la légitimation d'une solution juridique.

En considérant le respect de la mise en concurrence des candidats comme une condition de validité de la procédure de passation des marchés publics et l'intérêt général comme condition de légalité de l'acte administratif, la Cour suprême intègre ces principes dans le bloc de la légalité administrative. À cet effet, il sera étudié l'enrichissement de l'office du juge par l'utilisation de la technique du standard, d'une part **(Paragraphe I),** et l'intégration de la notion de concurrence ainsi que celle de l'intérêt général dans le bloc de légalité administrative, d'autre part **(Paragraphe II).**

Paragraphe I. L'usage de la technique du standard

Avant d'aller plus loin, la notion de standard juridique doit être précisée[765]. Une définition classique et compréhensive sera retenue. On considérera que le standard constitue « *une norme souple fondée sur un critère intentionnellement indéterminé* »[766]. Il s'agit d'une « *notion-cadre* »[767], « *étalon de la réalité* »[768] visant « *à permettre la mesure de comportements et de situations en termes de normalité* »[769]. Le

[765] Sur la notion de standard, v. spéc. S. RIALS, *Le juge administratif français et la technique du standard, Essai sur le traitement juridictionnel de l'idée de normalité,* LGDJ, 1980 ; A.-A. Al-SANHOURY, « Le standard juridique », *in Recueil d'études sur les sources du droit en l'honneur de François Gény*, t. II, Sirey, 1934, p. 145 et s. ; C. BLOUD-REY, in D. ALLAND et S. RIALS (dir.), *Dictionnaire de la culture juridique,* V « Standard », Lamy-PUF, 2003; J.-L. BERGEL (dir.), « Les standards dans les divers systèmes juridiques », *Actes du 1er Congrès de l'Association internationale de méthodologie juridique*, sept. 1988 : RRJ 1988/4, Cahiers de méthodologie juridique, n° 3. Adde : C. PERELMAN et R. VANDER Elst (dir.), *Les notions à contenu variable en droit,* Bruylant, Bruxelles, coll. Travaux du Centre national de recherches de logique, 1984.

[766] G. CORNU (dir.), *Vocabulaire juridique,* Association Henri Capitant, PUF, coll. Quadrige, 10e éd., 2014, v° « Standard ».

[767] *Ibid.*

[768] P. MALAURIE et P. MORVAN, *Introduction au droit,* Defrénois, 4° éd., 2012, n° 250.

[769] S. RIALS, *Le juge administratif français et la technique du standard,* Essai sur le traitement juridictionnel de l'idée de normalité, *op. cit.,* n° 93. Adde : T. DEBARD et S. GUINCHARD (dir.), *Lexique des termes juridiques,* Dalloz, 21e éd., 2013, v° « Standards juridiques » : le standard juridique y est défini comme « un terme difficile à définir avec précision (...) désignant le renvoi fait – notamment dans certains textes – à un comportement considéré correspondre à ce qui est communément admis en la matière par le groupe social à un moment donné. » Pour une étude des standards par matière, v. *RDA,* févr. 2014, n° 9, p. 35 et s.

professeur RIALS le définit comme un « *instrument de mesure des situations et des comportements en termes de normalité* »[770]. Il s'agit, plus exactement, « *d'une technique de formulation de la règle de droit qui a pour effet une certaine indétermination a priori de celle-ci* »[771].

La règle de droit sera donc plus acceptable socialement lorsque formulée à l'aide d'un standard. Paradoxalement, ou peut-être pas, on peut aussi soutenir que le recours aux standards, tout en suscitant l'adhésion par un appel à des notions presque instinctivement senties, participe aussi à l'opération de mystification du droit[772]. En effet, sous le couvert de la toute simple application d'un standard de sens commun, des opérations intellectuelles ont lieu à l'abri de toute observation de l'extérieur, par des profanes.

Le caractère vague des standards permet et requiert des étapes de raisonnement qui n'ont pas à être nommées[773]. Quelle que soit son origine, le standard contribue, par sa souplesse et par le pouvoir d'appréciation considérable du juge, à l'engendrement du droit. Les juristes ont convenu de qualifier de standards : « *une certaine catégorie d'expressions normatives caractérisées par l'absence de toute prédétermination et l'impossibilité de les appliquer sans procéder au préalable à une appréciation ou à une évaluation, c'est-à-dire en plaçant le fait auquel on les rapporte sur une échelle des valeurs (étalonnage)* »[774].

L'application d'une règle de droit formulée à l'aide d'un standard donne tout simplement lieu à interprétation, et ne crée pas de pouvoir discrétionnaire[775]. La règle de droit formulée à l'aide d'un standard est en effet une règle de droit comme les autres, même si le caractère vague de la norme ainsi créée : [...] opère en fait sinon en droit un transfert du pouvoir créateur de droit de l'autorité qui l'édicte à l'autorité qui l'applique [...][776]. Selon, le Professeur Y. GAUDEMET, cette technique

---

770 S. RIALS, *le juge administratif français et la technique du standard, op.cit.*, p. 61.
771 *Ibid.*
772 B. STURLÈSE, « Le juge et les standards juridiques », *RDC,* 2016, n° p. 398.
773 R. POUND, *An Introduction to the philosophy of Law,* New Haven, Yale University Press, 1922, p. 118, cité par S. RIALS, V. supra.
774 P. OURLIAC, *Standard juridique,* in Dictionnaire encyclopédique de théorie et de sociologie du droit, Paris, LGDJ, 1993, p. 581.
775 S. RIALS, *supra,* note 3, p. 221 et s. Selon RIALS, il y'a pouvoir discrétionnaire « par commission d'un texte dès lors qu'en mettant en œuvre ce texte on ne peut en aucune manière être réputé l'interpréter, le réaliser, mais qu'on doit être dit réaliser sa propre volonté », S. RIALS, *id.*, p. 274.
776 *Idem,* p. 120.

correspond à la démarche la plus élémentaire de l'esprit qui, pour apprécier telle attitude qu'on lui soumet, a naturellement tendance à la comparer avec ce qui lui paraît être le comportement commun[777].

Dans le cadre du contrôle où il est amené à opérer, foisonnent de standards tels que la notion d'« *intérêt général* », de « *proportionnalité* », de « *but poursuivi* », de « *qualification* », etc.

Dans cet élan, le Comité de Règlement des Différends de l'ARMP a utilisé la technique juridique du standard avec beaucoup de relief. Dans une affaire datée de 2013[778], le régulateur avait constaté que le chiffre d'affaires requis de 90 millions de dollars correspond à 3 fois le montant de l'offre d'Overseas Infrastructure qui est de 28 958 157 millions de dollars US et la plus chère. Ainsi, il a décidé que cet écart jugé excessif entre le chiffre d'affaires moyen de 90 millions de dollars et l'offre la plus élevé démontre que ledit critère a été fixé de façon « *disproportionné* ». En l'espèce, c'est la notion standard de « *disproportionnalité* » qui a été mise en exergue.

L'usage de la technique du standard n'est pas seulement l'apanage du régulateur, le juge de l'excès de pouvoir en a fait focus dans le cadre de son contrôle. Dans l'affaire Association des Hémodialysés[779], c'est l'utilisation de la technique standard qui a permis au juge de considérer que la dangerosité du produit n'étant pas établie et l'attribution du marché à Carrefour médical rendant plus accessible les médicaments à un moindre coût, le but « *d'intérêt général* » est ainsi réalisé.

Ces notions souples dont le contenu n'est pas rigoureusement déterminé *a priori* sont construites par le juge. Elles devraient donc se rattacher à l'activité jurisprudentielle[780]. Il en est ainsi par exemple dans l'affaire COMET AFRIQUE TELECOMS[781]. Dans cette espèce, le juge a utilisé l'expression « *exacte appréciation* » des faits de la cause pour rejeter le recours exercé à l'encontre de la décision du CRD.

---

[777] Y. GAUDEMET, l*es méthodes du juge administratif,* LGDJ, Paris, 1972, p. 48.
[778] Décision n° 072/13/ARMP/CRD du 27 mars 2013 du comité de règlement des différends statuant en commission litiges sur le recours de l'agence sénégalaise d'électrification rurale (ASER) suite à l'avis défavorable de la direction centrale des marchés publics sur la proposition d'attribution du marché de fourniture, de transport et de pose de matériels de réseaux électriques dans différentes régions du Sénégal (AO n°01/2012/ASER-INDE).
[779] Arrêt cité.
[780] Y. GAUDEMET, op. cit., p. 47 et S.
[781] Arrêt déjà cité.

Le standard juridique indique une direction au juge qui se référera à un ordre normatif contextuel. Cette technique est aussi utilisée par le législateur pour exprimer des valeurs et des principes. Les standards constituent une technique d'interprétation de la règle et de ses finalités, des instruments de mesure pour les situations qui ne peuvent pas ou ne doivent pas être définies *a priori* de manière exhaustive[782].

En usant ces « *standards juridiques* », le juge restera dans son rôle naturel d'interprète de la loi, sans risque majeur ni d'usurper celui du législateur, ni de mettre en péril l'objectif de prévisibilité et de sécurité juridique recherché[783]. Au-delà de la technique du standard, le juge a, également, enrichi le bloc de légalité administrative.

Paragraphe II. L'enrichissement du bloc de légalité administrative

Deux principes ont plus qu'enrichi l'office du juge : la mise en concurrence **(A)** et l'intérêt général **(B).**

A. La mise en concurrence

L'idée de concurrence transcende le droit des marchés publics et c'est sa prégnance qui conduit en grande partie à ce que le champ d'application de la commande publique se soit étendu. On peut même raisonnablement penser, comme d'autres auteurs[784], que la libre concurrence[785] est sortie de la sphère du droit commercial pour entrer dans le droit public par le biais des marchés publics. C'est au moins ce que tendrait à prouver l'arrêt du Conseil d'État du 9 janvier 1868 Servat aux conclusions AUCOC[786]. Cet arrêt plus connu pour être le véritable premier arrêt - et au moins le plus clair - ouvrant un recours aux participants évincés d'une passation contre l'adjudication, contient en

[782] S. RIALS, « Les standards, notions critiques du droit », dans C. PERELMAN et R. VANDER ELST, dir., *Les notions à contenu variable en droit*, *op.cit.*, p. 43.
[783] B. STURLÈSE, « Le juge et les standards juridiques », op.cit.
[784] Cf. sur ce point D. LINOTTE, « Le droit public de la concurrence », *AJDA* 1984, pp. 60-67.
[785] V. notamment O. GUÉZOU : « Droit de la concurrence et droit des marchés publics : vers une notion transversale de mise en libre concurrence », *CP-ACCP*, n° 20, mars 2003 pp. 43-47.
[786] CE 9 janvier 1868 Servat, rec. p. 12 avec les conclusions L. AUCOC en note au Lebon.

effet une référence directe à la « *libre concurrence qui doit exister entre les soumissionnaires* »[787].

Ainsi donc, autant le juge constitutionnel a consacré de grands principes de la commande publique[788], autant le juge administratif a ainsi défini très clairement les obligations du pouvoir adjudicateur : « *il appartient à la personne publique responsable du marché de s'assurer, lorsqu'elle engage une procédure de passation d'un marché public, que les règles de libre concurrence sont effectivement respectées* »[789]. À cette fin, l'acheteur[790] public doit également se conformer à la jurisprudence administrative générale qui impose le respect du principe de concurrence et des règles du droit de la concurrence à la personne publique dans l'ensemble de son activité[791].

Le Conseil de la concurrence et le juge administratif répriment – ou au moins contrôlent un comportement qui entraînerait des distorsions de concurrence à l'occasion d'un acte de commande publique ou de passation d'un contrat participant à celle-ci. Cela n'est pas une coïncidence si l'arrêt de principe par lequel le droit interne de la concurrence est intégré dans le « *bloc de légalité* » que doivent respecter les actes administratifs, est intervenu en matière de délégation de service public[792].

---

787 « *Considérant [...] que le non-accomplissement de cette formalité [l'obligation d'avoir élu domicile dans la commune pour soumissionner] n'avait d'importance ni au point de vue de la libre concurrence qui doit exister entre les soumissionnaires, ni au point de vue de la bonne exécution de l'entreprise* ». Notons que par ce considérant, le Conseil d'État reconnaît, d'une part que certaines formalités ne sont pas essentielles (celles qui ne portent pas atteinte à la libre concurrence ou qui n'empêchent pas la bonne exécution contractuelle) et, d'autre part, que la jurisprudence est déjà réticente à cette époque à favoriser les marchés dans lesquels un critère de localité serait exigé.

788 V. notamment : décision n° 2002-460 DC du 22 août 2002, relative à la loi d'orientation et de programmation sur la sécurité intérieure et confirmé explicitement : décision n° 2003-473 DC du 26 juin 2003, loi habilitant le gouvernement à simplifier le droit.

789 Cons. D'État, 28 avril 2003, Fédération nationale des géomètres-experts.

790 J.-P. GOHON, in « Le Code des marchés publics est-il toujours un code de la mise en concurrence », *Marchés Publics,* n° 234 juin 1988 p. 11, écrit que l'acheteur public est un « animateur de la concurrence ».

791 On se permet de renvoyer à nos développements : B. DUMARAIS, *Droit public de la régulation économique*, Paris, Dalloz et Presses de Sciences-po, 2004, ch. 5, p. 143 et s.

792 Cons. D'État (sect.), 3 novembre 1997, Société Million et Marais, Rec. Leb., p. 406 avec les conclusions de J.-H. Stahl, AJDA 1997, p. 945, GAJA, p. 673.

Il va de soi que la relation entre publicité et mise en concurrence est indissociable, car, en principe, la concurrence suppose la publicité[793]. Cette dernière permet de créer une sphère dans laquelle la concurrence peut être exercée afin de pouvoir choisir la proposition la plus adaptée aux besoins réels de la personne publique en cause. La mise en concurrence n'est pas une fin en soi[794] mais elle garantit la bonne utilisation des deniers publics dès lors qu'elle ouvre la possibilité de participer à plusieurs candidats aboutissant donc à l'existence de plusieurs offres concurrentes[795].

Dans son office, le juge de l'excès de pouvoir s'est attelé à affiner la mise en œuvre du principe de concurrence. Elle (…) repose sur deux postulats : la liberté de concourir et l'égalité dans la compétition. Les relations que nouent le principe de concurrence et les principes de liberté et d'égalité sont donc, pour employer un langage théologique, consubstantielles[796].

C'est un truisme de dire que le droit de la concurrence a fait une entrée remarquée dans le champ de la légalité administrative avec, notamment, l'arrêt du Conseil d'État du 3 novembre 1997, Soc. Million et directive selon lequel le maintien de la compétence du juge administratif pour connaître d'un acte de dévolution d'un service public n'exclut pas l'application par celui-ci du droit de la concurrence[797].

Dans le cadre de la passation des marchés publics, la formulation des exigences de publicité et de mise en concurrence n'a cependant jamais constitué une fin en soi[798]. Selon l'article 24 du COA, elles tendent, d'une part, à assurer l'efficacité de la commande publique et la bonne utilisation des deniers publics et, d'autre part, à garantir les libertés d'accès à la commande publique, d'égalité de traitement des candidats et de transparence des procédures. En considérant le respect de la mise

---

793 L. RICHER, *Droit des contrats administratifs*, 9e éd., LGDJ, 2014, p. 369.

794 *Ibid.*

795 V. J.-F. LE PETIT, « État, juge et régulateur », *in FRISON-ROCHE (M.-A.)* (s/dir.), Les régulations économiques, légitimité et efficacité, vol. 1, Presses des sciences politiques, DALLOZ, Paris, 2004, p. 134.

796 D. LINOTTE, « Principe d'égalité, de liberté, de commerce et de l'industrie et droit de la concurrence », *in Droit public de la concurrence*, ouvrage collectif sous la direction de R. CRISTINI et J.-M. RAINAUD, Economica, 1987, p. 13.

797 B. MARAIS, « Le droit de la commande publique est-il un droit de la concurrence ?», *Gaz. Pal. 27 mars 2007,* n° GP20070327001, p. 2.

798 A. CLAEYS, « Le contrôle du juge sur l'exigence de publicité adaptée en matière de marché public », *RDP,* N°4, 2006, p. 1067.

en concurrence des candidats comme une condition de validité de la procédure de passation des marchés publics, la Cour suprême intègre le droit de la concurrence dans le bloc de la légalité administrative. Dans l'affaire dite SARRE CONS[799], elle estime que l'autorité contractante ne peut violer les règles de concurrence et de libre accès aux marchés publics en insérant dans les dossiers d'appel d'offres (DAO) une clause relative à l'autorisation du constructeur à fournir par les candidats au marché de véhicules neufs.

Dans la seconde affaire[800], elle rejette le recours de la SENELEC en considérant que la garde au sol est la distance entre le sol et le point le plus bas du véhicule et est souvent adaptée à l'utilisation du véhicule. En retenant qu'accéder à la requête de CCBM Industries en fixant la garde au sol à 190 mm minimum en lieu et place de 200 mm, soit une différence d'un centimètre ne peut objectivement avoir un impact significatif sur la performance du véhicule et ne peut substantiellement limiter l'usage auquel il est destiné et, qu'en outre, la révision de ce critère permet d'élargir la concurrence et de préserver le principe de liberté d'accès à la commande publique, le CRD a suffisamment motivé sa décision.

Dans le premier cas précité, selon M. GUIBAL[801], il existe ainsi « *une obligation qui incombe à l'administration de traiter sur un pied d'égalité toutes les entreprises qui entrent en concurrence pour l'attribution d'un marché public* ». C'est pourquoi, dans l'affaire SARRE CONS, le juge estime que l'autorité contractante ne peut violer les règles de concurrence.

Au total, la démarche du droit de la concurrence est particulière, en tant qu'il concilie des observations objectives avec l'appréciation d'un comportement à réprimer. Il s'agit d'un droit à la fois objectif[802],

[799] CS. Arrêt n° 47 du 22/08/2013, Société SARRE-CONS c/ARMP-État du Sénégal, (Inédit), (Déjà cité).
[800] Arrêt cité.
[801] M. GUIBAL, « Égalité et conclusion des marchés publics », *in Mélanges en l'honneur du Doyen Georges Péquignot, « L'interventionnisme économique de la puissance publique »*, CREAM, Montpellier, 1984, tome 1, p. 355.
[802] Car il s'appuie sur l'existence de paramètres observables et calculables (marché pertinent, parts de marché...).

répressif[803] et dynamique[804]. L'intérêt général se trouve au cœur du droit public et est à l'origine des grandes constructions jurisprudentielles du droit public.

B. L'intérêt général

Le contrat administratif baigne, en effet, dans un contexte fortement contraint par l'intérêt général[805]. À ce sujet, on constate que les notions clés du droit public trouvent leur raison d'être dans l'intérêt général : il en va ainsi, notamment, du service public, du domaine public, de l'ouvrage public. Comme le dit J. RIVERO : « *le moteur normal de l'action des particuliers est la poursuite d'un avantage personnel, le profit matériel, la réussite individuelle, etc. Tandis que le moteur de l'action administrative est la poursuite de l'intérêt général dont le contenu varie suivant les époques, les formes sociales, les données économiques, techniques ou psychologiques* »[806].

Le but que poursuit toute administration publique est en principe l'intérêt général (ou intérêt public). En effet, il existe certaines nécessités auxquelles l'initiative privée ne peut répondre et qui sont vitales pour la communauté nationale tout entière et pour chacun de ses membres (par exemple : le besoin de sécurité nationale)[807]. Ces nécessités qui constituent le domaine propre de l'administration entrent dans la sphère de l'intérêt général.

Il faut dire que l'originalité, la particularité, ou plus encore la singularité de la finalité de l'office du juge administratif de la légalité par rapport au juge de « *droit commun* » qui tranche classiquement des litiges opposant des intérêts privés appelle au moins, à ce stade, la reconnaissance de son appartenance à la catégorie des juges dont la mission consiste essentiellement à faire prévaloir l'intérêt général[808].

---

[803] Les sanctions peuvent être très lourdes, comme l'illustre par exemple la décision récente du conseil de la concurrence relative à l'entente entre les opérateurs de téléphonie mobile. V. Conseil de la concurrence, décision no 05-D-65 du 30 novembre 2005 relative à des pratiques constatées dans le secteur de la téléphonie mobile.

[804] La jurisprudence doit sans cesse produire de nouveaux concepts en fonction des pratiques des acteurs économiques.

[805] S. BRACONNIER, « Les recours ouverts aux tiers », op. cit., p. 314.

[806] *Ibid.*

[807] D. SY, *Droit administratif, op. cit.,* p.21.

[808] W. LELLIG, *L'office du juge administratif de la légalité*, thèse de droit public, Soutenue publiquement le 14 décembre 2015, Université de Montpellier, p. 209. Disponible sur http://www.theses.fr/2015MONTD056, (Consulté le 02/01/2017).

Autant, les privilèges dont jouit l'acte administratif unilatéral, qui impose des droits et des obligations à ses destinataires trouvent, là encore, leur justification dans l'intérêt général, autant, le régime des contrats administratifs est lui aussi marqué par l'empreinte de l'intérêt général. Des motifs d'intérêt général, tirés notamment « *de l'égalité, la continuité et la mutabilité du service public* » exercent leur influence permettant par exemple, que l'administration modifie le contrat y compris sur le plan financier, voire résilie unilatéralement un contrat dans l'intérêt du service.

Le juge de l'excès de pouvoir connaît des litiges mettant en cause, de manière directe et systématique, une expression de l'intérêt général. Cela marque aussi toute la particularité de sa fonction, au-delà de la diversité des missions juridictionnelles dont il est investi. Il est alors « *amené à faire respecter d'abord l'intérêt général qui, par essence, doit l'emporter sur les intérêts particuliers des administrés et l'arbitraire des administrateurs* »[809]. C'est cette position qu'il a adoptée dans l'affaire Association sénégalaise des hémodialysés et insuffisants rénaux (ASHIR)[810]. En effet, ladite association sollicitait l'annulation de la décision n° 210/11/ARMP/CRD du 17 octobre 2011 du Comité de Règlement des Différends (CRD) de l'Autorité de Régulation des Marchés publics (ARMP)[811].

Après avoir rejeté les deux premiers moyens dont l'un relatif à l'erreur de fait et de la contrariété de motifs et, l'autre de l'erreur manifeste d'appréciation, le juge a constaté que le CRD a retenu uniquement les économies réalisées sans avoir égard pour la santé des patients, alors que le but d'intérêt général est la condition de légalité de l'acte administratif. Chemin faisant, il a considéré que « *la dangerosité du produit n'étant pas établie et l'attribution du marché à Carrefour Médical rendant plus accessible les médicaments à un moindre coût, le*

---

809 M.-J. REDOR, « De l'État légal à l'État de droit », *Economica-PUAM,* 1992, pp. 193 197. Disponible sur http://www.persee.fr/ doc/polix_0295-2319_1994_num_7_27_1873, (Consulté le 20/01/2017).

810 CS. 12 avril 2012 Association sénégalaise des hémodialysés et insuffisants rénaux, op. cit.

811 Le 23 février 2011, la Pharmacie Nationale d'Approvisionnement (PNA) a lancé l'appel d'offres international AOI N° 11/2011 pour la fourniture de médicaments, matériels, consommables médico-pharmaceutiques, réactifs de laboratoires, produits dentaires et médicaments antirétroviraux. Après publication de la décision d'attribution provisoire, le requérant a saisi le CRD pour contester la décision d'attribution à CARREFOUR MEDICAL de l'item précité.

but d'intérêt général est ainsi réalisé ». Dans cette espèce, le juge a dégagé une conception de l'intérêt général qui semble mettre en avant la teneur économique.

Il est aisé alors de considérer que l'existence de l'intérêt général est avérée en raison de l'accessibilité des patients aux médicaments à un moindre coût. Le juge exprime sa volonté d'aller au-delà de l'aspect normatif et prescriptif du droit pour intégrer dans son raisonnement des considérations économiques[812].

[812] M.-Y. DIALLO, « le juge de l'Administration et la régulation des marchés publics au Sénégal », op. cit., p. 23.

CONCLUSION TITRE I

Les marchés publics sont soumis au respect de trois principes fondamentaux : la liberté d'accès à la commande publique, l'égalité de traitement des candidats et la transparence des procédures. Au cours de l'exercice de sa mission, le juge a renforcé son contrôle en sanctionnant le non-respect de ces principes précités. Ainsi, les bases de son nouvel office sont affirmées par une clarification des questions de contrariété et un effort d'interprétation.

Toutefois, l'analyse du contentieux de la passation des marchés publics révèle une complexité en raison des enjeux financiers que comportent les contrats publics. À travers son office, il est attendu des améliorations[813] dans l'exercice de sa fonction juridictionnelle.

---

813 Réflexions sur l'amélioration des procédures de recours, V. J.-D. DREYFUS, « L'amélioration de l'efficacité des procédures de recours en matière de passation des contrats de commande publique », *AJDA*, 2009, p. 1145.

TITRE II

LA TIMIDITÉ DU DÉVELOPPEMENT DU CONTRÔLE

Pour des raisons qu'il serait fastidieux d'évoquer ici, il y a lieu de faire un *distinguo* entre l'activité juridictionnelle et l'activité jurisprudentielle, selon la distinction faite par Y. GAUDEMET[814]. La première consiste en « *la mission immédiate de donner leur solution aux litiges* » et la seconde, en la « *mission occasionnelle de participer à la création des règles du droit positif* ». L'objet de ces développements n'est pas, compte tenu de la finalité de la démonstration, d'aborder la fonction juridictionnelle ou la fonction jurisprudentielle en tant qu'objet d'étude, ni de démontrer l'exercice par le juge de l'excès de pouvoir de telles fonctions, dès lors qu'une telle démonstration ne se justifierait que s'il était question de dénier au juge de la légalité sa qualité de juge.

Il est question de souligner la complexité de la coexistence de cette fonction classique dans le contentieux de la passation des marchés publics. À ce sujet, des améliorations sont attendues dans l'analyse de la complexité économique de la concurrence, la spécialisation des juges, l'utilisation du déféré du représentant de l'État, la régularisation des requêtes mal présentées et la précision des critères d'admission de l'urgence.

Pour appréhender l'activité de la Cour suprême, il a fallu aller au-delà de l'approche juridique. L'approche sociologique a été convoquée afin de cerner les bases objectives des litiges, la durée de l'instance, l'issue des recours, la nature du recours soumis au juge. Il sera également question de faire une représentation des données des recours suivis de commentaires pour mieux apprécier l'apport supposé ou non du juge.

Cela permettra d'apprécier *in concreto* le contrôle juridictionnel des procédures de passation des marchés publics et de voir si l'évolution est achevée ou pas. De manière plus singulière, on pourra analyser l'efficacité

---

[814] Y. GAUDEMET, *Les méthodes du juge administratif*, LGDJ, Paris, p. 11.

supposée ou non du recours en annulation en matière de passation des marchés publics.

Au regard de ce qui précède, on constate un contrôle à efficacité relative **(chapitre I),** nécessitant des ajustements **(chapitre II).**

CHAPITRE I

LA RELATIVE EFFICACITÉ DU MÉCANISME DU RECOURS POUR EXCÈS DE POUVOIR EN MATIÈRE DE MARCHÉS PUBLICS

En étudiant le recours pour excès de pouvoir[815] en matière de passation des marchés publics, on est frappé par le développement lent du contrôle. La question est alors de savoir si la Cour suprême a pleinement joué le rôle qu'on était en droit d'attendre d'elle en matière de procédures de passation des marchés publics. Effectivement, on constate que les requérants évincés et les tiers intéressés ne souhaitent pas prolonger les litiges devant le temple de Thémis. Cette situation a comme conséquence la rareté de la saisine du juge.

Pour mieux apprécier ou mesurer l'activité de la Cour suprême en matière de passation des marchés publics, il nous a fallu étudier les données relatives aux décisions rendues par année, à l'issue des litiges, à la durée de l'instance, à la qualité du requérant et à la nature du recours soumis au juge. Après avoir examiné ces données, nous serons en mesure d'apprécier la production juridictionnelle. Nous pouvons alors dire si oui ou non la Cour suprême a répondu favorablement aux attentes des acteurs des marchés publics.

Le présent chapitre a pour objet d'analyser la production jurisprudentielle **(Section I),** avant d'en apprécier l'effectivité supposée ou non **(Section II).**

Section I. Analyse de la production juridictionnelle

Pour étudier la production, nous procédons à une analyse des données sur les recours en matière de passation des marchés publics **(Paragraphe I).** Cela nous permettra de faire une première évaluation de l'efficacité[816] ou non du mécanisme du recours pour excès de pouvoir **(Paragraphe II).**

---

[815] V. F. BRENET, « Le recours pour excès de pouvoir et le contrat », *in JCP Administrations et collectivités territoriales*, 24 septembre 2012, p. 31 et s., spéc.

[816] V. J.-M. SAUVE, « Le juge administratif face au défi de l'efficacité », *RFDA,* Juillet-Août 2012, pp. 613-619.

Paragraphe I. Étude des données sur les recours

Justement, l'exercice n'a pour finalité qu'une présentation sommaire de certaines données statistiques[817] établies à travers un dépouillement des décisions rendues par la Cour suprême en matière de passation des marchés publics. Du coup, l'analyse se focalisera sur le nombre de décisions rendues par année, l'issue des litiges et la durée de l'instance, d'une part **(A)** et les aspects relatifs aux requérants, d'autre part **(B).**

A. Les décisions rendues par année, l'issue du litige et la durée de l'instance

Il y a lieu d'abord de s'interroger sur le nombre de décisions rendues par année par la Chambre administrative de la Cour suprême **(1),** pour ensuite étudier l'issue du litige et la durée de l'instance **(2).**

1. Les décisions rendues pendant la période 2008-2023

On peut retenir deux séquences : la période allant de 2008 à 2013 et celle de 2014 à 2023. Au cours de la première période, nous avons noté vingt-neuf (29) décisions. La première étude[818] consacrée à l'étude du contentieux des marchés publics a été réalisée sur la base de cette séquence. L'auteur de cette première évaluation a pu passer en revue et analyser les différentes décisions rendues par la Cour suprême sur les décisions du Comité de Règlement des Différends de l'ARCOP.

Dans la seconde séquence temporelle, il est enregistré soixante-douze (72) autres décisions. Ce qui fait un total de cent et une 101) décisions dont seize (16) ordonnances de référé.

Si on fait le pourcentage cumulé des décisions, la Cour ne rend pas plus de cinq décisions par année. Excepté l'année 2012[819] qui a constitué sans nul doute « *l'âge d'or* » du contrôle juridictionnel de la passation des marchés publics[820], l'étude des données sur les recours renseigne qu'il arrive au juge de rendre une décision au cours d'une

---

[817] V. à ce sujet la thèse de M. DIAGNE, thèse précitée, p. 317. L'auteur a présenté les statistiques en matière de recours pour excès de pouvoir dans le cadre du contrôle juridictionnel de l'Administration.

[818] Voir à ce sujet l'excellent article de B. BA, « Le contentieux de l'excès de pouvoir des marchés publics devant la Cour suprême du Sénégal (à partir des arrêts rendus entre 2008 et 2013) », *Annales Africaines*, Nouvelle Série, Volume 1, avril 2015, pp. 163-193.

[819] 14 décisions recensées.

[820] Année au cours de laquelle, le juge a statué sur plus de dix affaires.

année[821]. Il en est ainsi par exemple en 2022 où la Cour n'a eu à rendre qu'une seule ordonnance de référé et une décision de fond sur les procédures de passation des marchés publics. Quid de l'issue du litige et de la durée de l'instance ?

2. Issue du litige et durée de l'instance

Si l'issue du litige peut permettre d'avoir une idée des décisions traitées sur le fond **(2.1),** la durée de l'instance est un moyen d'avoir des indications sur le temps de traitement des recours **(2.2).**

2.1. L'issue des litiges

De 2008 à 2023, nous avons enregistré vingt-sept (27) décisions de rejet, vingt-trois (23) décisions d'annulation, douze (12) décisions de déchéance ou d'irrecevabilité, huit (08) décisions de sursis à exécution, dont cinq (05) accordées, seize (16) ordonnances de référé, neuf (09) décisions de désistement.

Il faut reconnaître que sur les cent un (101) décisions dépouillées, cinquante-six (56) ont été examinées sur le fond. Le taux de satisfaction des requérants est assez faible. Les décisions d'irrecevabilité et de déchéance sont dues aux conditions d'accès jugées sévères et complexes. Le nombre de sursis recensé restait réduit par rapport au nombre de recours en annulation. Il faut noter la tendance qui consistait à octroyer le sursis si les deux conditions sont réunies. Toutefois, le juge possède (un certain temps) la faculté de réduire la durée de certaines procédures, et ce en toute discrétion, puisque le sursis à exécution est, on le sait, une simple faculté pour le juge[822]. Le référé suit la même tendance que le sursis à exécution en ce que le juge exige toujours les deux conditions. Cependant, on note une réduction du délai de traitement des litiges en la matière. Au regard de ces considérations, on peut constater que les règles de procédure ne sont toujours pas bien connues des requérants.

2.2 La durée de l'instance

La durée des instances est un indicateur de la qualité des décisions. On reproche souvent au juge de rendre des décisions longtemps après les faits. Ce qui donne une impression d'insécurité juridique[823]. À ce

---

[821] En 2014, une seule décision a été rendue en matière de passation de marchés publics.

[822] Conseil d'État Ass., 13 février 1976, Association du quartier Notre Dame à Versailles, Cette revue 1976.303, note Roland Drago.

[823] D. SY, « un demi-siècle de jurisprudence administrative : de l'émergence à la maturation », *op. cit.*, p. 626.

titre, on peut constater une évolution sensible de la durée de l'instance par rapport à l'ancienne Cour suprême et l'ancien Conseil d'État[824].

Lorsque la Cour a été saisie d'une demande de sursis à l'exécution de la décision n° 77/12 du 16 juillet 2012 du Comité de Règlement des Différends de l'Autorité de Régulation des Marchés publics dans l'affaire opposant AIL à l'Agence sénégalaise d'Électrification rurale[825], l'instruction n'a duré que dix-sept (17) jours. Dans cette affaire, le juge considère que les deux conditions nécessaires au sursis à l'exécution de la décision sont réunies. Toutefois, il faut regretter que le juge n'ait statué sur le fond que cent seize (116) jours après l'introduction du recours. Les requérants sont-ils satisfaits ?

B. Satisfaction des requérants et nature du recours soumis au juge

Il s'agit ici de voir les éléments rattachés aux requérants, notamment les recours intentés par les autorités contractantes et les soumissionnaires puis les données relatives à la nature du recours soumis au juge. Nous avons recensé cinquante (50) recours en annulation intentés par les entreprises (Société SA, Société SUARL, etc.), trois (03) recours en annulation concernant l'État du Sénégal, deux (02) recours en contentieux concernant une association privée, deux (02) recours en contentieux concernant une Agence nationale, cinq (05) recours intentés par une personne privée et deux (02) recours visant une Administration d'État.

Il se dégage de ces données, la prédominance des recours intentés par les sociétés (Société SA, Société SUARL, etc.). Ce qui est tout à fait normal. En effet, les entreprises constituent, aujourd'hui, la base du tissu économique, voire le moteur de la croissance économique, sinon, un levier puissant du secteur privé dont l'impact en matière de développement économique n'est plus à démontrer.

Par rapport aux décisions dépouillées, il faut prendre en compte les recours exercés à la fois sur les marchés de fournitures et les marchés de travaux. Ainsi, nous avons pu déceler une cinquantaine de recours sur les marchés de fournitures, treize (13) recours non concernés par une procédure de marché, vingt (20) recours en contentieux sur les marchés de travaux, dix (10) recours en contentieux sur les marchés de

[824] M. MBACKE, « La réforme de la justice : le Conseil d'État », *EDJA* N°20, p. 2.
[825] CS. Arrêt n° 54 du 23 Aout 2012, La Société Angélique International Limited en abrégé A.I.L c/CRD-ARMP (Inédit), (Déjà cité).

services, et plus de quatre (04) recours en contentieux sur les marchés de prestation intellectuelle.

Les conclusions que nous pouvons en tirer sont les suivantes : une fréquence des recours exercés sur les marchés de fournitures, 1 les marchés de travaux et ceux non concernés par une procédure de marché. Après avoir analysé les données sur la production jurisprudentielle, l'on s'intéressera aux résultats

Paragraphe II. Résultat de l'évaluation des données sur les recours

Eu égard au volume des affaires soumis au contrôle du juge, on se rend bien compte que le juge est en chômage déguisé. À travers les données étudiées ci-dessus, on constate un juge insuffisamment saisi **(A)** et une conceptualisation laborieuse sur certaines procédures **(B).**

A. Un juge insuffisamment saisi

Les données étudiées plus haut ont permis de se faire une idée sur le nombre de décisions rendues en matière de recours en annulation des marchés publics. Avec une centaine de décisions recensées depuis 2008, le constat est que les acteurs des marchés publics ne sollicitent pas souvent le juge. Ce qui diminue l'intérêt de l'analyse d'une telle branche du contentieux. D'ailleurs, certains auteurs n'hésitaient plus à se prononcer sur l'inutilité du recours pour excès de pouvoir[826]. C'est pourquoi, les rares auteurs[827] qui se sont penchés sur cette question n'ont pas, en réalité, permis d'appréhender le nombre de recours issus des décisions du Comité de Règlement des Différends de l'ARMP. De plus, on constate globalement un faible taux de satisfaction des requérants, ce qui peut constituer un facteur de découragement pour la saisine du juge. En sus, le juge rend souvent des décisions de rejet[828] et sa fonction normative est quasi inexistante.

---

[826] J.-M. WOEHRLING, article précité.

[827] Parmi les publications, on peut citer, entre autres :

- M.- Y. DIALLO, « Le juge de l'Administration et la régulation des marchés publics », *Annales Africaines*, Nouvelle série, volume 1, 2015, pp. 65-97 ;
- B. BA, « Le contentieux de l'excès de pouvoir des marchés publics devant la Cour suprême du Sénégal (à partir des arrêts rendus entre 2008 et 2013) », *Annales Africaines,* Nouvelle Série, Volume 1, avril 2015, pp. 163-193.
- R.-P. DIOUF, « Le contrôle des marchés publics par le juge administratif », *Revue des Marchés Publics* N° 16, janvier 2014.

[828] Sur soixante-trois décisions dépouillées, on a noté dix-neuf (20) rejets compte non tenu des décisions d'irrecevabilité, de déchéance, de désistement.

En outre, le formalisme entourant la procédure de saisine du juge ne plaide pas en faveur des requérants, qui, souvent, courent le risque de se perdre dans le maquis de la procédure[829]. En effet, les actes introductifs d'instance nécessitent une série de démarches de la part de leurs auteurs. Ceux-ci revêtant un caractère formel, concernent par exemple, le mode de rédaction, les mentions qui doivent figurer sur la demande, la présence d'avocats, etc.[830].

Et pour conforter le professeur D. SY, il estime que les conditions d'accès au juge posées par les textes sont très strictes[831] en raison de la diversité, de la sévérité et de la complexité des formalités. Ce qui faisait dire au Professeur M. DIAGNE[832] que la méconnaissance du justiciable des règles de procédure de cette technique contentieuse s'est confirmée si l'on en juge au nombre des cas de rejets[833] en la forme, d'une part et, le taux de satisfaction des annulations[834] reste très faible, d'autre part. Ce phénomène n'encourage guère le requérant désireux de voir que la *"légalité méconnue"* lui soit rétablie.

Dans ce même esprit, l'existence de recours administratifs préalables rend difficile la saisine du juge. C'est pourquoi, J.-C. BONICHOT[835] a écrit « *Le recours administratif préalable obligatoire n'a pas très bonne presse. Il passe pour une technique juridique complexe, assez aléatoire, survivance de la théorie du ministre-juge, pour surtout un obstacle à la saisine du juge qui retarde l'issue des contentieux et se justifie principalement par la nécessité de limiter l'encombrement des juridictions* ». Plus loin, il avance que : « *La doctrine marque à son égard une réserve certaine. Il est remarquable qu'un aussi bon connaisseur du contentieux administratif que le professeur CHAPUS relève que les recours administratifs peuvent avoir des 'effets pervers' et que c'est sans doute*

---

[829] ND.-M. DIAGNE, *Les méthodes et les techniques du juge en droit administratif Sénégalais, op.cit.*, p. 115.
[830] *Ibidem.*
[831] D. SY, « Recours en matière administrative et accès au juge », *Bulletin d'Information de la Cour Suprême*, 2008, p. 31.
[832] M. DIAGNE, *L'efficacité du contrôle contentieux exercé sur l'Administration sénégalaise, op. cit.*, p. 342.
[833] 21 arrêts de rejet.
[834] 16 arrêts d'annulation.
[835] J.-C. BONICHOT, « Le recours administratif préalable obligatoire : dinosaure juridique ou panacée administrative ? », in *Mélanges en l'honneur de* Daniel Labetoulle, Dalloz, 2007, p. 83.

des recours obligatoires qu'on peut surtout les attendre. Le professeur Auby parle à propos de leur régime d'un bilan très négatif' »[836].

Le recours administratif préalable est apparenté aux recours intentés devant les autorités contractantes et les recours adressés au CRD à la suite de décisions défavorables. Ceux-ci peuvent ralentir la saisine du juge. Même si, on considère que la mise en place de cette instance a donné au juge de l'excès de pouvoir un nouveau champ à déblayer, il reste que les nombreux recours administratifs constituent un frein quant à la saisine du juge.

Une autre raison peut être liée à la centralisation des recours à Dakar, la capitale. Cette situation peut constituer un obstacle quant à la multiplicité des recours devant le CRD et le juge. Il va de soi que certaines catégories d'actes de passation des marchés pourraient échapper au contrôle à cause de l'éloignement de l'ARCOP ex-ARMP et de la Cour suprême. À ce titre, il faudra envisager de délocaliser le CRD de l'ARMP dans certaines régions[837] du Sénégal.

Une dernière raison est liée au traitement lent des recours au niveau de la juridiction suprême. Certains litiges peuvent rester des mois dans les tiroirs. À cause de la lenteur du traitement d'un litige, les autorités ont commencé à exécuter un marché alors que la Cour n'avait pas encore statué sur le fond[838]. Il en était ainsi par exemple dans l'affaire du marché de fourniture, de transport et de pose de matériels de réseaux électriques. La décision de la Cour suprême est intervenue le 24 octobre 2013 alors que celle contestée était déjà exécutée car le marché qu'elle autorisait avait été signé et immatriculé depuis le 17 juillet 2013.

La lenteur de la procédure administrative contentieuse ne date pas d'aujourd'hui : G. JÈZE en a déjà dressé le constat il y a un siècle[839] : « *Trop peu de tribunaux et trop peu de juges face à des procès de plus en plus nombreux* » dit, pour sa part, le Professeur J. MORAND-DEVILLER[840].

Toutefois, malgré la lenteur de la procédure juridictionnelle, les conditions difficiles d'accès, l'éloignement des organes de contrôle, le

---

836 *Ibidem.*
837 Possibilité d'installer quatre CRD (Nord, Sud, Est et Centre).
838 L'affaire AIL.
839 G. JÈZE, « Lenteurs de la procédure devant le Conseil d'État », *RDP,* 1916, p. 65.
840 J. MORAND-DEVILLER, Droit administratif, L.G.D.J, 13ème édition, p. 87.

juge administratif a toute sa place dans ce nouveau contentieux[841]. Et, il faut convenir avec A. ISSOUFFOU que, depuis l'entrée en vigueur du nouveau droit des marchés publics, le juge nigérien n'a rendu que quatre (04) arrêts[842]. Contrairement à son homologue sénégalais qui s'est prononcé à plusieurs reprises sur les procédures de passation des marchés publics. Autant, on a constaté la faiblesse de la production juridictionnelle du point de vue quantité, autant nous avons observé une conceptualisation insuffisante au regard du raisonnement du juge.

B. Une conceptualisation laborieuse sur certaines questions de procédure

Du point de vue de la qualité des décisions, il faut prendre en compte deux aspects. L'un est relatif à la défectuosité de la fonction contentieuse liée à des aspects de la passation des marchés, d'une part, et les questions complexes n'ayant pas été résolues de manière satisfaisante par le juge, d'autre part. La fonction contentieuse suppose qu'il soit nécessaire pour le juge de régler un différend, de trancher entre deux prétentions opposées. Selon J. CHEVALLIER, la « *fonction contentieuse consiste à trancher des problèmes contentieux* »[843].

---

[841] L'affaire du marché de fourniture, de transport et de pose de matériels de réseaux électrique confirme cet état des choses. Suite à la décision de la Cour suprême du 24 octobre 2013, l'ARMP a rendu une décision le 22 janvier 2014 dans laquelle elle dit clairement que dans sa décision annulée par la Cour suprême, « *le régulateur avait décidé en opportunité, comme il est habilité à le faire, en ordonnant la poursuite de la procédure suivant l'argumentaire tiré du risque de perte du financement; Qu'en retour, le juge de l'excès de pouvoir a considéré que l'expiration du délai imparti par l'accord de financement ne saurait justifier des atteintes aux règles de passation des marchés publics ; Que dans ces conditions, le régulateur ne peut autoriser l'entente directe en se fondant, une nouvelle fois, sur le moyen tiré du risque de perte du financement sans être en conflit avec la règlementation* ». Elle a toutefois autorisé le marché litigieux en se fondant sur l'article 76 du Code des Marchés publics qui donne la possibilité au Premier Ministre de certifier par notification écrite à l'ARMP et à la DCMP que, « *pour des raisons tenant aux circonstances exceptionnelles du cas concerné impliquant des motifs impérieux d'intérêt général, l'attribution du marché doit être poursuivie immédiatement* ».

[842] A. ISSOUFFOU, *Les mutations du droit des marches publiques au Niger et au Sénégal : contribution à l'étude de l'encadrement juridique d'une catégorie de dépense publique, op.cit.*, p. 400.

[843] J. CHEVALLIER, « Fonction contentieuse et fonction juridictionnelle », *in Mélanges Michel Stassinopoulos*, LGDJ, 1974, p. 279.

Or, il nous a été donné de constater que certains concepts[844] ou notions n'ont pas été traités de manière satisfaisante par le juge. Il en est ainsi par exemple de l'offre anormalement basse, de la décision déclarant une procédure infructueuse et de l'utilisation de la technique de l'erreur manifeste d'appréciation.

Pour ce qui concerne l'offre anormalement basse, il faut indiquer qu'aux termes de l'article 9 du Code des Marchés publics[845]: « *il ne peut y avoir de négociation avec les candidats et aucune modification des offres ou des prix ou des conditions de concurrence ne peut être demandée, offerte ou autorisée. La Commission peut toutefois corriger les erreurs purement arithmétiques découvertes au cours de l'examen des offres et peut demander aux candidats de préciser la teneur de leurs offres afin d'en faciliter l'examen, l'évaluation et la comparaison. Cette demande doit être faite par écrit dans le respect strict du cahier des charges. La réponse doit également être adressée par écrit* ».

Par sa désignation même, l'offre anormalement basse semble être facile à comprendre. Un lecteur trop rapide de l'article 59 du Code des Marchés publics utilisera cette notion pour écarter toute offre dont le prix est bien inférieur à ses concurrentes et/ou dont le prix est bien inférieur au montant prévisionnel du marché. Et pourtant, l'utilisation d'un adverbe lié à l'idée de normalité en fait une notion fluctuante, qu'il convient de déconstruire pour bien l'utiliser, tant au stade de la sélection des offres pour le pouvoir adjudicateur que lors du contentieux pour le candidat évincé voire le titulaire.

D'ailleurs, le juge administratif français, a-t-il conclu que, le montant d'une offre inférieure aux autres offres ou au montant prévisionnel du marché est un indice d'une offre anormalement basse, mais ne permet pas sa qualification. Tel a été le raisonnement du juge d'appel à propos d'un montant de 26 % inférieur à la moyenne des autres offres. En l'espèce, le juge s'était penché sur les critères de qualification de l'offre anormalement basse et avait considéré que le pouvoir adjudicateur avait commis une erreur manifeste d'appréciation[846].

---

[844] La conceptualisation intervient, si l'on se réfère à la décomposition du travail juridictionnel, dans la phase au cours de laquelle les faits ayant entraîné le litige sont qualifiés et classés dans une catégorie juridique. V. T. FORTSAKIS, citée par N.-D.-M. DIAGNE, op. cit., p. 352

[845] Décret n° 2014-1212, du 22 septembre 2014, *op. cit.*, art. 59.

[846] CAA Lyon, 5 décembre 2013, *Société AD Arnaud Démolition*, n° 12 LY01142.

Le raisonnement du juge sénégalais est tout autre dans l'affaire Computer Land SARL[847]. Dans cette affaire, le requérant considère que le CRD a retenu que son offre, prise dans sa globalité, est anormalement basse, en se fondant exclusivement sur le prix du dupli copieur RISO EZ 231 qui est une des composantes du lot, alors que le marché est constitué d'un lot unique et indivisible.

Sans pour autant avoir la possibilité de vérifier si l'offre est anormalement basse ou pas, le juge a retenu que la commission des marchés a bien motivé sa décision sur le caractère anormalement bas de l'offre de la société Computer Land. Ainsi, il estime que le CRD a légalement justifié sa décision portant sur l'attribution provisoire du marché lancé par le ministère de l'Éducation nationale, relatif à la fourniture de matériels informatiques et de reprographie, destinés aux Inspections d'Académie (IA) et Inspections de l'Éducation et de la Formation (IEF).

Pourtant, il est à se demander pourquoi le juge fait confiance au CRD, qui à son tour n'a fait que confirmer la position de la commission des marchés du Ministère de l'Éducation, pour déclarer l'offre de la société Computer Land SARL, anormalement basse en se fondant sur deux raisons : l'une sur les prix du dupli copieur et des licences Microsoft office 2013 professionnelle, proposés et l'autre sur la réalité économique.

Or, nous pensons que pour contrôler le caractère anormalement bas ou non d'une offre, le juge ne peut se borner à constater un écart de prix important entre cette offre et d'autres offres que les explications fournies par le candidat ne sont pas de nature à justifier sans rechercher si le prix en cause est en lui-même manifestement sous-évalué et, ainsi, susceptible de compromettre la bonne exécution du marché.

Deuxième raison, l'ancien Code des marchés de 2014 en son article 64 rappelle les deux cas dans lesquels un Appel d'Offres peut être déclaré infructueux, mais après consultation de la DCMP. Il en va ainsi lorsqu'aucune offre n'a été déposée à l'expiration de la date limite de dépôt des offres ou lorsqu'il n'a été proposé que des offres irrecevables ou non conformes.

Néanmoins, force est de reconnaître que l'affaire AIL[848] aurait pu être une bonne occasion pour le juge de déclarer le marché infructueux

---

[847] CS. Arrêt n° 07 du 27 janvier 2017, Computer Land SARL c/ARMP - État du Sénégal (Inédit), (Déjà cité).

[848] CS. Arrêt n° 55 du 24 Octobre 2013, la Société angélique International Limited en abrégé (A.I.L) c/ARMP, (Inédit), (Déjà cité).

et d'enjoindre le CRD à relancer la procédure à la place d'une annulation sans conséquence. Sur l'issue de la décision, faut-il rappeler que le régulateur ne s'est guère gêné à se prononcer sur le marché infructueux, lorsque la question lui a été posée : à savoir si l'autorité contractante est obligée de mettre sur sa liste restreinte les entreprises qui ont soumissionné à un appel d'offres déclaré infructueux. Le CRD répond par la négative en déclarant que : « *les bonnes pratiques en la matière recommandent d'élargir la liste restreinte à plus de trois candidats afin de faire jouer la concurrence, d'éviter le risque de carence et d'avoir plus de chance de recevoir la proposition qui procure le meilleur rapport qualité/prix* »[849].

Enfin, la troisième raison est liée à l'utilisation de la technique de l'erreur manifeste d'appréciation. Autant, l'extension de l'erreur manifeste d'appréciation dans le contentieux des marchés publics a été saluée par la doctrine[850], autant il a été constaté des erreurs de raisonnement dans l'utilisation de cette technique.

Paradoxalement dans l'affaire AIL[851], le raisonnement du juge semble beaucoup plus proche de l'inexistence matérielle des faits que de l'erreur manifeste d'appréciation. Avant d'annuler la procédure en se fondant sur l'erreur manifeste d'appréciation, le juge avance que le CRD, en tirant argument du seul fait que les travaux n'étaient pas terminés à la date de la réunion du 7 mai 2012 pour retenir que l'attestation délivrée antérieurement par l'ASER à AIL est fausse, a fait une interprétation erronée des minutes de la réunion.

Malgré les quelques errements, il faut noter que des efforts non négligeables ont été déployés par le juge. On se rappelle, d'ailleurs, les propos d'A. BOCKEL lorsqu'il disait que : « *les jugements dans les pays africains sont de qualité honnête, les annulations ne sont pas rares, relativement au nombre de recours* ».

Après avoir étudié les données sur les recours, l'on se rend compte que du point de vue de la qualité comme de la quantité, le développement du

---

[849] Décision n° 356/13/ARMP/CRD du 20 novembre 2013 du CRD statuant en commission litiges sur le recours introduit par la Société SONAM contestant l'attribution provisoire du marché relatif à la couverture des risques pour la gestion 2013 au profit de la RTS: http://www.armp.sn/index.php ? option=com_content&view=article&id=746 : decision-nd-35613armpcrd-du-20-novembre-2013&Itemid=778, (Consulté le 21/03/2017).
[850] D. SY « Un demi-siècle de jurisprudence administrative : de l'émergence à la maturation », op. cit., p. 32.
[851] CS. Arrêt n° 64 du 29 Novembre 2012, La Société Angélique International Limited en abrégé (A.I.L) c/-ARMP, op. cit.

recours juridictionnel en matière de passation des marchés publics semble timide. Ainsi peut-on se poser la question de savoir si le recours pour excès de pouvoir est-il efficace en matière de procédures de passation des marchés publics ?

Section II. L'inefficacité du recours pour excès de pouvoir

La mort du recours pour excès de pouvoir, voie de droit commun du contrôle juridictionnel de légalité[852], n'a de cesse d'être annoncée ou prédite par quelque Cassandre[853]. On est tenté de dire la même chose dans le contentieux de la passation des marchés publics. Il s'agira, d'abord, d'expliquer le constat de l'inefficacité du recours en annulation **(Paragraphe I),** ensuite de s'interroger sur les difficultés d'exécution des décisions d'annulation **(Paragraphe II).**

Paragraphe I. Le constat de l'inefficacité

L'inefficacité du recours pour excès de pouvoir[854] s'explique par le nombre peu élevé de recours. Les statistiques l'ont démontré plus haut. Ainsi observe-t-on une satisfaction du traitement des recours au niveau du Comité de Règlement des Différends **(A)** et un juge aux pouvoirs limités **(B).**

A. Le contrôle satisfaisant du régulateur

Sans nul doute, la création d'un organe de régulation intervenant dans le champ de la commande publique fait partie des innovations les plus marquantes des réformes intervenues dans ce domaine en Afrique noire francophone[855].

---

[852] CE, 22 juillet 1994, *Jabl, Rec.* p. 1109

[853] M. HAURIOU, « Recevabilité de la tierce opposition contre une décision sur recours pour excès de pouvoir », *S.* 1914.III.33, *RGD*, http://www.revuegeneraledudroit.eu /?p=14239 ; V. R. CHAPUS, « L'Administration et son juge, ce qui change », *EDCE*, 1992 p. 268 ; M. BERNARD, « Le recours pour excès de pouvoir est-il frappé à mort ? », *AJDA*, 1995, p. 190 ; J.-M. WOEHRLING, « Vers la fin du recours pour excès de pouvoir ? », *Mélanges en l'honneur de Guy Braibant*, Dalloz, 1996, p. 777 ; F. ROLIN, « Le recours pour excès de pouvoir, une espèce en voie de disparition ? », *Dalloz,* juin 2015.

[854] D. POUYAUD, « Que reste-t-il du recours pour excès de pouvoir dans le contentieux des contrats ? », *RFDA,* 2015, p. 727.

[855] Dans l'espace UEMOA, l'institution d'une autorité de régulation des marchés publics, des délégations de service public et des contrats de partenariat public-privé résulte sans nul doute de la transposition en droit interne des exigences communautaires figurant dans la directive n° 05/2005/CM/UEMOA du 9 décembre 2005, portant

C'est pour cette raison qu'il est admis que l'une des avancées majeures de l'actuel Code des Marchés publics reste la possibilité donnée à un candidat ou à une autorité contractante (qui lance un marché) d'intenter un recours à toutes les étapes de la procédure, auprès de l'organe chargé du contrôle *a posteriori* pour dénoncer des violations du Code des Marchés publics.

De ce point de vue, le CRD joue un rôle essentiel dans le domaine des marchés publics[856] et donne la possibilité à chaque soumissionnaire de faire un recours suspensif quand il estime que ses droits ne sont pas protégés. Sans occulter les avis qu'ils donnent, il rend plus de cents (100) décisions[857] par année. Ce foisonnement des décisions devait, alors, apparaître comme un point d'appui pour massifier le contentieux devant le juge. Tel n'est pas le cas, non seulement, les requérants se satisfont de la décision du régulateur, mais aussi, ils savent aussi que les dispositions pertinentes du Code des marchés ont été bien interprétées.

En outre, il faut noter que le maintien de bonnes relations permet, d'une part, d'exécuter le marché tant bien que mal et d'accéder à la contrepartie financière et, d'autre part, d'obtenir, à la fin, l'attestation de bonne exécution du marché[858]. Cela se traduit par la confiance des

---

contrôle et régulation des marchés publics et des délégations de service public. Et pour reprendre les analyses du professeur B. GUEYE, nous pouvons dire que l'adoption par le législateur communautaire d'un tel mécanisme est à son tour inspiré d'une part par le mouvement global de promotion de la bonne gouvernance. D'autre part, l'institution de la régulation est aussi l'expression de la prise en compte d'une demande des citoyens exigeant la création d'institutions qui marquent la fin de la gestion centralisée des affaires publiques, qui promeuvent la participation des différentes composantes de l'État (Administrations, citoyen, secteur privé) et qui recherchent des solutions consensuelles pour gérer les affaires de la cité. V. B. GUEYE, « Nouveau Code des marchés publics – En phase avec les directives de l'UEMOA » (suite et fin), *Revue de marchés publics du Sénégal,* n° 5, nov. 2011, p. 29. V. aussi, C. DJEBIDJE, *Droit des marchés publics en Côte d'Ivoire, op. cit.,* p. 20. Aussi, M. DIOP « Évolution du droit des marchés publics, de la période coloniale à l'évaluation du système de passation des marchés publics selon la méthodologie de l'OCDE », *Revue des marchés publics* N° 3, 2011, pp. 32-33.
M. DIOP, « L'évolution des marchés publics au Sénégal, repères historiques et faits marquants », *Revue des marchés publics* (Sénégal), 2013, n° 5, pp. 14-18.

[856] A. SAKHO, « Dimension de la régulation dans le système de passation des marchés publics au Sénégal : une introduction aux débats », Revue de l'ARMP.

[857] V. http://armp.sn/index.php?option=com_content&view=article&id=184&Itemid=65, revue des marchés publics sur ce lien.

[858] A. ISSOUFOU, *Les mutations du droit des marches publiques au Niger et au Sénégal : contribution à l'étude de l'encadrement juridique d'une catégorie de dépense publique, op. cit.,* p. 407.

acteurs de la commande publique au Comité de Règlement des différends de l'ARCOP.

En fin de compte, que ce soient les conditions d'introduction des recours, les décisions d'attribution, les garanties exigées, les contestations relatives aux pouvoirs des commissions des marchés, ou les autres moyens, le régulateur interprète de manière satisfaisante les dispositions pertinentes du Code des Marchés publics, d'où la confiance des acteurs des marchés publics à l'ARCOP. La faiblesse du recours au juge s'aperçoit à travers ses pouvoirs limités.

B. Les pouvoirs limités du juge

La nature des pouvoirs du juge résulte de la distinction des recours contentieux : « *[le juge de l'excès de pouvoir] se prononce sur le bien-fondé d'une requête quand [le juge du plein contentieux] vide un litige en statuant sur des droits subjectifs », si bien que « le premier ne peut qu'annuler ou rejeter la requête, le second peut réformer la décision administrative* »[859].

Le juge chargé du contentieux de la passation des marchés publics dispose de pouvoirs limités dans la mesure où il ne peut pas remettre en cause la validité du contrat. À travers les décisions dépouillées, nous avons constaté qu'il n'a procédé ni à une substitution de base légale ni à une substitution de motif dans certaines circonstances. En principe, la substitution devrait permettre au juge de remplacer une base légale erronée par une autre base juridiquement correcte pouvant sauver un acte contesté de l'annulation. Les pouvoirs du juge du contentieux objectif restent centrés autour du choix binaire – et donc, par nature, limité de l'annulation de l'acte administratif ou du rejet de la requête.

L'affaire A.I.L[860] illustre, à cet égard, les pouvoirs limités du juge de l'excès de pouvoir. La Cour, dans sa décision de 2014, renseigne qu'elle a visé l'arrêt du 24 Octobre 2013[861]. Dans cette dernière, elle avait annulé la décision du CRD car celui-ci a violé les principes de transparence et d'égalité des candidats. Après avoir constaté que la décision querellée n'a pas été retirée, A.I.L sollicita de nouveau le retrait de la décision du

---

859 C. LANDAIS, F. LENICA, « La modulation des effets dans le temps d'une annulation pour excès de pouvoir », note sous CE, ass., 11 mai 2004, Association AC ! et autres, in *AJDA*, 2004, p. 1183 et s., spéc. p. 1187.

860 CS. Arrêt n° 61 du 12 Décembre 2014, la Société angélique International Limited en abrégé (A.I.L) c/ARMP, (Inédit).

861 CS. Arrêt n° 40 du 27 juillet 2013, la Société angélique International Limited en abrégé (A.I.L) c/ARMP, (Inédit).

CRD du 27 mars 2013. La Cour rejette le recours de la société requérante en rappelant que, par un arrêt du 24 Octobre 2013, elle avait annulé la décision du CRD du 27 Mars 2013. Par conséquent, le recours formé contre la décision d'irrecevabilité rendue par le CRD le 8 mars 2013, suite à la requête aux fins de retrait de sa décision du 27 Mars 2013 devient sans objet. Dans cette espèce, il faut reconnaître que la société requérante estimait que le CRD n'avait pas pris les dispositions nécessaires pour tirer toutes les conséquences de la décision du juge.

En raison de ses pouvoirs limités seulement au rejet et à l'annulation, c'est au juge du contrat qu'il appartient de tirer les conséquences de l'annulation de l'acte détachable sur la pérennité des relations contractuelles nouées entre les parties. Ce constat invitait même une partie de la doctrine[862] à s'interroger sur la logique intrinsèque de la théorie de l'acte détachable en se posant la question de savoir s'il était à la fois possible de détacher un acte du contrat pour l'annuler, puis le rattacher au contrat pour faire déployer sur celui-ci les effets de cette annulation. De plus, le juge ne peut sanctionner l'autorité contractante en cas de décision d'annulation. Les pouvoirs limités du juge et les annulations sans conséquences posent la problématique de l'exécution des décisions d'annulation.

Paragraphe II. Le constat de l'inexécution des décisions d'annulation

En vérité, les autorités contractantes ont en principe le devoir d'exécuter les décisions d'annulation rendues par le juge de l'excès de pouvoir. Cette obligation trouve son fondement dans le principe de l'autorité de la chose jugée[863] dont la décision est revêtue. L'autorité de la chose jugée en droit administratif revêt les mêmes caractères que l'autorité de la chose jugée en droit privé. Aussi les autorités contractantes sont-elles tenues de s'y conformer et d'en tirer les diverses conséquences qui en résultent. Hélas, face au mauvais vouloir de l'administration concernant l'exécution de ses décisions, le juge administratif sénégalais se trouve fortement démuni, impuissant face à la toute-puissance de l'administration.

Avant d'analyser la réticence des autorités contractantes à exécuter les décisions d'annulation **(B),** il sera étudié le principe de l'effet absolu des décisions d'annulation **(A).**

---

[862] G. CHRISTOPHE, *Droit des contrats administratifs*, PUF, 2008, spéc. p. 494.
[863] G. DELVOLVE, « Chose jugée », *RDCA*, 2011, n° 73. DELVOLVE (G.), « Chose jugée », préc., n° 111.

A. Le principe : l'effet absolu des décisions d'annulation

Il importe de souligner que toute instance appelle le prononcé d'un jugement, c'est-à-dire d'une décision juridictionnelle[864]. Par ce jugement, l'instance prendra fin et la juridiction sera dessaisie. Ce principe vaut, également, pour le juge administratif. En effet, dans ses rapports avec l'administration, pour que son contrôle puisse avoir une effectivité, encore faut-il que ses décisions revêtent l'autorité de la chose jugée[865]. Les décisions du juge administratif sont, dès leur lecture[866], revêtues de l'autorité de la chose jugée[867]. Cela signifie, selon l'adage « *res judicata pro veritate habetur* », que la décision « *doit être tenue pour la vérité* ». Une fois définitives, on dit alors que ces décisions sont passées « *en force de chose jugée* ».

Effectivement, l'annulation dans le cadre du recours pour excès de pouvoir ne peut être remise en cause par un nouveau jugement, une nouvelle décision. La chose jugée a et doit avoir autorité ; elle doit s'imposer. Car le jugement n'aurait pas sa raison d'être si la décision en résultant pouvait être rejugée[868]. Ce principe est confirmé par l'article 74 de la loi organique n° 2017-09 du 17 janvier 2017 abrogeant et remplaçant la loi organique n° 2008-35 du 08 août 2008 sur la Cour suprême, modifiée par loi organique n° 2022-16 du 23 mai 2022. Ainsi, la décision juridictionnelle ne peut être méconnue ou contestée. L'administration est tenue de s'exécuter, d'où la supériorité théorique de la chose jugée sur la chose décidée.

Sans doute, l'exécution d'une décision du juge administratif est un devoir juridique et, par conséquent, une obligation. Cependant, on ne peut pas pour autant affirmer que du fait que cette décision a une force obligatoire. Cela équivaut à la force exécutoire. Le juge français avait très tôt, dans un arrêt du Conseil d'État français du 26 juillet 1912, par référence à l'attitude du juge judiciaire, énoncé que : « *si, en principe, la chose jugée réside dans le dispositif des jugements, ce dispositif, ne*

---

[864] R. CHAPUS, droit *du contentieux administratif*, Montchrestien, 9e éd., 2001, p. 823.
[865] En ce sens, V. P. DEVOLVE, « L'exécution des décisions de justice contre l'Administration », *Conseil d'État*, Études et documents n° 35, 1983-1984, pp. 111-137.
[866] CE, sect., 8 juill. 1998, p. 306.
[867] CE, sect., 28 nov. 1946, Société des automobiles Berliet, p. 579.
[868] A. V.-P. AMBEU, *La fonction administrative contentieuse en Côte d'Ivoire*, *op.cit.*, p. 365.

doit pas être envisagé, abstraction faite des motifs, lorsque ceux-ci peuvent seuls en déterminer la portée »[869].

La Cour européenne des Droits de l'Homme illustre parfaitement cette problématique lorsqu'elle soutient dans son arrêt Homsby c/Grèce que « *le droit d'accès à un tribunal serait illusoire si l'ordre juridique interne d'un État permettait qu'une décision de justice définitive et obligatoire reste inopérante à l'égard des parties* »[870]. Il en est de même du Conseil constitutionnel français lorsqu'il estime que : « *l'exécution d'un jugement constitue le corollaire du principe de séparation des pouvoirs et ne peut être écarté qu'en raison de circonstances exceptionnelles tenant à la sauvegarde de l'ordre public* ».

Finalement, les décisions d'annulation emportent des conséquences certaines sur le plan temporel. Cela signifie que l'effet produit par l'annulation est total et complet. Seule l'administration est tenue de remettre les choses en l'état. L'effet total de la décision d'annulation signifie que l'acte annulé disparaît avec tous ses effets juridiques réalisés. Il sort de l'ordonnancement juridique et est considéré comme n'ayant jamais existé. Aussi l'administration doit-elle prendre les mesures nécessaires pour remettre les choses en l'état. La disparition complète des effets de la mesure illégale annulée oblige l'autorité contractante à rétablir la situation existante auparavant. C'est l'effet rétroactif attaché aux décisions du juge administratif.

En somme, il faut reconnaître que l'annulation de la décision du CRD ne bénéficie pas seulement au requérant, mais elle concerne également l'administration en cause[871]. Elle s'impose aussi aux tiers et à toutes les administrations. Ce jugement d'annulation vaut à l'égard de tous. On dit alors qu'il produit ses effets « *erga omnes* »[872]. Comme en droit administratif français, la règle de l'effet absolu du jugement d'annulation a été fixée par le législateur sénégalais et précisée par la Cour suprême[873].

---

[869] CE 26 juillet 1912, Compagnie d'Orléans et du Midi c. l'État, réc. p. 889, concl. Riboulet, D1916.3.19.

[870] CEDH, 17 mars 1997.

[871] M.DIAGNE, *L'efficacité du contrôle contentieux exercé sur l'Administration sénégalaise, op. cit.*, p.271.

[872] *Ibidem.*

[873] Aux termes de l'article 74-1 de la loi organique n° 2008-35 du 7 août 2008 portant création de la Cour suprême, le législateur sénégalais énonce la règle comme suit : « *L'arrêt de la Cour suprême annulant en tout ou partie un acte administratif, a effet à l'égard de tous* ».

Toutefois, on constate que le refus d'exécuter les décisions d'annulation se caractérise par le « *mauvais vouloir* » des autorités contractantes avec l'absence de mécanismes permettant de les obliger à entériner les décisions de justice.

B. La réticence des autorités contractantes à exécuter les décisions d'annulation

Pour camper davantage cette assertion, il faut noter que la difficulté éprouvée dans l'exécution des décisions d'annulation se singularise par le « *mauvais vouloir* » des administrations contractantes. Une fois que le juge rend une décision d'annulation, les autorités contractantes ont tendance à faire la sourde-oreille pour ne pas exécuter la décision rendue. Cela, non pas parce que la décision d'annulation est impossible à exécuter mais parce que les autorités contractantes se refusent à en faire application.

Paradoxalement, l'abstention de l'exécution des décisions juridictionnelles se manifeste généralement de manière implicite. Elle consiste, pour l'autorité administrative, à ne pas prendre toutes les mesures qui s'imposent en cas d'annulation de sa décision. L'autorité administrative qui a la charge de rétablir la situation antérieure y oppose un refus implicite ou explicite[874]. Elle voit la décision annulant sa mesure comme une décision s'appliquant contre sa personne et, donc, une « *victoire* » du justiciable sur elle. Aussi pense-t-elle à tort que la décision d'annulation porte atteinte à ses pouvoirs[875].

Dans une ordonnance de référé de la Cour suprême, l'organe de la régulation des marchés publics (ARMP devenue ARCOP) a reconnu qu'au vu des dispositions de l'article 146 du Code des Marchés publics, elle ne dispose d'aucun pouvoir de coercition et de sanction contre l'autorité contractante[876].

Mais l'exemple le plus illustratif est l'affaire AIL[877]. Il faut préciser en l'espèce que le juge avait rejeté le recours en ce que précédemment, il avait rendu une décision d'annulation[878] dans la même affaire. Il faut

---

[874] A.-V.-P. AMBEU, *La fonction administrative contentieuse en Côte d'Ivoire*, *op. cit.*, p. 369, (Consulté le 24/02/2016).

[875] *Ibid.*

[876] CS. Ordonnance n°13 du 02 juillet 2020, La Société « DELGAS ASSAINISSEMENT » c/La Direction centrale des Marchés Publics dite DCMP et autres, (Inédit).

[877] Arrêt précité.

[878] Arrêt précité.

analyser les raisons qui ont poussé le requérant à saisir le juge à nouveau. À dire vrai, l'autorité contractante n'avait pas pris les mesures nécessaires pour faire respecter la première décision rendue dans cette affaire. C'est pourquoi, le requérant a jugé utile de déférer à nouveau la même affaire devant le juge.

Dans ce même esprit, la Cour suprême, dans l'affaire CERTEC SA[879], a annulé la décision de l'ARMP qui a rejeté le recours tendant à l'annulation de la décision d'attribution du marché d'équipement de l'Hôpital principal de Dakar en matériel biomédical à la société Carrefour médical alors que le marché a déjà été exécuté. Pourtant, il est à noter que le Directeur général de CERTEC avait décidé à l'époque de poursuivre l'Hôpital principal et l'ARMP en dommages et intérêts[880]. Pour donner de l'épaisseur à ce phénomène, on retrouve le même problème dans l'affaire AIL en ce que l'autorité contractante n'a pas attendu la décision de la Cour suprême pour conclure le marché.

C'est cette même situation qui avait valu à la Société « *DELGAS ASSAINISSEMENT* »[881] de saisir à nouveau la Cour suprême d'une demande visant la suspension, par l'ONAS, le Groupement DELTAS S.A/VICAS et les sociétés DELTAS S.A/VICAS SARL, des travaux portant exécution de la décision n° 079/19/ARMP/CRD/DEF du 8 mai 2019 du Comité de Règlements des Différends (CRD) de l'Agence de Régulation des Marchés publics (ARMP) relative à la procédure de passation du marché portant sur les travaux d'entretien et d'exploitation des réseaux d'eaux usées et d'eaux pluviales à Dakar et dans les régions lancé par l'ONAS et ce, sous astreinte de la somme de 500.000.000 FCFA par jour de retard et la saisine de la Cour en cas de difficultés.

Dans cette espèce, DELGAS avait saisi à nouveau l'autorité contractante d'un recours gracieux, avant d'introduire le 10 avril 2019 un recours contentieux auprès du CRD de l'ARMP qui, par la décision n°079/19/ARMP/CRD/DEF du 8 mai 2019, l'a rejeté. Cette décision

---

[879] CS. Arrêt n° 19 du 3 Juin 2011, CERTEC S.A c/ARMP, op. cit.

[880] V. l'interview du DG de CERTEC qui, se réjouissant de l'annulation de la décision de l'ARMP et de sa décision de saisir à nouveau la justice en ce que le marché a commencé à être exécuté alors le juge avait annulé la décision d'attribution sur saisine de CERTEC. Disponible sur ce lien : https://www.seneweb.com/news/Sante/abdourahmane-ndoye-laquo-avec-l-rsquo-arret-certec-la-cour-supreme-tire-la-sonnette-d-rsquo-alarme-raquo_n_49999.html, consulté le 11 novembre 2016.

[881] CS. Ordonnance n°13 du 02 juillet 2020, La Société « DELGAS ASSAINISSEMENT » c/La Direction centrale des Marchés Publics dite DCMP et autres, (Inédit).

fut annulée par la Cour suprême par arrêt n° 7 du 12 mars 2020[882]. Mais malgré tout, la requérante constate que le marché était en train d'être exécuté et les travaux se poursuivaient.

Au fond, le problème est beaucoup plus soutenu lorsque l'administration est l'autorité contractante. En effet, le juge administratif, face au refus de l'administration d'exécuter la chose jugée, ne dispose pas de moyens de pression efficaces. Il ne pourra pas compter sur le concours de la force publique, puisque c'est l'administration qui en est la détentrice. Aussi, et en conséquence, le juge ne saurait-il brandir la hache de guerre contre l'autorité qui la porte à la ceinture[883]. Cette situation, à certains égards, amoindrit, voire limite, la portée de ses décisions, le juge disposant d'un pouvoir limité.

Le professeur M. DIAGNE l'avait étudié en estimant que la problématique de l'exécution concrète des arrêts d'annulation par l'autorité administrative constitue une donnée fondamentale[884]. Le problème a été posé par A. BOCKEL. Ainsi, comme nous l'enseigne l'éminent Professeur de droit « *les conséquences de l'annulation sont plus complexes, et nécessitent que soit prises une série de mesures, destinées à effacer les effets de la décision annulée* »[885].

En vérité, le juge ne peut ni prononcer des astreintes à l'administration, ni lui adresser des injonctions[886]. Dans ces conditions, l'exécution de ces décisions devient plus aléatoire[887]. Ce qui explique l'inexistence de sanctions à l'encontre de l'administration, notamment des autorités contractantes[888].

---

[882] CS. Arrêt n° 07 du 12 mars 2020, La société « DELGAS Assainissement » c/- ARMP, *Bulletin des arrêts de la Cour suprême* n° s 21-22, Année judiciaire 2020, Avril 2021, pp. 224-226.

[883] J. RIVERO, « Le juge administratif, un juge qui gouverne ?», *Dalloz, 1951*, chron. p. 21.

[884] M. DIAGNE, *L'efficacité du contrôle contentieux exercé sur l'Administration sénégalaise,* op.cit.,

[885] A. BOCKEL, « Sur la difficile gestion d'un droit administratif sénégalais. Brève réflexion à partir de quelques décisions rendues en plein contentieux », *Annales Africaines*, op. cit.

[886] C. BROYELLE, « De l'injonction légale à l'injonction prétorienne : le retour du juge administrateur », *DA*, mars 2004, p. 8.

[887] D. SY, *Droit administratif,* op. cit.

[888] Sur les sanctions à l'encontre des procédures de passation des marchés publics, V. J.-F. LAFAIX, « Réflexions sur la sanction des règles relatives aux procédures de passation des contrats publics », *RFDA*, 2010, p. 85.

Le juge attache ainsi une fidélité absolue aux articles 194 du COCC[889] et 74 COA[890]. Ces derniers disposent qu'il n'y a pas d'exécution forcée ni possibilité d'injonction. Si les voies d'exécution sont possibles à l'encontre des particuliers, elles ne le sont pas à l'égard de l'administration. La règle est qu'il n'existe aucune voie d'exécution à l'encontre de l'administration. Pour s'en convaincre, le Tribunal régional Hors Classe de Dakar a jugé qu'on ne peut saisir les comptes d'un démembrement de l'État, comme l'Agence autonome des Travaux routiers (A.A.T.R.) qui dispose de l'immunité d'exécution[891]. Il l'a également rappelé dans une affaire citée plus haut[892]. Effet, le juge de référé estime qu'il ne peut prononcer la condamnation des défenderesses (il s'agit ici en l'occurrence la DCMP), sous astreinte ou être saisie en cas de difficultés.

Pour autant, en France, la dénonciation de l'inexécution ou la mauvaise volonté manifeste dans l'exécution des décisions juridictionnelles par les personnes publiques, avait soulevé beaucoup de commentaires[893]. En raison de l'impossibilité de mise en œuvre des voies d'exécution du droit commun à l'encontre des personnes publiques[894], le législateur

---

[889] ARTICLE 194 du COCC, Principe et exceptions. Tout débiteur mis en demeure qui ne s'exécute pas peut y être contraint par les voies de droit. Il n'y a pas d'exécution forcée contre l'État, les collectivités locales, les établissements publics et les sociétés nationales ni contre les sociétés d'économie mixte dont l'objet exclusif est l'exploitation d'une concession de service public (Loi n° 85-08 du 15 février 1985). Dans les cas prévus par la loi, les titres de perception délivrés par l'autorité administrative ont force exécutoire par eux-mêmes.

[890] Article 74 du COA, Exclusion des injonctions, le juge ne peut pas adresser d'injonction à l'Administration. Il ne peut pas la condamner directement ou sous astreinte à une obligation de faire ou de ne pas faire.

[891] Tribunal Régional Hors Classe de Dakar, ordonnance n° 4513 du 05.05.08, *Société Agence Autonome des Travaux Routiers dite A.A.T.R/Entreprise Jean Lefèvre*, (Inédit). (Cité par Abdou A.-D. KEBE, « Le déclin de l'exorbitance du droit administratif sénégalais sous l'effet du droit communautaire », disponible sur http://afrilex.u-deaux4.fr/ sites/afrilex/IMG/pdf/ Le_declin_ de _l'exorbitance_ du_ droit _administratif_ senegalais.pdf, pp.1-28, (Consulté le 30/03/2017).

[892] CS. Ordonnance n°13 du 02 juillet 2020, op. cit.

[893] J. RIVERO, « Le Huron au Palais-Royal ou réflexions naïves sur le recours pour excès de pouvoir », *Dalloz*, 1962, Chronique VI, pp. 37-40 ; G. BRAIBANT, « Remarques sur l'efficacité des annulations pour excès de pouvoir », *in Conseil d'État, Études et documents,* n° 15, 1961, pp. 53-65. ;
P. DELVOLVE, « L'exécution des décisions de justice contre l'Administration », *Conseil d'État. Études et documents*, n° 35, 1983-1984, pp. 111-137.

[894] V. F. MELLERAY, « L'exorbitance du droit du contentieux administratif », *in L'exorbitance du droit administratif en question(s),* LGDJ, 2004, p. 277.

français a été incité de trouver d'autres moyens, afin de garantir aux administrés l'exécution d'un jugement qui leur est favorable.

Au terme de ce chapitre, l'étude des données liées aux décisions rendues par année, la durée et l'issue des litiges, etc., a permis de constater un recours inefficace. Toutefois, des ajustements sont nécessaires pour améliorer le contrôle.

CHAPITRE II

LES AJUSTEMENTS ATTENDUS

Outre les fonctions secondaires qui peuvent incomber au juge administratif, telles que la fonction de conciliation, ou encore celle de régulation, le juge de la légalité est avant tout un juge, c'est-à-dire un organe chargé d'une mission juridictionnelle[895]. La fonction première du juge, quel qu'il soit, est donc de trancher un litige, de départager des prétentions contradictoires, et contradictoirement exposées par ailleurs, par l'application des règles de droit appropriées, dès lors que « *la nature de la fonction du juge est, en toute matière, de dire ce que le droit exige* »[896].

En étudiant les décisions relatives aux procédures de passation des marchés publics, autant on a constaté un approfondissement de l'office du juge, autant on a remarqué que cet office mérite d'être amélioré. Effectivement, il nous a été donné de constater que certaines procédures juridictionnelles ne sont pas assez ou peu évoquées devant le juge. À cet effet, on étudiera les améliorations nécessaires **(Section I)** et les perspectives du contrôle juridictionnel **(Section II).**

Section I. Les améliorations nécessaires

Les difficultés apparues dans l'exercice de l'office du juge de l'administration en matière de litiges relatifs aux procédures de passation des marchés publics nous amènent à proposer des mesures en vue de corriger les manquements observés. De ce point de vue, il sera analysé les améliorations quant à l'appréhension de la complexité du contentieux économique de la concurrence, la spécialisation des juges et l'exécution des décisions de justice, d'une part **(Paragraphe I),** ainsi que la rareté de l'utilisation du déféré du représentant de l'État, la régularisation des requêtes et la précision des critères d'admission de l'urgence, d'autre part **(Paragraphe II).**

---

[895] W. LELLIG, *L'office du juge administratif de la légalité*, thèse de droit public, soutenue publiquement le 14 décembre 2015, Université de Montpellier, p. 211, disponible sur http://www.theses.fr/2015MONTD056, (Consulté le 02/01/2017).

[896] J. RIVERO, « Le Huron au Palais-Royal ou réflexions naïves sur le recours pour excès de pouvoir », *Dalloz,* 1962, chron., p. 37, spéc. p. 38.

Paragraphe I. Les améliorations attendues dans l'analyse de la complexité du contentieux économique de la concurrence, la réduction du délai de traitement des recours et la spécialisation des juges

On étudiera les améliorations de l'office du juge quant à l'appréhension de la complexité du contentieux[897] économique de la concurrence, d'une part **(A),** la réduction du délai de traitement des recours et la spécialisation des juges, d'autre part **(B).**

A. La complexité du contentieux économique de la passation des marchés publics

Dans la quête d'émergence, les marchés publics sont devenus pour l'État, un moyen d'accéder au développement[898]. Ils constituent un domaine où la compétition est la règle d'or, de nombreux litiges entre les différents acteurs, au point de faire intervenir le juge sur la scène économique, pour exercer, le cas échéant, un contrôle sur les décisions rendues au contentieux par les autorités de régulation des marchés publics, chargées de régler les différends avant toute saisine du juge[899].

La première justification économique de la réglementation des marchés publics réside dans leur impact sur la demande interne et donc sur l'activité économique[900]. Force est de reconnaître que le raisonnement économique se présente comme un raisonnement étranger au juge. Celui-ci est contraint d'en connaître notamment en raison des contestations dont il est saisi, qui, en droit de la concurrence, s'appuient très souvent sur les conseils d'économistes. Cette confrontation produit, malgré des obstacles et des difficultés, une certaine interpénétration du raisonnement économique et du raisonnement juridique.

La complexité de l'analyse économique des faits est, en effet, alors renforcée par les difficultés de confronter les faits à d'autres, puis de déterminer le point d'équilibre des différents éléments soumis à

---

[897] V. M.-A. FRISON-ROCHE, « Le droit de la régulation », *Dalloz*, 2001, pp. 610-616.

[898] P. MAMBO, « Le contrôle juridictionnel des décisions rendues au contentieux par les autorités de régulation des marchés publics dans les États Francophones d'Afrique de l'Ouest », *in M. ONDOA et P.-E. ABANE ENGOLO, Les transformations contemporaines du droit public en Afrique,* L'Harmattan, 2018, p. 181.

[899] *Ibidem.*

[900] En 2016, l'Autorité de régulation des marchés publics (ARMP) a rendu public son Rapport annuel 2016. Celui-ci renseigne que durant l'année concernée, 5 Plans de passation de marchés (Ppm) ont été reçus et publiés. Et ceux-ci "ont fait l'objet de 2 631 révisions, pour un nombre total de 27 043 marchés prévus, représentant un budget estimé à 3 836,8 milliards de Francs CFA".

l'appréciation[901]. Dans cette logique comparative, un point d'accroche apparaît donc entre le raisonnement du juge et le raisonnement économique autour de l'idée de tri des faits[902]. Le juge doit trier les faits pertinents parmi ceux qui sont allégués ou, à l'inverse, ne le sont pas mais auraient dû l'être. De son côté, l'économie opère aussi une forme de tri parmi les faits. Dès lors, on peut avancer l'idée que, pour le juge, l'économie se présente comme un outil de tri des faits ou, si l'on ose dire, comme un tamis.

En réalité, le juge de l'excès de pouvoir ne semble pas prendre en compte la dimension économique dans son contrôle. Il s'obstine dans un conservatisme caractérisé par l'exercice de contrôle de légalité pour ne pas intégrer les considérations de régulation économique dans son raisonnement. Qui plus est, il faut reconnaître que face à l'action économique des pouvoirs publics, le juge de l'administration a longtemps éprouvé un réflexe de recul, soit en déclinant sa compétence, soit en abandonnant volontiers cette question au juge de droit commun[903].

L'affaire la Société angélique International Limited en abrégé A.I.L[904]. constitue un exemple par lequel le juge s'arc-boute fondamentalement à son office de gardien de la légalité. Cet exemple montre que le juge n'est pas en phase avec la solution préconisée par le CRD. Les faits de l'espèce[905] méritent d'être rappelés.

Par lettre en date du 27 février 2013 enregistrée le même jour au Secrétariat du Comité de Règlement des Différends (CRD) sous le numéro 064/13, l'Agence sénégalaise d'Électrification rurale (ASER) a saisi le CRD sur la conduite à tenir pour la finalisation de l'attribution du marché de fourniture, de transport et de pose de matériels de réseaux électriques dans différentes régions du Sénégal (AO N°01/2012/ASER-INDE), suite à l'avis défavorable de la DCMP sur la proposition d'attribution.

---

901 O. FRUCHS, « Conciliation des intérêts dans le contentieux administratif de la concurrence », *AJDA*, 2006, p. 747.

902 Selon l'expression de P. HEBRAUD.

903 M.-Y. DIALLO, « Le juge de l'Administration et la régulation des marchés publics au Sénégal », op. cit., p. 27.

904 CS. Arrêt n° 55 du 24 Octobre 2013 la Société angélique International Limited en abrégé A.I.L c/ARMP-ASER-État du Sénégal, (Inédit), (Déjà cité).

905 Décision n° 072/13/ARMP/CRD du 27 mars 2013 du Comité de Règlement des Différends statuant en commission litiges sur le recours de l'agence sénégalaise d'électrification rurale (ASER) suite à l'avis défavorable de la direction centrale des marchés publics sur la proposition d'attribution du marché de fourniture, de transport et de pose de matériels de réseaux électriques dans différentes régions du Sénégal (AO n° 01/2012/ASER-INDE).

Il résulte de la saisine et des faits qui la soutiennent que le recours porte sur la question de savoir si le soumissionnaire, qui a présenté la seule offre conforme, mais n'a pas rempli un des critères de qualification exigés dans le dossier d'appel d'offres, peut se voir attribuer le marché litigieux pour ne pas s'exposer au risque de perte des crédits. Dans ses conclusions, le CRD estima que, pour des raisons liées à l'arrivée prochaine de la date d'expiration de l'accord de crédit liant EXIM Bank Of India et l'État du Sénégal, l'attribution du marché à Lucky Exports doit être maintenue pour éviter l'annulation du crédit et incidemment, la privation de l'accès à l'énergie, aux populations de deux cents (214) localités rurales.

Lorsque cette décision a été élevée devant la Cour suprême, celle-ci estime que : « *l'expiration du délai imparti par l'accord de financement ne saurait justifier des atteintes aux règles de passation des marchés publics, le CRD a violé les principes de transparence et d'égalité des candidats sus évoqués* ». Dans cette affaire, la Cour suprême s'est fondée beaucoup plus sur l'application stricte de la loi que sur les préoccupations de développement économique. Cette position du juge ne correspond pas à l'esprit des directives de l'UEMOA sur la régulation. La solution d'opportunité trouvée par le régulateur est battue en brèche par le juge, qui du coup, pourrait provoquer une perte de financement à l'État du Sénégal.

À la lumière de cette décision, il apparaît que le juge de l'administration ne sait pas que le contentieux des marchés publics est aujourd'hui très éloigné du contentieux classique de la légalité, entendu au sens classique du terme[906]. C'est un contentieux d'espèce, soustendu par un grand pragmatisme, qui révèle le caractère purement économique du droit des marchés publics[907]. Source de difficulté pour le juge, le raisonnement économique devient un outil, que le juge peut mettre au service de son office : dire le droit pour trancher les litiges.

Au total, tous les acteurs du droit public doivent désormais intégrer cette nouvelle forme de raisonnement : les administrations régulatrices, qu'elles soient pouvoirs adjudicateurs ou en assurent la tutelle ; le juge administratif mais aussi les avocats et les auteurs de la doctrine[908].

---

[906] M-Y. DIALLO, « Le juge de l'Administration et la régulation des marchés publics au Sénégal », op. cit., p. 29.
[907] *Ibid.*
[908] B. MARAIS, « Le droit de la commande publique est-il un droit de la concurrence ? », *Gaz. Pal. 27 mars 2007,* n° GP20070327001, p. 2.

En conclusion, l'analyse économique peut servir de guide et de critère pour le choix de certaines procédures, en particulier quand aucun texte ne vient étayer ce choix, quand le seuil n'est pas atteint par exemple. La typologie du droit de la concurrence s'impose de manière transversale au raisonnement juridique traditionnel[909]. Le raccourcissement du délai de traitement des litiges et la spécialisation pourraient participer à améliorer l'office du juge.

B. Un traitement diligent des recours et une nécessaire spécialisation des juges

Pour améliorer son office, le juge doit traiter diligemment les recours transmis à lui **(1).** Il convient aussi de renforcer la spécialisation des juges pour un meilleur traitement des affaires mettant en cause l'administration **(2).**

1. Un traitement diligent des recours

Pourtant, la rationalisation des temps de justice constitue un thème récurrent du débat sur l'organisation des tribunaux. Toutes les grandes réformes auxquelles a donné lieu l'organisation de la juridiction administrative, ont été dictées par le souci d'optimiser le traitement des affaires et de réduire les délais de jugement. Ainsi, la durée, jugée longue des procédures de passation des marchés publics, demeure une préoccupation des différents acteurs de la commande publique qui mènent des concertations en vue de leur réduction pour une meilleure efficacité du système[910].

En vertu des pouvoirs d'instruction et même du caractère inquisitoire du procès administratif, le temps comptant pour l'accomplissement des formalités relatives à l'instruction des affaires est considérablement influencé par le juge[911]. Ainsi que l'affirme Monsieur J.-P. COLSON, dans une certaine mesure, et même si « *cette démarche originale [...] pour nécessaire qu'elle puisse paraître ne manque pas d'étonner [,] l'exercice inquisitoire de l'office du juge administratif s'apparente à celui d'un magistrat instructeur chargé de rechercher la vérité dans*

---

[909] *Ibidem.*

[910] E.-M. FALL et M.-S. NIANG « Aperçu sur les délais dans les procédures de passation des marchés publics », *Revue des marchés publics* N° 14, juin 2013, pp. 26-27.

[911] En ce sens V. C.-A. DUBREUIL, « précision sur les pouvoirs d'instruction du juge administratif », *Juris Classeur général*, 5 Mars 2012, 289.

une instance pénale»[912]. Le souci d'une bonne administration de la justice demeure une préoccupation majeure avec notamment le droit du justiciable à une justice rendue dans un délai raisonnable.

À dire vrai, l'examen des décisions étudiées renseigne que le temps séparant l'introduction de la saisine et le prononcé du jugement peut être relativement long[913]. Comme évoqué plus haut, l'affaire A.I.L c/ARMP-ASER-État du Sénégal est un exemple édifiant. L'instance a duré plus de douze (12) mois.

Entre l'arrêt n° 30 du 23 Septembre 2010 et la décision de sursis à travers l'arrêt n° 12 du 05 mai 2009, État du Sénégal c/Comité de Règlement des Différends de l'A.R.M.P.- (A.A.T.R), il aura fallu huit (08) mois pour trancher le litige. C'est pourquoi, la longueur des délais faisait penser que les concurrents évincés avaient tendance à ne pas recourir à la procédure du sursis à exécution en préférant intenter un recours non assorti d'une demande de sursis à exécution.

En France, le respect d'un délai raisonnable de jugement devant les juridictions administratives vient d'être consacré « *principe général du droit* »[914] mais la gestion des délais d'instruction et de jugement est laissée à l'appréciation souveraine du juge. Les contraintes temporelles de la justice concernent d'abord le justiciable qui est tenu de respecter les délais de recours à peine d'irrecevabilité. Sauf exception en matière de contentieux électoral et d'administration locale, le temps imparti aux juridictions administratives pour le traitement des litiges ne fait pas l'objet d'une législation ou d'une réglementation nationale à caractère contraignant.

On constate, à cet égard, que le juge prend en compte clairement l'application des délais normaux de procédure dans le contentieux des marchés publics alors que les articles 90 et 91 du Code des marchés prévoient un délai de traitement des litiges en 18 jours, c'est-à-dire de la publication de l'attribution provisoire au prononcé de la décision du Comité de Règlement des Différends de l'ARMP. À cet effet, on retombe dans l'application des délais de recours ordinaires applicables devant la Chambre administrative alors que l'article 12 de la directive

---

[912] J.-P. COLSON, *L'office du juge et la preuve dans le contentieux administratif*, Paris, LGDJ, 1970, t. ci, p. 97. V. aussi B. ODENT, « L'avocat, le juge et les délais », *in Mélanges en l'honneur de René Chapus*, Paris LGDJ, 1994, p. 484.

[913] *Ibidem.*

[914] C.E. Ass., 28 juin 2002, Garde des sceaux, ministre de la Justice C. MAGIERA, *A.J.D.A.*, juillet-août 2002, Chroniques, p. 596 et s.

N° 05/2005/CM/UEMOA portant contrôle et régulation des marchés publics et des délégations de service public fait expressément obligation aux États membres de veiller à ce que les décisions de l'autorité de régulation puissent faire l'objet d'un recours à bref délai devant un organe juridictionnel.

Pour le traitement des recours à bref délai, le Sénégal se doit de se mettre en conformité avec la Directive N° 5 portant sur la régulation et le contrôle. C'est pourquoi, dans la dernière modification de la loi organique sur la Cour suprême[915], il est intégré un article 74-1 bis intitulé comme suit : « Le *recours contre une décision rendue par l'autorité chargée de la régulation de la commande publique est formé par simple requête enregistrée au greffe de la Cour suprême dans le délai de quinze jours à compter de la notification de l'acte attaqué* ».

La Cour suprême, dans son arrêt n° 21 du 09 mars 2023, la Société Wade Technologie Company c/ARMP[916], a eu l'occasion de le rappeler au concurrent déchu et aux conseils qui, peut-être, n'étaient pas au courant de la modification de la loi organique sur la Cour suprême.

Dans cette affaire, la société Wade Technology Company (WTC) sollicitait l'annulation de la décision n°063/2022/ARMP/CRD/DEF du 30 juin 2022 du Comité de Règlement des Différends (CRD) de l'Autorité de Régulation des Marchés publics (ARMP) rejetant son recours contestant les spécifications techniques contenues dans le Dossier d'Appel d'Offres (DAO) du marché relatif à l'acquisition de deux vedettes de surveillance, lancé par l'Agence nationale des Affaires maritimes (ANAM).

Dans son raisonnement, la Cour rappelle d'abord l'alinéa premier de l'article 74-1 bis de la loi organique sur la Cour suprême selon lequel le recours contre une décision rendue par une autorité de régulation de la commande publique est formé par simple requête enregistrée au greffe de la Cour suprême, dans le délai de (15) quinze jours à compter de la notification de l'acte attaqué.

Ensuite, pour les juges de la haute juridiction, il ressort de l'examen des pièces du dossier que ladite société qui a reçu notification de la décision attaquée le 21 juillet 2022, n'a introduit son recours contre

---

[915] Loi organique n° 2022-16 du 23 mai 2022 modifiant la loi organique n° 2017-09 du 17 janvier 2017 abrogeant et remplaçant la loi organique n° 2008-35 du 08 août 2008 sur la Cour suprême, *JO,* n° 7531, numéro spécial du mardi 23 mai 2022, p. 571.

[916] CS. Arrêt n° 21 du 09 mars 2023, la Société Wade Technologie Company c/ARMP, (Inédit).

ladite décision que le 21 septembre 2022, soit au-delà du délai légal. Enfin, le recours de la société Wade Technology Company contre la décision n°063/2022/ARMP/CRD/DEF du 30 juin 2022 du Comité de Règlement des Différends (CRD) de l'Autorité de Régulation des Marchés publics (ARMP) rejetant son recours contestant les spécifications techniques contenues dans le Dossier d'Appel d'Offres (DAO) du marché relatif à l'acquisition de deux vedettes de surveillance, lancé par l'Agence nationale des Affaires maritimes (ANAM) est déclaré irrecevable. En effet, le recours a été introduit au-delà du délai proposé par le nouvel article 74-1 bis.

Il y a lieu de préciser que les articles 90 et 91 du Code des marchés[917] prévoient un délai de traitement des litiges en 18 jours, c'est-à-dire de la publication de l'attribution provisoire au prononcé de la décision du Comité de Règlement des Différends de l'ARCOP. Autant, en enfermant les concurrents évincés et tiers à saisir le juge dans le délai de 15 jours à partir des mesures de publicité suffisantes, autant le législateur organique n'a pas fixé un terme pour le juge pour statuer dans le délai raisonnable. Ainsi, il faudrait à l'avenir circonscrire le juge dans les délais pour statuer efficacement, c'est-à-dire avant tout risque de signature de la convention en ce que la rationalisation des temps de justice constitue un thème récurrent du débat sur l'organisation des cours et tribunaux. La spécialisation des juges est aussi attendue.

2. Une nécessaire spécialisation des juges

Il n'est pas inutile de rappeler que le Sénégal vacille en ce qui concerne l'adoption d'un système de dualité ou d'unité de juridiction[918] au sommet de son organisation judiciaire. C'est la raison pour laquelle avec la loi n° 2008-35 du 8 Août 2008, on a noté la réinstallation de la Cour suprême. Les facteurs ayant présidé au retour de la Cour suprême peuvent trouver leurs sources dans les discours prononcés lors de la rentrée solennelle des Cours et Tribunaux en 2007.

En effet, le Président de la République avait demandé aux juges des juridictions supérieures en l'occurrence, le Président de la Cour de cassation aidés de ceux du Conseil constitutionnel et du Conseil d'État, de procéder à l'évaluation de la réforme de 1992. Les résultats de

---

[917] *JO* n° 7592, numéro spécial, jeudi 26 janvier 2023, p. 79.

[918] P.-M SY, « Entre l'unité et la dualité de juridiction : l'Afrique noire francophone à la quête d'un modèle d'organisation de la justice administrative », *Nouvelles Annales Africaines* N° 2, 2011, p. 265.

l'évaluation ont exposé de multiples raisons expliquant la défaillance des juridictions supérieures et ont conduit à la réinstallation de la Cour suprême. De plus, il a été remarqué, en ce qui concerne le Conseil d'État, une activité juridictionnelle et jurisprudentielle peu satisfaisante[919].

Donc, autant de raisons qui constituent ce qu'on peut appeler les vecteurs même du retour de la Cour suprême au sommet de l'organisation judiciaire. Toutefois, plus de sept années après le retour de la Cour suprême née du regroupement du Conseil d'État et de la Cour de cassation, l'application au quotidien de la loi organique n 2008-35 du 08 août 2008 a révélé des difficultés et des insuffisances qui justifient sa refonte[920]. Ce qui a comme conséquence l'abrogation et le remplacement de la loi organique de 2008 par celle de 2017, modifiée encore en 2022. Les orientations définies s'articulent, pour l'essentiel, autour des objectifs de maîtrise des délais de traitement des affaires, de simplification des procédures et d'utilisation plus rationnelle des ressources humaines. De même, des innovations significatives ont été introduites dans les règles d'organisation et de fonctionnement.

Au demeurant, il convient de noter qu'avec la création du Conseil d'État en 1992[921], les fondements de la spécialisation des juges étaient en gestation[922]. La réinstallation de la Cour suprême semble marquer le pas en arrière. Or, selon M. Benoit, la seule solution valable du

---

[919] V. les articles :
- P.-M. SY, « Quelques remarques sur l'institution du recours pour excès de pouvoir au Sénégal depuis la création du Conseil d'État au Sénégal », *Revue EDJA* N° 53, avril-mai-juin 2002, pp. 57-76. ;
- D. SY, « Réflexion sur la création du droit administratif par le juge sénégalais », *Revue de l'Association Sénégalaise de Droit Pénal* N° 3 et 4, Janvier-décembre 1994, pp. 16 et s. ;
- ND.-M. DIAGNE, « La contribution du Conseil d'État sénégalais à la construction de l'État de droit », *Revue administrative*, Numéro spécial (6), 1999.2. Le conseil d'État a beaucoup participé à faire développer le droit administratif sénégalais. En effet, la juridiction administrative a contribué au renforcement de l'institution du recours pour excès de pouvoir notamment l'approfondissement du contrôle de la motivation des actes administratifs et celui des motifs de faits des actes administratifs. Ainsi, il a contribué à la construction de l'État de droit.

[920] V. L'exposé des motifs de la loi organique sur la Cour suprême.

[921] Loi organique n° 92-24 relative au Conseil d'État, (Déjà cité).

[922] Sur cette question, V. l'article du Professeur E.-H. MBODJ, « Les incidences de la réforme judiciaire du 30 mai 1992 sur le contentieux administratif sénégalais », *EDJA* N° 25, avril-mai-juin 1995, pp. 13-39.

problème est « *d'avoir des juges spécialisés, lesquels doivent être constitués en une juridiction particulière* »[923].

Ainsi donc, l'absence de juge spécialisé a longtemps été déplorée par la doctrine[924]. Les juges formés en droit privé éprouvent d'énormes difficultés à résoudre les problèmes de droit administratif. La formation civiliste reçue par ces derniers explique fort bien l'application du droit privé à l'administration, voire des décisions ambiguës[925]. Il en résulte la reprise sans réflexion de la jurisprudence française. C'est ce qui a fait dire à M. ZOUANKEU[926] que « *tout se passe dans la pratique jurisprudentielle, comme si c'est le droit privé qui s'applique à l'administration et qu'exceptionnellement si un texte le prévoit en l'occurrence le COA, on pourrait appliquer à l'administration le droit public* ». Plus d'une dizaine d'années après, Monsieur D. SY renchérit en disant que « *c'est au niveau de la formation qu'il faut agir…il n'y a pas de spécialiste du droit administratif au sein…* »[927]. Le juge peut difficilement faire évoluer son office, coincé qu'il est entre le droit français et le droit privé.

Vu sous l'angle du contentieux de la passation des marchés publics, l'on peut se demander alors sur la base de quels critères, les pouvoirs publics se fondent-ils pour la répartition des juges qui connaîtront des litiges emportant l'administration, appliquant par voie de conséquence le droit administratif, et ceux statuant en matière civile, commerciale ou pénale ou sociale, appliquant le droit privé.

---

923 F.-P. BENOIT, juridiction judiciaire et juridiction administrative, *JCP,* 1964, -I-1838, cité par El.-H. MBODJ, « les incidences de la réforme judiciaire du 30 mai 1992 sur le contentieux administratif sénégalais », op. cit., p. 16.

924 A. BOCKEL, « Sur la difficile gestion d'un droit administratif sénégalais. Brève réflexion à partir de quelques décisions rendues en plein contentieux », *Annales Africaines,* 1973, pp. 137 et s.

925 L'arrêt, la Société angélique International Limited en abrégé A.I.L symbolise les lacunes du contrôle. En effet, La Cour suprême a estimé que le raisonnement de l'ARMP qui, il faut le préciser, apparaît comme solution d'opportunité, est juridiquement inconcevable. Le contrôle d'opportunité renvoie au pragmatisme procédural qui permettrait de pouvoir utiliser l'argent prévu au titre du financement indien avant la date butoir, soit le 30 avril 2011. La solution rendue par le régulateur était préférable à celle du juge.

926 J.-M. NZOUANKEU, « Remarques sur quelques particularités du droit administratif sénégalais », *RIPAS* N° 9, 1984, pp. 1-36.

927 D. SY, « Réflexion sur la création du droit administratif par le juge sénégalais », op. cit., p. 16 et s.

En l'absence de juge spécialisé, ce dernier ne peut pas élaborer une jurisprudence constructive. C'est ce qui explique en partie une fonction juridictionnelle faible. Le déféré du représentant de l'État[928] et le référé administratif[929] ne sont pas assez utilisés dans le contentieux de la passation des marchés publics. La régularisation[930] des recours peut aussi participer à améliorer l'office du juge.

Paragraphe II. Le constat de la non-utilisation du déféré, de la régularisation des requêtes et de l'imprécision des critères d'admission des conditions d'urgence

Le déféré est issu de la loi n° 96-06 du 22 mars 1996 portant Code des Collectivités locales[931]. C'est un recours qui est exercé par le préfet, représentant de l'État, contre les actes des collectivités territoriales qu'il estime irréguliers ou sur demande d'un administré[932].

Le déféré et la régularisation des requêtes peuvent être utilisés ou invoqués par les parties dans le procès des marchés publics **(A).** Également, il nous a été donné de constater un certain nombre

---

[928] On a recensé qu'une seule décision relative au déféré : il s'agit de l'arrêt n° 32 du 9 mai 2018, Préfet du Département de Ziguinchor c/Commune de Ziguinchor, *Bulletin des arrêts de la Cour suprême* N° s 15-16, Année judiciaire 2018, Juillet 2019, pp. 179-180.

[929] Cinq (05) ordonnances ont été recensées :
- CS, Ordonnance de Référé n° 9 du 08 juin 2017, l'E.B.G.E.T c/ARMP et la Mairie de Golf Sud (Inédit) ;
- CS. Ordonnance n°07 du 27 juin 2018, Amadou Moustapha DIALLO (En personne) c /Autorité de Régulation des Marchés Publics (Inédit) ;
- CS. Ordonnance de référé n° 03 du 11 juillet 2019, la Société « Delgas Assainissement » c/ARMP, (Inédit) ;
- CS. Ordonnance n° 07 du 21 mars 2019, La Société sénégalaise d'Équipement de Travaux et de Services dite « SETS SUARL » c/ARMP, (Inédit) ;
- CS. Ordonnance n°09 du 1er avril 20119, La Société Diama Technologie (SCP Lo, Kamara & Diouf) c/ARMP, (Inédit).

[930] G. CLAMOUR, « L'office du juge dans la régularisation des irrecevabilités. L'obligation d'invitation à régulariser après l'arrêt Alloune », *AJDA*, 2012, p. 739.

[931] La loi n° 2013-10 du 28 Décembre 2013 portant Code général des Collectivités territoriales abroge et remplace les lois n° 96-06 portant Code des Collectivités locales, n° 96-07 portant transfert de compétences aux régions, aux communes et aux communautés rurales et n° 96-09 du 22 mars 1996 fixant l'organisation administrative et financière de la commune d'arrondissement et ses rapports avec la ville.

[932] L. PREUD'HOMME, *l'articulation des voies de droit dans le contentieux de la commande publique*, Thèse pour le doctorat en droit public présentée et soutenue publiquement le mercredi 23 octobre 2013, p. 316, disponible sur le lien www.theses.fr/ 2013PA010304. pdf, (Consulté le 20 Avril 2015).

d'imperfections dans la mise en œuvre des conditions d'admission de l'urgence en matière de référé administratif **(B).**

A. Le constat de la non-utilisation du déféré et de la régularisation des requêtes

Si l'invocation du mécanisme du déféré du représentant de l'État pourrait participer à rendre perfectible l'office du juge, il en serait de même pour la régularisation des requêtes mal présentées. Ainsi va-t-on étudier d'une part, la rareté de l'utilisation du déféré préfectoral **(1),** puis la régularisation des requêtes mal présentées, d'autre part **(2).**

1. La rareté de l'utilisation du déféré du représentant de l'État

Le déféré préfectoral aurait-il perdu de sa superbe ?[933]. Victime de l'effet d'annonce, son succès fut de courte durée. Éphémère diront certains. À l'heure du constat, la doctrine est unanime : le déféré n'est pas le recours actif que l'on pouvait espérer[934].

Or, aux termes de l'article 246 du Code général des Collectivités territoriales, modifié « Le *représentant de l'État défère à la Cour suprême les actes mentionnés aux articles 243*[935] *et 244*[936] *du présent Code qu'il estime entachés d'illégalité, dans les deux mois suivant leur transmission. Cette juridiction doit se prononcer dans un délai maximum d'un mois. Ces actes déférés au juge ne sont pas susceptibles de recours hiérarchique. Sur demande du président du conseil départemental ou*

---

[933] S. DOUTEAUD, « Face au contrat, le préfet reste-t-il un requérant 'super privilégié ?' Réflexions sur l'évolution du déféré préfectoral en matière contractuelle », *AJDA,* 2012, 2154.

[934] V. note J. CAILLOSSE : « Déféré préfectoral, ordre juridique et « arrangements locaux », *Pouvoirs locaux* 1994, n° 22, p. 97, spéc. p. 98 ; J.-F. BRISSON, « Le contrôle de légalité dans la loi du 13 août 2004 - A la recherche des illusions perdues», *AJDA*, 2005. 126 ; C. BIGET, « Moins d'actes soumis au contrôle de légalité », *AJDA*, 2011. 536 ; P. DEVOLVE, « Déféré préfectoral contre les contrats adminis-tratifs : du recours pour excès de pouvoir au recours de plein contentieux », *RFDA*, Juillet-Août 2012, pp. 683-688.

[935] Article 243.-Les actes pris par les collectivités locales sont transmis au représentant de l'État auprès du département ou de la commune, lequel en délivre aussitôt accusé de réception…

[936] Article 244.- Les décisions réglementaires et individuelles prises par le président du conseil départemental ou le maire dans l'exercice de leurs pouvoirs de police, les actes de gestion quotidienne pris au nom des collectivités locales autres que ceux mentionnés à l'article 243 ci-dessus sont exécutoires de plein droit dès qu'il est procédé à leur publication ou à leur notification aux intéressés, après transmission au représentant de l'État.

du maire, le représentant de l'État l'informe de son intention de ne pas déférer au juge administratif un acte qui lui a été transmis en application de l'article 243 du présent code. Lorsque le représentant de l'État défère un acte au juge administratif, il en informe par écrit sans délai le président du conseil départemental ou le maire et lui communique toutes précisions sur les illégalités invoquées à l'encontre de l'acte incriminé ».

Par conséquent, la sanction des contrats publics irréguliers à travers le déféré est théoriquement possible, dès lors que le préfet exerce le contrôle de légalité qui lui incombe à l'encontre de l'ensemble des actes du processus contractuel. Les hypothèses de contrôle de légalité et de déféré préfectoral conséquent des actes détachables préalables à la conclusion du contrat sont potentiellement nombreuses. Le processus contractuel étant matériellement caractérisé par l'adoption successive d'actes administratifs unilatéraux, autant de possibilités de saisine du juge administratif s'offrent au préfet à la suite de son contrôle de légalité[937].

À l'inverse, l'effectivité du recours exercé par le préfet est critiquée depuis ses débuts en raison du faible nombre d'actes contrôlés par le juge[938]. I. DIALLO l'avait remarqué en observant que : « *le déféré préfectoral a donné lieu à une faible pratique, son utilité et son efficacité ont été contestées. Alors que certains spécialistes avaient craint la submersion des tribunaux, c'est l'inverse qui s'est produit et des interrogations multiples quant à l'avenir du déféré préfectoral se posent* »[939].

Les décisions dépouillées en matière de passation des marchés publics révèlent que le juge de l'excès de pouvoir n'a été saisi qu'une seule fois par le représentant de l'État aux fins de déféré préfectoral à l'encontre d'un marché irrégulier[940]. En l'espèce, la Cour suprême avait été amenée à contrôler un contrat de prestation de services déféré devant elle par le Préfet de Ziguinchor.

Suivant le contrat de prestation de services n° 0002/CZ/Cab du 29 janvier 2018, transmis le 21 mars 2018 au Préfet du Département de Ziguinchor, le Maire de la Commune de Ziguinchor a nommé Polycarpe

---

[937] L. PREUD'HOMME, *l'articulation des voies de droit dans le contentieux de la commande publique, op.cit.*, p. 318.

[938] Les décisions rendues en la matière ne sont pas nombreuses du fait de leur rareté.

[939] I. DIALLO, « L'avenir du référé préfectoral en droit public français », *AJDA*, 26 décembre 2005, p. 2438.

[940] CS. Arrêt n° 32 du 9 mai 2018, Préfet du Département de Ziguinchor c/Commune de Ziguinchor, op.cit., p. 179.

Dominique BADIANE en qualité de « Conseiller technique en charge des affaires financières du Maire ». Après avoir saisi le Maire, par lettre du 6 avril 2018 restée sans réponse, aux fins de rectifier le vice entachant la procédure, le préfet a déféré le contrat à la Cour suprême.

Dans son argumentaire, le préfet invoque le moyen unique tiré de la violation de l'article 14 du Code général des Collectivités territoriales, modifié en ce que le Maire de la Commune de Ziguinchor a signé un contrat « *de prestation de services* » avec Polycarpe Dominique BADIANE, sans avoir reçu au préalable l'autorisation du Conseil municipal. En considérant qu'il ne ressort pas de l'examen des pièces du dossier que le Maire de la Commune de Ziguinchor, organe exécutif, a reçu l'autorisation du Conseil municipal avant de conclure le contrat de prestation de services déféré. Il s'ensuit que ledit acte, passé en violation des dispositions de l'alinéa 3 du texte précité, encourt l'annulation. Le contrôle de légalité est tel qu'aujourd'hui rares sont les actes des collectivités territoriales déférés au juge administratif[941].

La raréfaction conséquente des annulations prononcées par le juge suscite la crainte d'une plus grande timidité du préfet à déférer les contrats des collectivités territoriales, parce qu'il sait que la saisine du juge pourra rester vaine dans le traitement des irrégularités.

Avec l'ancien Conseil d'État du Sénégal, le juge administratif avait été saisi d'un déféré à l'encontre d'un contrat. Ainsi avait-il admis, à la suite du déféré d'un Gouverneur de région, qu'un contrat passé par le président d'un Conseil régional sans l'autorisation dudit conseil est entaché d'une illégalité entraînant sa nullité[942].

C'est justement au regard de la plus grande facilité d'accès au juge administratif et de succès du recours - que ce soit à travers le déféré lui-même ou la suspension sur déféré que le préfet aurait dû davantage user de l'opportunité de déférer les actes des autorités locales[943]. Ce, d'autant plus que l'alinéa 3 de l'article 247 du Code général des Collectivités territoriales, modifié permet au représentant de l'État de saisir d'office

---

[941] Pour certains, le contrôle de légalité est devenu *« une véritable passoire »,* pour ne pas dire une *« fiction ».* V. J. MEZARD, « Prendre acte de la décentralisation : pour une rénovation indispensable des contrôles de l'État sur les collectivités territoriales », préc., spéc. pp. 26 et 45.

[942] C.E.S, 29 juillet 1998, Gouverneur de la région de Tambacounda c/Conseil régional de Tambacounda, op. cit.

[943] *Ibid.*

le juge administratif en matière de marchés publics[944]. Ainsi donc, il faudra davantage appeler le préfet à utiliser son déféré à l'encontre des marchés des collectivités locales irréguliers. L'innovation dans l'intervention du juge induite par la réforme de 1996[945] consiste en l'inversion du schéma de déclenchement de la phase contentieuse[946].

Si autrefois l'initiative de la saisine appartenait à l'autorité locale, désormais, l'initiative de saisine du juge appartient, au principal, au représentant de l'État. De même, si le juge était à la périphérie du système, il devait maintenant en être au cœur, tout au moins dans le schéma formel. Par voie de conséquence, si l'intervention du juge était l'exception, elle devrait devenir la règle[947].

Dans ce contexte, l'utilisation de la technique du déféré préfectoral permettrait d'améliorer significativement le volume du contentieux. L'avenir du déféré préfectoral[948] contractuel doit être à nouveau réfléchi afin de soutenir l'action du représentant de l'État dans sa mission constitutionnelle de gardien de la légalité.

En France, la tendance est toute autre. Le déféré survit plus qu'il ne vit, c'est le sursaut de la doctrine d'abord[949], du Conseil d'État juste après[950]. En soumettant le déféré au régime de plein contentieux en matière contractuelle[951], le juge administratif français[952] a entendu

---

[944] La Cour suprême peut, sur sa propre initiative, prononcer le sursis à exécution pour tout marché public que lui transmet le représentant de l'État aux fins d'annulation.

[945] Loi n° 96-06 du 22 mars 1996 portant Code des Collectivités Locales, (abrogé).

[946] I.-M. FALL, « Le contrôle de la légalité des actes des collectivités locales au Sénégal », op.cit., (Consulté le 24 janvier 2017).

[947] *Ibid.*

[948] I. DIALLO, article précité.

[949] F. LLORENS et P. SOLER-COUTEAUX, « Quel sort l'évolution du contentieux contractuel peut-elle réserver au déféré préfectoral ? », *Contrats Marchés publ.*, 2012, Repère p. 1.

[950] CE 23 déc. 2011, *ministre de l'Intérieur, de l'outre-mer, des collectivités territoriales et de l'immigration*, req. n° 348647, Lebon ; *AJDA* 2012. 5 et 1064, note M. QUYOLLET ; RDI 2012. 282, obs. R. NOGUELLOU ; *RFDA* 2012. 683, note P. DELVOLVE ; CE 9 mai 2012, *Syndicat départemental des ordures ménagères de l'Aude*, req. n° 355665, Lebon; *AJDA* 2012. 976 et 1688, note J. MARTIN ; *RDI* 2012. 403, obs. R. NOGUELLOU.

[951] CE 23 décembre 2011, ministre de l'Intérieur, de l'Outre-Mer, des Collectivités territoriales et de l'Immigration, req. n° s 348647 et 348648, CE 9 mai 2012, Synd. départemental des ordures ménagères de l'Aude, req. n°355665.

[952] Poursuivant la refonte du contentieux contractuel engagée en 2007 avec l'arrêt Tropic et coupant court aux interrogations de certains auteurs, le Conseil d'État s'est

procéder à un alignement des régimes contentieux des tiers au contrat[953]. Si le préfet conserve quelques attributs qui en font encore un requérant « *super privilégié* » (conditions de recevabilité du recours, régime du déféré suspension), il semblerait que la perte de ce privilège ne soit plus qu'une question de temps[954]. Des améliorations sont attendues dans la régularisation des requêtes.

2. La régularisation des requêtes mal présentées

Aujourd'hui, la possibilité de parler de régularisation[955] des actes administratifs est largement admise[956].Toutefois, le consensus s'arrête au constat de l'existence d'un tel phénomène[957]. Il ne s'étend pas à sa définition précise. Alors que la multiplication actuelle des hypothèses dans lesquelles un acte vicié est considéré comme ayant été régularisé a conduit plusieurs membres de la doctrine et des juridictions administratives à réfléchir sur les spécificités de cette opération, la divergence

---

récemment intéressé, par deux reprises, au déféré préfectoral. D'abord, et par deux arrêts du 23 décembre 2011, rendus en sous-sections réunies, le Conseil d'État, saisi de déférés préfectoraux formés par le préfet du Nord à l'encontre de marchés publics, a abandonné sa jurisprudence Commune de Sainte-Marie en affirmant que le déféré préfectoral en matière contractuelle relève non pas du contentieux de l'excès de pouvoir mais du contentieux de pleine juridiction, et a octroyé de larges pouvoirs au juge du contrat.

[953] D. SEBAN et M. GUILLERM, « Déféré préfectoral en matière contractuelle : une profonde mutation », *Contrats Publics* N° 123, juillet-août 2012.

[954] S. DOUTEAUD, « Face au contrat, le préfet reste-t-il un requérant 'super privilégié ?' Réflexions sur l'évolution du déféré préfectoral en matière contractuelle », op. cit., p. 2155.

[955] V. M. RICHER, Concl. C.G « Peut-on régulariser rétroactivement un acte détachable annulé par le juge », *in Bulletin Juridique des Contrats Publics* N° 3, Novembre 2004, pp. 477-482.

[956] J.-M. WOEHRLING, « Un aspect méconnu de la gestion administrative : la régularisation des procédures et décisions illégales », *RF adm.* publ., 2004, n° 3, pp. 533-545 ; É. LANGELIER et A. VIROT-LANDAIS, « Mérites et limites du recours à la régularisation des actes viciés », *JCP* A 2015, n° 30, pp. 38-44 ; L. DUTHEILLET DE LAMOTHE et G. ODINET, « La régularisation, nouvelle frontière de l'excès de pouvoir», *AJDA,* 2016, n° 33, p. 1859 et s. ; V. DAUMAS, « La régularisation d'un acte illégal », *RFDA,* 2017, n° 2, pp. 289-302 ; V. DAUMAS, « Le pouvoir de l'Administration de régulariser ses actes unilatéraux : la jurisprudence en chantier », *Dr. adm.* 2017, n° 3, p. 23 à 26 ; J.-F. LAFAIX, « La régularisation en matière contractuelle », *Contrats marchés publ.* 2017, n° 8-9, pp. 10-21 ; A. PERRIN (dir.), « La régularisation », Colloque organisé par l'université de Bourgogne–Franche-Comté, Dijon, 7 et 8 mars 2017.

[957] A. BACHERT « La régularisation des actes administratifs », *RDP* N° 1, 2019, p. 3.

de leurs conclusions témoigne du fait que ce champ reste encore à explorer[958].

Dans cette perspective, un tel procédé peut également être utilisé pour éviter l'annulation des contrats de l'administration. En effet, le juge administratif a reconnu la possibilité de conditionner la prise d'effet d'une annulation du contrat en l'absence de sa régularisation dans un délai déterminé. Cette faculté a été reconnue dans les diverses hypothèses dans lesquelles une annulation du contrat peut être directement prononcée, qu'il s'agisse du déféré préfectoral ou des recours en contestation de validité par les parties ou par les tiers[959].

En étudiant les décisions de la Cour suprême relatives aux procédures de passation des marchés publics, on est frappé par le nombre élevé d'irrecevabilités, de déchéances ou de désistements. Pourtant, il est à se demander pourquoi les recours sont mal présentés devant le juge alors que les enjeux financiers sont importants.

À ce propos ND.-M. DIAGNE[960] fait remarquer que « *le juge perd ainsi de nombreuses occasions de traiter le fond des litiges. Or, une décision de justice n'a pas seulement pour objet de répondre à la question posée par le requérant sur un problème déterminé. Elle a aussi une portée normative en ce qu'elle fixe la règle de droit applicable* ». Il faut dire que des efforts avaient été faits par l'ancien Conseil d'État dans le sens de la régularisation des requêtes[961]. Tel n'est plus le cas avec l'actuelle Cour suprême. L'arrêt Ingénieurs Consultants Associés (ICA)[962] aurait pu être une bonne occasion pour le juge de voir s'il y avait possibilité de procéder à une régularisation.

En la matière, le juge avait considéré qu'il résultait de l'examen des pièces du dossier que Mamadou Moustapha DIAGNE, représentant de l'ICA n'a pas signifié sa requête à l'ARMP, partie adverse, dans les délais et forme prévus par la loi. On peut dire que le juge de l'excès de

---

[958] *Ibid.*

[959] Sur la création du recours en contestation de validité du contrat :– au profit des parties : CE, ass., 28 déc. 2009, n° 304802, Commune de Béziers I : Lebon, p. 509, concl.

[960] ND.-M. DIAGNE, op. cit., p. 113.

[961] V. CE 25 juin 1997, Mamadou TOURE Bull. n° 65, p. 131 ; 25 juin 1997, Adolphe Dodi SOW, *Bull.* n° 1, p. 134.

[962] CS. Arrêt n° 27 du 26 Avril 2012-Ingénieurs Consultants Associés (ICA) c/ARMP (Inédit), (Déjà cité).

pouvoir ne s'est rapporté qu'à la décision du CRD[963] pour ne pas examiner la requête des associés. En effet, le CRD considérait que le requérant avait attendu la décision d'attribution provisoire du marché pour saisir le CRD. Force est de constater qu'il y a lieu de déclarer irrecevable ledit recours.

Le juge aurait pu essayer de tendre la perche aux requérants en examinant l'affaire dans la mesure où il s'agissait d'associés qui s'étaient regroupés pour soumissionner et se donner une occasion d'approfondir son contrôle sur les groupements et associations comme il l'avait fait dans l'affaire SUDES[964].

Dans ce même esprit, on peut citer l'affaire, la société African Business Network[965] par laquelle, la Cour a conclu à la déchéance du requérant en ce que la requête a été signifiée à l'Agent judiciaire de l'État pour le compte de l'ARMP alors que celle-ci, partie adverse, est représentée en justice par son Directeur général en vertu des dispositions de l'article 25 du décret n° 2007-546 du 25 avril 2007 portant organisation et fonctionnement. Dans cette espèce, le juge aurait pu régulariser la requête en ce que l'Agent judiciaire tout comme l'ARMP sont des structures de l'État.

Madame le Professeur ND.-M. DIAGNE estime, à cet égard, que « *Certaines décisions d'irrecevabilité auraient pu être évitées si le juge avait fait preuve d'un peu moins de sévérité sans violer les textes. La durée des procès administratifs qui peuvent s'étaler sur plusieurs années favoriserait une large pratique des régularisations* »[966]. Le Professeur B. KANTE en conclut que « *cet excès de formalisme est un indice du caractère encore embryonnaire du droit administratif africain* »[967].

---

963 Décision n°182/11/ARMP/CRD du 14 septembre 2011 du Comité de Règlement des Différends statuant en commission litiges sur le recours du groupement ingénieurs consultants associes (ICA)/inco/hydroarch concernant le rejet de son offre suite à la demande de propositions relative à la sélection de consultants pour la supervision des travaux de construction et de bitumage du tronçon Patouki-Ourossogui lancée par AGEROUTE.

964 C.S. 25 mars 1981. Syndicat Unique et Démocratique des Enseignants du Sénégal (SUDES), R.I.P.A.S. N° 3, janvier-mars 1982, p. 151, note M. DEBENE.

965 CS. Arrêt n° 25 du 23 mars 2017, La société African Business Network (A. B. N.) c/ARMP, L'État du Sénégal (Inédit), (Déjà cité).

966 ND.-M. DIAGNE, op. cit., p. 139.

967 B. KANTE, « La contribution des hautes juridictions administratives à l'édification de l'État de droit », *Revue administrative,* Numéro spécial (6), 1999, p. 116.

Par ailleurs, il y a lieu d'observer que nombreuses sont les décisions dans lesquelles, la Cour conclut à une solution identique « *le requérant n'a pas signifié à l'ARMP, partie adverse, dans les délais et forme prévus par la loi* »[968]. Elle s'empresse de prononcer par la suite la déchéance du recours[969]. En vérité, le greffe de la Chambre administrative de la Cour suprême saisie peut, lorsqu'une requête est mal présentée, adresser au requérant une demande de régularisation pour permettre à la demande d'aboutir. Ce comportement intransigeant du juge entraîne des conséquences négatives pour le développement du contrôle juridictionnel de la passation des marchés publics. L'amélioration de l'office du juge est attendue dans l'utilisation des conditions d'admission de l'urgence.

B. La nécessaire précision des critères d'admission des conditions de l'urgence et du doute sérieux

Au demeurant, la loi organique n° 2022-16 du 23 mai 2022 modifiant la loi organique n° 2017-09 du 17 janvier 2017 abrogeant et remplaçant la loi organique n° 2008-35 du 08 août 2008 sur la Cour suprême notamment en ses articles 83 à 90 détaille de manière précise le régime juridique du référé administratif.

Ainsi, muni d'une large palette d'instruments, le juge des référés pourrait être amené à approfondir la portée de son contrôle. C'est pourquoi, l'article 85 de la loi organique dispose que « *saisi d'une demande justifiée par l'urgence, le juge des référés peut ordonner toutes mesures nécessaires à la sauvegarde d'une liberté fondamentale à laquelle une personne morale de droit public ou un organisme de droit privé chargé de la gestion d'un service public aurait porté, dans l'exercice d'un de ses pouvoirs, une atteinte grave et manifestement illégale, le juge se prononce dans un délai de quarante-huit heures* ».

L'innovation de taille qui pourrait approfondir l'office du juge est relative aux conditions d'accès au juge des référés, interprétées de manière souple et autonome en matière de droits fondamentaux.

---

[968] Il s'agit des décisions suivantes :
- CS. Arrêt n°06 du 9 février 2012, Société de Nettoyage Industriel et Chimique (SNIC) c/A.R.M.P, (Inédit) ;
- CS. Arrêt n°28 du 26 Avril 2012, Librairie Papeterie CLAIRAFRIQUE c/ARMP (Inédit);
- CS. Arrêt n°35 du 27/juillet 2013, la société de Distribution de Matériels informatique et Bureautiques dite (DISMAT) c/ARMP, (Inédit).

[968] B. BA, op. cit., p. 182.

D'après l'article 88 de ladite loi « *saisie par toute personne intéressée, le juge des référés, peut à tout moment, au vu d'un élément nouveau, modifier les mesures qu'il avait ordonnées ou y mettre fin* ».

Toutefois, les changements intervenus, aussi pertinents soient-ils, n'ont pourtant pas réussi à faire oublier toutes les imperfections et interrogations inhérentes à ce recours original[970]. À ce propos, nous avons noté quelques imperfections qui peuvent, dans le long terme, saper l'efficacité de cette procédure[971]. Les notions d'« *urgence* » et de « *doute sérieux* » gagneraient à être précisées par le juge dans la mesure où le législateur, en voulant faire preuve de prudence, ne s'est pas aventuré à définir précisément l'ensemble des modalités d'application de ces mesures, préférant laisser le juge les établir de façon prétorienne.

On peut aussi bien se demander pourquoi le législateur organique n'a pas cherché à définir ou à caractériser l'urgence[972]. En effet, il se contente simplement de reprendre une solution du Conseil d'État français qui estime que « *la condition d'urgence est remplie lorsque la décision contestée porte atteinte, de manière suffisamment grave et immédiate, à un intérêt public, à la situation du requérant ou à ses intérêts* »[973]. Quant à la notion de « *doute sérieux* », elle reste floue. L'on pourra naturellement se poser la question de savoir ce qui peut créer le doute dans l'esprit d'un juge.

Aussi, la loi n'a donc pas fixé elle-même un terme à la décision de suspension[974]. En effet, les délais dont dispose le juge pour statuer efficacement, c'est-à-dire avant tout risque de signature de la convention, sont très brefs. Or, les conditions posées pour l'application du référé sont délicates à appréhender dans l'urgence, le législateur a mentionné que le juge informe sans délai. C'est dans ce sens que dans la dernière modification de la loi organique sur la Cour suprême[975], il est intégré un article 74-1 bis intitulé comme suit : « Le *recours contre une décision rendue*

---

970 N. ACH, « Le référé contractuel : une réforme inachevée », *ADJA*, Décembre 2002, p. 1422.

971 V. à ce sujet l'article de M.-M. AIDARA, « Référé administratif et unité de juridiction au Sénégal », *Afrilex,* disponible sur ce lien http://afrilex.u-bordeaux4.fr /sites/afrilex/ IMG/pdf/ Mouatapha_Aidara_Article_refere.pdf, (Consulté le 7 novembre 2019).

972 P.-M. DIAO, « Brèves réflexions sur l'urgence en droit des marchés publics », op. cit.

973 CE, sect., 19 janv. 2001, Confédération nationale des radios libres, req. n° 22815 Lebon 29 concl. L. Touvet.

974 V. G. BERTHON, « La suspension juridictionnelle du contrat administratif entre 'référé-suspension' et 'référé contractuel' », *RFDA*, 2009, p. 1215.

975, *JO,* n° 7531, numéro spécial du mardi 23 mai 2022, p. 571.

par l'autorité chargée de la régulation de la commande publique est formé par simple requête enregistrée au greffe de la Cour suprême dans le délai de quinze jours à compter de la notification de l'acte attaqué ».

Dans le sillage du sursis à exécution où le juge exigeait la réunion des deux conditions, le juge du référé en fait de même. Dans les affaires DELGAS et Établissement Ndèye Diétou THIAM[976], il juge que les deux conditions sont réunies et procède à la suspension des décisions querellées. À l'inverse, dans les affaires la Sénégalaise des Eaux dite SDE[977], Société West Africa Pharmaceuticals and Biomedicals Sénégal[978], La Société Wade Technology Company[979], il annonce que même si la condition de l'urgence est réunie, la condition du doute sérieux n'est pas avérée. Il lui arrive même de faire savoir que non seulement, le requérant ne justifie pas de l'urgence de nature à faire prononcer la suspension de ladite décision compte tenu des circonstances de l'espèce, mais aussi, qu'aucun des moyens soulevés par le requérant n'est propre à créer un doute sérieux quant à la légalité de la décision attaquée[980].

Au total, le dépouillement de la jurisprudence en matière de référé sur les décisions du Comité de Règlement des Différends ne permet pas pour le moment de faire un bilan sur l'efficacité ou non de l'utilisation du référé administratif. Sur les ordonnances de référé recensées, deux ont remplies les conditions exigées par la loi organique sur la Cour suprême[981]. Dans les autres cas, il s'est posé soit des problèmes de réunion des deux conditions[982], d'incompétence[983], de déchéance[984], de

---

[976] CS. Ordonnance n°11 du 10 juin 2021, Établissement Ndèye Diétou THIAM c/ARMP, (Inédit).

[977] CS. Ordonnance n° 05 du 10 octobre 2019, La société Sénégalaise des Eaux dite SDE c/ARMP, (Inédit).

[978] CS. Ordonnance n° 07 du 12 décembre 2021, Société West Africa Pharmaceuticals and Biomedicals Sénégal c/ARMP, (Inédit).

[979] CS. Ordonnance n° 29 du 24 novembre 2022, La Société Wade Technology Company c/-Le Comité de Règlement des Différends de l'Autorité de Régulation des Marchés Publics dite ARMP (Son Directeur Général), (Inédit).,

[980] CS. Ordonnance n°8 du 12 décembre 2019, Neurotech SA c/ARMP, (Inédit).

[981] CS. Ordonnance de référé n° 03 du 11 juillet 2019, la Société « Delgas Assainissement » c/ARMP(Inédit), (Arrêt cité).

[982] Affaire la Société Sénégalaise des Eaux dite SDE.

[983] CS, Ordonnance de Référé n° 9 du 08 juin 2017, l'E.B.G.E.T c/ARMP et Mairie de Golf Sud, (Inédit).

[984] CS. Ordonnance n° 07 du 27 juin 2018, Amadou Moustapha DIALLO c/ARMP, (Inédit).

désistement[985] ou de forclusion[986]. Les améliorations attendues nous poussent à nous interroger sur l'avenir du contrôle juridictionnel et les perspectives attendues.

Section II. Les perspectives du contrôle juridictionnel de la passation des marchés publics

« *L'utilité réelle du recours pour excès de pouvoir dépend, en dernière analyse, des conséquences juridiques qui s'attachent aux annulations contentieuses et de la suite qui leur est donnée en pratique* », écrivait G. BRAIBANT, dans un article intitulé « *Remarques sur l'efficacité des annulations pour excès de pouvoir* ». L'auteur de ces lignes ajoutait : « *Ce problème des effets de l'annulation pour excès de pouvoir est encore loin d'être entièrement résolu* ». Les choses ont largement évolué et la jurisprudence récente témoigne des solutions, parfois audacieuses, dégagées par le juge de l'excès de pouvoir afin d'assurer la plus grande efficacité possible à ses décisions d'annulation[987].

Ainsi, l'on peut allègrement affirmer que le recours en annulation en matière de passation des marchés publics a un avenir certain. En plus des progrès constatés **(Paragraphe I),** il est proposé d'importer certaines techniques (la modulation) pouvant compenser ou atténuer la rigueur du juge. Des réformes pour rendre exécutoire l'exécution des décisions de justice et la dématérialisation des recours sont à encourager **(Paragraphe I).**

Paragraphe I. Les progrès déjà constatés

En plus du renforcement du contrôle, l'on a constaté que des efforts non négligeables ont été observés quant à l'accès au juge, les conditions d'admission de l'urgence et l'élargissement du bloc de légalité administrative **(A).** De plus en plus, le juge prend en compte les intérêts subjectifs des requérants : ce qui peut laisser entrevoir une « *subjectivisation* » **(B)** du contentieux de la passation des marchés publics.

---

[985] CS. Ordonnance n° 07 du 21 Mars 2019, La Société Sénégalaise d'Équipement de Travaux et de Services dite « SETS SUARL » c/- L'Administration des Douanes de la République du Sénégal-ARMP, (Inédit).

[986] CS. Ordonnance n° 09 du 1er avril 2019, La Soçiété Diama Technologie (SCP Lo, Kamara & Diouf) c/L'Autorité de Régulation des Marchés publics, (Inédit).

[987] M. GUYOMAR et P. COLLIN, « Les décisions par lesquelles le Conseil d'État précise la portée d'une annulation « en tant que ne pas » et prononce une annulation aux effets différés s'inscrivent dans la ligne d'une évolution de la jurisprudence qui témoigne du souci croissant de pédagogie et d'efficacité du juge de l'excès de pouvoir », *AJDA*, 2001, p. 1046.

A. Des efforts non négligeables

Le temps est révolu où, à la suite de Laferrière, il était possible de le présenter comme un juge ne pouvant qu'annuler l'acte, c'est-à-dire le faire disparaître rétroactivement à compter du jour de son édition[988]. Le choix qui s'offre à lui ne se réduit plus, en effet, à annuler l'acte ou à rejeter le recours. Cet enrichissement récent des pouvoirs du juge administratif a été initié par le législateur et relayé par l'adoption de jurisprudences particulièrement audacieuses.

Afin que l'avenir[989] du contentieux de la passation des marchés publics soit assuré, le législateur sénégalais a institué la procédure du référé en 2017 dans la nouvelle loi organique sur la Cour suprême. S'il est vrai que dans la pratique de la Cour suprême, les délais de traitement des dossiers concernant les marchés publics sont réduits, l'institution de procédure de référé pour les marchés publics en phase avec la législation communautaire[990] est à saluer.

Ainsi, la procédure du référé est plus facile à mettre en œuvre[991]. À cet égard, il semble que l'introduction d'un juge des référés dans la nouvelle loi organique sur la Cour suprême n'est pas sans incidence sur l'appréhension par le juge administratif de son propre rôle. En étant à la fois juge de l'urgence et juge dans l'urgence[992], le juge administratif a défini les critères au regard desquels est appréciée l'urgence d'une affaire et il a adapté la conduite des procédures engagées devant lui[993]. Comme l'avait relevé, avec clairvoyance, R. Abraham dès 1996, « *l'avenir de la théorie de la voie de fait dépend directement – mais en sens*

---

[988] V. A. HOURCABIE, « Les contrats administratifs et le traitement de leur illégalité par le juge administratif », in *Mélanges en l'honneur de Jean-Pierre Boivin*, IDPA, 2012, p. 259 et s., spéc. p. 269.

[989] V. notamment F. BRENET, « L'avenir du contentieux des actes détachables en matière contractuelle », *AJDA,* 2014, p. 2061. ; le même auteur : « L'influence du droit communautaire sur le droit des contrats publics », *in Droit administratif européen,* AUBY J.-B. (dir.), Bruylant, 2007, p. 950.

[990] F. LICHERE, « L'influence du droit communautaire sur le droit français des contrats publics », *LPA* 2007, n° 79, p. 29.

[991] Doute sérieux et non plus moyen sérieux, dommages irréparables pour la condition d'urgence.

[992] Selon l'expression de A. BRETONNEAU et J. LESSI, « Référés : l'irrésistible ascension », *AJDA*, 2014, p. 1484.

[993] J.-M. SAUVE, « L'urgence devant le juge administratif », Bilan de quinze années d'urgence devant le juge administratif, 5e éd. des États généraux du droit administratif, colloque organisé par le Conseil d'État et le Conseil national des Barreaux, disponible sur http://www.conseil-etat.fr/, (Consulté le 21/03/2016).

contraire-de celui du référé administratif »[994]. On peut aussi envisager la même situation dans le contentieux des marchés publics avec l'institution du référé administratif.

En ce qui concerne l'infléchissement des conditions de recevabilité des recours, l'attitude du juge de l'excès de pouvoir est tout à fait louable. Il ne semble pas s'abandonner à un « *fétichisme* » des concepts. Il fait preuve de libéralisme dans l'usage des termes « *intérêt à intervenir* » et « *intérêt à agir* »[995]. Dans, au moins, deux arrêts, le juge a fait référence à ces deux termes. Dans la première[996], il considère qu'en matière d'excès de pouvoir, l'intervention est recevable dès lors que son auteur justifie d'un « *intérêt à intervenir* ». Dans la seconde[997], il estime qu'en matière de contentieux relatif aux marchés publics, l'attributaire provisoire a un intérêt certain au maintien de la décision attaquée.

En outre, la Cour a admis la recevabilité d'une intervention volontaire[998] au motif que l'intervenant a un intérêt certain au maintien de la décision attaquée. Dans cette perspective, le contentieux de la passation des marchés publics sera quantitativement important si le juge continue à interpréter largement les conditions de recevabilité des recours. Il sera, en revanche, pratiquement insignifiant si l'interprétation de ces mêmes conditions tend, par sa sévérité, à entraîner de nombreuses déclarations de rejet[999].

L'avenir du recours semble de plus en plus assuré en ce que le contrôle du juge s'est étendu au droit de la concurrence. Il a, en effet, apprécié la légalité d'une procédure de passation des marchés publics au regard des règles de concurrence. La notion de concurrence, en irriguant le raisonnement du juge administratif, devient un élément

---

[994] R. ABRAHAM, « L'avenir de la voie de fait et le référé administratif », in *L'État de droit, Mélanges en l'honneur de Guy Braibant*, éd. Dalloz, 1996, p. 9.

[995] B. BA, « Le contentieux de l'excès de pouvoir des marchés publics devant la Cour suprême du Sénégal (à partir des arrêts rendus entre 2008 et 2013) », op. cit., p. 179.

[996] CS. Arrêt n° 20 du 12 Avril 2012, A. R.T.P-État du Sénégal c/ARMP, (Inédit), (Déjà cité).

[997] CS. Arrêt n° 24 du 12 Avril 2012, Association sénégalaise des Hémodialysés et Insuffisants rénaux (A.S.H.I.R.) c/ARMP, (Inédit), (Déjà cité).

[998] Demande incidente par laquelle un tiers entre dans un procès déjà engagé, de son propre mouvement (intervention volontaire) ou à l'initiative de l'une des parties en cause (intervention forcée). L'intervention permet à un tiers intéressé de se joindre à une procédure pendante devant le juge. Elle doit être distinguée de la tierce opposition qui entraîne le réexamen de l'affaire alors que le jugement est déjà rendu.

[999] ND.-M. DIAGNE, *Les méthodes et les techniques du juge en droit administratif Sénégalais, op.cit.,* p. 24.

d'appréciation de la légalité des actes de l'administration. Le juge prend en compte les intérêts subjectifs des requérants.

B. Des prémices de « subjectivisation »

Il importe de relever que la complexité croissante du contentieux s'accompagne d'un mouvement de « *subjectivisation* »[1000] notable. L'on dénote la multiplication d'éléments subjectifs dans l'excès pouvoir à telle enseigne que beaucoup ont entrevu sa disparition[1001].

Pour définir le terme « *subjectivisation* », le Professeur DELVOLVE affirmait qu'il s'agit d'un « *néologisme qui ne trouve encore sa place dans aucun dictionnaire* »[1002]. Elle s'entend de la prise en compte par le juge d'arguments subjectifs tenant aussi bien à la situation subjective des intéressés qu'à leurs droits subjectifs.

Effectivement, la « *subjectivisatio*n » du contentieux administratif désigne donc l'étude du mouvement par lequel le juge administratif prend progressivement en considération les éléments de subjectivité[1003]. Cette évolution résulte de l'histoire du contentieux administratif et des changements qui lui ont été apportés durant la période contemporaine.

Aujourd'hui, en effet, la conception d'un droit administratif serviteur de l'intérêt général et d'un juge administratif uniquement censeur des illégalités ne correspond plus aux attentes de la société[1004]. Depuis le milieu du XXème siècle, l'idéal de l'intérêt général supérieur aux intérêts particuliers a laissé place à une conception de l'intérêt général somme d'intérêts particuliers. Ce mouvement s'explique par la place centrale désormais donnée à l'individu. Le Professeur MELLERAY

1000 Voir à ce sujet l'article de S.-A, NDIAYE « Modulation et annulation contentieuse : une contribution à la subjectivation du recours pour excès de pouvoir », *in* DIOUF (ND.), NIANG (M.-B.), DIOUF (A.A), (sous la direction de), *Le droit africain à la quête de son identité, Mélanges offerts au professeur Isaac Yankhoba NDIAYE*, L'Harmattan, 2021, pp. 921-954

1001 D. BAILLEUL, *L'efficacité comparée des recours pour excès de pouvoir et de plein contentieux objectif en droit public français*, Thèse de doctorat, Droit public, Le Havre, 2000, Paris, LGDJ, 2002, p. 2.

1002 P. DELVOLVE, « Droits publics subjectifs des administrés et subjectivisation du droit administratif », Propos introductifs, in *Les droits publics subjectifs des administrés,* colloque de l'AFDA, Bordeaux, 2010, Litec, Colloques et débats, 2011, p. 3.

1003 B. PACTEAU, « Du recours pour excès de pouvoir au recours de pleine juridiction », *RA* n° spécial 1999, pp. 51-67.

1004 P. FRAISSEIX, « La subjectivisation du droit administratif », *LPA*, 2004, n° 207, p. 12; « La révolution méthodologique du juge de l'excès de pouvoir», *LPA*, 2005, n° 180, p. 3.

explique-t-il que : « *la croyance en la transcendance de l'État sur les personnes privées, de l'intérêt général sur les intérêts particuliers semble décliner* »[1005].

Cette mutation s'est spécialement produite dans le contentieux contractuel. Il s'agit de donner plein effet aux droits subjectifs des cocontractants tels qu'ils sont nés du contrat. Ainsi, le concurrent évincé ne peut-il, dans le cadre du référé précontractuel, qu'invoquer les manquements susceptibles de le léser ou l'ont effectivement lésé[1006].

Ainsi donc, de la même manière que M. HAURIOU accorda, en effet, au début du siècle une espérance de vie réduite au recours pour excès de pouvoir en arguant que des éléments de droits subjectifs ayant contaminé la sphère du contentieux de la légalité, ce dernier ne tarderait pas à perdre son autonomie pour se fondre dans le contentieux de pleine juridiction[1007]. On est tenté d'en affirmer la même chose dans le contentieux de l'excès de pouvoir des marchés publics au Sénégal.

En effet, on peut renforcer cet argument en estimant que c'est cette même volonté de protéger les situations subjectives qui a guidé la mise en place de la procédure des référés. L'on constate, à cet effet, que les procédures d'urgence permettent l'intervention rapide d'un juge afin que soit provisoirement mis un terme à une action de l'administration (lc CRD de l'ARCOP) qui paraît illégale. L'intervention du juge n'est

---

[1005] F. MELLERAY, *Essai sur la structure du contentieux administratif*, *op. cit.*

[1006] Conseil d'État, sect. 3 oct. 2008, Syndicat mixte intercommunal de réalisation et de gestion pour l'élimination des ordures ménagères du secteur Est de la Sarthe [SMIRGEOMES], req. n° 305420 ; concl. B. DACOSTA, *RFDA*, 2008, p. 1128 ; note P. DELVOLVÉ, *RFDA*, 2008, p. 1139 ; obs. S. BRACONNIER, *RDI,* 2008. p. 499 ; chron. E. GEFFRAY et S.-L. LIÉBER, *AJDA*, 2008, 2161.

[1007] Le maître de Toulouse crut déceler les prémices de la disparition du recours pour excès de pouvoir dans trois affaires ou était admise pour la première fois la jonction dans une même requête de conclusions en annulation et de conclusions en indemnité, ce qui selon lui abattait 'la cloison étanche qui, jusqu'ici, séparait le recours pour excès de pouvoir du recours de contentieux ordinaire' : V. notes/CE 31 Mars 1911, *Blanc, Argaing et Bézie* (3 esp.), in Hauriou, la jurisprudence administrative de 1892 à 1929 d'après les notes d'arrêt du recueil *Sirey,* 1929, t.2, p.48. Mais le coup décisif porté au recours pour excès de pouvoir fut sans doute à ses yeux l'admission en ce domaine de la tierce opposition, qu'il estimait incompatible avec un recours à caractère objectif : V. note sous CE 29 novembre 1912, Boussuge, prec Il atténua cette condamnation vers la fin de sa vie, estimant que cette poussée du contentieux de pleine juridiction a été équilibrée et au-delà par un retour offensif du contentieux de l'annulation, et plus particulièrement du recours pour excès de pouvoir et concluant à la survivance probable de la distinction des deux catégories de recours' : *Précis de droit administratif et droit public*, 12 éd., 1933, p. 398-399.

pas soumise à un contrôle complet de la légalité de l'acte mais simplement à l'invocation d'un moyen de nature à créer un doute sérieux sur la légalité.

En instituant à l'article 83 de la loi organique sur la Cour suprême[1008] un juge des référés, le législateur organique permet au juge, d'assurer une protection immédiate et provisoire des droits subjectifs menacés par une décision du Comité de Règlement des Différends de l'ARCOP en reportant l'analyse au fond plus tard. L'intervention rapide du juge vise à permettre plus tard, une fois la décision au fond prononcée, la meilleure exécution possible de cette dernière.

La « *subjectivisation* » du contentieux de l'annulation est plus remarquable en France, dont l'arrêt d'assemblée Tarn-et-Garonne[1009], a remis en cause une très vieille jurisprudence qui n'aura pas eu la chance d'atteindre les 110 ans, l'arrêt Martin d'août 1905[1010]. Dans cet arrêt, le Conseil d'État avait ouvert le recours pour excès de pouvoir aux tiers contre des actes détachables du contrat[1011]. Cette évolution, notons-le dès à présent, était en germe dans un autre arrêt du Conseil d'État, l'arrêt Tropic Travaux Signalisation Guadeloupe de 2007[1012], mais désormais, la rupture est nette. L'arrêt Département de Tarn-et-Garonne porte donc la marque d'une vraie audace jurisprudentielle.

En étendant le recours en contestation de validité[1013] du contrat à tous les tiers ayant un intérêt lésé de façon suffisamment directe et certaine, le Conseil d'État a bel et bien provoqué une révolution du contentieux des contrats[1014]. En espérant que le juge sénégalais prêtera une oreille attentive à son homologue français, la « *subjectivisation* » du contentieux de l'annulation des marchés publics permet de protéger

[1008] Loi organique n° 2017-09 du 17 janvier 2017 abrogeant et remplaçant la loi organique n° 2008-35 du 08 août 2008 sur la Cour suprême.
[1009] CE, ass., 4 avr. 2014, Dpt de Tarn-et-Garonne, n° 358994.
[1010] CE, 4 août 1905, Martin, Rec. p. 749.
[1011] D. POUYAUD, « Les mutations du contentieux de la validité des contrats », *in L'intérêt général, Mélanges en l'honneur de Didier Truchet*, Dalloz, 2015, p. 541.
[1012] CE, ass., 16 juill. 2007, Sté Tropic travaux signalisation Guadeloupe, n° 291545, Rec. 360, concl. Casas.
[1013] V. D. DERO-BUGNY, « La compétence du juge administratif saisi d'un recours en appréciation de validité d'un acte administratif encadrée par le renvoi préjudiciel du juge judiciaire », *RFDA*, 2006, p. 73-83.
[1014] B. SEILLER, S. BRACONNIER et B. DACOSTA, « L'accès des tiers au juge du contrat », (Table ronde du 13 mai 2014, organisée par le Centre de Recherches en Droit Administratif (CRDA) de l'Université Panthéon-Assas, Paris II, avec la participation de la Revue du droit public), *RDP,* 01 septembre 2014 n° 5, pp. 1148-1166.

les intérêts des requérants évincés et tiers susceptibles d'être écartés. Même s'il y a des procédés devant être importés dans le contentieux de la passation des marchés publics, il reste que des changements sont déjà constatés et d'autres souhaités.

Paragraphe II. L'utilisation souhaitée de la technique de modulation et les réformes proposées

La palette de pouvoirs dont est doté le juge administratif s'est considérablement enrichie au cours des deux dernières décennies. L'évolution est particulièrement notable à propos du juge de l'excès de pouvoir[1015]. Il est attendu de lui l'usage souhaité de la technique de la modulation **(A).** Aussi, nous sommes arrivé à la conclusion qu'il faut proposer des réformes allant dans le sens de rendre exécutoire les décisions d'annulation et de dématérialiser les recours **(B).**

A. La technique de la modulation

La vision manichéenne des pouvoirs du juge de la légalité objective a été adaptée dans l'intérêt d'une bonne administration de la justice par la consécration jurisprudentielle de tempéraments, lesquels permettent au juge de moduler le champ, l'étendue et les conséquences qu'il entend tirer de l'illégalité de la décision, sans qu'il puisse néanmoins statuer ultra petita[1016]. La distinction des offices du juge de l'excès de pouvoir et du juge du plein contentieux n'est plus aussi étanche qu'auparavant[1017]. Le juge administratif tend, de proche en proche, à opérer un rapprochement entre le recours pour excès de pouvoir et le recours de plein contentieux en plaçant le recours de troisième type ainsi obtenu au service de la protection des droits individuels[1018].

Si le recours pour excès de pouvoir était *ab initio* orienté vers la sanction de tout acte administratif contraire à la règle de droit, dans une conception négative, répressive et censoriale, sa détermination originelle et le rôle du juge ont progressivement évolué jusqu'à percevoir la finalité

[1015] M. GUYOMAR, B. SEILLER, *Contentieux administratif*, Dalloz, 3e éd., 2014, n° 883.

[1016] Le juge administratif ne saurait censurer de lui-même les illégalités que ferait spontanément apparaître l'instruction de l'affaire. Contrairement au juge des référés précontractuels, le juge de l'excès de pouvoir ne dispose pas de la faculté de statuer *ultra petita.*

[1017] F. MELLERAY, « La distinction des contentieux est-elle un archaïsme ?», préc.; H. LEPETIT-COLLIN, A. PERRIN, « La distinction des recours contentieux en matière administrative. Nouvelles perspectives », préc.

du rétablissement de la légalité. Indéniablement, le juge de l'excès de pouvoir n'est plus seulement un censeur de l'action de l'administration ; il est devenu correcteur des illégalités[1019]. Et, c'est sans doute, à cet égard que la « *profonde mutation* »[1020] de son office est largement attendue. Que l'annulation soit évitée[1021], conditionnée[1022], explicitée[1023], la « *révolution méthodologique du juge de l'excès de pouvoir* »[1024] est avérée et sa « *métamorphose* »[1025] consommée. Outre la théorie des vices non substantiels, la faculté de procéder à l'annulation partielle[1026]

[1019] V. pour une étude générale : F. BLANCO, *Pouvoirs du juge et contentieux administratif de la légalité. Contribution à l'étude de l'évolution et du renouveau des techniques juridictionnelles dans le contentieux de l'excès de pouvoir*, PUAM, 2010.

[1020] D. BAILLEUL, « Les nouvelles méthodes du juge administratif », *AJDA*, 2004, p. 1626.

[1021] Grace aux procédés de la neutralisation d'un motif illégal (CE, Ass., 12 janv. 1968, Dame Perrot, n° 70951, p. 39 ; *AJDA*, 1968, p. 179, concl. J. KAHN) ; de la substitution de base légale (CE, Sect., 3 déc. 2003, Préfet de Seine Maritime c. El BAHI, n° 240267, p. 479, avec les concl. de J.-H. STAHL ; *AJDA*, 2004, p. 202 ; chron. F. DONNAT, D. CASAS ; *D*., 2005, p. 26 ; obs. P.-L. FRIER, *RDP*, 2004, p. 354 ; note C. GUETTIER, *RRJ*, 2005, p. 115 ; note C. CHARLES, Procédures, n° 4, avr. 2004, comm. 85 ; obs. S. DEYGAS, DA, n° 5, mai 2004 ; étude 9, étude F. DONNAT, D. CASAS ; ou encore de la substitution de motif (CE, Sect., 6 fév. 2004, Hallal, n° 240560, p. 48 ; *RFDA*, 2004, p. 740.

[1022] CE, 27 juillet 2001, *Titran*, n° 222509, p. 411 ; *AJDA*, 2001, p. 1046, chron. M. GUYOMAR et P. COLLIN, D., 2001, p. 2726 ; « *un délai est imparti à l'Administration pour rétablir la légalité d'un traitement automatisé d'informations nominatives entachées d'illégalité à défaut de comporter certaines dispositions. À défaut, l'Administration aura l'obligation de prononcer sans délai l'abrogation des actes contestés* ».

[1023] CE, Ass., 29 juin 2001, *Vassiliokotis*, n° 213229, p. 303, concl. F. LAMY ; *AJDA*, 2001, p. 1046 ; obs. M. GUYOMAR, P. COLIN ; *RDP*, 2002, p. 752 ; obs. C. GUETTIER ; *Europe*, n° 8, août 2001, comm. 265, P. CASSIA ; *JCP G*, n° 13, 27 mars 2002, IV, 1562, obs. M.-C. Rouault ; *RRJ*, 2003, n° 2, vol. II, p. 1513, étude F. BLANCO, *LPA*, n° 212, 24 oct. 2001, p. 12, note S. DAMAREY : annulation d'un arrêté en tant qu'il ne prévoit pas certaines dispositions et comportant pour l'État les obligations enfoncées aux motifs de la décision. V. également sur cette question de l'explicitation de la chose jugée : C. BROYELLE, « De l'injonction légale à l'injonction prétorienne : le retour du juge administrateur », *DA*, mars 2004, p. 8.

[1024] P. FRAISSEIX, « La révolution méthodologique du juge de l'excès de pouvoir », op. cit., p. 3.

[1025] S. BOUSSARD, « La classification des contentieux à l'épreuve de la métamorphose du juge de l'excès de pouvoir », *in Regards sur l'histoire de la justice administrative*, Litec, 2006, p. 305.

[1026] CS. Arrêt n°35 du 29/10/10 Sous-Préfet de MBANE c/Aliou DIACK, Président du Conseil rural de Mbane (Inédit). En annulant partiellement l'arrêté n° 06 du 15

des décisions administratives, la faculté de procéder d'office à une substitution de base légale ou à une substitution de motif dans certaines circonstances, il y a surtout le souhait formulé par J.-H. STAHL[1027] que l'on reconnaisse au juge de l'excès de pouvoir la possibilité de moduler la portée de ses décisions.

Déjà, dès 1952, P. WEIL[1028] écrivait : « *si l'acte illégal crée une transformation de l'ordonnancement juridique, l'annulation en crée une bien plus importante encore, car il faut effacer péniblement toute la modification par l'acte. Et c'est ainsi que, par son existence, l'annulation crée un droit nouveau, apporte une transformation profonde à l'ordonnancement juridique et est tournée vers l'avenir* ».

Pour autant, la doctrine considère aussi depuis longtemps que le caractère rétroactif de l'annulation contentieuse est assez largement fictif de même que doit être nuancée l'idée que l'annulation n'aurait aucune portée normative[1029]. Mais depuis, on le sait, les choses ont bien évolué avec, notamment, la pratique de ce que l'on appelle « l'*annulation différée* ». Sans procéder à une authentique création *ex nihilo,* le juge s'attache surtout à remodeler les conditions d'exercice et les effets du séculaire (de l'obsolète ?) recours en annulation en limitant les conséquences fâcheuses qui pourraient résulter d'une application stricte dudit recours[1030].

Inaugurée avec l'arrêt Titran[1031], et confirmée par le déjà célèbre arrêt Association AC[1032], cette jurisprudence permet, par exemple, de laisser

---

septembre 2010 mais uniquement en ce qu'il porte déguerpissement et démolition des infrastructures, hydro-agricoles, le juge se montre pédagogue. Il a, de son propre chef, procédé à une annulation partielle sans qu'aucun texte ne le prévoit alors que l'article L. 600-5 du Code de l'urbanisme, en France, dispose en substance que lorsque le juge constate que seule une partie d'un projet de construction ou d'aménagement ayant fait l'objet d'une autorisation d'urbanisme est illégale, il peut prononcer une annulation partielle de cette autorisation, mesure qui vise à « *gagner du temps de procédure administrative, sans restreindre les droits des requérants* ».

[1027] V. J.-H. STAHL, A. COURRÈGES, « La modulation dans le temps des effets d'une d'annulation contentieuse », *RFDA,* 2004, 438.

[1028] V. à ce sujet la thèse de P. WEIL, *Les conséquences de l'annulation d'un acte administratif pour excès de pouvoir*, Pédone, Paris, 1952.

[1029] F. DIEU, Études sur : « La modulation des effets des annulations contentieuses ou comment concilier principe de légalité et principe de sécurité juridique », *AJDA*, Décembre 2006, p. 2428.

[1030] P. FRAISSEIX, « La révolution méthodologique du juge de l'excès de pouvoir », op. cit., n° 180.

[1031] Conseil d'État, 6/4 SSR, du 27 juillet 2001, 222509, publié au recueil Lebon.

[1032] Conseil d'État, Assemblée, 11/05/2004, 255886, publié au recueil Lebon.

aux personnes concernées un délai pour purger le vice dont la décision attaquée est affectée. Cet arrêt rappelle, en effet, que « *l'annulation d'un acte administratif implique en principe que cet acte est réputé n'être jamais intervenu* » avant d'exposer le champ d'application du pouvoir de modulation[1033], les formes qu'il revêt, les critères de mise en œuvre de la modulation ainsi que les obligations d'ordre procédural[1034]. Plus récemment, le Conseil d'État[1035] a fait une nouvelle application de son pouvoir de modulation des effets d'une annulation contentieuse qui est venue préciser l'usage qu'il entendait faire de ce pouvoir[1036].

Le juge sénégalais de l'excès de pouvoir a appliqué le principe de modulation d'une annulation contentieuse[1037] en 2013 dans une affaire relative à l'enrichissement illicite[1038]. Toutefois, il ne l'a pas encore importé dans le contentieux de la passation des marchés publics.

Comme le suggérait D. LABETOUILLE, dans une étude remarquée, publiée en 1996 dans les mélanges G. BRAIBANT sous le titre de « *Principe de légalité et principe de sécurité* », l'un des participants à ce débat reprenait cette suggestion, en soulignant qu'elle « *va à l'encontre de nos habitudes de pensée, mais (que) sa mise en œuvre pourrait permettre de limiter l'effet « déstabilisateur » d'annulations dont, en l'état actuel du droit, certaines sont à peu près inévitablement suivies de validations législatives*»[1039].

Avec l'arrêt AIL que l'on cite comme exemple, le juge de la passation des marchés publics pouvait utiliser le procédé de la modulation en décidant que l'annulation qu'il prononçait, pouvait être assortie d'un effet différé dans le temps afin d'éviter une perte de financement pour

---

[1033] J. SIRINELLI, « Les annulations d'application différée », *RFDA*, 2019, p. 797.

[1034] La modulation dans le temps des effets d'une annulation contentieuse constitue uniquement une dérogation et n'est destinée à jouer qu'à titre exceptionnel.

[1035] CE 11 janvier 2006, *Association des familles victimes du saturnisme (AVFS),* Lebon p.11 ; *AJDA,* 2006, p. 116.

[1036] F. DIEU, Études sur : « La modulation des effets des annulations contentieuses ou comment concilier principe de légalité et principe de sécurité juridique », op. cit., p. 2428.

[1037] S.-A, NDIAYE « Modulation et annulation contentieuse : une contribution à la subjectivation du recours pour excès de pouvoir », op. cit.

[1038] CS. Arrêt n° 50 du 26-Séptembre-2013 Cheikh Tidiane SY et autres c/État du Sénégal, op.cit.

[1039] D. LABETOULLE, « Principe de légalité et principe de sécurité », *in Mélanges Guy Braibant,* 1996, p. 403.

l'électrification rurale[1040]. Ainsi donc, le juge doit disposer des moyens nécessaires afin d'assurer tant la crédibilité que l'efficacité de ses décisions, et la décision d'annulation doit constituer une solution ultime compte tenu de la « *grave déstabilisation juridique* »[1041].

Finalement, l'avenir du contrôle juridictionnel de la passation des marchés publics ne doit pas rimer avec des annulations systématiques. D'ailleurs, la Cour suprême a eu l'occasion de se prononcer sur la nature exacte de « *l'intérêt général* »[1042]. Peut-être, elle la fera de plus en plus au vu de l'orientation de sa jurisprudence en invoquant la « *raison impérieuse d'intérêt général* » afin de justifier l'effet différé dans le temps de l'annulation contentieuse. La dérogation au principe de rétroactivité des annulations contentieuses est justifiée par le fait que l'effet rétroactif de l'annulation peut être de nature : « *à emporter des conséquences manifestement excessives en raison tant des effets que cet acte a produits et des situations qui ont pu se constituer lorsqu'il était en vigueur que de l'intérêt général pouvant s'attacher à un maintien temporaire de ses effets* »[1043]. Aussi, des réformes sont attendues.

B. Les réformes proposées

Des réformes sont proposées quant à l'exécution des décisions d'annulation **(1)** et la dématérialisation des recours **(2).**

1. L'exécution des décisions d'annulation

L'avenir du contrôle juridictionnel de la passation des marchés publics dépendra aussi de la volonté de se doter d'un arsenal législatif en vue de permettre l'exécution des décisions de justice en la matière.

[1040] Pour rappel, la Commission des marchés de l'Agence sénégalaise d'électrification rurale (Aser) avait, lors de la première phase de l'ouverture des plis, octroyé à Lucky Exports le marché portant sur ce vaste programme d'électrification de 72 villages au Sud du Sénégal. Mais coup de théâtre : Angélique International Limited s'est alors plaint auprès de l'Autorité de régulation des marchés publics (ARMP), qui lui donne gain de cause. L'Aser, refusant de lâcher du lest, sollicite, à son tour, l'arbitrage de la Direction centrale des marchés publics (DCMP), qui tranche en sa faveur. Ultime rebondissement : Ail a sollicité les services de la Chambre administrative de la Cour suprême, aux fins de surseoir à l'exécution du contrat en question qui l'écarte du réseau. Après deux ans de rebondissements multiples, les populations rurales attendent toujours le dénouement de ce feuilleton.

[1041] M. GUYOMAR, B. SEILLER, *Contentieux administratif,* op.cit.

[1042] CS. Arrêt n°24 du 12 Avril 2012, Association sénégalaise des Hémodialysés et Insuffisants rénaux (A.S.H.I.R.) c/ARMP, (Inédit), (Déjà cité).

[1043] V. également : CE, ass., 11 mai 2004, Association AC ! et autres, préc.

En France, les réformes apportées par les lois de 1980[1044], de 1995[1045] et de 2000[1046] ont accru considérablement les pouvoirs du juge. Le législateur a su doter le juge de la légalité d'instruments procéduraux propres à assurer la crédibilité de l'exercice de son pouvoir d'annulation en entérinant une « *nouvelle approche du procès objectif* »[1047].

En droit sénégalais, le principe de la prohibition des injonctions aux personnes publiques a été consacré par la jurisprudence[1048]. Le juge sénégalais de l'excès de pouvoir ne dispose ni du pouvoir d'enjoindre à l'administration d'agir dans un sens ou dans un autre, ni de prononcer une astreinte. Sous ce rapport, le renforcement des pouvoirs du juge à travers l'institution de pouvoir d'injonction et d'astreinte pourrait engendrer un développement significatif du contentieux de la passation des marchés publics.

Avec la mise en place de mécanismes tels que l'injonction, l'astreinte, l'annulation différée, associées à l'institution du référé rénové par la loi organique sur la Cour suprême[1049], la décision du juge administratif pourrait s'affranchir de l'effet platonique que l'on aurait pu croire lui être fatalement attaché, du fait tant du caractère non suspensif des recours que du refus de faire œuvre d'administrateur. La dématérialisation des recours pourrait être mise à contribution afin d'accélérer la saisine du juge.

2. La dématérialisation des recours

Aujourd'hui, la justice est marquée par une désuétude du support papier, concurrencé par le support dématérialisé induit par l'utilisation des nouvelles technologies[1050]. Mais la question de l'assimilation de

---

1044 Loi n° 80-539 du 16 juillet 1980 relative aux astreintes prononcées en matière administrative et à l'exécution des jugements par les personnes morales de droit public.

1045 Loi n° 95-125 du 8 février 1995 relative à l'organisation des juridictions et à la procédure civile, pénale et administrative.

1046 Loi n° 2000-597 du 30 juin 2000 relative au référé devant les juridictions administratives.

1047 D. BAILLEUL, « Les nouvelles méthodes du juge administratif », *AJDA*, 2004, p. 1626.

1048 CS. 21 janvier 1972, MALCHAIR : *« mais attendu qu'il n'appartient pas à la Cour suprême statuant en matière d'excès de pouvoir d'adresser des injonctions à l'Administration ; qu'elle peut seulement se prononcer sur la légalité des décisions administratives qui lui sont déférées »*.

1049 Article 83 à 90 de la loi organique n°2017-09 du 17 janvier 2017 abrogeant et remplaçant la loi organique n°2008-35 du 08 août 2008 sur la Cour suprême, modifiée par loi organique n° 2022-16 du 23 mai 2022, op. cit.,

1050 G. MAUGAIN, *Actes de procédure*, Rép. Pr. Civ., sept. 2014.

nouveaux procédés véhiculant des informations n'est pas nouvelle[1051]. En effet, le monde judiciaire a déjà pu être confronté à l'application en son sein de tels progrès, ce qui fait de l'incorporation des technologies de l'information et de la communication par le système judiciaire une question ancienne. Les nouvelles technologies de l'information et de la communication sont perçues comme des moyens à destination des acteurs du procès, destinées à améliorer le déroulement des procédures et à faire entrer la justice dans le XXIème siècle[1052].

Au Sénégal, l'usage des technologies de l'information et des communications dans le secteur judiciaire est devenu une réalité avec l'adoption du décret 2020-540 du 26 février 2020 relatif à la communication par voie électronique[1053] en application de la loi n° 2017-24 du 28 juin 2017 portant création, organisation et fonctionnement des tribunaux de commerce et des chambres commerciales d'appel consacrant le recours aux procédés électroniques dans la gestion quotidienne des procédures.

Dans cette mouvance, nous sommes convaincu qu'une perspective peut être envisagée sous le prisme de la dématérialisation des recours dans le contentieux administratif. À cet effet, il est suggéré de mettre en place une procédure de « *télé recours* » qui pourrait gérer la communication dématérialisée des requêtes, des mémoires et des actes de procédure entre les principaux concernés par l'instance[1054] dans le contentieux administratif.

Cela permettrait indéniablement une économie du temps dans le domaine des traitements des litiges mettant en cause l'administration et les particuliers. Son usage[1055] serait sans nul doute une occasion de

---

[1051] D. DE LORGERIL, *Procédure civile et nouvelles technologies*, L'Harmattan, 2017, p. 16.

[1052] L. FERRAND, Nouvelles *technologies et nouvelle culture judiciaire, in Les technologies de l'information et de la communication au service de la justice du XXIème siècle,* Actes du colloque organisé du 13 au 15 oct. 2011 à Dijon par l'Association pour l'organisation de la Conférence des Présidents des cours d'appel de l'Union Européenne Juritic, LGDJ, Lextenso éd., 2013, p. 25.

[1053] *J.O* numéro spécial du jeudi 27 février 2020, p. 413.

[1054] En France, les requêtes des personnes physiques et morales de droit privé non représentées par un avocat, devront être déposées via le site Internet (www.telerecours.fr).

[1055] En France, le Conseil d'État avait admis spontanément la présentation d'une requête par courrier électronique (CE 28 déc. 2001, Élections municipales d'Entre-Deux Monts, D. 2002. 2008, note Mallol). L'utilisation des téléprocédures devant les juridictions administratives a fait l'objet du décret n° 2016-1481 du 2 novembre 2016

contribuer au développement du recours pour excès de pouvoir et plus particulièrement sur les litiges issus des procédures de passation des marchés publics.

Pour reprendre les termes de l'ancien Premier Ministre français J.-P. RAFFARIN : « *Les technologies de l'information et de la communication sont porteuses de promesses dans tous les domaines. Leur vertu est de mettre de la rapidité dans ce qui est lent, de la fluidité dans ce qui est lourd, de l'ouverture dans ce qui est fermé* »[1056].

(JO 4 nov. 2016, texte n ° 17). Sur cette pratique : CE 11 mai 2015, Cne de Damouzy, Rec. 168. Ce système permet donc l'échange totalement dématérialisé des pièces de procédure devant toutes les juridictions administratives de France 1469. Le Télérecours est aussi obligatoire en référé : CE, Ord., 17 nov. 2017, AJDA 2017. 2335.

[1056] Extrait du discours de J.-P. RAFFARIN, lors de l'assemblée générale de l'Électronique Business Group à Paris le 12 nov. 2002, *in Rapport sur la confiance dans l'économie numérique,* P. HERISSON, B. SIDO, rapport 345, 2002-2003, Commission des affaires économiques, www.senat.fr, (Consulté le 26 avril 2020).

CONCLUSION TITRE II

Le dépouillement de la jurisprudence a permis d'apprécier *in concreto* le travail du juge. L'étude des données pratiques sur les recours montre que le contrôle du juge sur la passation des marchés est en gestation. Du point de vue de la quantité tout comme de la qualité des décisions, nous avons constaté un développement assez lent du contrôle juridictionnel de la passation des marchés publics. Cela est dû à la rareté de la saisine du juge et à des aspects de procédure auxquels le juge n'a pas donné de réponses satisfaisantes[1057].

À cet égard, nous avons observé un contentieux résiduel en tant que le juge de l'excès de pouvoir est peu sollicité et son avenir semble incertain. Devant cette situation, l'adoption d'un dispositif allant dans le sens de rendre effectif l'exécution des décisions d'annulation, la dématérialisation des recours, l'utilisation de la technique de la modulation, en plus d'un référé administratif déjà en vigueur, pourrait donner plus de sens à l'avenir du recours pour excès de pouvoir sur les décisions du Comité de Règlement des Différends de l'ARCOP.

[1057] Offre anormalement basse, procédure infructueuse et erreur manifeste d'appréciation.

CONCLUSION DEUXIÈME PARTIE

Le droit de la commande publique est fondé sur plusieurs principes fondamentaux que sont les principes de liberté d'accès à la commande publique, d'égalité de traitement des candidats et de transparence des procédures. Ces principes ont permis d'assurer l'efficacité de la commande publique, la bonne utilisation des deniers publics[1058] et le renforcement du contrôle. Les dispositions du Code des Marchés publics consacrent formellement ces principes fondamentaux qui ont acquis le statut de principes généraux du droit[1059] et de principes de valeur constitutionnelle[1060], sous l'impulsion de la jurisprudence communautaire[1061].

En intégrant ces principes dans son contrôle, le juge s'affranchit des techniques classiques de contrôle. Du coup, on constate un nouvel office consistant à clarifier les questions de contrariété entre les normes, à interpréter certains concepts et à intégrer la concurrence et l'intérêt général dans le bloc de légalité administrative. Toutefois, la complexité du contentieux économique de la passation et l'exercice de certaines procédures juridictionnelles méritent une attention particulière.

L'appréciation de la production jurisprudentielle, tant du point de vue de la qualité que de la quantité, a permis d'apprécier sur le plan pratique le rôle de la Cour suprême. On constate effectivement un contrôle juridictionnel de la passation des marchés publics en maturation. C'est pourquoi, malgré les avancées observées, il y a lieu d'appeler à l'utilisation de certaines procédures et proposer des réformes pour son développement.

[1058] F. ALLAIRE, *L'essentiel du droit des marchés publics*, Gualino, 2017, p. 22.

[1059] CE avis, 29 juill. 2002, n° 246921, Société MAJ Blanchisserie de Pantin.

[1060] Cons. const., 26 juill. 2003, n° 2003-473 DC, Loi habilitant le gouvernement à simplifier le droit.

[1061] CJCE, 7 déc. 2000, Telaustria VerlagsGmbH.

CONCLUSION

Parvenu au terme de cette modeste étude relative au contrôle juridictionnel de la passation des marchés publics, la préoccupation essentielle était de répondre à la question suivante : comment le juge exerce sa mission lorsqu'il est sollicité sur les procédures de passation des marchés publics ?

De manière générale, il faut reconnaître qu'il s'est attaché à exercer sa fonction juridictionnelle, qui consiste, selon la définition classiquement admise, à trancher les litiges et à dire le droit. Ainsi a-t-il été amené à systématiser les principes et règles de droits relatifs à la procédure allant ainsi de l'introduction de l'action en justice à la clôture de l'instance. Ceci nous a amené à étudier les conditions d'accès au juge. À cet égard, il faut observer que même si les conditions d'accès au juge sont sévères, il demeure que le juge est assez libéral en ce qui concerne l'intérêt à agir des requérants.

Aussi, il convient de faire observer que si le développement qualitatif du contentieux de l'excès de pouvoir dépendra en grande partie des décisions rendues sur le fond des litiges, son développement quantitatif sera lié à l'interprétation des règles de la procédure contentieuse. Également, l'instruction a permis de fournir à la formation de jugement tous les éléments d'information utiles. Elle est caractérisée par son caractère écrit[1062], son caractère secret puisqu'il n'y a pas de publicité des mémoires et pièces, son caractère inquisitorial, c'est-à-dire, qu'elle se déroule sous l'autorité du juge qui dirige seul l'instruction, et par son caractère contradictoire. Toutefois, les parties jouent un rôle important dans les éléments constitutifs de l'instance. Ce qui dénote une maîtrise relative du déroulement de l'instance.

L'évolution du contrôle du juge administratif constatée dans le contentieux de l'excès de pouvoir est corroborée par l'instauration d'un véritable juge des référés administratifs. Son office consiste précisément à permettre aux personnes concernées d'obtenir d'un juge, en un délai très bref, une décision provisoire mais adaptée aux circonstances de fait.

[1062] Tous les échanges doivent se faire par mémoire écrit, à l'exception pour partie des procédures de référé.

La procédure du sursis à exécution parcimonieusement accordée est supprimée. Ce qui est une bonne chose en ce que cette procédure avait fini de montrer ses limites[1063]. Pour autant, le juge exige toujours le respect des conditions posées par le législateur en matière de référé administratif.

Dans le contrôle des règles de fond, on a observé un contrôle relativement satisfaisant des règles de la légalité externe et de la légalité interne. Dans cette même veine, le juge a importé la technique de l'erreur manifeste d'appréciation dans le contentieux des marchés publics.

Autant le juge s'enracine dans ses méthodes usuelles de résolution des litiges administratifs, autant il demeure qu'on a observé des avancées dans le contrôle juridictionnel des procédures de passation des marchés publics. Et force est de constater que cette évolution a été symbolisée par le renforcement significatif du contrôle fondé sur les principes fondamentaux de la passation des marchés publics, les moyens d'annulation propres aux marchés publics, la présence remarquée du tiers, la rénovation du traitement de l'urgence et la protection des petites et moyennes entreprises.

Également, le juge s'est permis d'enrichir son office avec éclat en éclairant certains concepts. Au demeurant, il y a lieu de noter que des améliorations sont attendues notamment dans l'analyse de la complexité du contentieux économique, la spécialisation des juges, l'adaptation du déféré du représentant de l'État, la régularisation des requêtes mal présentées et les conditions d'admission de l'urgence. En effet, ces aspects n'ont pas été bien mis en œuvre par le juge et/ou souvent utilisés par les concurrents évincés et les tiers.

À l'origine, nous rappelions l'importante Directive N° 5 sur le contrôle et la régulation en tant qu'elle met en évidence la réforme de 2006 sur le Code des Obligations de l'Administration. En effet, celle-ci pose les fondements de la compétence de la Chambre administrative de la Cour suprême pour connaître des procédures de passation des marchés publics et par ricochet des décisions du CRD de l'ARCOP. Et, après plus d'une quinzaine d'années de pratique, l'on est à se demander, si les requérants qu'ils soient concurrents évincés et tiers sont-ils satisfaits du travail du juge ?

[1063] Le sursis à exécution n'était pas considéré comme une procédure d'urgence ressortant de la juridiction du président. Il était seulement apparenté aux procédures d'urgence, sans pouvoir bénéficier réellement de leur régime.

Au-delà de l'étude des données sur les recours et face à l'inexistence d'instruments de mesure de la satisfaction des requérants, on est tenté de dire que le contrôle est en construction après presque quinze (15) années de pratique[1064]. La lenteur du développement du contrôle est due en partie aux pouvoirs limités du juge, au contrôle satisfaisant opéré devant le régulateur et aux procédures juridictionnelles jugées lentes. Cette situation a comme conséquence l'éternel débat sur l'efficacité du mécanisme du recours pour excès de pouvoir pourtant censé garantir les concurrents évincés face à la toute-puissance de l'État et de son ARCOP[1065] chargée de réguler la préparation, la passation, l'exécution et le contrôle des marchés publics et des contrats de partenariats public-privé.

Quant à l'exercice juridictionnel proprement dit et du point de vue des décisions d'annulation, celles-ci interviennent souvent des mois après que la décision attaquée a épuisé tous ses effets. Une telle situation est doublement préjudiciable : pour le requérant qui, entre-temps, verra sa situation profondément évoluer et dont le préjudice subi ne sera parfois pas réparé par l'annulation obtenue ; inquiétante pour l'administration qui, à défaut de pouvoir corriger ce qu'elle a mal fait, sera exposée au risque d'être condamnée à des dédommagements pécuniaires productifs d'intérêts.

Devant cette situation, le législateur organique est appelé à initier des reformes allant dans le sens de rendre exécutoire les décisions d'annulation. À ce propos, il ne sera pas vain de proposer une réforme sur la dématérialisation des recours. Autant, les requérants gagneraient à utiliser les mécanismes tels que le référé administratif, le déféré, autant le juge peut mettre en branle le procédé de la modulation en décidant que l'annulation qu'il prononçait pouvait être assortie d'un effet différé dans le temps afin de permettre à l'administration de régulariser et d'éviter une annulation qui serait fâcheuse pour les parties.

1064 Cette étude s'est donnée pour ambition d'évaluer le travail du juge sur la séquence temporelle (2008-2023).

1065 Loi n° 2022-07 du 19 avril 2022 modifiant la loi n° 65-51 du 19 juillet 1965 portant Code des Obligations de I' Administration, modifiée, *JO* du 22 avril 2022 a créé l'Autorité de Régulation de la Commande publique (ARCOP). La prise en charge de cette mutation institutionnelle a justifié, entre autres, la modification de la loi n° 65-51 du 19 juillet 1965 portant Code des Obligations de l'Administration (COA) qui a procédé à la dissolution de l'Autorité de Régulation des Marchés publics (ARMP) et son remplacement par une nouvelle entité dénommée Autorité de Régulation de la Commande publique (ARCOP).

Ainsi donc, la jurisprudence de la Cour suprême sur les procédures de passation des marchés publics a suffisamment connu l'épreuve des faits pour que l'on puisse en tirer quelques conclusions. Et, de ce point de vue, il faut bien reconnaître que le bilan est en demi-teinte.

Certes, les annulations prononcées ont permis au juge d'asseoir une jurisprudence révélatrice d'une certaine maîtrise des règles de procédure et de fond. En revanche, nous avons pu noter quelques errements dans certaines décisions. Ces considérations ne doivent, cependant, pas minimiser l'apport du juge dans la construction du contrôle juridictionnel des procédures de passation des marchés publics.

Pour utile qu'il soit, ce travail de classifications livré avec un dépouillement systématique, n'a pas épuisé toutes les questions relatives aux recours contentieux des marchés publics. Si notre étude ne s'est focalisée que sur le recours en annulation des marchés publics, il reste que le contrôle non juridictionnel devant le Comité de Règlement des Différends de l'ARMP et le contentieux de l'exécution des marchés publics n'ont pas encore fait l'objet de systématisations ou de réflexions approfondies. Dans cette perspective, il ne sera pas vain d'explorer ces voies de contrôle, dans une perspective de compléter la présente étude, consacrée au contrôle juridictionnel de la passation des marchés publics.

BIBLIOGRAPHIE

I. OUVRAGES

A. OUVRAGES GÉNÉRAUX, TRAITÉS, MANUELS

1. SÉNÉGAL ET AUTRES PAYS AFRICAINS

ADIGRAN (J.-P.), *Initiation à la méthodologie en sciences*, L'Harmattan, 2018, 188 p.

BOCKEL (A.), *Droit administratif,* Dakar-Abidjan, N.E.A, 1978, 447 p.

DIAGNE (ND.-M.) Et (DIOP EL. H.-O)., (contributions réunies par), *in Droit administratif : convergence ou concurrence des disciplines juridiques ? Mélanges en l'honneur de Demba SY,* Presses de l'Université Toulouse 1 Capitole, Décembre 2020, tome I, 527 p., tome II, 509 p. ;

DIAKHATE (M.), *La Constitution du Sénégal : la lettre, le politique et le juge,* L'Harmattan, 2023, 316 p.

DIALLO (I.), *Actualités du droit public africain*, L'Harmattan, 2023, 158 p.

DIOUF (ND.), NIANG (M.-B.), DIOUF (A.A), (sous la direction de), *Le droit africain à la quête de son identité,* in Mélanges offerts au professeur Isaac Yankhoba NDIAYE, L'Harmattan, 2021, 1211 p.

FALL (I.M.) (sous la direction de), *Théorie et contentieux constitutionnels en Afrique,* in Mélanges en l'honneur du Professeur El.-H. MBODJ, L'Harmattan, Vol I et II, 1293 p.

FALL (M.), *Les cours de justice Africaine et l'intégration*, L'Harmattan, 2021, 514 p.

KEBE (A.A.D.), BA (B.), DIAKHATE (M.) et FALL (M.), (sous la direction de), *Vues africaines de droit public et de science politique : à partir des thèses dirigées par le Pr Ismaël Madior FALL*, L'Harmattan, vol I. et II., 1439 p.

NZOUANKEU (J.-M.), *Les grandes décisions de la jurisprudence sénégalaise (GDJAS),* Tome 1(Contentieux de la légalité), 3e éd. 1993, 356 p.

ONDOA (M.) et ABANE ENGOLO (P.-E.),

– *Les fondements du droit administratif camerounais*, in Actes du colloque organisé à l'Université de Yaoundé-II les 3 et 4 novembre 2015, L'Harmattan, 2016, 349 p. ;

– *Les transformations contemporaines du droit public en Afrique,* L'Harmattan, 2018, 225 p.

SALL (A.), *Les mutations de l'intégration des États en Afrique de l'Ouest : une approche institutionnelle*, Paris, L'Harmattan, 2006, 189 p.

SALL (A.), FALL, (I.-M.), (sous la direction de), *Mélanges en l'honneur de Babacar Kanté : Actualités du droit public et de la science politique en Afrique,* L'Harmattan, 2017, 961 p.

SY (D.),

Droit administratif, L'Harmattan, 3e éd., revue, corrigée et augmentée, Dakar, 2021, 718 p.

Réussir son droit, Guide méthodologique et pratique, L'Harmattan, 2021, 233 p.

TOURE (P.-A.),

– *La légistique, technique de conception et de rédaction des lois et des actes administratifs : une tradition de gouvernance normative*, L'Harmattan, 2018, 505 p. ;

– *Recueil de textes relatifs au travail législatif et réglementaire du Gouvernement commentés et annotés,* L'Harmattan, 2018, 523 p. ;

– *L'entrée en vigueur des lois, des ordonnances et des actes administratifs en droit sénégalais*, abis édition, 2021, 449 p.

2. ÉTRANGER

AUBY (J.-M.) et DRAGO (R.), *Traité de contentieux administratif*, Revue internationale de droit comparé, Vol. 14 N° 3, Juillet-septembre 1962. pp. 623-625.

AUBY (J.-M.), RIVERO (J.), VEDEL (G.), *Traité de science administrative,* Paris, Mouton & Co., 1966, p. 693.

BAILLEUL (D.), *L'efficacité comparée des recours pour excès de pouvoir et de plein contentieux objectif en droit public français,* Thèse de doctorat, Droit public, Le Havre, 2000, Paris, LGDJ, 2002, 428 p.

BARRAY (C.) BOYER (P.-X.), *Droit du contentieux administratif*, Gualino, 2019, 266 p.

BATSELE (D.), *Contrôle de l'Administration*, Bruxelles, Presses Universitaires de Bruxelles, 1996, p. 8.

BERGEL (J.-L.), *Méthodologie juridique*, Thémis, 1ere éd., 2001, 400 p.

BONICHOT (J.-C.), CASSIA (P.), POUJADE (B.), *Les grands arrêts contentieux administratifs,* Dalloz, 2016, 1486 p.

BRAUD (X.), *Cours de Droit administratif général*, Gualino, 2019, 596 p.

CHAPUS (R.),

– *L'administration et son juge,* PUF, 1999, 1164 p.

– *Droit du contentieux administratif,* Montchrestien, 13e éd., 2008, 1560 p.

CHRETIEN (P.) CHIFFLOT (N.), *Droit administratif,* Dalloz, 2012, 778 p.

CROUZATIER-DURAND (F.), *La fin de l'acte administratif unilatéral.* Éd. L'Harmattan, Coll. Logiques juridiques, Paris 2003, 434 p.

COLIN (F.), *L'essentiel des Grands arrêts du droit administratif : 90 arrêts analysés et commentés,* GUALINO, 2018, 211 p.

COLIN (F.), MESSE (M.-L.), *L'essentiel du contentieux administratif,* Gualino, 3e éd, 2017, 128 p.

CORNU (G.), *Vocabulaire juridique,* PUF, Paris, 10e éd., 2007, 1099 p.

DAËL (S.), *Contentieux administratif,* PUF, 4e éd., 287 p.

DAMAREY (S.), *Le juge administratif, juge financier*, Paris, Dalloz, 2001, 538p.

DE LORGERIL (D.), *Procédure civile et nouvelles technologies*, L'Harmattan, 2017, 166 p.

DELPHINE (C.), Contentieux administratif, Lite Lexis Nexis, 2e éd., Paris, 2011, 270 p.

DESJEUX (D.), *L'empreinte anthropologique du monde : Méthode inductive illustrée, Publisher :* Peter Lang, 2017, 390 p.

DELVOLVÉ (P.), *Le droit administratif,* Dalloz, 2018, 174 p.

DUGUIT (L.), *Les transformations du droit public,* Paris, A. Colin, 1913. (Réédition : Paris, La mémoire du droit, 1999, 285 p.)

GAFFIOT (F.), *Dictionnaire Latin-français*, Hachette, Paris, 1934, p. 415 et 416. (Voir sur ce lien https://fr.wikisource.org/wiki/Page: Gaffiot_-

_Dictionnaire_illustr%C3%A9_Latin-Fran%C3%A7ais.djvu/423, (Consulté le 05 Mars 2016).

GAUDEMET (Y.),

– *Les méthodes du juge administratif,* LGDJ, Paris, 1972, 321 p.

– *Droit administratif,* LGDJ, 20e éd., 2012, 624 p.

GUINCHARD (S.) DEBARD (T.), *Lexique des termes juridiques*, Dalloz, 2016, 1180 p.

GOHIN (O.), *Contentieux administratif,* Lite Lexis Nexis, 7e éd., 2012, 520 p.

GONDOUIN (G.), INSERGUET-BRISSET(V.), VAN LANG (A.), *Dictionnaire de droit administratif,* Dalloz, 2015, 530 p.

GUYOMAR (M.), SEILLER (B.), *Contentieux administratif,* Dalloz, 3e éd., 2014, 600 p.

HERON (J.), LE BARS (T.), *Droit judiciaire privé*, Montchrestien, 5e éd., 2012, 1002 p.

JEZE (G), *Les principes généraux du droit administratif*, t. 1, 3e éd., 1925, Paris, M. Giard, p. 7.

LAFFERIERE (E.), *Traité fondateur de l'étude scientifique du contentieux administratif,* paru en 1887-1888 (2 vol., Berger-Levraut), 2e éd., (1896), repo. (1989).

LEBRETON (G.), *Droit administratif général*, Dalloz, 8e éd., 2015, 612 p.

LOMBARD(M.), DUMONT(G.), SIRINELLI (J.), *Droit administratif,* Dalloz, 11e éd., 2015, 688 p.

MELLERAY (F.), *Essai sur la structure du contentieux administratif,* LGDJ, Paris, 2001, 466 p.

MORAND-DEVILLER (J.), *Cours de Droit administratif,* Montchrestien, 12e éd., 2011.

MOREAU (J.), Droit *administratif,* PUF, 1e éd., 1989, 569 p.

MOREL (R.,), *Traité élémentaire de procédure civile*, Sirey, 2e éd., 1949, 606 p.

ODENT (R.), Contentieux administratif, les cours de droit, 1976-1981, 774 p.

OURLIAC (P.), *Standard juridique*, in Dictionnaire encyclopédique de théorie et de sociologie du droit, Paris, LGDJ, 1993, 581 p.

PACTEAU (B.), *Contentieux administratif,* PUF, 2005.

PEISER (G.),

– *Contentieux Administratif,* in Dalloz, 15e éd., 2009, 329 p. ;

– *Droit administratif général,* Dalloz, 26e éd., 2014, 348 p.

PLESSIX (B.), *Doit administratif général,* Lexis Nexis, 2016, 600 p.

RIALS (S.), *Le juge administratif français et la technique du standard,* Paris, LGDJ, 1980.

ROUAULT (M.-C.), *Contentieux administratif,* Gualiano, 5e éd., 2013, 274 p.

ROUQUETTE (R.), *Petit traité du procès administratif,* Dalloz, 3e éd., 2008, 926p.

SANTO (V.-M.), VERRIER (P.-E.), *Le Management public,* Paris, Presses Universitaires de France, 1997, p. 65.

TERRE (P.), *Introduction générale au droit,* Paris, Dalloz, 6e éd., 2003, 608 p.

THOUROUDE (J.-J.), *Pratique du contentieux administratif,* Gualiano, 2014, 538 p.

VAUTROT-SCHWARZ (C.), *La qualification juridique en droit administratif,* LGDJ, 2009, 685 p.

VEDEL (G.), DELVOLVE (P.), *Droit administratif,* Tome II, PUF, Paris, 12e éd., 1992.

WALINE (J.), *droit administratif,* Dalloz, 27e éd., 2018, 785 p.

WALINE (M.),

– *Manuel élémentaire de droit administratif,* Sirey, 4e éd., 536 p. ;

– *Précis de droit administratif,* Paris, éd. Montchrestien, 2 tomes, 1969-1970.

WEIL (P.), POUYAUD (D.), *Le droit administratif,* PUF, Paris, 2013, 127 p.

WEIL (P.), BRAIBANT (G.), GENEVOIS (B.), *Les grands arrêts de la jurisprudence administrative,* 21e éd., 2017, 1040 p.

B. OUVRAGES SPÉCIALISÉS

1. SÉNÉGAL ET AUTRES PAYS AFRICAINS

BIAKAN (J.), *Précis de contentieux des contrats publics au Cameroun,* L'Harmattan, 2017, 167 p.

DICKO (A.), *Cadre harmonisé des marchés publics au sein de l'espace UEMOA-Procédure de passation des marchés des bailleurs de fonds,* L'Harmattan, 2018, 488 p.

DJITTE (M.), *La régularité de la passation des marchés publics : analyse de la jurisprudence de la Cour suprême du Sénégal de 2008 à 2021*, in Centre d'Études et de Recherches en Commande publique, 2021, 176 p.

ISSOUFOU (A.),

Le nouveau droit des marchés publics et la rationalisation de la dépense publique au Niger et au Sénégal Tome I, L'Harmattan, 2017, 370 p. ;

Le nouveau droit des marchés publics et la rationalisation de la dépense publique au Niger et au Sénégal Tome II, L'Harmattan, 2017, 348 p.

JENAYAH (A.), *Contrôle de l'exécution des marchés publics en droit tunisien,* L'Harmattan, 2018, 518 p.

NDIAYE (I.),

Guide de passation des marchés publics au Sénégal, L'Harmattan, Paris, 2011, 212 p. ;

Les recours dans le contentieux des marchés publics au Sénégal, L'Harmattan, 2023, 208 p.

NGAIDO (M.) et SOCK (M. Talla.), *Code des Marchés publics annoté,* Éditions Judicaire, 2015, 315 p.

SEYE (A.), *Bulletin des décisions et avis rendus par le Comité de Règlement des Différends de l'ARMP*, disponible sur www.armp.sn, 176 p., (Consulté le 24/02/2016).

2. ÉTRANGER

ALLAIRE (F.), *L'essentiel du droit des marchés publics*, Gualino, 2019, 144 p.

BERGEAL (C.), LENICA (F.), *Le contentieux des marchés publics*, Éditions du Moniteur, 2e éd., Paris, 2010, 405 p.

BRACONNIER (S.), *Précis du droit des marchés publics*, Le Moniteur, 4e éd. Éditions, Paris, 2012, 568 p.

COLIN (F.), *L'essentiel du droit des contrats administratif*, Gualino, 2019, 165 p.

COSSALTER (P.),LANZARONE (É.), *Précontentieux et contentieux des marchés publics,* Territorial éditions, 2006, 105 p.

GUETTIER (C.), *Droit des contrats administratifs*, PUF, 2008, 580 p.

GRELIER WYCKOFF (P.), *Pratique du droit de la construction : Marchés publics et privés Ed. 8,* Eyrolles, 8e éd, 2017, 591 p.

LAJOYE (C.), *Droit des marchés publics,* Gualino, 5e éd., 2012, 482 p.

LINDITCH (F.), *Le droit des marchés publics,* Dalloz, 5e éd., 2015, 142 p.

MACERA (B.-F.), *Les actes détachables dans le droit public français,* Pulim, 2002, 133 p.

RICHER (L.), *Droit des contrats administratifs*, 9e éd., LGDJ, 2014, 784 p.

II.THESES, COURS ET MÉMOIRES

1. SÉNÉGAL ET AUTRES PAYS AFRICAINS

AMBEU (A. V.-P.), *La fonction administrative contentieuse en Côte d'Ivoire*, Thèse, Université Jean Moulin Lyon 3, 12 septembre 2011, 652 p., (Consulté le 28/02/2016).

DIAGNE (M.), *L'efficacité du contrôle contentieux exercé sur l'Administration sénégalaise,* Thèse de Droit Public, Université Aix-en-Provence, 1990, 412 p.

DIAGNE (ND.-M.), *Les méthodes et les techniques du juge en droit administratif Sénégalais*, Thèse de Droit Public, Université Cheikh Antan DIOP de Dakar, 1995, 523 p.

DIOP (M.), *Le contrôle de l'Administration,* Thèse de Doctorat, Dakar, 1970, 647 p., dactylographiées.

FALL (A.-B.), *La responsabilité extracontractuelle de la puissance publique : essai de transposition du droit administratif dans un pays d'Afrique noire francophone*, Thèse de Droit Public, Université Bordeaux IV, 1994, 873 p.

FALL (M.), *Les pouvoirs du juge administratif dans le contentieux des contrats*, Thèse de doctorat en droit public, Université Montesquieu-Bordeaux IV, 2003.

KANTÉ (B.), *Unité de juridiction et droit administratif : l'exemple du Sénégal,* Thèse de Droit Public, Université d'Orléans, 1983, 416 p.

LY (A.-B.), le règlement non juridictionnel des litiges marchés publics au Sénégal, mémoire de fins d'étude soutenue au CESAG, année 2011-2012, disponible sur http://bibliotheque.cesag.sn/gestion/documents _numériques/M0192 DESAG14.pdf (Consulté le 21/11/2015).

MBODJ (E.-H.), *Cours de Contentieux Administratif*, Licence III Droit Privé, 2008, 57 p., (Non publié).

NDONGO (C.-B.), *La protection des droits des administrés au moyen du recours pour excès de pouvoir au Sénégal*, Thèse de Droit Public, Université Cheikh Anta DIOP de Dakar, Décembre 2019.

NGOM (NG.), *Réflexion sur un phénomène récent en Afrique : les autorités administratives indépendantes,* Thèse de doctorat, Université Cheikh Anta Diop de Dakar, Avril 2001, 560 p.

SALL (B.-L.), *Contribution à l'étude des autorités administratives indépendantes,* Thèse pour le doctorat d'État en droit, Poitiers, Mai 1990, 355 p.

SAMB (S.), *Le droit de la commande publique en Afrique noire francophone : contribution à l'étude des mutations du droit des contrats administratifs au Sénégal, au Burkina Faso, en Côte d'Ivoire et au Cameroun*, Thèse pour le doctorat en droit public présentée et soutenue publiquement en 2015, Université de Bordeaux, 876 p., Disponible ici https://tel.archives-ouvertes.fr/tel-01651346, (Consulté le 05/03/2017).

SOURANG (M.), *La technique contractuelle dans les rapports État-entreprises étrangères. Contribution à l'étude des conventions d'établissement conclues par les États africains*, Thèse d'État en Droit, Université de Bordeaux I, 1980, 400 p.

2. ÉTRANGER

BIENVENU (J.-J.), *L'interprétation juridictionnelle des actes administratifs et des lois : sa nature et sa fonction dans l'élaboration du droit administratif,* Thèse de doctorat d'État, 349 p., disponible *sur* www.sist.sn/gsdl/collect/butravau/index/assoc/ HASH01ad/76f86260/DTH135.pdf, (Consulté le 04 janvier 2016).

BONTRON (M.-C.), *Les fonctions des principes fondamentaux de la commande publique,* Thèse de doctorat Université de Montpellier, 627 p. disponible sur https://tel.archives-ouvertes.fr/ tel-01342526/document, (Consulté le 08/01/2017).

LELLIG (W.), *L'office du juge administratif de la légalité*, thèse de droit public Soutenue publiquement le 14 décembre 2015, Université de Montpellier, 607.p, disponible sur http://www.theses.fr/2015MONTD056, (Consulté le 02/01/2017).

FOLLIOT (L.), *Pouvoirs des juges administratifs et distinction des recours contentieux en matière contractuelle*, Thèse de droit public, Paris II, 1994.

IDOUX (P.), *La contradiction en droit administratif français*, Université Montpellier I, 2005.

KALFLECHE (G.), *Des marchés publics à la commande publique : L'évolution du droit des marchés publics,* Thèse de droit public, Université Panthéon-Assas (Paris II), 2004, 764 p. disponible sur https://www.researchgate.net /publication/282288600, (Consulté le 29 juin 2016).

PANAZZA (J.-P.), *Le juge administratif et l'ordonnancement juridique*, thèse, Montpellier, 1972, 349 p.

NORMAND (J.), *L'office du juge et la contestation*, Thèse, Paris, 1965, 526 p.

PIASECKI (J.), *L'office du juge administratif des référés : entre mutations et continuité jurisprudentielle,* Thèse pour le Doctorat de Droit public, Présentée et soutenue publiquement le 13 décembre 2008, Université du Sud-Toulon var, disponible sur https://tel.archives-ouvertes.fr/tel-00370824/, 542 p., (Consulté le 23/02/2016).

PREUD'HOMME (L.), *l'articulation des voies de droit dans le contentieux de la commande publique*, Thèse pour le doctorat en droit public présentée et soutenue publiquement le mercredi 23 octobre 2013, 458 p. Disponible sur le lien www.theses.fr/2013PA010304.pdf (Consulté le 20 avril 2014).

SIBIRIL (K.), *Définition de la notion d'intérêt en droit administratif français*, thèse de doctorat soutenue le 07/12/2012, 460 p. disponible sur https://tel.archives-ouvertes.fr/ tel-01162440/document, (Consulté le 03/02/2016).

URVILLIERS-ZUCCARO (E.), *Le tiers en droit administratif,* Thèse de Droit Public, Université de Nancy, 2010, 600 p.

WEIL (P.), *Les conséquences de l'annulation d'un acte administratif pour excès de pouvoir,* thèse, Paris, 1952.

III. ARTICLES

1. SÉNÉGAL ET AUTRES PAYS AFRICAINS

AIDARA (M.-M.),

– « Référé administratif et unité de juridiction au Sénégal », *Afrilex,* disponible sur ce lien http://afrilex.u-bordeaux4.fr/ sites/afrilex/ IMG/pdf/Mouatapha_Aidara_Article_refere.pdf, (Consulté le 7 novembre 2019) ;

– « Bilan provisoire de la mise en application du référé administratif au Sénégal », (contributions réunies par DIAGNE ND. M. et DIOP EL. H. O), Mélanges en l'honneur de Demba SY, Droit administratif : convergence ou concurrence des disciplines juridiques ? *Presses de l'Université Toulouse 1 Capitole*, Tome 1, Décembre 2020, pp. 81-94.

BA (B.), « Le contentieux de l'excès de pouvoir des marchés publics devant la Cour suprême du Sénégal (à partir des arrêts rendus entre 2008 et 2013) », *Annales Africaines*, Nouvelle Série, Volume 1, avril 2015, pp. 163-193.

BEMBA (J.), « Le juge administratif et le temps dans le contentieux de l'excès de pouvoir », *RDP* N°2, 1996, pp. 509 et s.

BENOIT (F.-P.),

– « Des conditions du développement d'un droit administratif autonome dans les États nouvellement indépendants », *Annales africaines*, Dakar 1962, pp. 129-138.

– « Les fondements de la justice administrative », in *Mélanges offerts à Marcel Waline*, tome 2, LGDJ, 1974, pp. 282-295.

BOCKEL (A.),

– « Le juge et l'Administration en Afrique noire francophone. Introduction à l'étude du problème », *Annales Africaines*, 1971-1972 ;

– « La Cour suprême et l'exception de recours parallèle », *AA*, 1971, p. 167.

– « Sur la difficile gestion d'un droit administratif sénégalais : brève réflexion à partir de quelques décisions rendues en plein contentieux », *Annales Africaines*, 1973, pp. 137 et s. ;

– « Les contrats des personnes publiques et les règles de la comptabilité publique », *Annales Africaines*, 1974, pp. 43 et s. ;

– « Le contrôle juridictionnel de l'Administration, in les institutions administratives dans les États d'Afrique noire », *Centre d'Études juridiques comparatives de l'Université de Paris I,* Paris, Economica, 1979, pp. 197 et s. ;

– « Contribution à l'étude du pouvoir discrétionnaire », *AJDA*, 1978, pp. 355-370 ;

– « Les contrats administratifs », *in BOYE, Abd-el Kader (sous la dir. de),* Encyclopédie juridique de l'Afrique, vol. 9, Abidjan Dakar, Lomé, Nouvelles éditions africaines, 1982, pp. 213-272.

DIAGNE (M.), « Les nouvelles tendances du droit des contrats administratifs au Sénégal », *EDJA* N° 80, janvier-février-mars 2009, pp. 13-36.

DIAGNE (ND. -M.),

– « La contribution du Conseil d'État sénégalais à la construction de l'État de droit », *Revue administrative* Numéro spécial (6), 1999 ;

– « Brèves réflexions sur le contrôle de la légalité des actes administratifs par le juge sénégalais », in A. SALL et I. M. FALL*, Actualités du droit public et de la science politique en Afrique, Mélanges en l'Honneur de Babacar KANTE,* L'Harmattan, 2017, pp. 523-536.

DIAKHATE (M), « La motivation des décisions des juridictions administratives en Afrique subsaharienne francophone », *Afrilex*, http://afrilex.u-bordeaux4.fr/la-motivation-des-decisions-des.html, pp. 1-31, (Consulté le 28/10/2019).

DIALLO (F.-H.), « Le contrôle de régularité par le juge administratif », *Revue des Marchés Publics,* N°18, 2014, pp. 16-17.

DIALLO (I.),

– « L'avenir du déféré préfectoral en droit public français », *AJDA*, 26 décembre 2005, p. 2438 ;

– « L'exception d'illégalité dans le système judiciaire sénégalais », *Nouvelles Annales Africaines* N° 1, 2010, p. 167 et s.

DIALLO (M.-Y.), « Le juge de l'administration et la régulation des marchés publics », *Annales Africaines*, Nouvelle série, volume 1, 2015, pp. 65-97.

DIAO (P.-M.),

« L'office du juge de la passation des marchés publics au Sénégal », *in KEBE (A.A.D.), BA (B.), DIAKHATE (M.) et FALL (M.), (sous la direction de),* Vues africaines de droit public et de science politique : à partir des thèses dirigées par le Pr Ismaël Madior FALL, L'Harmattan, vol I., 2022, pp. 647-675 ;

« Brèves réflexions sur l'urgence en droit des marchés publics », *in FALL (I.M.) (sous la direction de*), Théorie et contentieux constitutionnels en Afrique, in Mélanges en l'honneur du Professeur El.-H. MBODJ, L'Harmattan, Vol. II,2023, pp. 1133-1143.

DIARRA (A.), « Les autorités administratives indépendantes dans les États francophones d'Afrique : cas du Mali, du Sénégal et du Bénin, *Revue Afrilex,* janvier 2000.

DIÈYE (A.),

– « Le juge et la motivation des actes administratifs au Sénégal », *EDJA* N° 81, avril-mai-juin 2009, p. 11. ;

– « Le juge et matière administrative », *Annales Africaines,* Nouvelles séries N° 9, Volume 2, Décembre 2018, pp. 339-364.

DIOP (A.), « L'expérience sénégalaise du contrôle juridictionnel de l'administration », *RDP,* 1968, n° 4, p. 5.

DIOP (M.), « L'évolution des marchés publics au Sénégal : Repères historiques et faits marquants », *Revue des Marchés Publics* N° 1, 1er trimestre 2010, pp. 6-8.

DIOP (S.), « Quelques remarques sur le Code des Obligations de l'Administration du Sénégal », *Annales Africaines*, 1987, 35 p.

DIOUF (M.), « L'arbitrage au Sénégal : perspectives africaines et internationales-séminaire », organisé par l'UIA en collaboration avec le barreau du Sénégal, disponible sur www.ordredesavocats.sn, (Consulté le 07/11/2015).

DIOUF (R.-P.),

- « Le rôle du juge des contrats administratifs », *Revue des Marchés Publics* N° 4, septembre 2011, pp. 26 et s.

– « Le contrôle des marchés publics par le juge administratif », *Revue des Marchés Publics* N° 16, janvier 2014, pp. 26-33.

DIOUKHANÉ (A.),

– « Sur quelques aspects du nouveau Code des Marchés publics sénégalais », *EDJA* N° 57, avril-mai-juin 2003, pp. 27-43 ;

– « La directive du 26 juin 2009 portant loi de finances au sein de l'UEMOA », *Gestion & Finances Publiques* N° 03, mars 2012, pp. 149-155.

DOUMBÉ-BILLÉ (S.), « Recours pour excès de pouvoir et recours de plein contentieux, à propos de la nouvelle frontière », *AJDA*, 1993, pp. 3-12.

FALL (A.-B.),

- « Réflexions sur quelques procédés non-juridictionnels de règlement des litiges administratifs, in La création du droit en Afrique », (sous la dir. De Dominique DARBON et Jean DU BOIS DE GAUDUSSON, Paris, *Karthala,* 1997, pp. 421-441 ;
- « Le Code des Obligations de l'Administration au Sénégal ou la transposition de règles de droit administratif français en Afrique par la codification », in *Mélanges Jean DU BOIS DE GAUDUSSON*, Tome I, Bordeaux, Presses Universitaires de Bordeaux, pp. 225-254.

FALL (I.-M.),

- « La loi de règlement dans le droit des finances publiques des États membres de l'UEMOA : l'exemple du Sénégal' » *in Droit Sénégalais*, Université de Sciences sociales de Toulouse 1, 2005. ;
- « Le contrôle de la légalité des actes des collectivités locales au Sénégal », *Afrilex* n° 5, pp. 1-47, http://afrilex.u-bordeaux4.fr/ sites/ afrilex/IMG/pdf/ 05dossfallmadior.pdf, (Consulté le 24 janvier 2017).

FALL (S.),

- « Le contentieux des marchés publics devant la Cour suprême », *Bulletin d'Information de la Cour Suprême* N° 7-8, Décembre 2015, pp. 53-62 ;
- « Contrôle juridictionnel de l'Administration », *Discours de rentrée solennelle des cours et tribunaux 2017-2018.* V. sur ce lien http://coursupreme.sn/doc/discours2018/DISCOURS_USAGE_2018-2019.pdf, (Consulté 28/10/2018).

FAYE (A.), « État de droit et contrôle de l'exécutif : réflexions d'un privatiste sur l'exception d'illégalité en droit sénégalais », *RASDP* N° 2 Juillet-Décembre 1995, pp. 41-50.

GUÈYE (B.),

- « Les autorités de régulation hier et aujourd'hui », *Droit sénégalais*, 2006, n° 5, p. 323-334, spéc. p. 323.
- « Le nouveau code sénégalais des marchés publics : entre réponse aux attentes de la société civile et prise en compte des influences communautaires », *Droit sénégalais* N° 7, 2008, p. 257 ;
- « Nouveau Code des Marchés publics (Suite et fin) : en phase avec les directives de l'UEMOA », *Revue des Marchés Publics* N° 5, novembre 2011.

ISSOUFFOU (A.), « le droit des marchés publics : Réflexion sur une discipline éclectique »., *in contributions réunies par DIAGNE ND. M. et DIOP EL. H. O, Droit administratif : convergence ou concurrence des disciplines juridiques ?* Mélanges en l'honneur de Demba SY, *Presses de l'Université Toulouse 1 Capitole*, Tome 2, Décembre 2020, pp. 771-813 ;

KANTE (B), « La contribution des hautes juridictions administratives à l'édification de l'État de droit. France-Afrique (colloque, 9-10 mars 1998) » *in Conseil d'État et État de droit,* Revue administrative numéro spécial 6, 1999, p. 113.

KEBE (A.-A.-D.), « Le déclin de l'exorbitance du droit administratif sénégalais sous l'effet du droit communautaire », disponible sur http://afrilex.u-deaux4.fr/sites/afrilex/IMG/pdf/ Le_ déclin _de_ l'exorbitance_du_droit_administratif_senegalais.pdf.

pp. 1-28, (Consulté le 30/03/2017).

KHOUMA (O.), « Le contrôle de la légalité externe des actes administratifs unilatéraux par le juge sénégalais, un exemple de « transposition » de la jurisprudence administrative française », disponible sur http://afrilex.u-bordeaux4.fr/, 41 p. (Consulté le 20/02/2016).

LAMOTTE (M.), « L'étude des infractions des marchés publics », *Revue des marchés publics de l'ARMP* N°14, juin 2013, pp. 11-18.

LAPEYRE (CH.), « Jurisprudence administrative au Sénégal, contentieux des droits », *in A.A,* 1978, p. 28 et s.

LATH (Y.-S.), « Le contentieux administratif dans le système ivoirien d'unité de juridiction : éléments d'une typologie », in *Mélanges en l'Honneur de Babacar KANTE,* L'Harmattan, 2017, pp. 537-563.

LAVROFF (D.-G), « Le Code sénégalais des obligations de l'Administration », *Penant,* 1966, p. 3 et s.

MAMBO (P.), « Le contrôle juridictionnel des décisions rendues au contentieux par les autorités de régulation des marchés publics dans les États Francophones d'Afrique de l'Ouest », *in M. ONDOA et P.-E. ABANE ENGOLO, Les transformations contemporaines du droit public en Afrique,* L'Harmattan, 2018, p. 181.

MBACKE (M.-M.), « Le contrôle juridictionnel de l'administration : le recours pour excès de pouvoir », *EDJA,* mai 1987, pp. 9-10 ; juin 1987, pp. 9-23, juillet-aout 1987, pp. 1-8.

MBACKE (M.), « La réforme de la justice : le Conseil d'État », *EDJA* N°20, p. 2.

MBODJ (E.-H.), « Les incidences de la réforme judiciaire du 30 mai 1992 sur le contentieux administratif sénégalais », *EDJA* N° 25, avril-mai-juin 1995, pp. 13-39.

MOUDOUDOU (P.), « Les tendances du droit administratif dans les États d'Afrique noire francophone », *EDJA* N° 81, avril-mai-juin 2009, pp. 37-81.

MONEMBOU (C.), « le droit administratif au-delà de l'État. Réflexion sur les transformations récentes du droit public dans les États d'Afrique noir francophone », (contributions réunies par DIAGNE ND. M. et DIOP EL. H. O), Mélanges en l'honneur de Demba SY, Droit administratif : convergence ou concurrence des disciplines juridiques ? *Presses de l'Université Toulouse 1 Capitole*, Tome 2, Décembre 2020, pp. 85-98.

NDIAYE (A.), « Panorama de la jurisprudence de la Chambre administrative de la Cour suprême », *Bulletin d'Information de la Cour Suprême* N° 9-10, février 2017, pp. 91-98.

NGAÏDO (M.),

– « La notion de matière administrative au Sénégal : évolution de la jurisprudence », *RASDP* N° 5-6-7-8, 1997-1998, pp. 1 et s.,

– « La loi n° 2006-16 modifiant le Code des Obligations de l'Administration ou le renouveau du droit des contrats administratifs au Sénégal ? », *Revue Droit Sénégalais* N° 6, novembre 2007, pp. 105-118.

NZOUANKEU (J.-M.),

« Les rapports entre le juge administratif et le juge des comptes », *Revue des sciences financières*, 1977, p. 461 ;

« Enjeux de la durée du mandat des Directeurs généraux, face à l'impératif de la légalité : Cas de l'Autorité de Régulation des Marchés publics », Disponible sur https://www.lejecos.com/ Observations-sur-la-legalite-des-actes-portant-nomination-des-membres-de-l-OFNAC-et-propositions-de-regularisation_a 8630.html, (Consulté le 01/05/2020).

NDIAYE (S.-A.), « Modulation et annulation contentieuse : une contribution à la subjectivation du recours pour excès de pouvoir », *in DIOUF (ND.), NIANG (M.-B.), DIOUF (A.A), (sous la direction de),* Le droit africain à la quête de son identité, Mélanges offerts au professeur Isaac Yankhoba NDIAYE, L'Harmattan, 2021, pp. 921-954.

SAKHO (P.-O), « La Cour suprême face au droit communautaire », *in Mélanges en l'Honneur de Babacar KANTE : Actualités du droit public et de la science politique en Afrique*, L'Harmattan, pp. 739-753.

SALL (A.), « Le sursis à exécution des décisions administratives dans la jurisprudence sénégalaise », *Revue Juridique et Politique* N° 4, 2005, pp. 499-543.

SECK (M.), « Le sursis à exécution des décisions administratives devant le Conseil d'État Sénégalais », *EDJA,* N° 53 Avril-Mai-juin 2002, pp. 51-55.

SY (D.),

– « Quelques considérations sur l'expérience des contrats-plan au Sénégal », *EDJA* N° 23, Oct. Nov.-Déc. 1994, pp. 42-61 ;

– « Réflexion sur la création du droit administratif par le juge sénégalais », *RASDP* N° 3 et 4, Janvier-décembre 1994, pp. 16 et s. ;

– « L'évolution du droit administratif sénégalais », *EDJA* N° 67, octobre-novembre-décembre 2005, pp. 39-68 ;

– « Recours en matière administrative et accès au juge », *Bulletin d'Information de la Cour Suprême*, 2008, pp. 29-35. ;

« Droit administratif et communicabilité en Afrique », *Afrilex*, 2014. ;

– « Près de deux siècles de justice administrative au Sénégal : entre continuité et changement », *Revue Droit écrit* N° 5 numéro spécial, 2006, pp.181 et s. ;

– « Justice administrative et droit administratif en Afrique », Espaces du service public, in *Mélanges Jean DU BOIS DE GAUDUSSON*, Tome I, Bordeaux, Presses Universitaires de Bordeaux, pp. 653-670. ;

– « Un demi-siècle de jurisprudence administrative : de l'émergence à la maturation », in A. SALL et I. M. FALL, *Actualités du droit public et de la science politique en Afrique, Mélanges en l'Honneur de Babacar KANTE,* L'Harmattan, 2017, pp. 619-637.

SY (P.-M.),

– « Quelques remarques sur l'institution du recours pour excès de pouvoir au Sénégal depuis la création du Conseil d'État au Sénégal », *EDJA* N° 53, avril-mai-juin 2002, pp. 57-76 ;

– « Entre l'unité et la dualité de juridiction : l'Afrique noire francophone à la quête d'un modèle d'organisation de la justice administrative », *Nouvelles Annales Africaines* N° 2, 2011, p. 265. ;

2. ÉTRANGER

ACH (N.), « Le référé précontractuel : une réforme inachevée », *AJDA*, 2002, n° 23, 16 décembre, pp. 1422-1428.

ADANDEDJAN (A.-M.), « Réflexion sur la motivation des juridictions constitutionnelles en Afrique noire Francophone », *Afrilex,* http://afrilex.u-bordeaux4.fr/sites/afrilex/IMG/pdf/REFLEXION_SUR_LA_MOTIVATION_Ambroise.pdf, (Consulté le 08 mai 2017).

AUBERT (S.), « La cause juridique dans le contentieux de l'exécution des marchés publics », *RFDA*, Juillet-Août 2012, pp.672-682.

AUBY (J.-M.),

– « L'ultra petita dans la procédure contentieuse administrative », in *Mélanges offerts à Marcel Waline*, tome 2, LGDJ, 1974, pp. 267-281 ;

– Dossier sur : « Les recours administratifs préalable », *ADJA*, Janvier 1997, pp. 10-15.

- « La bataille de San Romano, Réflexions sur les évolutions récentes du droit administratif », *AJDA*, 20 novembre 2001, p. 912.

ALLAIRE (F.), « l'accès des PME à la commande publique, in la commande publique, un levier pour l'action publique ? » sous la direction d'Etienne Muller, *Dalloz*, 2018.

ANTOINE (A.), « L'intuitu personae dans les contrats de la commande publique », *RFDA* N°5, Septembre-octobre 2011, pp. 879-892.

ARRIGHI DE CASANOVA (J.), « Les habits neufs du juge administratif », *in Mélanges D. Labetoulle,* Dalloz, 2007, pp. 11-19.

AUVRAY (M.), « La notion d'opérateur économique en droit des contrats publics », *RLC,* 2008, n° 1216.

BACHELIER (G.), Concl. C.G., « sur le juge civil saisi d'un litige entre un usager et un délégataire doit-il prendre acte de la déclaration d'illégalité des clauses d'un contrat de délégation par le juge administratif », *in Bulletin Juridique des Contrats Publics* N° 26, Janvier 3003, pp. 48-53

BACHERT (A.), « La régularisation des actes administratifs », *RDP* N°1, 2019, p. 3.

BAECKE (de) (P.), « La maturation des principes fondamentaux de la commande publique », *Constitution 2010*, p. 410.

BAILLEUL (D.), « Les nouvelles méthodes du juge administratif », *AJDA*, 2004, pp. 1626-1630

BEDUSCHI-ORTIZ (A.), « La notion de loyauté en droit administratif », *AJDA*, 2011, p. 944.

BERGEAL (C.), :

– Concl. C.G., « Peut-on adapter en cours de consultation le projet de contrat », *in Bulletin Juridique des Contrats Publics* N° 12, Septembre 2000, pp. 361-372 ;

– Concl. C.G., « Le juge du référé précontractuel peut-il faire respecter toutes les règles du droit de la concurrence », *in Bulletin Juridique des Contrats Publics* N° 21, Mars 2002, pp. 139-147.

BERTHON (G.), « La suspension juridictionnelle du contrat administratif entre 'référé-suspension' et 'référé contractuel' », *RFDA*, 2009, p. 1215.

BESLE (D.), Concl. C.G., « Pièces pouvant être exigées des candidats à un marché public de désamiantage », *ADJA*, Mars 2006, pp. 539-541.

BLANCO (F.), « Le Conseil d'État, juge pédagogue », *RRJ*, 2003, p. 1513.

BONICHOT (J.-C.), « Le recours administratif préalable obligatoire : dinosaure juridique ou panacée administrative ? », in *Mélanges en l'honneur de Daniel Labetoulle*, Dalloz, 2007, pp. 81-95.

BOUCHER (J.), Concl. C.G., « Recours préalable : quand le juge doit sauver le requérant maladroit », *AJDA,* Avril 2009, pp. 838-841.

BOUCHER (J.) et BOURGEOIS-MACHUREAU (B.), « Les trois visages de la cause dans les contrats administratifs », *AJDA*, Mars 2008, pp. 575-581.

BOULOUIS (N.),

– Concl. C.G., « Quelle est l'incidence de l'intervention d'un comité consultatif de règlement amiable des litiges saisis d'un litige relatif à l'exécution d'un marché ? », *in Bulletin Juridique des Contrats Publics* N° 44, Janvier 2006, pp. 55-61 ;

– « Responsabilité contractuelle et responsabilité décennale des constructeurs : une remise en perspective », *RFDA* N° 4, Juillet-Août 2007, pp. 712-723 ;

– « Regards d'un rapporteur public du côté du droit privé des contrats », *AJDA,* 2009, p. 921 ;

– « Les recours autour de la signature, in Commande publique. Les contentieux de la passation : comment les gérer », Actes de colloque organisé par l'AFAC le 27 janvier 2011, (consultable sur le site de l'AFAC) ;

BOURRACHOT (F.), Concl C.G., « L'annulation de la délibération autorisant la passation d'un contrat entachée d'un vice propre entraîne-t-elle la nullité du contrat ? », *Bulletin Juridique des Contrats Publics* N° 23, Avril 2002, pp. 296-301.

BOURREL (A.), « Le pouvoir d'injonction du juge des référés d'urgence », *RDP,* 2010, p. 927.

BOUSSARD (S.), « La classification des contentieux à l'épreuve de la métamorphose du juge de l'excès de pouvoir », *in Regards sur l'histoire de la justice administrative*, Litec, 2006, p. 305.

BRACONNIER (S.),

– « L'apport de l'affaire 'Auroux' au droit des contrats publics d'affaires », *RDP* N°5, 2007, pp. 1329-1352. ;

– « Accès des tiers au juge du contrat : excès de prudence », *AJDA,* 2007, p. 1497 ;

– Étude sur : « L'indemnisation des préjudices nés de la rupture anticipée d'un contrat public d'affaires pour motif d'intérêt général », *AJDA,* Novembre 2009, pp. 2035-2043.

– « L'autonomie contrastée du contentieux des contrats publics d'affaires », *RDP*, 2010, pp. 327-348 ;

– « Les recours ouverts aux tiers », *AJDA*, 2011, p. 314 ;

– « La typologie des contrats publics d'affaires face à l'évolution du champ d'application des nouvelles directives », *AJDA* 2014, p. 832.

BRAIBANT (G.),

– « Remarques sur l'efficacité des annulations pour excès de pouvoir », *Conseil d'État. Études et documents* n° 15, 1961, p. 53-65 ;

– « Le principe de proportionnalité », *in Mélanges offerts à Marcel WALINE*, tome 2, LGDJ, 1974, pp. 297-315 ;

– « Les rapports du Médiateur et du juge administratif », *AJDA,* 1977, pp. 283-288 ;

– « Le rôle du Conseil d'État dans l'élaboration du droit » *in Mélanges offerts à René CHAPUS*, Paris, Montchrestien, 1992, pp. 92-102 ;

BRECHON-MOLUENES (C.), « Choix des procédures, choix dans les procédures », *RFDA*, Octobre 1998, pp. 753-759. *RFDA*, 2003, pp. 1159-1174.

BRENET (F.),

« Le recours pour excès de pouvoir et le contrat », in *JCP Administrations et collectivités territoriales*, 24 septembre 2012, p. 31 et s., spéc. p. 31. ;

La requalification du déféré préfectoral exercé contre un contrat administratif en recours de pleine juridiction, *RJEP*, n° 697, Mai 2012 ;

« L'avenir du contentieux des actes détachables en matière contractuelle », *AJDA*, 2014, p. 2061.

BROYELLE (C.), « De l'injonction légale à l'injonction prétorienne : le retour du juge administrateur », *DA*, mars 2004, p. 8.

BUI-XUAN (O.), « Service public culturel et droit de la commande publique : une clarification inachevé », *RDP* N°5, 2007, pp.1367-1381.

CANTIÉ (C.), « L'objectif d'égal accès à la commande publique est-il assuré ? », *Contrats publics*, n° 69, septembre 2007, p. 52.

CARANTA (R.), « Le contentieux des contrats publics en Europe », *RFDA,* 2011, p. 54.

CASSAS (D.), « Un nouveau recours de pleine juridiction contre les contrats administratifs », *RFDA*, Juillet-Août 2007, p. 696-711.

Concl. C.G., « à propos de l'arrêt du Conseil d'État du 16 Juillet 2007, (Société Tropic Travaux Signalisation) », *RDP* N°5, 2007, pp. 1402-1435.

CASSIA (P.),

– Note sur : « Le nouveau recours contre le contrat : questions périphériques de procédures contentieuses », *ADJA*, Octobre 2007, pp. 1964-1967.

– « Coup d'arrêt au référé précontractuel », *AJDA*, 2008, p. 2374. ;

– « Conflit d'intérêts et passation des contrats de la commande publique », *AJDA*, 2012, p. 1040 ;

– « Précisions procédurales sur le recours en contestation de la validité du contrat », *AJDA*, 2012, p. 1109.

CHARLES (H.), « Actes rattachables » et « Actes détachables » en droit administratif français : contribution à une théorie de l'opération administrative, *Revue internationale de droit comparé,* 1968, Vol. 20, n° 4, pp. 771-775.

CHARLOT (P.), « L'actualité de la notion de qualité donnant intérêt à agir », *RFDA,* 1996, pp. 481-491.

CAILLE (P.-O.), Note sur : « Comment garantir le respect du principe du contradictoire devant le juge administratif ? », *ADJA*, Juillet 2009, pp. 1446-1449.

CHENEDE (F.), « Les emprunts du droit privé au droit public en matière contractuelle », *AJDA*, 2009, p. 923.

CHEVALIER (J.)

– « Fonction contentieuse et fonction juridictionnelle », *in Mélanges Michel Stassinopoulos*, LGDJ, 1974, p. 275 ;

– « La fonction contentieuse et la théorie des opérations administratives complexes », *AJDA*, 1981, pp. 331 et s. ;

CLAEYS (A.), « Le contrôle du juge sur l'exigence de publicité adaptée en matière de marché public », *RDP* N°4, 2006, pp. 1066-1083.

CLAMOUR (G.),

– « Un an sous le soleil de 'Tropic' : recueil de décisions », in *Contrats et marchés publics*, novembre 2008, p. 11 ;

– « L'accès des personnes publiques à la commande publique », *RFDA*, Janvier-février 2010, pp. 146-155.

CLEMENT (C.), « Le juge administratif des référés : un véritable juge de l'urgence après la loi du 30 juin 2000 », *LPA,* 10 août 2000, n° 159, spéc. p. 9.

CLOUZOT (L.), « La théorie de l'imprévision en droit des contrats administratifs : une improbable désuétude », *RFDA,* Septembre-Octobre 2010, pp. 937-948.

COMMUNIER (J.-M.), « Le principe de transparence : réflexions sur sa qualification et sa portée », *in Le Droit de l'Union Européenne en principes, Liber Amicorum en l'honneur de Jean Raux*, éd. Apogée, 2006, p. 262.

COSSALTER (P.), Concl. C.G, Le recours direct des tiers contre le contrat administratif, Conseil d'État, Assemblée, 16 juillet 2007, Société Tropic travaux signalisation, requête numéro 291545, conclusions Didier Casas : *Revue générale du droit on line*, 2007, numéro 2443 (www.revuegeneraledudroit.eu/?p=2443, (Consulté le 20/07/2015).

DARCY (G.),

– « Variation sur l'acte détachable du contrat », *Mélanges en l'honneur de M. GUIBA,* Presses de la Faculté de droit de Montpellier 2006, pp. 503 et s.

– « Regard elliptique sur l'office du juge », *in Confluences*, *Mélanges en l'honneur de Jacqueline MORAND-DEVILLER*, Montchrestien, 2007, spéc. p. 297.

DAL FARRA (T.) Concl. C.G., « Comment apprécier la notion d'intention coupable en matière de délit de favoritisme ? », *in Bulletin Juridique des Contrats Publics* N° 14, Janvier 2001, pp. 66-74.

DE ARANJO (C.), « Les conséquences de l'annulation d'un acte détachable sur la convention de délégation de service public », *AJDA*, 2009, p. 300.

DEBBASCH (C.), « Le droit administratif, droit dérogatoire au droit commun », *in Mélanges offerts à René CHAPUS*, Paris, Montchrestien, 1992, pp. 127-133.

DECOOPMAN (N.), « Le contrôle juridictionnel des autorités administratives indépendantes », disponible, https://www.upicardie.fr /labo/ curapp/revues/root/ 31/ nicole _decoopman.pdf_ 4a07e 02582e00/ nicole _decoopman.pdf, (Consulté le 19/07/2015).

DELAUNEY (B.), « Attribution par contrat d'une activité de police à une personne privée et responsabilité publique », *RFDA*, Mai-juin 2012, pp. 481-488.

DE MONSEMBERNARD (M.), « Le contentieux de l'exécution des marchés publics, étape par étape », *AJ Collectivités Territoriales,* 2015 p. 441.

DERO-BUGNY (D.), « La compétence du juge administratif saisi d'un recours en appréciation de validité d'un acte administratif encadrée par le renvoi préjudiciel du juge judiciaire », *RFDA*, 2006, p. 73-83.

DEWAILLY (S.) Note sur : « Quand un tiers peut demander l'annulation d'un contrat », *ADJA,* Avril 2007, pp. 695-697.

DESIRY (R.), « Le rôle du juge dans le déroulement de l'instance civile », *D.*, 1956, chron. XXVII, p. 145.

DEVOLVE (P.),

– « L'exécution des décisions de justice contre l'Administration », *Conseil d'État*, Études et documents n° 35, 1983-1984, pp. 111-137 ;

- « Déféré préfectoral contre les contrats administratifs : du recours pour excès de pouvoir au recours de plein contentieux », *RFDA*, Juillet-Août 2012, pp. 683-688. ;

– « Le contentieux des contrats publics en Europe. Présentation », *RFDA*, 2011, pp. 1-5. ;

– « Le principe de non-rétroactivité dans la jurisprudence économique du Conseil d'État », in *Mélanges offerts à Marcel Waline*, tome 2, LGDJ, 1974, pp. 355-368. ;

– « De nouveaux contrats publics », *RFDA*, Novembre-décembre 2003, pp. 1079-1102.

DELVOLVE (G.), « Chose jugée », *RDCA*, 2011, n° 73.

DIEU (F.), Étude sur : « La modulation des effets des annulations contentieuses ou comment concilier principe de légalité et principe de sécurité juridique », *AJDA*, Décembre 2006, pp. 2438-2460.

DOMANICO (A.), ECHEGUT (M.), « La qualification de marché public élargie », *l'actualité de la commande et des contrats publics* N° 15, octobre 2002, p. 42.

DOUTEAUD (S.), « Face au contrat, le préfet reste-t-il un requérant 'super privilégié ?' Réflexions sur l'évolution du déféré préfectoral en matière contractuelle », *AJDA* 2012, 2154.

DRAGO (R.), « Incidences contentieuses des attributions consultatives du Conseil d'État », in *Mélanges offerts à Marcel Waline*, tome 2, LGDJ, 1974, pp. 379-388.

DREYFUS (J.-D.),

– Note sur : « Les contrats entre personnes publiques peuvent être à durée déterminée », *AJDA*, février 2000, pp. 319-321. ;

- « Actualité des contrats entre personnes publiques », *AJDA*, Juillet-Août 2000, pp. 575-580. ;

– Note sur : « Les pouvoirs du juge des référés en matière contractuelle », *in ADJA,* Décembre 2002, pp. 1451-1453 ;

– Note sur : « Référé précontractuel et obligation de communiquer les motifs de rejet d'une offre », *ADJA,* Avril 2004, pp. 710-712 ;

– Note sur : « Le juge du contrat administratif dispose d'un pouvoir de modération des clauses pénales », *AJDA*, Décembre 2006, pp. 2461-2463 ;

– « La reconnaissance d'un large bloc de compétence administrative défini par l'attractivité contractuelle », *AJDA*, Avril 2008, pp. 814-819 ;

– Note sur : « Le refus d'intenter une action en déclaration de nullité d'un contrat constitue-t-il un acte détachable », *AJDA,* Mars 2009, pp. 542-544 ;

– « L'amélioration de l'efficacité des procédures de recours en matière de passation des contrats de commande publique », *AJDA*, 2009, p. 1145 ;

– « L'obligation d'informer les candidats des conditions de mise en œuvre des critères d'attribution du marché », *AJDA*, Mars 2009, pp. 602-605. ;

– Note sur : « La mutualisation peut-elle être soustraite aux règles du marché, *AJDA*, Mai 2009, pp. 891-894 ;

– « L'émergence d'un droit commun de la commande publique en matière de procédure de recours », *AJDA,* 2010, p. 148. ;

– « Pour un renouveau du référé précontractuel », *AJDA*, 2010, p. 1553. ;

– Note sur : Référé précontractuel et référé contractuel : l'ignorance prémunit contre l'irrecevabilité », *AJDA,* Janvier 2011, pp. 51-54 ;

– Note sur : « Tempérament au principe de non-rétroactivité pour les actes administratifs en lien avec un contrat », *AJDA,* Septembre 2011, pp. 1685-1687.

– « Transaction et commande publique : les frontières avec le délit de favoritisme », *in AJCT*, mai 2012, p. 243.

DREYFUS (M.),

– Étude sur : « L'immixtion du droit privé dans les contrats administratifs », *AJDA,* Décembre 2002, pp. 1373-1377 ;

– Étude sur : « Le maintien de l'interdiction de régulariser la capacité juridique d'un candidat à un marché public », *AJDA,* Mars 2009, pp. 375-378.

DUBOS (O.), MELLERAY (F.), « La modulation dans le temps des effets de l'annulation d'un acte administratif », in *Droit administratif,* août 2004, p. 8.

DUBREUIL (C.-A.), « précision sur les pouvoirs d'instruction du juge administratif », *Juris Classeur général*, 5 Mars 2012, 289.

DUCHON-DORIS (J.-C.), Concl. C.G., « Le juge des référés peut-il être saisi aux fins de désignation d'un membre d'une commission de conciliation prévue par un contrat administratif ? », *in Bulletin Juridique des Contrats Publics* N° 18, Septembre 2001, pp. 431-438.

DUFFY (A.), « La constitutionnalisation de la liberté contractuelle », *RDP*, 2006, p. 1569.

ECKERT (G.),

« Le contenu des avis de publicité en matière de délégation de service public », *Contrats et marchés publ.*, 2004, prat. 15 ;

« Réflexions sur l'évolution du droit des contrats publics », *RFDA*, 2006, p. 238.

EUDE (C.), « Le désistement dans la procédure administrative contentieuse », *AJDA*, 1984, p. 3.

ELLIE (S.), « La définition renouvelée du rôle et de la responsabilité du comptable public », in *Contrats et marchés publics*, juillet 2012, p. 6.

EMERY (C.), « Intercommunalité et contrats entre personnes publiques », *AJDA*, Juillet-Août 2000, pp. 592-596.

FATÔME (E.), RICHER (L.), « Le Conseil constitutionnel et le droit commun de la 'commande publique et de la domanialité publique. À propos de la décision du Conseil constitutionnel du 26 juin 2003 », *AJDA*, 2003, p. 2348.

FATÔME (E.), « Les avenants », *RFDA*, Octobre 1998, pp. 760-766.

FEDI (L.), « La méthode historique ou méthode déductive inverse chez John S. Mill », *Cahiers philosophiques,* vol. 148, no. 1, 2017, pp. 26-40. (DOI : 10.3917/caph.148.0026. Voir URL : https://www.cairn.info/ revue-cahiers-philosophiques1-2017-1-page-26.htm).

FRAISSEIX (P.),

– « La « subjectivisation » du droit administratif », *LPA* 15 oct. 2004, n° PA200420702, p. 12 ;

– « La révolution méthodologique du juge de l'excès de pouvoir », *LPA*, 2005, n° 180, p. 3.

FRISON-ROCHE (M.-A.), « Le droit de la régulation », *Dalloz*, 2001, pp. 610-616.

GAUDEMET (Y.),

– « Le précontentieux : le règlement non juridictionnel des conflits dans les marchés publics », *ADJA*, 1994 ;

– « La responsabilité de l'administration du fait de ses activités de contrôle », *in Liber amicorum Jean Waline*, Gouverner, administrer, juger, Paris, Dalloz, 2002, p. 561 et uivantes, spéc. p. 572.

– « Pour une nouvelle théorie générale du droit des contrats administratifs : mesurer les difficultés d'une entreprise nécessaire », *RDP* N° 2, 2010, pp. 313-326 ;

– « Le contrat administratif, un contrat hors la loi », *in Les Cahiers du Conseil constitutionnel*, Mars 2005, n° 17, p. 91 ;

– « La prohibition de l'arrêt de règlement s'adresse-t-elle au juge administratif ? », in *RDP*, N° 6, 2010, pp. 1618-1634.

GAUDUSSON (J. d. B. d.), « Le juriste français et l'institution des autorités administratives indépendantes en Afrique », *in L'esprit des institutions, l'équilibre des pouvoirs : Mélanges en l'honneur de Pierre PACTET*, Paris, Dalloz, 2003, pp. 65-76.

GARTNER (F.), « Des rapports entre contrats administratifs et intérêt général », *RFDA*, 2006, p. 19.

GERARD (H.), Note sur : « Sous-traitance dans les marchés publics : juge compétent et champ d'application », *AJDA,* Décembre 2007, pp. 2384-2388.

GEFFRAY (É.), LIEBER (S.-J.), « Référé précontractuel, une bouffée d'oxygène », *AJDA*, 2008, p. 2161.

GENEVOIS (B.),

– « Sur la Hiérarchie des décisions du Conseil d'État statuant au contentieux », *in Mélanges offerts à René CHAPUS,* Paris, Montchrestien, 1992, pp. 247-261. ;

– « Le Conseil d'État et l'interprétation de la loi », *RFDA*, 2002.

GJIDARA (M.), « Le contrôle exercé par le juge administratif sur les autorités administratives indépendantes », disponible sur le lien : hrcak.srce.hr/file/152555, pp. 265-288, (Consulté le 19/07/2015).

GLASER (E.),

Chron. sur « L'Obligation de transparence et absence de transparence, » *in Bulletin juridique des contrats publics* N°43, Novembre 2005, pp. 414-420 ;

« L'office du juge du contrat », *RFDA,* Mai-juin 2010, pp. 506-519.

« Les habits neufs du juge du contrat », *AJDA* 2011, p. 311.

« Béziers 1, à propos d'un « notamment », *in A propos des contrats des personnes publiques,* Mélanges en l'honneur du Professeur Laurent Richer, LGDJ, 2013, p. 641.

GLAMOUR (G.), « L'office du juge dans la régularisation des irrecevabilités : l'obligation d'invitation à régulariser après l'arrêt Alloune », *AJDA*, 2012, p. 739.

GOHON (J.-P.), « Le Code des marchés publics est-il toujours un code de la mise en concurrence », *Marchés Publics,* n° 234 juin 1988, p. 11.

GUETTIER (C.), « Modulation dans le temps des effets d'une annulation », CE Ass. 11 mai 2004, Ass. AC, *RDP,* 2004, pp. 541 et s.

GUÉZOU (O.), « Droit de la concurrence et droit des marchés publics : vers une notion transversale de mise en libre concurrence », CP-ACCP, n° 20, mars 2003 pp. 43-47.

GUIBAL (M.), « Égalité et conclusion des marchés publics », *in Mélanges en l'honneur du Doyen Georges Péquignot, « L'interventionnisme économique de la puissance publique »*, CREAM, Montpellier, 1984, tome 1, p. 355.

GUYOMAR (M.), « Le contentieux des sentences arbitrales en matière administrative », *RFDA*, Septembre-octobre 2010, pp. 959-970.

GUYOMAR (M.), COLLIN (P.), « Les décisions par lesquelles le Conseil d'État précise la portée d'une annulation *« en tant que ne pas »* et prononce une annulation aux effets différés s'inscrivent dans la ligne d'une évolution de la jurisprudence qui témoigne du souci croissant de pédagogie et d'efficacité du juge de l'excès de pouvoir », *AJDA*, 2001, p. 1046.

HAÏM (V.),

– « Le choix du juge dans le contentieux des contrats administratifs », *AJDA*, 1992, p. 315 ;

– « De l'usage du référé dans le cas d'irrégularités lors de la passation d'un marché public », *AJDA,* 2010, p. 871.

HAURIOU (M.),

– « La recevabilité du recours d'un contribuable contre une délibération du conseil municipal intéressant les finances de la commune », Note sous Conseil d'État, 29 mars 1901, Casanova, S. 1901.3.73' : *Revue générale du droit on line*, 2014, numéro 13296 (www.revue generaledudroit.eu/?p =13296), (Consulté le 20/07/2015) ;

– « Recours pour excès de pouvoir et tierce opposition », Note sous Conseil d'État, 8 décembre 1899 (Ville d'Avignon), 15 décembre 1899 (Adda), S. 1900.3.73' : *Revue générale du droit on line*, 2015, numéro 15407, (www.revuegeneraledudroit.eu/?p =15407), (Consulté le 15/07/2015) ;

– « Recours pour excès de pouvoir du soumissionnaire écarté pour offre prématurée contre la décision ayant prononcée l'adjudication », Note sous Conseil d'État, 19 mai 1922, Légal, S. 1924.3.1 ': *Revue générale du droit on line*, 2014, numéro 14757 (www.revuegeneraledudroit. eu / ? p =14757), (Consulté le 15/07/2015) ;

– « Sur le point de départ du délai du recours contentieux », Note sous Conseil d'État, 24 janvier 1902, Avézard et Chambre syndicale des propriétés immobilières de la Ville de Paris, S. 1904.3.33' : Revue générale du droit *on line*, 2014, numéro 14694, (www.revue generaledudroit.eu/?p =14694), (Consulté le 14/07/2015) ;

– « La détermination de la compétence de la juridiction administrative en matière de contrats administratifs », Note sous Conseil d'État, 5 novembre 1926, Delpin et autres ; 7 janvier 1927, Triller, S. 1927.3.9' : Revue générale du droit *on line*, 2014, numéro 14500 (www.revuegeneraledudroit.eu/?p=14500), (Consulté le 13/07/2015).

HEINIS (M.), « L'erreur de droit dans la jurisprudence administrative », *RA*, 1997, p.143.

HIANCE (M.), « La transposition de la directive dans le droit national », *Gazette palais,* 24 février 2000, n° 055, p.19.

HOURCABIE (A.), « Les contrats administratifs et le traitement de leur illégalité par le juge administratif », in *Mélanges en l'honneur de Jean-Pierre Boivin*, IDPA, 2012, p. 259 et s., spéc. p. 269.

HOSTIOU (R.), « Simplification du droit, sécurité juridique et nouvel office du juge administratif », *RFDA*, Mai-juin 2012, pp. 423-428.

JANICOT (L.),

– « Réflexions sur la théorie de l'acte détachable dans le contentieux contractuel », *RDP,* 2011, p. 347. ;

– « Les silences des jugements », *in Le silence en droit public*, *RDP* N°4, 2012, p. 1064.

JANICOT (L.) et LAFAIX (J.-F.), « La nouvelle place du tiers dans le contentieux des contrats administratifs : Les apports et les suites de l'arrêt Tarn-et-Garonne », *RDP* N° 5, 01 septembre 2014, p. 1175.

JARROSSON (C.), Dossier sur : « L'arbitrage en droit public », *ADJA,* Janvier 1997, pp. 16-24.

JAYET (J-D.), Concl. C. G., « Quelles sont les mesures que peut enjoindre le juge saisi de difficultés d'exécution d'un jugement », *in Bulletin Juridique des Contrats Publics* N°18, Septembre 2001, pp. 426-430.

JUEN (P.), « Les pouvoirs du juge du contrat en cas de résiliation irrégulière d'un contrat nul », in *RFDA* N°6, Novembre-décembre 2000, pp. 1219-1231.

KALFLECHE (G.), « La notion de contentieux, une spécificité du droit public ? », *in L'identité du droit public*, Travaux de l'IFR Mutation des..., disponible sur ce lien https://www.researchgate.net/ publication/ 282288600, pp. 1-17.

KERLEO (J.-F.), « L'encadrement de l'exécution des marchés publics par le droit de l'Union européenne. Réflexions sur la proposition de directive relative à la passation des marchés publics », *Contrats et marchés publics* N° 1, janvier, 2013.

KLOEPFER (W.), « Réflexions sur l'admission du recours pour excès de pouvoir en matière contractuelle », *ADJA*, 2003, p. 585.

LABETOULLE (D.),

– « Remarques sur l'élaboration des décisions du Conseil d'État statuant au contentieux », *in Mélanges offerts à René CHAPUS,* Paris, Montchrestien, 1992, pp. 333-341 ;

– « Principe de légalité et principe de sécurité », *in Mélanges Guy Braibant,* 1996, p. 403.

LACHAUME (J.-F.), « Remarques sur quelques aspects récents du renforcement jurisprudentiel de la compétence de la juridiction administrative », in *Mélanges offerts à Marcel Waline*, tome 2, LGDJ, 1974, pp. 479-496.

LAFAIX (J.-F.),

– « La nouvelle directive 'recours' ou l'esquisse d'une exigence de 'sanction adaptée' », in *Contrats et marchés publics*, avril 2008, p. 6 ;

- « Systématisation inachevée du contentieux de la commande publique : Commentaire de l'ordonnance n° 2009-515 du 7 mai 2009 », in *JCl. Contrats et marchés publics*, Fasc. 2, 8 mai 2009 ;

– « La systématisation inachevée du contentieux de la commande publique », in *Contrats et marchés publics*, juillet 2009, p. 6 ;

– « Réflexions sur la sanction des règles relatives aux procédures de passation des contrats publics », *RFDA*, Janvier-février 2010, pp. 85-98 ;

– « Le juge du contrat face à la diversité des contentieux contractuels », *RFDA*, 2010, p. 1089.

LAGUMINA (S.), PHILIPPE (É.), « Le référé précontractuel », *AJDA*, 2000, p. 283.

LALIGNANT (M.), « La notion d'intérêt pour agir et le juge administratif, *RDP*, 1971, p. 45.

LAMARQUE (D.) et MILLER (G.), « Le juge administratif face aux attributions non contentieuses du juge des comptes », *ADJA*, Décembre 1998, pp. 955-961.

LALIGANT (M.), « La notion d'intérêt pour agir et le juge administratif », *RDP,* 1971, pp. 43-82.

LANDAIS (C.), LENICA (F.), note sous CE, ass, « La modulation des effets dans le temps d'une annulation pour excès de pouvoir », 11 mai 2004, Association AC ! et autres, in *AJDA*, 2004, p. 1183 et s., spéc. p. 1187.

LAVAL-MADER (N.), « Les évolutions du risque pénal dans la gestion publique locale », *RDFA,* 2012, p. 707.

LEI (M.), « Compétence et contrats publics », *RFDA*, 2019. 1011.

LEPETIT-COLLIN (H.), PERRIN (A.), « La distinction des recours contentieux en matière administrative. Nouvelles perspectives », *RFDA,* 2011, p. 813.

LE PETIT (J.-F.), « État, juge et régulateur », *in FRISON-ROCHE (M.-A.)* (s/dir.), Les régulations économiques, légitimité et efficacité, vol. 1, Presses des sciences politiques, *DALLOZ,* Paris, 2004, p. 134.

LEPERS (J.) et JARRIGE (A.), Concl. C.G., « À quelles conditions est-il possible de conclure une transaction pour régulariser un marché nul ou annulé et de faire homologuer cette transaction par le juge administratif ? », *in Bulletin Juridique des Contrats Publics*, pp. 302-313.

LEPERS (J.), Concl. C.G., « Quelles conséquences tirer de l'annulation d'un acte détachable », *in Bulletin Juridique des Contrats Publics* N° 41, Juillet 2005, pp. 311-318.

LIEBER (S.-J.), BOTTEGHI (D.),

– « Quand le juge administratif doit se juger », *AJDA* N° 29, 2009, pp. 1605 et s. ;

– « Le contrat public aurait-il (enfin) trouvé son juge ?», *AJDA*, 2010, p. 142;

LESSI (J.), « Les habits neufs de la clause exorbitante », *AJDA*, 2014, pp. 2180-2188.

LICHÈRE (F.),

– « La définition contemporaine du marché public », *RDP*, 1997, pp. 1753-1782 ;

– « La Simplification du droit des marchés publics », *RDP* N° 6, 2003, pp. 1528-1533.

– « La réforme de la commande publique est-elle achevée ? Avant-propos », *Contrats publ.* n° 69, sept. 2007, p. 39.

– « L'influence du droit communautaire sur le droit français des contrats publics », *LPA* 2007, n° 79, p. 29.

– « L'influence du droit communautaire sur le droit des contrats publics », *in Droit administratif européen,* AUBY J.-B. (dir.), Bruylant, 2007, p. 950.

LINDITCH (F.), « La définition du besoin », *Cahier de droit de l'entreprise* n° 5, septembre 2007, dossier 31.

LINOTTE (D.),

– « Principe d'égalité, de liberté, de commerce et de l'industrie et droit de la concurrence », *in Droit public de la concurrence*, ouvrage collectif sous la direction de R. CRISTINI et J.-M. RAINAUD, Economica, 1987, p. 13. ;

– « Un an de droit pénal des marchés publics », in *Contrats et marché publics*, octobre 2007, p. 7.

LOUVARIS (A.),

– « Recours contre les actes et les clauses réglementaires : état des lieux », *Revue Contrats Publics* N° 123, juillet-Août 2012, p. 64.

– « La dénomination de contrats publics d'affaire », *AJDA,* 2015, p. 152.

LOMBARD (F.), « Constitution et contrat publics : développements récents », *Constitutions : revue de droit constitutionnel appliqué,* Dalloz, 2016, pp. 277-282.

LLORENS (F.), « D'où il ressort que les marchés publics peuvent être des contrats de droit privé », *RDP* N° 1, 2000, pp. 247-268.

LLORENS (F.), SOLER-COUTEAUX (P.),

– « Le grand désordre du droit de la commande publique », in *Contrats et marchés publics*, juillet 2009, p. 1. ;

– « Des limites du recours Tropic travaux signalisation », in *Contrats et marchés publics*, mai 2008, p. 1 ;

– « Quel avenir pour la jurisprudence Tropic après la transposition de la nouvelle directive 'Recours' » ? in *Contrats et marchés publics*, juin 2009, p.1;

– « Commande publique et contrats publics : questions de mots et de fond », in Contrats et marchés publics, février, 2011.

MARAIS (B.), « Le droit de la commande publique est-il un droit de la concurrence ? », *Gaz. Pal.* N° GP20070327001, 27 mars 2007, p. 2.

MARCHAND (J.), « Réflexions sur le principe de transparence », *RDP*, 2014, p. 687.

MARCUS (J.P.) et GIVORD (L.), Note sur : « Les avocats face aux marchés publics », *AJDA,* Mai 2005, pp. 1128-1132.

MARGUERY (L.), « La 'loyauté des relations contractuelles' en droit administratif : d'un principe procédural à un principe substantiel », *RFDA*, 2012, p. 663.

MARINO-PHILIPPE (C.), « Les nouvelles règles de la commande publique : bilan autour d'un contentieux en perpétuelle évolution », *RDP* N°1, 2011, pp. 113-128.

MARTIN (J.), « Le juge administratif et l'intervention de prescription en matière de garantie des vices cachés », *AJDA*, Septembre 2011, pp. 1628-1633.

MAZEAUD (M.), « Regards positifs et prospectifs sur le nouveau monde contractuel », *P.A.* 2004, n° 92, p. 47.

MELLERAY (F.),

– « Déclaration de droits et recours pour excès de pouvoir », *RDP*, 1998, p. 1089 ;

– « L'exorbitance du droit du contentieux administratif », *in L'exorbitance du droit administratif en question(s),* LGDJ, 2004, p. 277 ;

– Étude sur : « Le droit administratif doit-il redevenir jurisprudentiel ? », *AJDA,* Mars 2005, pp. 637-643. ;

– Note sur : « Vers un nouveau contentieux de la commande publique, note à propos de l'arrêt du Conseil d'État du 16 Juillet 2007, Société Tropic Travaux Signalisation », *RDP* N° 5, 2007, pp. 1383-1401.

– « Recours pour excès de pouvoir (Moyens d'annulation) », Janvier 2007 (dernière mise à jour : octobre 2014), pp.1-14. Disponible ici http://users.unimi.it/ferminio/ParteSpecialeAP2015/MellerayF2014%20%20Recours%20pour%20exc%C3%A8s%20de%20pouvoir%20(Moyens%20d'annulation).pdf, (Consulté le 06/03/2016).

– « La distinction des contentieux est-elle un archaïsme ? », *JCP*, 2005, 1296.

MENEMENIS (A), Étude sur : « Le Code des Marchés publics nouveau est arrivé », *AJDA* N° 32, Octobre 2006, pp. 1754-1780.

MODERNE (F.),

– « Faut-il vraiment 'administrativiser' l'ensemble des marchés publics », *ADJA,* Septembre 2000, p. 707 ;

– « Une illustration exemplaire de la théorie du dol dans le contentieux des contrats administratifs », *RFDA*, Janvier-février 2008, pp. 109-123.

MOREAU (D.), « La notification de la requête au défendeur par le requérant est-elle une condition de recevabilité du nouveau référé précontractuel ? », *AJDA*, 2010, p. 1348.

MOREAU (J.), « Le caractère réglementaire ou législatif des règles de procédure contentieuse en droit français positif », in *Mélanges offerts à Marcel Waline*, tome 2, LGDJ, 1974, pp. 635-652.

MORLOT-DEHAN (C.), « La réforme des procédures d'urgence devant le juge administratif », *L.P.A.*, n° 176 du 04 septembre 2000, pp. 4-11.

NOYER (B.), « Quelques réflexions sur l'évolution des pouvoirs du juge administratif », Espaces du service public, *in Mélanges Jean DU BOIS DE GAUDUSSON*, pp. 1315-1322.

ODENT (B.), « L'avocat, le juge et les délais », *in Mélanges en l'honneur de René Chapus*, Paris LGDJ, 1994, p. 484.

PEISER (G.), « Le juge administratif et les dérogations », in *Mélanges offerts à Marcel Waline*, tome 2, LGDJ, 1974, pp. 665-682.

PERRIN (A.), « La distinction des recours contentieux en matière administrative », *Revue française de droit administratif*, Dalloz, 2011, pp. 813.

PEYRICAL (J.-M.),

– « Le juge administratif et la sauvegarde des actes de l'annulation : étude sur la neutralisation et la substitution des motifs », *AJDA*, 1996, p. 22 ;

– « Les contrats de prestation entre collectivités publiques », *ADJA*, Juillet-Août 2000, pp. 581-591 ;

– Chron. sur « l'évolution du droit de la commande publique, quelques commentaires et réflexions », *AJDA*, Mai 2009, pp. 965-972 ;

– « L'émergence du droit de la commande publique », Le Moniteur-Contrats publics, 2010, n°100, pp. 29-32.

PACTEAU (B.),

– « Paradoxes et périls du principe de l'effet non suspensif de l'appel en contentieux administratif », *in Mélanges offerts à René CHAPUS*, Paris, Montchrestien, 1992, pp. 493-501 ;

– « Du recours pour excès de pouvoir au recours de pleine juridiction », *RA* n° spécial 1999, pp.51-67.

PFERSMANN (O.), « Le droit comparé comme interprétation et comme théorie du droit », *RIDC*, 2001, n° 2, p. 275.

PIERUCCI (C.), « Pour une réforme efficace de la responsabilité des gestionnaires en droit public financier », *in Revue Française de Droit Administratif*, Janvier-février 2008, pp. 165-174.

PIVETEAU (D.),

– Concl. C.G., « L'annulation de l'acte détachable entraîne toujours la nullité du contrat », *in Bulletin Juridique des Contrats Public* N° 33, Mars 2004, pp. 136-141 ;

– Concl. C.G., « Le juge des référé provision peut-il compenser acomptes et pénalités de retard », *in Bulletin Juridique des Contrats Publics* N° 35, Juillet 2004, pp. 306-310.

PLEXIS (B.),

– « La théorie du vice du consentement dans les contrats administratifs », *RFDA* N° 1, 2006, pp. 12 et s. ;

– « Le caractère provisoire des mesures prononcées en référé », *RFDA*, 2007, p. 76.

POUJADE (B.), « Le référé précontractuel », *RFDA*, 2002, p. 279.

POUYAUD (D.),

« Le contentieux des marchés publics en Europe- France », *RFDA* N° 1, 2011, pp. 6-15 ;

« Que reste-t-il du recours pour excès de pouvoir dans le contentieux des contrats ? », *RFDA* 2015, p. 727 ;

« Les mutations du contentieux de la validité des contrats », *in L'intérêt général, Mélanges en l'honneur de Didier Truchet*, Dalloz, 2015, p. 541.

RAMBAUD (R.), « Les avatars de la jurisprudence Lafage », *RFDA*, Mai-juin 2002, pp. 441-446.

RAYNAUD (F.), FOMBEUR (P.), « Notion de contrat administratif », *ADJA*, 1999, pp. 554-564.

ROGER-LACAN (C.), « L'ouverture du recours en révision même sans texte », *RFDA*, Juillet-Août 2012, pp. 730-739.

REDOR (M.-J.), « De l'État légal à l'État de droit », *Economica-PUAM,* 1992, pp. 193-197. Disponible sur http://www.persee.fr/ doc/polix _0295-2319_1 994_ num_7_27_1873, (Consulté le 20/01/2018).

REES (P.),

Dossier, « un contrat entièrement exécuté échappe à toute sanction faute de vice suffisamment grave justifiant cette annulation », *AJDA*, Mai 2009, pp. 1047-1050 ;

« État des lieux du droit du contentieux de la validité des contrats de la commande publique », in *Contrats et marchés publics*, janvier 2010, p. 6.

REVERT (M.), Concl. du rapporteur public RM sur : « l'acte spécial de sous-traitance qui s'analyse comme un acte administratif unilatéral est susceptible d'annulation pour excès de pouvoir », *AJDA*, juillet 2009, pp. 1316-1321.

RIALS (S.), Dossier sur « Ouverture : l'office du juge », *Droits* n° 9, 1989, La fonction de juger, p. 3.

RICHER (L.),

– « L'article 1er du Code des Marchés publics doit-il être révisé ? », *AJDA*, 1994, spécial, pp. 13-17 ;

– Dossier sur « Les modes alternatifs de règlement des litiges et le droit administratif », *ADJA,* Janvier 1997, pp. 3-9 ;

– « La contractualisation comme technique de gestion des affaires publiques », *ADJA*, Mai 2003, pp. 973-975 ;

– « Les recours indemnitaires », *AJDA*, 2011, p. 325.

RICHER (M.), Concl. C.G « Peut-on régulariser rétroactivement un acte détachable annulé par le juge », *in Bulletin Juridique des Contrats Publics* N° 3, Novembre 2004, pp. 477-482.

RIVERO (J.),

– « Les notions d'égalité et de discrimination en droit public français », *in Travaux de l'Assoc. H. Capitant*, 1961-1962, p. 343.

– « Le Huron au Palais-Royal ou réflexions naïves sur le recours pour excès de pouvoir », *Dalloz,* 1962, Chronique VI, pp. 37-40 ;

– « Le juge administratif : gardien de la légalité administrative ou gardien administratif de la légalité ? », *in Mélanges offerts à Marcel Waline*, tome 2, LGDJ, 1974, pp. 701-717.

ROCHEFLED (J.), « Les sources administratives du droit des contrats : le sort du contrat irrégulièrement conclu et la mutation des rôles du juge administratif et de la place du contrat au sein de l'action administrative », *RDC,* 2010, p. 807.

ROLIN (F.), « Du recours pour excès de pouvoir de l'État légal à la protection des intérêts subjectifs dans l'État contemporain : quelques réflexions critiques sur l'arrêt Département du Tarn et Garonne », *RDP* N°5, 01 septembre 2014, pp. 1198-1208.

SAUVE (J.-M.),

– « Le juge administratif face au défi de l'efficacité », *RFDA,* Juillet-Août 2012, pp. 613-619 ;

– « Un corridor de Vasari au Palais-Royal. Autoportraits du juge en son office », *AJDA*, 2013, p. 1669. ;

– « Le nouveau procès administratif », Intervention lors des États généraux du droit administratif organisés à la Maison de la Chimie le 27 septembre 2013 sur le thème « Le juge administratif et les questions de société », disponible sur http://www.conseil-etat.fr/Actualites/Discours-Interventions/Le-nouveau-procès-administratif, (Consulté le 30/12/2017).

SAVOIE (H.), Concl. C.G, « Est-il possible en appel de passer du terrain de la responsabilité contractuelle à celui de la responsabilité quasi délictuelle ou quasi contractuelle ? », *in Bulletin Juridique des Contrats Publics* N° 13, Novembre 2000, pp. 54-65.

SCHMITT (S.), « La nature objective du contentieux constitutionnel des normes : les exemples français et italien », *RFDC,* 2007, pp. 719-747.

SCHWARTZ (R.), « Chronique de législation, un perfectionnement du caractère contradictoire de la procédure, *AJDA,* 20 mars 1992, pp. 203-204.

SEBAN (D.) et GUILLERM (M.), « Déféré préfectoral en matière contractuelle : une profonde mutation », *Contrats Publics* N° 123, juillet-août 2012.

SEILLER (B.), « L'illégalité sans l'annulation », *AJDA*, 2004, p. 963.

SEILLER (B.), BRACONNIER (S.) et DACOSTA (B.), « L'accès des tiers au juge du contrat », (Table ronde du 13 mai 2014, organisée par le Centre de Recherches en Droit Administratif (CRDA) de l'Université Panthéon-Assas, Paris II, *avec la participation de la Revue du droit public), RDP* N° 5, 01 septembre 2014, pp. 1148-1166.

SIRINELLI (J.), « Les annulations d'application différée », *RFDA,* 2019, p. 797.

STAHL (J.-H.), « La saisine du juge administratif : procédure préalable et conditions de recevabilité », *la Revue administrative,* 52e Année N° 7, Numéro spécial 7 : Les transformations de la juridiction administrative en France et en Allemagne, 1999, pp. 98-102.

STURLÈSE (B.), « Le juge et les standards juridiques », *RDC,* 2016, p. 398.

TEITGEN COLLY (C.), « Les instances de régulation et la constitution », *RDP,* 1973, p. 941.

TERNEYRE (P.),

– « Les paradoxes du contentieux de l'annulation des contrats administratifs », *EDCE*, 1987 ;

– « Contentieux de l'exécution des marchés de travaux publics et réparation des compétences juridictionnelles », *in Mélanges offerts à René CHAPUS,* Paris, Montchrestien, 1992, pp. 599-616 ;

– « L'influence du droit communautaire sur le droit des contrats administratifs », *AJDA,* 1996, p. 84.

– « Réflexions nouvelles sur les clauses à caractère réglementaire des contrats administratifs à objet de service public », *RFDA* N° 5, Septembre-octobre 2011, pp. 893-898 ;

– « Le droit du contentieux des contrats administratifs a-t-il enfin atteint sa pleine maturité ? », *in Rapport public 2008 du Conseil d'État*, Le contrat, mode d'action publique et de production de normes, La documentation française, p. 383.

THOMAS (D.), « Les relations entre le droit des marchés publics et le droit budgétaire et comptable », *RDP* N° 4, 1997, pp. 1101-1137.

THIRIEZ (F.), « L'irruption du juge pénal dans le paysage administratif », *AJDA*, 1999, p. 105.

TIBERGHIEN (F.), « Il faut un code de la commande publique pour assurer sa sécurité juridique », *AJDA*, 2008, p. 1228.

TRUCHET (D.), « Office du juge et distinction des contentieux : renoncer aux "branches" », *RFDA*, 2015, p. 657 et s.

UBAUD-BERGERON (M.),

– « Le juge, les parties et les tiers : brèves observations sur l'effet relatif du contrat », *in Contrats publics,* Mélanges en l'honneur du Professeur Michel Guibal, Presses de la Faculté de droit de l'université de Montpellier, coll. Mélanges, 2006, vol. 1, p. 575.

– « Les contrats de l'administration devant le juge judiciaire : le juge judiciaire et la 'commande publique' », *RFDA*, 2013, p. 531.

UNTERMAIER-KERLEO (É.), « Le tiers à l'acte administratif unilatéral, un administré et un justiciable de second rang », *RFDA*, 2013, p. 285.

VENEZIA (J.-C.), « Les pouvoirs implicites dans la jurisprudence administrative », *in Mélanges offerts à Marcel Waline*, tome 2, LGDJ, 1974, pp. 795-809.

WACHSMANN (P.), « La recevabilité du recours pour excès de pouvoir à l'encontre des contrats, Pour le centenaire de l'arrêt Martin », *RFDA*, 2006, p. 24.

WALINE (J.), « Contrats et recours pour excès de pouvoir », *in Mélanges en l'honneur de Daniel Labetoulle,* Dalloz, 2007, p. 859.

WEIL (P.),

– « Les conséquences de l'annulation d'un acte administratif pour excès de pouvoir », *A. Pedone*, 1952, p. 275 ;

– « Le critère du contrat administratif en cause », *in Mélanges offerts à Marcel Waline*, tome 2, LGDJ, 1974, pp. 831-848.

WOEHRLING (J.-M.), « Vers la fin du recours pour excès de pouvoir ? », *in L'État de droit, Mélanges en l'honneur de Guy Braibant,* Paris, Dalloz, 1996, p. 777-791.

YANNAKOPOULOS (C.), « L'apport de la protection de la libre concurrence à la théorie du contrat administratif », *RDP*, 2008, p. 421.

VI. DOCUMENTS OFFICIELS

RAPPORTS ANNUELS DE LA COUR SUPRÊME

Rapport annuel de la Cour suprême 2008-2009

Voir le document ici http://coursupreme.sn/article.php?rubrique=30&sousrubrique=53&num_article=209.

Rapport annuel de la Cour suprême 2010

Voir le document ici http://coursupreme.sn/doc/RACS2010.pdf.

Rapport annuel de la Cour suprême 2011

Voir le document ici http://coursupreme.sn/doc/RACS2012.pdf.

Rapport annuel de la Cour suprême 2012

Voir le document ici http://coursupreme.sn/doc/RACS2012.pdf.

Rapport annuel de la Cour suprême 2013

Voir le document ici http://coursupreme.sn/doc/RACS2013.pdf

Rapport annuel de la Cour suprême 2014

Voir le document ici http://coursupreme.sn/doc/RACS2014.pdf

Rapport annuel de la Cour suprême 2015

Voir le documentici http://coursupreme.sn/doc/RACS2015.pdf

Rapport annuel de la Cour suprême 2016

Voir le document ici http://coursupreme.sn/doc/RACS2016.pdf

Rapport annuel de la Cour suprême 2017

Voir le document ici http://coursupreme.sn/doc/RAPPORT2017.pdf

Rapport annuel de la Cour suprême 2018

Voir le document ici http://coursupreme.sn/doc/RACS-2018.pdf

BULLETIN DES ARRÊTS DE LA COUR SUPRÊME

Bulletin des arrêts N° 001

Voir le document ici http://coursupreme.sn/doc/BACS-N1-2008-2009.pdf.

Bulletin des arrêts N° 002 - 003

Voir le document ici http://coursupreme.sn/doc/BACS-N2-3-2010-2011.pdf.

Bulletin des arrêts N° 004 - 005

Voir le document ici http://coursupreme.sn/doc/BACS-N4-5-2012.pdf.

Bulletin des arrêts N° 006 - 007

Voir le document ici http://coursupreme.sn/doc/BACS-N6-7-2013.pdf.

Bulletin des arrêts N° 008

Voir le document ici http://coursupreme.sn/doc/BBACS-N8-2014.pdf.

Bulletin des arrêts N° 009 - 010

Voir le document ici http://coursupreme.sn/doc/BA910-AJ2015.pdf.

Bulletin des arrêts N° 013 - 014

Voir le documentici http://coursupreme.sn/doc/BACS-N13-14% 202017.pdf.

Bulletin des arrêts N° 015- 016

Voir le document ici http://coursupreme.sn/doc/BACS-N15-16-2018.pdf.

ACTES DE COLLOQUES ET SÉMINAIRES

– Actes de l'atelier d'échanges sur le suivi des décisions de l'ARMP et de la Cour suprême, les 3 et 4 mai 2019 à Saly Portudal.

Voir le document ici http://coursupreme.sn/ article.php?rubrique=30& sousrubrique=54&num_article=332;

– Recueil des communications de l'ARMP : Table ronde sur les sept ans de la réforme du système de passation des marchés publics, Édition spéciale, Juin 2014, Voir le document ici

http://www.armp.sn/

images/recueil_de_communications.pdf, (consulté le 19 mai 2016) ;

– Acte du deuxième colloque de le RIPAS sur le contrôle de l'administration au Sénégal, RIPAS n° 1, 1986.

V. DIVERS

A. Sites internet

– https://international.scholarvox.com (abonnement)

– www.coursupreme.sn

– www.armp.sn

– www.gouv.sn

– www.uemoa.int

– www.marchespublics-uemoa.net

– www.marchespublics.sn

– www.ohada.com

– www.precaref.gouv.sn

– http://www.courdescomptes.sn/

– www.finances.gouv.sn

– www.elhadjmbodj.net

– www.jo.gouv.sn

– www.dasp.gouv.sn

– www.afrilex.u-bordeaux4.fr (Revue Afrilex)

– www.marchespublics-uemoa.org

– www.droit-afrique.com

B. Abonnement payant

– Dalloz : documentation juridique pour tous les professionnels du droit ;

– La bibliothèque Lefebvre Dalloz ;

– https://www-lexis360intelligence-fr. ;

– La base Lextenso ;

– Revues et ouvrages en sciences humaines et sociales | Cairn.info

C. Entretiens

– Entretien du ... 2015 avec René Pascal DIOUF, Magistrat, chargé d'enquête à l'ARMP ;

– Entretien du ... 2018 avec le Président de la Cour administrative de la Cour suprême, Monsieur Abdoulaye NDIAYE ;

– Entretien du ... 2017, avec le Professeur Demba SY, Professeur Titulaire des Universités.

TEXTES JURIDIQUES

Constitution du 22 janvier 2001, *JO* édition spéciale n° 5963 du lundi 22 janvier 2001.

Traité du 10 Janvier 1994 portant création de l'Union Économique et Monétaire Ouest Africaine,

https://www.wipo.int/edocs/lexdocs/treaties/fr/waemu/trt_waemu.pdf.

Traité relatif à l'Organisation pour l'Harmonisation en Afrique du Droit des Affaires du 17 Octobre 1993, modifié le 17 octobre 2008, J.O de l'OHADA n°4 du 01 novembre 1997.

Acte uniforme relatif au droit de l'arbitrage adopté le 11 mars 1999, J.O de l'OHADA n° 8 du 15 mai 1999.

Directive n°01/2000/CM/UEMOA du 29 Juin 2000 portant adoption du document de conception du projet de réforme des marchés publics des États membres de l'Union Économique et Monétaire Ouest Africaine. Disponible

icihttp://www.uemoa.int/sites/default/files/bibliotheque/pages_-_dec_01_2000.pdf.

Directive n°04/2005/CM/UEMOA du 09 Décembre 2005 portant procédures de passation, d'exécution et de règlement des marchés publics et des délégations de service public dans l'Union économique et monétaire ouest africain. Ce texte est disponible sur le site de l'UEMOA (rubrique Actes)

www.uemoa.int/Documents/Actes/directive_04_2005_CM_UEMOA.pdf

Directive n°05/2005/CM/UEMOA du 09 décembre 2005 portant contrôle et régulation des marchés publics et des délégations de service public dans l'Union économique et monétaire ouest-africaine.

www.uemoa.int/Documents/Actes/directive_05_2005_CM_UEMOA.pdf (dernière consultation janvier 2017)

Directive n°01/2009/CM/UEMOA du 27 mars 2009 portant code de transparence dans la gestion des finances publiques au sein de l'Union économique et Monétaire Ouest Africaine.

http://www.uemoa.int/Documents/Actes/directive_01_2009_CM_UEMOA.pdf

Directive n° 06/2009/CM/UEMOA du 26 juin 2009 relative aux lois de finances au sein de l'Union Économique et Monétaire Ouest Africain
http://www.uemoa.int/Documents/Actes/directive_06_2009_CM_UEMOA.pdf

Directive n° 07/2009/CM/UEMOA du 26 Juin 2009 portant règlement général sur la comptabilité publique au sein de l'Union Économique et Monétaire Ouest Africaine. Guide didactique de la Directive n° 06/2009/CM/UEMOA du 26 juin 2009 portant lois des finances au sein de l'UEMOA.

www.uemoa.int/Documents/Actes/FINANCES_PUBLIQUES/Guide_didactique_direc tive_09_2009.pdf.

Directive N° 01/2022/CM/UEMOA/portant cadre juridique et institutionnel des Partenariats Public-Privé, adoptée le 30 septembre 2022 à Dakar.

Loi n° 65-51 du 19 juillet 1965 portant Code des Obligations de l'Administration, *J.O* du 23 août 1965, p. 945 et s.

Loi n° 90-07 du 26 juin 1990 relative à l'organisation et au contrôle des entreprises du secteur parapublic et au contrôle des personnes morales de droit privé bénéficiant du concours financier de la puissance publique, *J.O* n° 5358, du 07 juillet 1990, pp. 325-330 (abrogé).

Loi n° 2003-35 du 24 novembre 2003 portant création d'une Commission nationale de lutte contre la non-transparence, la corruption et la concussion, *J.O* n° 6150 du samedi 28 février 2004 ;

Loi n° 2006-16 du 30 juin 2006, modifiant la loi du 19 juillet 1965 portant Code des Obligations de l'Administration, *J.O* du 5 août 2006, p. 790, etc.

Loi organique n° 2012-23 du 27 décembre 2012 abrogeant et remplaçant la loi organique n° 99-70 du 19 février 1999 portant création de la Cour des Comptes, *J.O* n° 6711 du samedi 2 février

2013, disponible en ligne sur www.jo.gouv.sn, consulté le 16 novembre 2016.

Loi n° 2013-10 du 28 décembre 2013 portant Code général des Collectivités locales, *J.O* n° 6765 du Samedi 28 Décembre 2013.

Loi n° 2014-09 du 20 Février 2014 relative aux contrats de partenariat, *J.O* n° 6781, p.293 (abrogée).

Loi n° 2014-26 du 03 novembre 2014 abrogeant et remplaçant la loi n° 84-19 du 02 février 1984 fixant l'organisation judiciaire, *J.O* 10 novembre 2014, p. 1359.

Loi organique n° 2016-23 du 14 juillet 2016 relative au Conseil constitutionnel, in *J.O* n° 6946 du vendredi 15 juillet 2016.

Loi organique n° 2017-09 du 17 janvier 2017 abrogeant et remplaçant la loi organique n° 2008-35 du 08 août 2008 sur la Cour suprême, *J.O* n° 6986, numéro spécial du mercredi 18 janvier 2017, p. 47.

La loi n° 2018-35 prescrit le remplacement dans tous les actes législatifs et réglementaires de la dénomination « Collectivité Locale » par « Collectivité Territoriale », *J.O* numéro spécial, n° 7107 du vendredi 06 juillet 2018.

Loi d'orientation n° 2020-02 du 07 janvier 2020 relative aux Petites et Moyennes Entreprises, *JO* numéro spécial, n° 7259 du lundi 20 janvier 2020, p. 79.

Loi n° 2020-01 du 06 janvier 2020 relative à la création et à la promotion de la startup, *JO* numéro spécial, n° 7259 du lundi 20 janvier 2020, p. 75.

Loi n° 2021-21 du 02 mars 2021 fixant les règles d'applicabilité des lois, des actes administratifs à caractère réglementaire et des actes administratifs à caractère individuel, *JO* n° 7409, du samedi 26 mars 2012, p. 303.

Loi n° 2021-23 du 02 mars 2021 relative aux contrats de partenariat public-privé, *JO* n° 2021-740.

Loi d'orientation n° 2021-28 du 15 juin 2021 relative à l'économie sociale et solidaire, *JO* n° 7450 du samedi 21 Août 2021, p.1155.

Loi n° 2022-07 du 19 avril 2022 modifiant la loi n° 65-51 du 19 juillet 1965 portant Code des Obligations de l'Administration, modifiée, *JO* du 22 avril 2022.

Loi d'orientation n° 2022-08 relative au secteur parapublic, au suivi du portefeuille de l'État et au contrôle des personnes morales de droit privé bénéficiant du concours financier de la puissance publique, *JO* n° 7516, numéro spécial jeudi 21 avril 2022, p. 353.

Loi organique n° 2022-16 du 23 mai 2022 modifiant la loi organique n° 2017-09 du 17 janvier 2017 abrogeant et remplaçant la loi organique n° 2008-35 du 08 août 2008 sur la Cour suprême, *JO* n° 7531, numéro spécial du mardi 23 mai 2022, p.571.

Décret n° 70-1216 du 7 novembre 1970 portant création d'une Agence Judiciaire de l'État et fixant ses attributions.

Décret n° 78-085 du 1er février 1978 portant organisation du Contrôle financier.

Décret n° 83-856 du 10 août 1983 règlementant la qualification et la classification des entreprises, entrepreneurs et artisans de bâtiments et travaux publics, *J.O* du 24 septembre 1983.

Décret n° 2005-576 du 22 juin 2005, portant approbation de charte de transparence et d'éthique en matière de marchés publics au Sénégal, *J.O* n° 6236 du Samedi 20 août 2005.

Décret n° 2007-546 du 25 avril 2007 portant organisation et fonctionnement de l'Autorité de Régulation des Marchés publics (ARMP), J.O n° 6349 du samedi 2 Juin 2007 (abrogé).

Décret n°2007-547 du 25 Avril 2007 portant création de la Direction Centrale des Marchés publics, *J.O* n° 6349 du 2 Juin 2007.

Décret n° 2014-1212 du 22 Septembre 2014 portant Code des Marchés publics au Sénégal, *J.O* n° 6812 du 4 octobre 2014, pp. 1159-120 (abrogé).

Décret 2020-540 du 26 février 2020 relatif à la communication par voie électronique en application de la loi n° 2017-24 du 28 juin 2017 portant création, organisation et fonctionnement des tribunaux de commerce et des chambres commerciales d'appel consacrant le recours aux procédés électroniques dans la gestion quotidienne des procédures, *J.O* numéro spécial du jeudi 27 février 2020, p. 413.

Décret n° 2020-22 du 07 janvier 2020 portant modification de l'article 76 du décret n° 2014-1212 du 22 septembre 2014 portant Code des Marchés publics, JO, 13 janvier 2020, p. 33 (abrogé) ;

Décret n° 2022-781 du 18 mars portant dérogation au Code des Marchés publics pour les dépenses relatives à la lutte contre le COVID-19, *JO* n° 7286, p. 589, numéro spécial du mercredi 18 mars 2020 (abrogé) ;

Décret n° 2020-876 du 25 mars 2020 complétant l'article 3 du décret n° 2014-1212 du 22 septembre 2014 portant Code des Marchés publics, modifié par le décret n° 2020-22 du 07 janvier 2020, *JO* n° 7293 du jeudi 26 mars 2022, p. 771 (abrogé) ;

Décret n° 2022-1538, 12 août 2022, modifiant et complétant le décret n° 2014-1212 du 22 septembre 2014 portant Code des marchés publics, *JO* n° 7555, 13 août 2022.

Décret n° 2022-2295 du 28 décembre 2022 portant Code des Marchés publics au Sénégal, *J.O* n° 7592, numéro spécial, jeudi 26 janvier 2023, p. 79.

Décret n° 2023-832 fixant les règles d'organisation et de fonctionnement de l'Autorité de Régulation de la commande publique (ARCOP), *JO* n° 7623 du mardi 02 mai 2023, p. 545.

Arrêté conjoint n° 009562 du 03 avril 2023 fixant le montant de la consignation en matière de recours contentieux dans le cadre de la passation des contrats de partenariat public-privé.

Arrêté n° 007115 du 23 avril 2023 relatif à l'organisation et au fonctionnement des cellules de passation des marchés des autorités contractantes.

Arrêté n° 007116 du 23 mars 2023 fixant le nombre et les conditions de désignation des membres des commissions des marchés des autorités contractantes.

Arrêté n° 007117 du 23 mars 2023 Relatif aux commissions régionales et départementales des marchés publics dans les régions autrcs que Dakar.

Arrêté n° 007118 du 23 mars 2023 relatif aux modalités de mise en œuvre des procédures de demande de renseignements et de prix.

Arrêté n° 007119 du 23 mars 2023 relatif aux procédures applicables aux marchés passés par certaines communes.

Arrêté n° 007120 du 23 mars 2023 fixant les seuils en deçà desquels l'autorité contractante peut ne pas requérir la garantie de soumission.

Arrêté n° 007121 du 23 mars 2023 fixant les seuils à partir desquels il est requis une garantie de bonne exécution.

Arrêté n° 007122 du 23 mars 2023 fixant les seuils de contrôle a priori des dossiers de marchés.

JURISPRUDENCES

JURISPRUDENCES COUR SUPRÊME

2008

1. CS. Arrêt n° 10 du 25 septembre 2008, État du Sénégal c/ARMP, CRD, AATR., *Bulletin des arrêts de la Cour suprême* n°1, Année judiciaire 2008-2009, décembre 2011, pp. 88-89.

2009

2. CS. Arrêt n° 12 du 05 mai 2009, État du Sénégal c/ARMP, *Bulletin des arrêts de la Cour suprême* n° 01, année 2008-2009, p. 96.
3. CS. Arrêt n°21, Société DONI SARL c/ARMP, GIE DEGGO LIGUEYE,

Bulletin des arrêts de la Cour suprême n° 01, année 2008-2009, p. 114.

4. CS. Arrêt n° 47 du 10 décembre 2009 Société SEN TECHNOLOGY S.A.R.L. c/ARMP, (Inédit).

2010

5. CS. Arrêt n° 30 du 23 septembre 2010, Le Port autonome de Dakar c/ARMP, (Inédit).

2011

6. CS. Arrêt n° 01 du 13 Janvier 2011, Le Port Autonome de Dakar c/ARMP, *Bulletin des arrêts de la Cour suprême* n° 2-3, année judiciaire 2010-2011, p. 240.
7. CS. Arrêt n° 11 du 31 mars 2011, Société générale de Surveillance « SGS » c/ARMP, (Inédit).
8. CS. Arrêt n° 12 du 7 avril 2011, VERITAS SA c/ARMP, (Inédit).
9. CS. Arrêt n° 19 du 3 juin 2011, CERTEC S.A c/ARMP, *Bulletin des arrêts de la Cour suprême* n° 2-3, année judiciaire 2010-2011, p. 250.
10. CS. Arrêt n° 37 du 27 octobre 2011, Comet Afrique Telecoms c/ARMP, (Inédit).

2012

11. CS. Arrêt n ° 01 du 9 février 2012, Complexe industriel Thiare GUEYE (CITG) c/ARMP, (Inédit).

12. CS. Arrêt n° 06 du 9 février 2012, Société de Nettoyage industriel et chimique (SNIC) c/ARMP, (Inédit).

13. CS. Arrêt n° 18 du 22 mars 2012, Port Autonome de Dakar c/ARMP, (Inédit).

14. CS. Arrêt n° 20 du 12 avril 12, A.R.T.P- État du Sénégal c/ARMP, (Inédit).

15. CS. Arrêt n° 24 du 12 avril 2012, Association sénégalaise des Hémodialysés et Insuffisants rénaux (A.S.H.I.R.) c/ARMP, (Inédit).

16. CS. Arrêt n° 27 du 26 avril 2012-Ingénieurs Consultants associés (ICA) c/ARMP, (Inédit).

17. CS. Arrêt n° 28 du 26 avril 2012, Librairie Papeterie CLAIRAFRIQUE c/ARMP (Inédit).

18. CS. Arrêt n° 29 du 10 Mai 2012, CENTIF-État du Sénégal c/ARMP, *Bulletin des arrêts de la Cour suprême* n° 4-5, année judiciaire 2012, p. 225.

19. CS. Arrêt n° 34 du 24 mai 2012, Fermon Labo Sénégal S.A c/ARMP, (Inédit).

20. CS. Arrêt n° 48 du 9 août 2012, Espace Auto c/ARMP, (Inédit).

21. CS. Arrêt n° 54 du 23 août 2012, La Société angélique International Limited en abrégé A.I.L c/ARMP, (Inédit).

22. CS. Arrêt n° 64 du 29 novembre 2012, La Société angélique International Limited en abrégé (A.I.L) c/ARMP, *Bulletin des arrêts de la Cour suprême* n° 4-5, année judiciaire 2012, p.253.

23. CS. Arrêt n° 67 du 13 décembre 2012, Firdaws Services c/ARMP, (Inédit).

2013

24. CS. Arrêt n° 35 du 27 juillet 2013, la société de Distribution de Matériels informatiques et Bureautique dite (DISMAT) c/ARMP, (Inédit).

25. CS. Arrêt n° 40 du 27 juillet 2013, la Société angélique International Limited en abrégé (A.I.L) c/ARMP, (Inédit).

26. CS. Arrêt n° 47 du 22 août 2013, Société SARRE-CONS c/ARMP, (Inédit).

27. CS. Arrêt n° 49 du 12 septembre 2013, Société TECHNO RESEAU c/Maire de Gossas, (Inédit).

28. CS. Arrêt n° 55 du 24 octobre 2013, la Société angélique International Limited en abrégé (A.I.L) c/ARMP, (Inédit).

29. CS. Arrêt n° 59 du 28 novembre 2013, Al FIRDAWS SERVICES c/ARMP, *Bulletin des arrêts de la Cour suprême* n° s 6-7, année judiciaire 2013, p.159.

2014

30. CS. Arrêt n° 61, du 12 décembre 2014, la Société angélique International Limited en abrégé (A.I.L) c/ARMP, (Inédit).

31. CS. Arrêt n° 17 du 27 mars 2014 Société MEDIASEN SARL c/-CIDOP SARL- **31.** AGEROUTE Sénégal c/Mairie de Dakar, *Bulletin des arrêts de la Cour suprême* n ° 8, année judiciaire 2014, p. 132.

2015

32. CS. Arrêt n° 36 du 9 avril 2015, Société SONERCO c/ARMP, (Inédit).

33. CS. Arrêt n° 25 du 12 mars 2015, SENELEC c/ARMP, (Inédit).

34. CS. Arrêt n° 30 du 26 mars 2015, Birane Yaya WANE c/ARMP, (Inédit).

35. CS. Arrêt n° 31 du 26 mars 2015, Programme de Développement des Marchés agricoles du Sénégal (PDMAS) c/ARMP, (Inédit).

36. CS. Arrêt n° 37 du 23 avril 2015, Darou Minam Prestations c/ARMP, (Inédit).

37. CS. Arrêt n° 53 du 13 août 2015, La Société CCBM c/L'ARMP, (Inédit).

38. CS. Arrêt n° 64 du 22 octobre 2015, Société angélique International Limited c/ARMP, ASER, (Inédit).

2016

39. CS. Arrêt n° 03 du 14 janvier 2016, Le Groupement Cayaliste Business Solutions c/ARMP, (Inédit).

40. CS. Arrêt n° 17 du 10 mars 2016, CCBM Industries-Espace Auto c/ARMP, CRD, (Inédit).

41. CS. Arrêt n° 20 du 24 mars 2016, CCBM Industries-Espace Auto c/ARMP, CRD (Inédit).

42. CS. Arrêt n° 22 du 24 mars, La Société de Services d'Inspection et de Conseil c/L'ARMP et la SICAP, (Inédit).

43. CS. Arrêt n° 63 du 08 décembre 2016, L'Entreprise générale de Construction et de Commerce (E.G.C.C) c/ARMP, État du Sénégal, (Inédit).

44. CS. Arrêt n° 64 du 08 décembre 2016, CCBM Industries-Espace Auto-c/ARMP, (Inédit).

45. CS. Arrêt n° 23 du 24 mars 2016, Le Groupement MOHAN EXPORTS PVT Limited c/L'A.R.M.P. et l'État du Sénégal, (Inédit).

46. CS. Arrêt n° 26 du 28 avril 2016, Société COMPUTER LAND c/ARMP & l'État du Sénégal, (Inédit).

47. CS. Arrêt n° 29 du 28 avril 2016, Consortium d'Entreprises (C. D. E.) c/ARMP et A.G.E.T.I.P.(APIX), (Inédit).

48. CS. ARRÊT n° 39 du 23 juin 2016, Société Carrefour médical c/ARMP & État du Sénégal, (Inédit).

49. CS. Arrêt n° 43 du 14 juillet 2016, Birane Yaya WANE c /ARMP, *Bulletin des arrêts Cour suprême* n° s 11-12, année judiciaire 2016, p. 232.

50. CS, Arrêt n° 44 du 14 juillet 2016, CCBM Industries - Espace auto c/ARMP, *Bulletin des arrêts Cour suprême* n° 11-12, année judiciaire 2016, p. 233.

51. CS, Arrêt n° 56 du 27 octobre 2016, SOCIÉTÉ SONERCO c/ARMP & Ministère des Forces Armées, *Bulletin des arrêts de la Cour suprême* n° s 11-12, année judiciaire 2016, p. 239.

52. CS, Arrêt n° 63 du 08 décembre 2016, L'Entreprise Générale de Construction et de Commerce (E.G.C.C.) c/ARMP, État du Sénégal, (Inédit).

53. CS. Arrêt n° 64 du 08 décembre 2016, CCBM Industries-Espace Auto c/ARMP, (Inédit).

2017

54. CS. Ord n° 07 du 12 décembre 2017, WAPBIOM c/ARMP, (Inédit)

55. CS. Ord. n° 08 du décembre 2017, Neurotech SA c/ARMP, (Inédit).

56. CS. Arrêt n° 07 du 27 janvier 2017, Computer Land SARL c/ARMP - État du Sénégal, (Inédit).

57. CS. Arrêt n° 08 du 27 janvier 2017, Le Groupement Cayalist Business Solutions c/ARMP, (Inédit).

58. CS, Ordonnance de Référé n° 9 du 08 juin 2017, l'E.B.G.E.T c/ARMP et la Mairie de Golf Sud, (Inédit).

59. CS. Arrêt n°13 du 09 février 2017, Le Groupement Mohan Exports PVLT/Neptune Compagnie/Modem Préfab Système c/ARMP, *Bulletin des arrêts de la Cour suprême* n°s 13-14, Année judiciaire 2017, juin 2019, pp. 218-220.

60. CS. Arrêt n°25 du 23 mars 2017, La société African Business Network (A. B. N.) c/ARMP, État du Sénégal, (Inédit).

61. CS. Arrêt n° 39 du 26 mai 2017, L'Entreprise générale de Construction et de Commerce (E.G.G.C.) c/ARMP & État du Sénégal, (Inédit).

62. CS. Arrêt n° 42 du 08 juin 2017, La Société Quali-Plaques c/État du Sénégal, (Inédit).

63. CS. Arrêt n° 49 du 13 juillet 2017, La Compagnie sénégalaise des Travaux publics S.A. c/ARMP, (Inédit).

64. CS. Arrêt n° 59 du 23 novembre 2017, La Société DIOKAR HOLDING GROUP c/ARMP, (Inédit).

2018

65. CS. Ordonnance n° 07 du 27 juin 2018, Amadou Moustapha DIALLO c/ARMP, (Inédit).

66. CS. Arrêt n° 08 du 08 février 2018, La Société African Business Network (A.B.N.) c/ARMP, (Inédit).

67. CS. Arrêt n° 14 du 22 février 2018, Le Groupement GIC- SGS c/ARMP, *Bulletin des arrêts de la Cour suprême n°* s 15-16, Année judiciaire 2018, Juillet 2019, pp.171-172.

68. CS. Arrêt n° 32 du 9 mai 2018, préfet du Département de Ziguinchor c/Commune de Ziguinchor, *Bulletin des arrêts de la Cour suprême* n° s 15-16, Année judiciaire 2018, Juillet 2019, pp. 179-180.

69. CS. Arrêt n° 37 du 14 juin 2018, État du Sénégal c/ARMP-Groupement d'Entreprises solidaires-CSTP SA, *Bulletin des arrêts de la Cour suprême* n° s 15-16, Année judiciaire 2018, Juillet 2019, pp. 184-186.

70. CS. Arrêt n° 37 du 14 juin 2018, État du Sénégal c/ARMP-Groupement d'Entreprises solidaires-CSTP SA, *Bulletin des arrêts de la Cour suprême* n° s 15-16, Année judiciaire 2018, Juillet 2019, pp. 184-186.

2019

71. CS. Ordonnance de référé n° 03 du 11 juillet 2019, la Société « Delgas Assainissement » c/ARMP, (Inédit).

72. CS. Ordonnance n° 07 du 12 décembre 2019, la société west africa pharmaceuticals and biomedicals Sénégal, dite wapbiom Sénégal c/ARMP, (Inédit).

73. CS. Ordonnance n° 8 du 12 décembre 2019, Neurotech SA C/ARMP, (Inédit).

74. CS. Ordonnance n° 07 du 21 Mars 2019, La Société sénégalaise d'Équipement de Travaux et de Services dite « SETS SUARL » c/ARMP, L'Administration des Douanes de la République du Sénégal, (Inédit).

75. CS. Ordonnance n° 09 du 1érAvril 2019, La Société Diama Technologie (SCP Lo, Kamara & Diouf) c/ARMP, (Inédit).

76. CS. Arrêt n° 05 du 28 février 2019, Services Prestige dite « SP » c/ARMP-SUMMA-AIBD-LIMAK, (Inédit).

77. CS. Chambres réunies, Arrêt n° 08 du 26 mars 2019, La Compagnie sénégalaise des Travaux publics SA (C.S.T.P.) c/ARMP, (Inédit).

78. CS. Ordonnance n° 05 du 10 octobre 2019, la société Sénégalaise des Eaux dite SDE c/ARMP, (Consulté le 28 décembre 2019, http://coursupreme.sn / doc/ord _05 _10102019 _SDE-ARMP.pdf).

2020

79. CS. Ordonnance n°13 du 02 juillet 2020, La Société « DELGAS ASSAINISSEMENT » c/La Direction centrale des Marchés publics dite DCMP et autres, (Inédit).

80. CS. Ordonnance n°19 du 1 octobre 2020, DISMAT c/ARMP, (Inédit).

81. CS. Ordonnance n° 26 du 17 décembre 2020, Société SOTRACOM S.A c/ARMP, (Inédit).

82. CS. Arrêt n° 01 du 23 janvier 2020, Sénégalaise des Eaux SDE c/ARMP, État du Sénégal, *Bulletin des arrêts de la Cour suprême* n° s 21-22, Année judiciaire 2020, Avril 2021, pp. 203-211.

83. CS. Arrêt n° 07 du 12 mars 2020, La société « DELGAS Assainissement » c/ARMP, *Bulletin des arrêts de la Cour suprême* n° s 21-22, Année judiciaire 2020, Avril 2021, pp. 224-226.

84. CS. Arrêt n° 09 du 07 avril 2020, Services Prestige dite « SP » c/La Société dite « SAL » devenue « LAS » et ARMP, (Inédit).

85. CS, Chambres réunies, Services Prestige dite « SP » c/La société dite « SAL » devenue « LAS » et ARMP, (Inédit).

86. CS. Arrêt n° 24 du 09 juillet 2020, Société sénégalaise d'Équipement et de Prestation de Services SUARL (dite seps) c/ARMP, *Bulletin des arrêts de la Cour suprême* n° s 21-22, Année judiciaire 2020, Avril 2021, pp. 252-254.

87. CS. Arrêt n° 29 du 27 aout 2020, Neurotech SA et autres c/ARMP, (inédit).

88. CS. Arrêt n° 35 du 12 novembre 2020, La Société West Africa Pharmaceuticals A Biomédical Sénégal dite Wapbiom Sénégal c/ARMP (Inédit).

2021

89. CS. Ordonnance n° 07 du 12 décembre 2021, Société West Africa Pharmaceuticals and Biomedicals Sénégal C/ARMP, (Inédit).

90. CS. Ordonnance n°11 du 10 juin 2021, Établissement Ndéye Diétou THIAM c/ARMP, (Inédit).

91. CS. Arrêt n°09 du 11 février 2021, Groupement Société générale de Construction et d'Aménagement (SOGECAM)/Général de Travaux et de Services (GTS) c/État du Sénégal (AJE)-Office national de Formation professionnelle, (Inédit).

92. CS. Arrêt n°12 du 25 février 2021, Société DISMAT c/ARMP, (Inédit).

93. CS. Arrêt n°19 du 8 avril 2021, Société de Construction et de Gestion immobilière, dite C-GIM c/ARMP, État du Sénégal, Groupe Sen Ingénierie, dite GSI, (Inédit).

94. CS. Arrêt n° 34 du 27 Mai 2021, Société Étude-Coordination-Travaux dite ECOTRA SA/ARMP, (Inédit).

95. CS. Arrêt n°43 du 22 juillet 2021, Groupement Africanity Group/Ismart Meters CO. LTD c/ ARMP, (Inédit).

96. CS. Arrêt n° 48 du 23 septembre 2021, La Société Étude-Coordination-Travaux, dite ECOTRA SA, c/ARMP, (Inédit).

97. CS. Arrêt n° 56 du 9 décembre 2021, Établissements Ndeye Diétou THIAM c/ARMP, *Bulletin des arrêts de la Cour suprême* n° s 23-24, Année judiciaire 2021, Août 2022.

2022

98. CS. Ordonnance n° 29 du 24 novembre 2022, La Société Wade Technology Company c/ARMP, (Inédit).
99. CS. Arrêt n°40 du 22 septembre 2022, Le Groupement ICM/ECOTRA S.A c/ARMP, État du Sénégal, AGEROUTE Sénégal, (Inédit).

2023

100. CS. Arrêt n° 18 du 23 février 2023, la Société Kamac SARL c/ARMP, (Inédit).

101. CS. Arrêt n° 21 du 09 mars 2023, la Société Technology Compagny c/ARMP, (Inédit).

JURISPRUDENCES DE L'ANCIENNE COUR SUPREME SENEGALAISE

C.S 2° section Arrêt du 11 avril 1962, KANE Amadou Alpha.

C.S Arrêt n° 13 du 16 mai 1973, Latyr CAMARA c/État du Sénégal.

C.S 2° Section Arrêt n° 39 du 24 décembre 1980, Abdou DIEDHIOU et autres C/Commune de Vélingara et autres.

C.S. 25 mars 1981, Syndicat unique et démocratique des Enseignants du Sénégal (SUDES), R.I.P.A.S., n° 3, janvier-mars 1982, p. 151, note M. DEBENE.

C.S Arrêt n° 15 du 22 mai 1982, Babacar NIANG c/État du Sénégal.

JURISPRUDENCES DE L'ANCIEN CONSEIL D'ÉTAT SENEGALAIS

CE. Arrêt du 27 octobre 1993, Comité international de la Croix rouge, (Inédit).

CE. 27 octobre 1993, DIARRA Seydou Mamadou, (Inédit).

CE. Sn 24 novembre 1993. SIMPA, (Inédit).

CE. Arrêt n°0008 du 27 Avril 2000, El hadj DIOP et Jack HENDERSON/État du Sénégal, Bulletin des arrêts du Conseil d'État, Année 2000, pp. 16-17.

CE. Arrêt n° 0028 du 21 Décembre 2000, État du Sénégal c/Société Afrique Audit, Bulletin des arrêts du Conseil d'État, année judiciaire 2000, pp. 55-56.

CE, Arrêt n° 0014 du 29 juillet 1998, Gouverneur de la région de Tambacounda c/Président du Conseil régional de Tambacounda, Bulletin des arrêts du Conseil d'État, année judiciaire 1998, pp. 12-13.

CE. Arrêt n° 0032 du 29 octobre 1997, Société SUD COMMUNICATION c/État du Sénégal, Bulletin des arrêts du Conseil d'État N°1 juillet 1998, années judiciaires 1993 à 1997, pp. 147-148.

JURISPRUDENCES DU CONSEIL D'ÉTAT FRANÇAIS

CE. 30 avril 1863, Ville de Boulogne, Recueil CE 1863, p. 405.

CE. 29 mars 1901, Casanova, Lebon, p. 333.

CE. 11 décembre 1903, Commune de Gorre, Rec. CE 1903, p. 770.

CE. 4 août 1905, Marin, Recueil Lebon 749.

CE. Sect. 9 nov. 1934, Chambre de Commerce de Tamatave, Rec.1034.

CE. Ass. 30 mars 1973, ministre de l'Aménagement du territoire, de l'équipement, du logement et du tourisme c/Schwetzoff, Rec. 264.

CE. 25 novembre 1998, Compagnie luxembourgeoise de Télédiffusion.

CE. 6 décembre 1995, Département de l'Aveyron et autres, Lebon.

CE. Section, du 30 octobre 1998, 149662, publié au recueil Lebon.

CE. 12 mars 1999, Entreprise Porte c/Communauté urbaine de Bordeaux, Req. : N° 171293.

CE. 1ere section, arrêt n° 30/08 du 10 juin 2008.

CE. Ass. 8 janvier 1988, Ministre chargé du plan et de l'aménagement du territoire c/Communauté urbaine de Strasbourg, Rec. 3.

CE, 7 juillet 2007, Société Tropic Travaux Signalisation, n° 291545, Rec.

CE, 3 octobre 2008, Syndicat mixte intercommunal de réalisation et de gestion pour l'élimination des ordures ménagères du secteur Est de la Sarthe, « SMIRGEOMES », n° 305420, Rec.

CE, 5 novembre 2008, Commune de Saint-Nazaire et autres, n°s 310484 et autres, T.

CE, 28 décembre 2009, Commune de Béziers, n° 304802, Rec. dit « BéziersI ».

CE, 21 mars 2011, Commune de Béziers, n°304806, Rec.

CE, 12 janvier 2011, Manoukian, n° 338551, Rec.

CE, ass., 23 déc. 2011, Danthony, n° 335477, Rec. 649.

CE, 26 septembre 2012, Communauté d'agglomération Seine-Eure, n° 359706, T.

CE, ass., 4 avr. 2014, Dpt de Tarn-et-Garonne, n° 358994, à paraître au Recueil.

CE, 30 juin 2017, Syndicat mixte de promotion de l'activité transmanche, n° 398445, Rec.

DÉCISIONS ET AVIS DU COMITÉ DE RÈGLEMENT DES DIFFRENDS DE L'ARCOP ex-ARMP

Décision n° 086/12/ARMP/CRD du 08 aout 2012 du Comité de Règlement des Différends statuant en commission litiges sur le recours de la société FERMON LABO contestant la décision d'attribution du lot 1 de l'appel d'offres n° f-03/12-deqs portant sur la fourniture d'équipements en matériels de laboratoire (sciences physiques, chimie et svt) de lycées et collèges et le classement sans suite des lots 2 et 3, (http://www.armp.sn/ index.php?option=com_content&view=article&id=125&Itemid=2).

Décision n° 008/16/ARMP/CRD du 13 janvier 2016 du Comité de Règlement des Différends statuant en commission litiges sur le recours de la société gan diol portant sur l'appel d'offres pour la construction de magasins de stockage du riz dans la vallée du fleuve Sénégal, lance par la société nationale d'aménagement et d'exploitation des terres du delta du fleuve Sénégal et des vallées du fleuve Sénégal et de la FALAME (SAED).

Décision n° 058/12/ARMP/CRD du 31 mai 2012 du Comité de Règlement des Différends statuant en formation disciplinaire sur des faits reproches à l'entreprise AFRIK TRAVAUX relatifs à la production de faux documents dans le cadre de l'appel d'offres de l'Agence d'Exécution des Travaux d'Intérêt public (AGETIP) ayant pour objet la construction d'un centre socio-culturel et l'extension du marché central de Marsasso.
(http://www.armp.sn/index.php?option=com_content&view=article&id=152&Itemid=2).

Décision n° 098/13/ARMP/CRD du 24 avril 2013 du Comité de Règlement des Différends statuant en commission litiges sur le recours du Syndicat national des Entreprises du Bâtiment et des Travaux publics (SNBTP) pour dénoncer les critères de qualification des appels d'offres lancés par l'AGEROUTE pour les travaux d'entretien de pistes de désenclavement des régions de Thiès/Diourbel et Kaolack/Kaffrine/Fatick. (http://www.armp.sn/index.php?option=com_content&view=article&id=479&Itemid=57).

Décision n° 068/14/ARMP/CRD du 19 mars 2014 du Comité de Règlement des Différends statuant en commission litiges sur le recours de TATA AFRICA Sénégal contestant l'attribution provisoire du marché du ministère de la culture et du patrimoine ayant pour objet la fourniture de sept véhicules pick up double cabine. (http://www.armp.sn/index.php?option=com_content&view=article&id=855&Itemid=57).

Décision n° 003/11/ARMP/CRD du 12 janvier 2011 du Comité de Règlement des Différends statuant en commission litiges sur le recours de la société FIBRES ET RÉSEAUX SARL contestant le rejet de son offre par la commission des marches lors de la séance d'ouverture des plis de l'appel d'offres relatif à l'acquisition de logiciels de bureautique, d'analyse statistique, de gestion et de messagerie au profit de l'observatoire de la qualité des services financiers du ministère de l'Économie et des Finances.

Décision n° 048/14/ARMP/CRD du 19 février 2014 du Comité de Règlement des Différends, statuant en commission litiges sur le recours du Centre régional des Œuvres universitaires de SAINT-LOUIS (CROUS) en contestation de l'avis défavorable de la direction centrale des marches publics (DCMP) concernant l'avenant de renouvellement du marché de clientèle signe avec ETS KEUR TACKO. (http://www.armp.sn/index.php?option=com_content&view=article&id=832&Itemid=1075).

Décision n°118/12/ARMP/CRD du 03 octobre 2012 du Comité de Règlement des Différends statuant en commission litiges sur le recours de CFAO Motors Sénégal concernant l'appel d'offres n°p001/2012 de la Société des Pétroles du Sénégal (PETROSEN) ayant pour objet la fourniture de véhicules à ladite société.

Décision n° 132/12/ARMP/CRD du 30 octobre 2012 du Comité de Règlement des Différends statuant en commission litiges sur le recours de la société HUSSEIN AYAD & CIE contestant la décision d'attribution du lot 6 (incinérateur) du marché d'acquisition et d'installation d'équipements médico-techniques pour les structures de santé an 3 (appel d'offres n° 03 a3/4r9), lance par le ministère de la santé et de l'action sociale. (http://www.armp.sn/index.php?option=com_content&view=article &id=93&Itemid=2).

Décision n° 029/11/ARMP/CRD du 09 mars 2011 du Comité de Règlement des Différends statuant en commission litiges sur le recours de la société GANDIOL contestant l'attribution du marché relatif à l'appel d'offres pour les travaux de réalisation de magasins lance par le Projet de Développement agricole de Matam (PRODAM). (www.marchespublics.sn › fichiers).

Décision n° 018/11/ARMP/CRD du 02 février 2011 du Comité de Règlement des Différends statuant en commission litiges sur le recours de la société MANAGEMENT ET FORMATION POUR LE DÉVELOPPEMENT contestant le rejet de son offre lors de l'ouverture des plis de l'appel d'offres relatif à l'étude de faisabilité pour la création de la branche assurance maternité lancée par la Caisse de Sécurité sociale. ((www.marchespublics.sn › fichiers).

Décision n° 019/11/ARMP/CRD du 02 février 2011 du Comité de Règlement des Différends statuant en commission litiges sur le recours de la société ENTREPRISE TRAVAUX MODERNES contestant l'attribution du marché de fourniture, transport et pose de matériels de réseaux électriques dans soixante-six (66) villages, lance par la deutsche GESELLSCHAFT FÜR TECHNISCHE ZUSAMMENARBEIT (GTZ). (www.marchespublics.sn › fichiers).

Décision n° 090/10/ARMP/CRD du 07 juillet 2010 du Comité de Règlement des Différends statuant en commission litiges sur le recours de l'Agence nationale du Plan de Retour vers l'Agriculture (A.N. REVA) relatif à l'avis de la direction centrale des marchés publics sur l'attribution provisoire du marché concernant la couverture médicale du personnel de l'ANREVA.

(www.marchespublics.sn › fichiers).

Décision n° 027/11/ARMP/CRD du 23 février 2011 du Comité de Règlement des Différends statuant en commission litiges sur le recours de la SOCIÉTÉ COMPLEXE INDUSTRIELLE THIARE GUEYE (CITG) contestant le rejet de son offre produite dans le cadre des marches relatifs à l'équipement de salles de classes et blocs administratifs dans les départements de Kebemer, Fatick, Foundiougne, Linguère et Diourbel lances par l'AGETIP. (www.marchespublics.sn › fichiers).

Décision n° 010/09/ARMP/CRD du 11 février 2009 du Comité de Règlement des Différends statuant en commission litiges sur le recours de la société ORANGE BUSINESS SERVICES contestant l'attribution du lot 3 du marché relatif à la fourniture de matériel informatique, de logiciels et d'une solution sécurisée internet au profit de la Commission de Régulation du Secteur de l'Électricité (CRSE).
(www.marchespublics.sn › fichiers).

- **Décision n° 023/14/ARMP/CRD du 22 janvier 2014 du Comité de Règlement des Différends** statuant en commission litiges sur la saisine de l'Agence sénégalaise d'Électrification rurale (ASER) pour passer par entente directe avec l'entreprise indienne LUCKY EXPORTS le marché relatif à la « fourniture, le transport et la pose de matériels de réseaux électriques dans différentes régions du pays ». www.marchespublics.sn › fichiers).

Décision n° 252/13/ARMP/CRD du 28 aout 2013 du Comité de Règlement des Différends statuant en commission litiges sur la saisine de la société JLS demandant une dispense de certains critères de qualification. (www.marchespublics.sn › fichiers).

Décision n° 392/13/ARMP/CRD du 26 décembre 2013 du Comité de Règlement des Différends statuant en formation disciplinaire sur des faits relatifs à la livraison d'une cargaison de pétrole brut contenant une quantité massive d'eau par la société arcadia petroleum limited au profit de la société africaine de raffinage.
(www.marchespublics.sn › fichiers).

Avis n° 013/15/ARMP/CRD du 02 décembre 2015 du Comité de Règlement des Différends statuant en commission litiges sur la saisine du Ministère du Renouveau urbain, de l'Habitat et du Cadre de Vie relative à l'interprétation de l'article 45 du code des obligations de l'administration (COA) dans le cas de prestations effectuées par un cocontractant en dehors du contrat sans accord écrit de l'autorité contractante.
(www.marchespublics.sn › fichiers).

Avis n° 003/ARMP/CRD du 18 septembre 2008 du Comité de Règlement des Différends statuant en commission litiges sur la demande de régularisation du marché n° 3072/Hpd/mat/cm du 17/12/2007 relatif à la réhabilitation et l'extension des services médicaux de l'hôpital principal de Dakar.

(http://www.armp.sn/index.php?option=com_content&view=article&id=258&Itemid=275).

Avis n° 014/ARMP/CRD du 09 décembre 2015 du Comité de Règlement des Différends statuant en commission litiges sur la saisine de l'agence nationale d'insertion et de développement agricole sur une demande d'avis relative à la possibilité pour l'autorité contractante de prononcer l'exclusion d'une entreprise défaillante des marchés publics.
(http://www.armp.sn/index.php?option=com_content&id=207&showall=1)

Décision n° 256/11/ARMP/CRD du 30 décembre 2011 du Comité de Règlement des Différends statuant en commission litiges sur le recours des cabinets QUALITEC.MCS ET SOLUQUA conseil contestant les critères utilisés pour la sélection des candidats à l'appel à manifestation d'intérêt portant sur l'assistance à la certification iso 9001 de la LONASE.
(http://www.armp.sn/index.php?option=com_content&view=article&id=287&Itemid=1075).

Décision n° 080/14/ARMP/CRD du 02 avril 2014 du Comité de Règlement des Différends statuant en commission litiges sur le recours du groupement ICA/GIC MALI contestant le montant retenu pour sa proposition financière dans le cadre de la consultation lancée par l'AGEROUTE pour les études techniques d'exécution, les études socio-économiques et l'élaboration d'un dossier d'appel d'offres pour les travaux de renforcement de la route Tambacounda-Kidira-Bakel (cu2a).
(http://www.armp.sn/index.php?option=com_content&view=article&id=867&Itemid=1075)

Décision n° 095/09/ARMP/CRD du 18 novembre 2009 du Comité de Règlement des Différends statuant en commission litiges sur la dénonciation de l'entreprise WEST POINT COMPUTER (WPC) relative à la fourniture d'un lot unique de matériels informatiques en vue du renforcement des capacités en TIC des agents de l'État.

Décision n° 082/14/ARMP/CRD du 02 avril 2014 du Comité de Règlement des Différends statuant en commission litiges sur le recours de l'entreprise CERTEC sa portant sur la procédure de passation du marché relatif à la fourniture et à l'installation d'équipements médico-techniques pour les structures sanitaires du Centre hospitalier régional de Ziguinchor, lancé par le Ministère de la Santé et de l'Action sociale. (http://www.armp.sn/index.php?option=com_content&view=article&id=869&Itemid=1075).

Décision n° 170/12/ARMP/CRD du 31 décembre 2012 du Comité de Règlement des Différends statuant en commission litiges sur la saisine de l'entreprise JLS contestant les critères de qualification de l'appel d'offres relatif aux travaux de réhabilitation du tronçon manda douane –Vélingara d'environ 40 km sur la rn6, lancé par l'Agence des Travaux et de Gestion des Routes (AGEROUTE SÉNÉGAL). (http://www.armp.sn/index.php?option=com_content&view=article&id=869&Itemid=1075).

Avis n° 017/10/ARMP/CRD du 11 aout 2010 du Comité de Règlement des Différends statuant en commission litiges sur la saisine de la Société Universal Auto dénonçant la pratique qui consiste à exiger des candidats aux marches de fourniture de véhicules neufs, l'autorisation du constructeur comme enfreignant les règles de la concurrence en ce qu'elle exclue les vendeurs d'automobiles indépendants du réseau des constructeurs. (http://www.armp.sn/index.php?option=com_content&view=article&id=233&Itemid=275)

Décision n° 175/13/ARMP/CRD du 10 juillet 2013 du Comité de Règlement des Différends statuant en commission litiges sur le recours de CCBM Industries en contestation de certaines spécifications techniques du dossier d'appel d'offres concernant l'acquisition en deux lots de véhicules par l'Agence nationale de l'Aquaculture (ana). (http://armp.sn/index.php?option=com_content&view=article&id=556&Itemid=57)

Décision n° 308/13/ARMP/CRD du 09 octobre 2013 du Comité de Règlement des Différends statuant en commission litiges sur le recours de THELEMA Afrique concernant l'appel d'offres relatif à l'acquisition de matériel pédagogique et didactique pour les Établissements Publics d'Enseignement Supérieur (EPES), lance par le Ministère de l'Enseignement Supérieur et de la Recherche. (http://www.armp.sn/index.php?option=com_content&view=article &id=696&Itemid=57).

Décision n° 127/10/ARMP/CRD du 15 septembre 2010 du Comité de Règlement des Différends statuant en commission litiges sur la dénonciation de la Société nationale des Télécommunications (SONATEL) concernant la procédure relative au contrat dit de partenariat entre l'agence de régulation des télécommunications et des postes (ARTP) et la société Global Voice Group (GVG) S.A. ayant pour objet l'assistance pour la mise en place d'un système de contrôle et de tarification des communications téléphoniques internationales entrantes au Sénégal le Comité de Règlement des Différends statuant en commission litiges.
(http://www.osiris.sn/Decision-no-127-10-ARMP-CRD-du-15.html).

Avis n° 001/13/ARMP/CRD du 27 mars 2013 du Comité de Règlement des Différends statuant en commission litiges sur la saisine de la Direction des Services administratif et financier sur ordre du Directeur général de l'Autorité de Régulation des Marchés publics sur l'interprétation de la disposition 3.4.c). iii du code des marches publiques.
(http://www.armp.sn/index.php?option=com_content&view=article &id=207%3Aavis&Itemid=209&showall=1).

Décision n° 079/13/ARMP/CRD du 10 avril 2013 du Comité de Règlement des Différends statuant en commission litiges sur la saisine du Ministère de l'Agriculture et de l'Équipement rural concernant l'avis défavorable de la Direction centrale des Marchés publics (DCMP) sur le rapport d'évaluation et le procès-verbal d'attribution provisoire du marché pour une mission d'audit des comptes pour les exercices 2012, 2013 et 2014 financé par la Banque islamique de Développement (BID).
(http://www.armp.sn/index.php?option=com_content&view=article &id=459&Itemid=1075).

Décision n° 337/15/ARMP/CRD du 25 novembre 2015 du Comité de Règlement des Différends statuant en commission litiges sur la demande de SENELEC visant à obtenir l'autorisation de conclure un marché par entente directe pour l'achat d'un camion de lavage sous tension. (www.marchespublics.sn › fichiers).

Décision n° 025/16/ARMP/CRD du 20 janvier 2016 du Comité de Règlement des Différends statuant en commission litiges sur la saisine de la SENELEC suite à l'avis défavorable de la Direction centrale des Marchés publics sur les attributions provisoires des marchés de clientèle relatifs à la fourniture d'imprimés de bureaux et de consommables informatiques. (http://www.armp.sn/index.php?option=com_content&view=article&id=1058&Itemid=1088&limitstart=10).

Décision n° 012/16/ARMP/CRD du 13 janvier 2016 du Comité de Règlement des Différends statuant en commission litiges, sur la saisine de la Commune de SESSENE, visant à obtenir une dérogation pour la mise 'en place d'une commission des marchés pour la gestion 2016. (http://www.armp.sn/index.php?option=com_content&id=1058&Itemid=57&limitstart=11).

Décision n° 084/14/ARMP/CRD du 02 avril 2014 du Comité de Règlement des Différends statuant en commission litiges sur la saisine de la SENELEC concernant la construction d'une centrale solaire à DIAMNIADIO pour le compte de l'organisation du XVe sommet de l'Organisation internationale de la Francophonie (OIF). (http://www.armp.sn/index.php?option=com_content&view=article&id=871&Itemid=57).

Décision n° 003/11/ARMP/CRD du 12 janvier 2011 du Comité de Règlement des Différends statuant en commission litiges sur le recours de la SOCIÉTÉ FIBRES ET RÉSEAUX SARL contestant le rejet de son offre par la commission des marches lors de la séance d'ouverture des plis de l'appel d'offres relatif à l'acquisition de logiciels de bureautique, d'analyse statistique, de gestion et de messagerie au profit de l'observatoire de la qualité des services financiers du Ministère de l'Économie et des Finances. (http://armp.sn/index.php/decision/52?start=33).

INDEX THÉMATIQUE

J

L

M

N

P

Q

R

S

T

V

POSTFACE

« Le contrôle juridictionnel de la passation des marchés publics au Sénégal ». *Un tel sujet questionne le rôle du pouvoir judiciaire dans un contexte de rationalisation des ressources publiques et de l'efficacité de l'action administrative. Le chantier proposé et le sentier choisi par M. Papa Makha Diao permet d'analyser les arcanes d'un contentieux particulier qui commence à se développer.*

Ainsi, cette thèse est la bienvenue, car le domaine des marchés publics, spécifiquement du contrôle juridictionnel d'un type de contrat par détermination de la loi, à savoir les marchés publics est encore un terrain en friche en particulier dans le droit positif au Sénégal.

La thèse a été soutenue avec brio et l'ouvrage qui en est issu deviendra certainement une référence dans le droit sénégalais et communautaire des marchés publics, tant pour les chercheurs, les décideurs que pour les juristes, notamment pour les enseignants, les avocats et magistrats.

*M. Papa Makha Diao nous fait découvrir une jurisprudence relative aux marchés publics importante, qui est toutefois, clairsemée, difficile d'accès et qui dénote parfois de la part du juge une méconnaissance de ce type de contentieux, à travers ce que l'auteur appelle « l'**usage contrasté de la violation de la loi et du détournement de pouvoir »**.*

Pour M. Diao, « L'étude des données pratiques sur les recours montre que le contrôle du juge sur la passation des marchés est en gestation. Du point de vue de la quantité tout comme de la qualité des décisions, nous avons constaté un développement assez lent du contrôle juridictionnel de la passation des marchés publics. Cela est dû à la rareté de la saisine du juge et à des aspects de procédure auxquels le juge n'a pas donné de réponses satisfaisantes ».

À travers ce paragraphe, M. Diao aurait pu en profiter pour mieux s'appesantir sur les limites du système sénégalais de contrôle des marchés publics et de la timidité du juge dans différentes affaires. Il aurait pu développer la question de la complexité de la théorie des actes détachables, de l'irrecevabilité du recours en annulation émanant des parties au contrat avec l'absence du référé précontractuel, ou encore l'inadaptation de l'utilisation par le juge des procédures d'urgence dans le contentieux des marchés publics qui ont été renouvelées avec l'introduction du référé administratif qui est encore appliquée timidement par le juge.

Enfin, cet ouvrage, doit être aussi l'occasion d'analyser de nouvelles pistes qui portent notamment sur le rôle économique du juge des marchés publics face aux autorités administratives indépendantes.

Moustapha NGAIDÉ

Maître de Conférences titulaire en droit public à l'UCAD

Juriste environnementaliste, Spécialiste en passation des marchés publics

TABLE DES MATIÈRES

Structures éditoriales du groupe L'Harmattan

L'Harmattan Italie
Via degli Artisti, 15
10124 Torino
harmattan.italia@gmail.com

L'Harmattan Hongrie
Kossuth l. u. 14-16.
1053 Budapest
harmattan@harmattan.hu

L'Harmattan Sénégal
10 VDN en face Mermoz
BP 45034 Dakar-Fann
senharmattan@gmail.com

L'Harmattan Cameroun
TSINGA/FECAFOOT
BP 11486 Yaoundé
inkoukam@gmail.com

L'Harmattan Burkina Faso
Achille Somé – tengnule@hotmail.fr

L'Harmattan Guinée
Almamya, rue KA 028 OKB Agency
BP 3470 Conakry
harmattanguinee@yahoo.fr

L'Harmattan RDC
185, avenue Nyangwe
Commune de Lingwala – Kinshasa
matangilamusadila@yahoo.fr

L'Harmattan Congo
219, avenue Nelson Mandela
BP 2874 Brazzaville
harmattan.congo@yahoo.fr

L'Harmattan Mali
ACI 2000 - Immeuble Mgr Jean Marie Cisse
Bureau 10
BP 145 Bamako-Mali
mali@harmattan.fr

L'Harmattan Togo
Djidjole – Lomé
Maison Amela
face EPP BATOME
ddamela@aol.com

L'Harmattan Côte d'Ivoire
Résidence Karl – Cité des Arts
Abidjan-Cocody
03 BP 1588 Abidjan
espace_harmattan.ci@hotmail.fr

Nos librairies en France

Librairie internationale
16, rue des Écoles
75005 Paris
librairie.internationale@harmattan.fr
01 40 46 79 11
www.librairieharmattan.com

Librairie des savoirs
21, rue des Écoles
75005 Paris
librairie.sh@harmattan.fr
01 46 34 13 71
www.librairieharmattansh.com

Librairie Le Lucernaire
53, rue Notre-Dame-des-Champs
75006 Paris
librairie@lucernaire.fr
01 42 22 67 13

www.ingramcontent.com/pod-product-compliance
Lightning Source LLC
LaVergne TN
LVHW011153061026
849535LV00003B/712

* 9 7 8 2 3 3 6 4 4 8 1 3 8 *